文英堂

はじめに

本書は主に、語彙(ごい)に自信がなく文章を読めていない人、感覚的に読めている気がするけれど現代文学習のより確かな基盤のほしい人に向けて制作しました。さらに大学入試以外に就職を考えている高校生にも役立つ内容です。もっと広く大人、社会人の方々にも有益な本です。

現代日本語の教養は、さまざまなシーンで力を発揮しますが、誤用はその力を削(そ)ぎます。私自身、この用語集をつくる過程で、うろ覚えなものや間違って覚えていたものを発見しました。知ったかぶりしないって大事ですね。

本書の特長は、**網羅性(カバー範囲が広いこと)**です。

第一に、**文章内で登場する重要語**および**設問の選択肢に登場する語**まで視野に入れて単語の選定をしています。ここをおさえないと実際の大学入試で得点になりません!

第二に、**論説・説明的文章に登場する語**と**小説に登場する語**を収録していることです。評論の難解語だけでなく、物語に登場する人物の具体的心理や様子を表現する言葉にも習熟が必要だからです。

第三に、**現代文で役立つ語**とともに**小論文で役立つ語**も収録しています。思考力・発想力の強化になります。

第四に、語の解説のために、**多くの図解やイラスト**を入れました。理屈による理解と同時に直観的理解(一度に全体がわかる)にも心を配りました。

第五に、**確認問題**や入試レベルの文章の付いた**練習問題**を入れ、知識の確かな定着を支援しています。

今回の改訂にあたっては、激動する現代社会を語り、読み解くために、「情報」や「SDGs」に関する単語を増補しました。また、掲載している語を見直し、類義語・関連語などを一〇〇語以上加えました。

知的な世界を読み解くために、さらに広く本書が活用されることを願っています。

編著者

目次

本書の構成と使い方

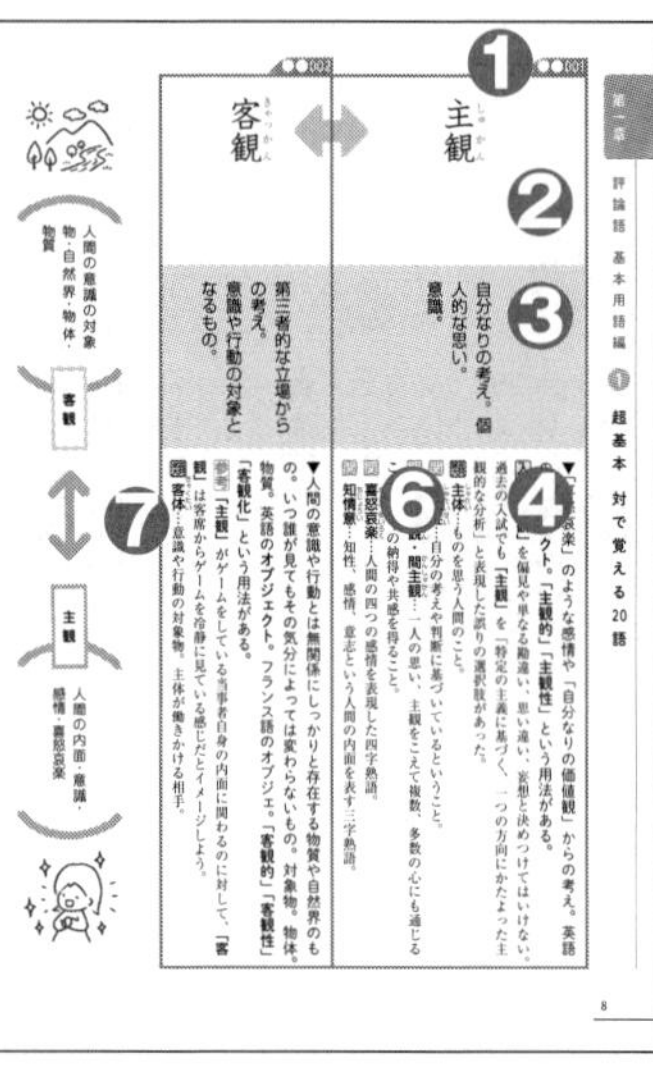

全体の構成

● 第一章 評論語 基本用語編……評論文に必要な基本用語を四グループに分類。

● 第二章 評論語 テーマ別編……大学入試評論文・小論文で頻出のキーワードを八テーマに分類。

● 第三章 小説・エッセイ語編……高校生が苦手とする、小説・エッセイ語を四ジャンルに分類。

また、各まとまりごとに長文を用いた「練習問題」を十六題用意しました。

❶チェック欄

学習したことを確認できるチェック欄を、見出し語番号の左側に設けました。

❷見出し語

厳選した八〇〇語（評論語四一六語、小説・エッセイ語三八四語）を掲載。外来語は原語を載せ、外国語名を略号で示しています。

❸意味

語の意味を簡潔に示しています。

❹解説

語のくわしい解説や注意すべきこと、大学入試の傾向などを示しています。

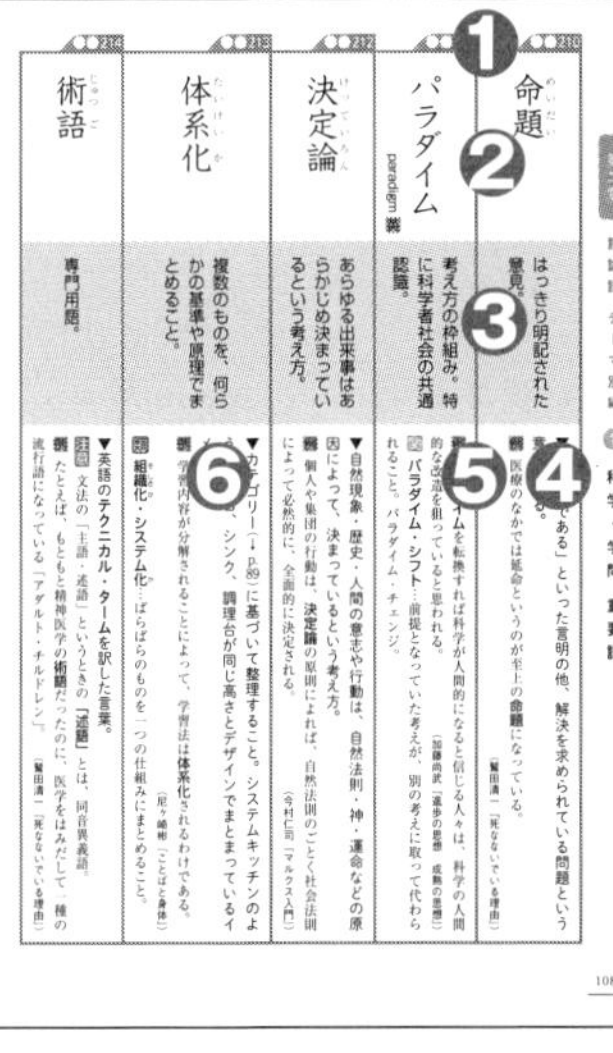

第一章　評論語　テーマ別編　❶科学・学問　重要語

命題（めいだい）
はっきり明記された意見。
▼「…である」といった言明の他、解決を求められている問題という意味もある。
例 医療のなかでは延命というのが至上の命題になっている。（鷲田清一『死なないでいる理由』）

パラダイム　paradigm 英
考え方の枠組み。特に科学者社会の共通認識。
例 …イムを転換すれば科学が人間的になると信じる人々は、科学の人間的な改造を狙っていると思われる。（加藤尚武『進歩の思想　成熟の思想』）
関 パラダイム・シフト…前提となっていた考えが、別の考えに取って代わられること。パラダイム・チェンジ。

決定論（けっていろん）
あらゆる出来事はあらかじめ決まっているという考え方。
▼自然現象・歴史・人間の意志や行動は、自然法則・神・運命などの原因によって、決まっているという考え方。
例 個人や集団の行動は、決定論の原則によれば、自然法則のごとく社会法則によって必然的に、全面的に決定される。（今村仁司『マルクス入門』）

体系化（たいけいか）
複数のものを、何らかの基準や原理でまとめること。
▼カテゴリー（↓p.89）に基づいて整理すること。システムキッチンのよう…、シンク、調理台が同じ高さとデザインでまとまっているイ…
例 学習内容が分解されることによって、学習法は体系化されるわけである。（尼ヶ崎彬『ことばと身体』）
関 組織化・システム化…ばらばらのものを一つの仕組みにまとめること。

術語（じゅつご）
専門用語。
▼英語のテクニカル・タームを訳した言葉。
注意 文法の「主語・述語」というときの「述語」とは、同音異義語。
例 たとえば、もともと精神医学の術語だったのに、医学をはみだして一種の流行語になっている「アダルト・チルドレン」。（鷲田清一『死なないでいる理由』）

108

第三章　小説・エッセイ語編　❷態度　人物の様子①

居丈高（いだけだか）
人を威圧するような態度。
参考「座ったときの背が高いこと」がもともとの意味。そ…ったまま身をぐっと…大きく見せること」を意味するようになり、「上から目線で、圧力をかける様子」を表すようになった。
類 横柄…人を見下したような無礼な態度。

慇懃（いんぎん）
礼儀正しく丁寧な態度。
注意 表面上は丁寧だが実は見下した態度を「慇懃無礼」という。「慇懃」と「慇懃無礼」では意味が逆になる。

うやうやしい
相手を敬い、礼儀正しく丁寧な態度。
▼慎み深く、相手を敬う態度。漢字では「恭しい」で、「恭」は神にお供えをする態度。

うろんな
疑わしくて怪しい、信用できない様子。
▼漢字では「胡乱な」で「胡」はデタラメを意味す…でないこと・真…が怪しいこと」の意味もある。
類 胡散臭い…様子や態度がどことなく怪しい。疑わしい。

確認問題
次の傍線部の意味を後から選びなさい。
1 少年が鉄屑を盗もうとしていることに気づいた信…居丈高に叫んだ。（宮本輝『泥の河』）
① …えた威厳ある態度で　② …込むような態度で　③ 他…を借りたいばった態度で　④ 威圧するようなきっぱりとした態度で
2 私は、いまこの井の頭公園の林の中で、一青年から頗る慇懃に煙草の火を求められた。（太宰治『作家の手帖』）
① 礼儀正しく　② 親しみを込めて　③ 無礼にも　④ 敬意もなく
3 理事長は今度は連れの事務長とかいう中年紳士に「これだけの木は保存したいものだな」と言った。事務長はうやうやしく頭を下げた。（加賀乙彦『雨の庭』）
① 緊張して　② 黙って　③ 礼儀正しく　④ 親しげに
4 怠け者のようにぶらぶら歩く胡乱な者を呼びとめたら、一人は鉄道員で、もう一人は月給をもらいたての工場の事務員であった。（井伏鱒二『多甚古村』）
① 元気いっぱいな　② 疑わしくて怪しい　③ 頼りなさそうな　④ にぎやかな

220

❺例文

実際の評論文を引用した例文を掲載しています。

第一章の「超基本 対で覚える20語」では、長めの例文を掲載し、例文の内容を解説した図解も載せています。

❻関連語

見出し語と一緒に覚えておきたい、同義語・対義語・類義語・関連語を取り上げました。

❼図解・イラスト

「第一章 評論語 基本用語編」の最初の三グループ、「第二章 評論語 テーマ別編」の最重要語には、語の理解を助けるために図解をつけました。

「第三章 小説・エッセイ語編」には、わかりにくい語の理解を助けるためにイラストをつけました。

❽確認問題

見出し単語の理解を確かめるための「確認問題」を用意しました。

「第三章 小説・エッセイ語編」では、実際の小説・エッセイを引用した例文を用いた選択肢式の問題となっています。

本書で使用した記号・略号一覧

●外国語名の略号

英＝英語

独＝ドイツ語

仏＝フランス語

ギ＝ギリシャ語

ラ＝ラテン語

●くわしい解説

参考…もともとの意味や、深く掘り下げた発展的な内容を記しています。

注意…間違えやすいこと、気をつけたいことを記しています。

入試…大学入試での出題傾向を記しています。

●関連語

同＝同義語

対＝対義語

類＝類義語

関＝関連語

第一章

評論語　基本用語編

入試評論語の基本となる200語を4つのグループに分けました。最重要の3グループ100語には図解をつけています。図解を見ることで、わかりにくい評論語がビジュアル的に理解できるようになります。ここで、評論文を読み解くために必要な基礎を養いましょう。

001

主観（しゅかん）

自分なりの考え。個人的な思い。意識。

▼「喜怒哀楽」のような感情や「自分なりの価値観」からの考え。英語のサブジェクト。「**主観的**」「**主観性**」という用法がある。

入試 「**主観**」を偏見や単なる勘違い、思い違い、妄想と決めつけてはいけない。過去の入試でも「**主観**」を「特定の主義に基づく、一つの方向にかたよった主観的な分析」と表現した誤りの選択肢があった。

類 **主体**（しゅたい）…ものを思う人間のこと。

関 **主体性**（しゅたいせい）…自分の考えや判断に基づいているということ。

関 **共同主観**（きょうどうしゅかん）・**間主観**（かんしゅかん）…一人の思い、主観をこえて複数、多数の心にも通じること。多くの納得や共感を得ること。

関 **喜怒哀楽**（きどあいらく）…人間の四つの感情を表現した四字熟語。

関 **知情意**（ちじょうい）…知性、感情、意志という人間の内面を表す三字熟語。

002

客観（きゃっかん）

第三者的な立場からの考え。意識や行動の対象となるもの。

▼人間の意識や行動とは無関係にしっかりと存在する物質や自然界のもの。いつ誰が見てもその気分によっては変わらないもの。対象物。物体。物質。英語の**オブジェクト**。フランス語のオブジェ。「**客観的**」「**客観性**」「**客観化**」という用法がある。

参考 「**主観**」がゲームをしている当事者自身の内面に関わるのに対して、「**客観**」は客席からゲームを冷静に見ている感じだとイメージしよう。

類 **客体**（きゃくたい）…意識や行動の対象物。主体が働きかける相手。

人間の意識の対象
物・自然界・物体・物質

客観

主観

人間の内面・意識・感情・喜怒哀楽

例文でチェック

われわれの日常の経験では、ひとを待つときの時間は長く感じられ、何かに夢中になっているときの時間は短く感じられる。時間の流れ方は、状況によって異(こと)なるかに見える。しかし、幼児ならともかく、多くの成人は、そうした時間の流れ方の違いはいわば**主観**的な感じ方の違いであって、本当の客観的時間は、主観のそのときどきの状況とは関わりなく、刻々均一に経過しつつあり、その均一さは、時代や場所の違いを越えた絶対的なものだ、と考えていることであろう。事実、私が何かに夢中になって、時間を短く感じているその間に、「標準時」に合わせた時計が刻々と時を刻み、それを他の人が見て退屈するということもありうるであろう。（中略）われわれの常識的な捉え方からすれば、時間はやはり、天上か地上かの違いには無関係に、永遠の昔から現在に至るまで全く同一の速さで流れ来たり、永遠の未来に向(むか)って流れつづけていく全宇宙的な普遍の流れなのである。

（滝浦静雄『時間』）

・ひとを待つときの時間は長く感じられ、何かに夢中になっているときの時間は短く感じられる。
・時間の流れ方は、状況によって異るかに見える。

主観 =その時々の状況で変化する感情や気分。

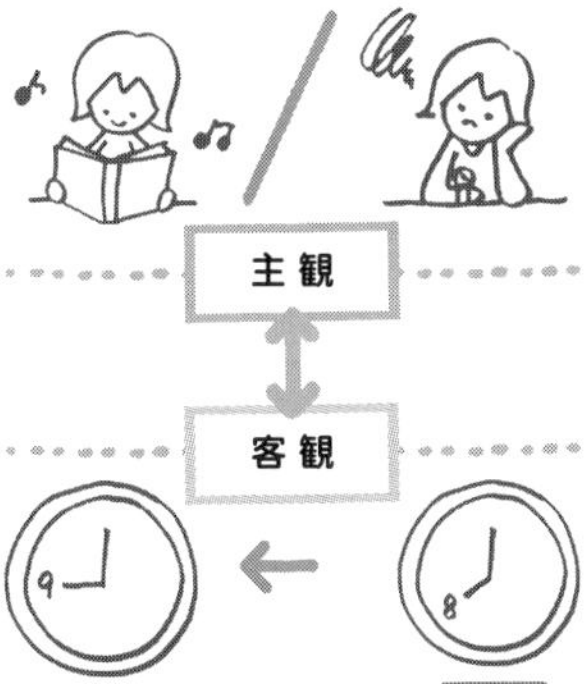

主観
客観

刻々均一／絶対的／時計
常識的／全く同一／普遍

客観 =気分に関係なく共通なもの。

入試 上の例文を使い、**主観的・客観的・絶対的・常識的**の四つを二つのグループに分ける問題が出題され、**「主観的」↔「客観的・絶対的・常識的」**という分類が正解であった。

確認問題

空らんA～Dに「主観」「客観」のどちらかを入れなさい。

二重の視点は、あらゆる「量」の理解に不可欠である。われわれは「広さ」をX平方メートルの【A】的広さと、〈いま・ここ〉から見える【B】的広さとの二重の視点によって知っている。「重さ」をYキログラムの【C】的重さと〈いま〉私が持ち上げた感じとしての【D】的重さとの二重の視点によって知っている。

（中島義道「二重の視点」）

答▶ A客観　B主観　C客観　D主観

003

絶対(ぜったい) ⇔ 相対(そうたい)

絶対

比較を超えて存在していること。

▼比較相手のあれこれを超越するような、唯一にして圧倒的であるもののこと。**「絶対的」「絶対性」「絶対化」**という用法がある。

注意 **「絶体」**と書き間違う例が多い。「絶体」は、体と命のピンチを意味する四字熟語**「絶体絶命」**で使う。

関 **絶対者**…神あるいは神に近い存在。

004

相対

比較相手の一つとして存在していること。

▼一つの絶対的価値を認めず、同レベルのもの同士の、横並びの関係と見ること。**「相対的」「相対性」**という用法がある。

注意 直接対面で人と向き合う**「相対(あいたい)」**とは読み方も意味も異なる。

関 **どんぐりの背比べ**…どれも似たような水準で、抜き出たものはないことのたとえ。

関 **相対主義**…完全な真理や絶対的に正しいものはないという考え方。いわば「それぞれ」主義。

関 **相対化**…超越的な対象を比較相手の一つにすぎないものにすること。

比較を超えていて、比較相手などなく、圧倒的な存在。

絶対

相対

優劣や価値の上下は相互の比較レベルにすぎない。

例文でチェック

子どもに属する問題には、その子ども自身の素質や能力といったことがある。そして、子どもを取り巻く環境の問題としては、家庭環境や学校といった教育にかかわる環境のほかに、どのようなチャンスがどのように配分されているかといった社会の問題もある。さらにやっかいなのは、子ども自身に属すると思われる素質や能力といったことも、それ自体を取り出してみることがきわめて難しく、子どもを取り巻く環境のなかでしか、具体的な姿を現さないということである。しかも、**本人の能力や才能の高さ自体を見極める「絶対評価」**のような見方と、**他の人と比べてどうかという「相対評価」**のような見方とが交錯するなかで、子どもの能力はその形を現すのである。

（苅谷剛彦「不安と教育の格差」）

入試 上の例文は**「相対」**と**「絶対」**の両方を均等に紹介しているが、どちらかを重視する文章が多い。**「相対」と「絶対」どちらが筆者のメインの主張かを読み分ける**ことが読解のカギとなる。

確認問題

空らんA・Bに「相対」「絶対」のどちらかを入れなさい。

時間には【A】的・物理的時間と【B】的・心理的時間がある。おなじ一日二十四時間でも変化や感動があるかないかによって、一日は長くも短くも感じられる。つまり、時間には時計や暦の時間とは異質な「人間が感じる時間」がある。

（立川昭二「時間を深く生きる」）

答▶ A絶対　B相対

005

具体（ぐたい）

目に見える、形あるもの。

▼一つ一つの事物。はっきりとした内容をそなえていること。「具体的」「具体性」という用法がある。

同 具象（ぐしょう）
関 具体化（ぐたいか）…形式的で曖昧（あいまい）なものに内容を与えること。
関 具に（つぶさ）…細かいところまでくわしく。（↓p.302）

006

抽象（ちゅうしょう）

あれこれから共通要素を見つけてまとめること。

▼目に見える形のないもの。個々の事物から重要な性質を抜き出し、まとめること。「抽象的」「抽象性」「抽象化」という用法がある。

注意 頭の中のアイディアや観念（↓p.30）のようなもの。また、**内容がなく空っぽという悪い意味**で使われることもある。

関 捨象（しゃしょう）…個別の具体的な要素を捨てること。「抽象」を別の視点から見た表現。
関 抽象概念（ちゅうしょうがいねん）…目に見えないものを考えるための思想や学問の言葉。
関 抽象画（ちゅうしょうが）…静物画や人物画などの具象画とは異なり、頭の中のことや観念を描いたもの。

まとめること。それ自体は目に見えない。
抽象
日本文化
具体
目に見える、個々のもの。

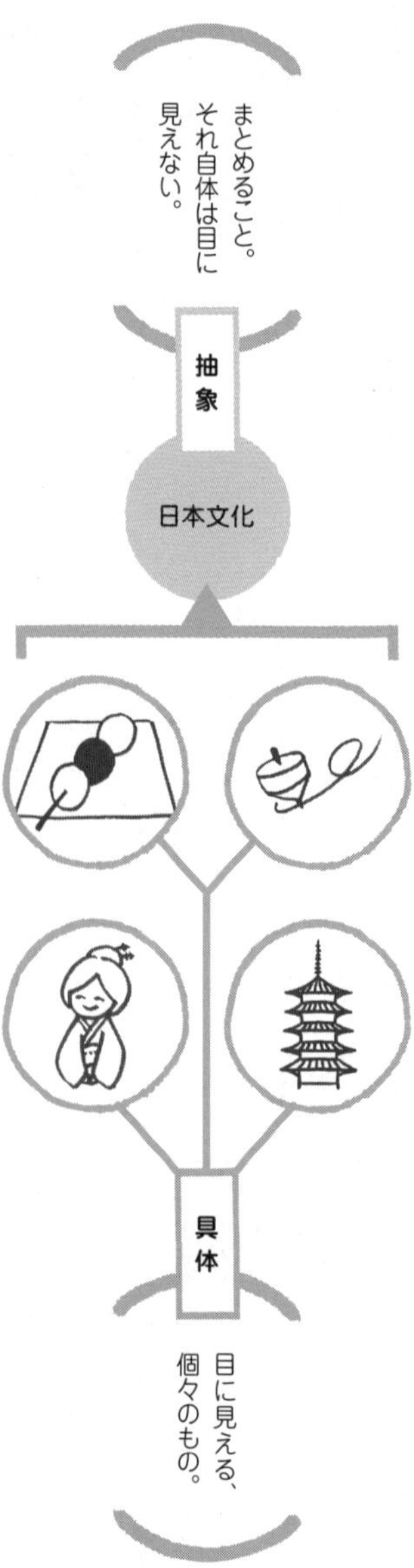

例文でチェック

今、目の前に二つのリンゴがあったとします。ひとつのリンゴを手に取ってみます。このリンゴは、たしかにひとつの**具体的なリンゴ**です。一口かじってみれば、他のリンゴとはっきりと区別されるリンゴであることがわかります。しかし、**リンゴがリンゴであることの共通性**を探っていけば、まだ、かじっていないもうひとつのリンゴも同じリンゴです。二つのリンゴは**共通性**を持っています。

このように見ていくと、モノやコトは、**具体的で個別的なレベル**から、**共通性によってくくられる、より一般性の高いレベル**まで、いくつかのレベルで把握できることがわかります。**目の前のかじった「そのリンゴ」は、具体的、個別的なもの**です。一方、**「リンゴは青森の特産です」という場合の「リンゴ」は、もっと抽象度の高い、リンゴ一般、つまり概念でとらえられるリンゴ**をさしています。

(刈谷剛彦『知的複眼思考法』)

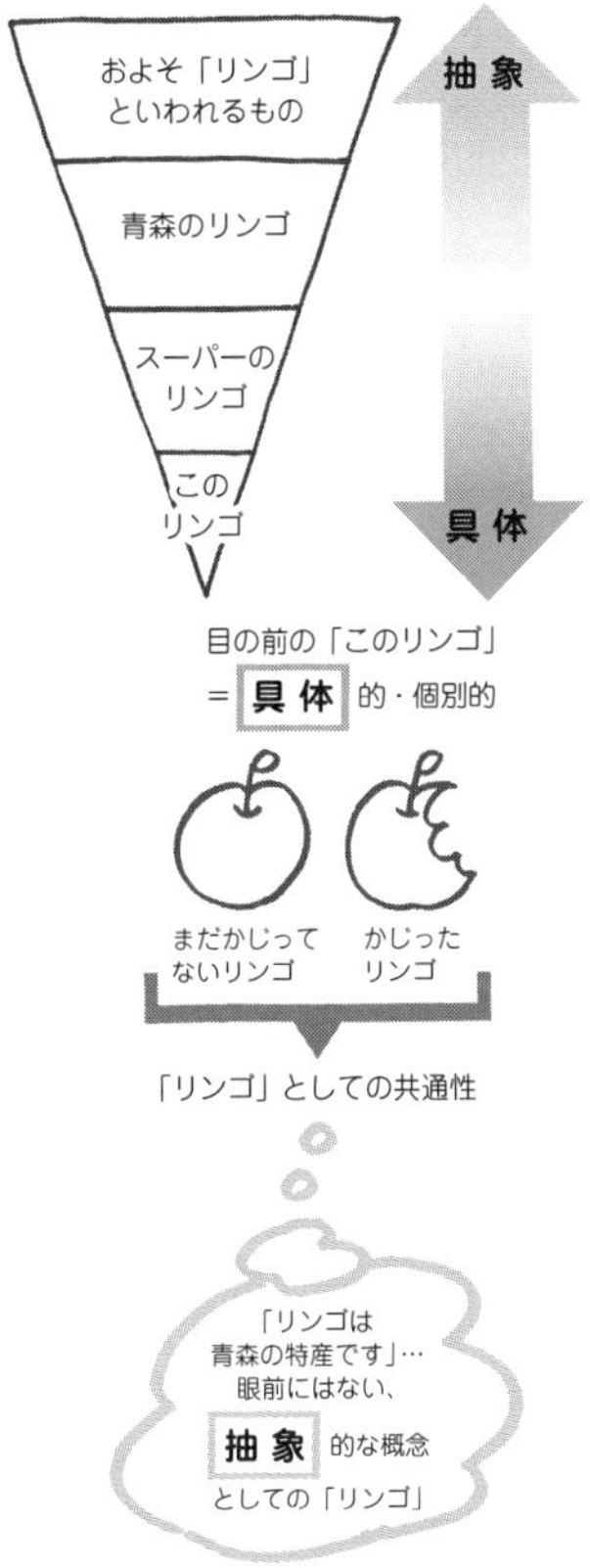

入試 入試レベルの評論文・論説文では**「抽象的」な語**、つまり**「概念」**(→p.30)の理解が大切になる。

確認問題

空らんA・Bに「具体」「抽象」のどちらかを入れなさい。

逆にいえば、辞書に載っているような「犬」という【A】概念(「イヌ科の哺乳類、よく人に慣れ、嗅覚と聴覚が発達し云々……」)を写真で表わすことはできない。どんなに努力しても、「ポチという名の隣の飼い犬」とか、「たまたま帰り道で見た野良犬」とかの、【B】的でなまなましい映像でしか伝えることができないからである。

(飯沢耕太郎『写真とことば』)

答▶ A抽象　B具体

007

必然（ひつぜん）

⇔

008

偶然（ぐうぜん）

決定的な原因により、必ずそうなること。

▼「必然的」「必然性」という用法がある。

類 **必定**（ひつじょう）…必ずそうなると決まっていること。

類 **確定**（かくてい）…物事がはっきり決まること。

関 **因果関係**（いんがかんけい）…原因と結果の流れ。

関 **属性**（ぞくせい）…あるものが本質的に必ずもっている性質。

決定的な原因がなく、たまたまそうなること。

▼「偶然的」「偶然性」という用法がある。

類 **偶発**（ぐうはつ）…思いもかけず発生すること。

類 **偶有**（ぐうゆう）…あるものがたまたま、もっている性質。

類 **不確定**（ふかくてい）…はっきり決まっていないこと。

大きな原因
結果
猛勉強
合格
合格
合格
「猛勉強した」から「合格した」＝原因と結果の大きな流れがある。
必然
偶然
「サボった」から「合格した」とはいえない。運がよかっただけかも。
因果関係なし
ZZZ
サボリ
合格
合格

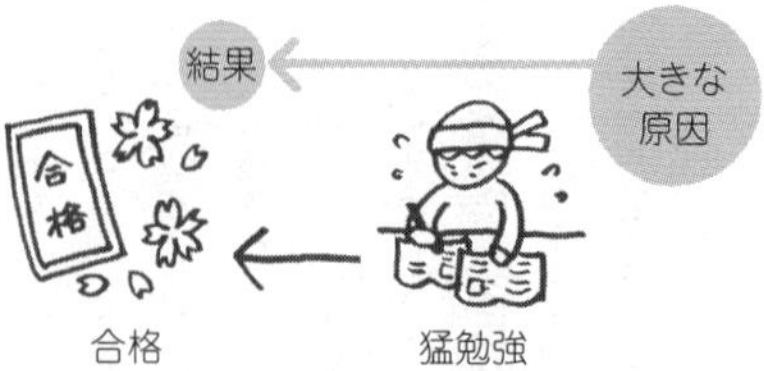

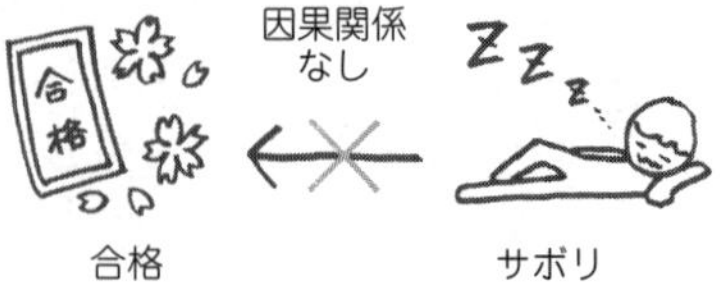

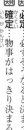

例文でチェック

西洋哲学には**必然**性と**偶然**性の二項対立図式が見られ、「**必然**性の要請」という本質的な傾向が指摘できる。西洋哲学は**必然**的な原理・原則を追究し、**偶然**的な事象を否定＝排除する。西洋的な学問観では**必然**的なものだけが有意味であり、真理は**必然**的なものにしか宿らない。学的認識は**必然**的な原理に従わなければならない。哲学は**必然**的な真理を**必然**的な方法によって追究する学問である。学的認識を保証するためには妥当でない**偶然**的推理を排除しなければならない。（中略）

それでは、**必然**性とは何か。**必然**性とは「必ず然ある」こと、いつも同じであること、いつも同じになることだ。つまり、「いつも真」であることだ。

（野内良三『発想のための論理思考術』）

確認問題

空らんA・Bに「必然」「偶然」のどちらかを入れなさい。

【A】とは「たまたま然ある（そうある）こと」だ。在ることもできたし無いこともできたものである。【A】性においては「今ここ」が問題になる。この点で過去につながる「【B】性」や未来につながる「可能性」とは異なる。「【B】」とは「かならず然ある（そうある）こと」であり、「かならずそうある」ためには、すでにして在ったものでなければならない。【B】性の時間的性格は過去的である。いっぽう、「可能」（未然）は「いまだ然あらず」であり、未来的時間性格をもつ。

（野内良三『偶然を生きる思想』）

答▶ A偶然　B必然

009

普遍(ふへん)

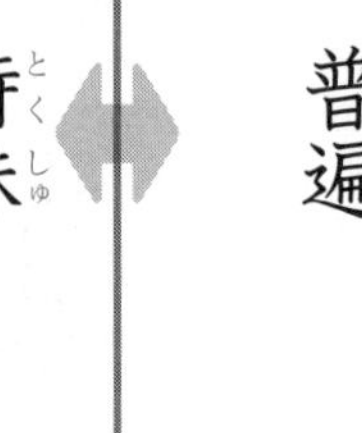

いつでもどこでも誰にでも何にでも当てはまること。

▼この世界、宇宙のすみずみまで広く当てはまること。英語の**ユニバーサル**。「**普遍的**」「**普遍性**」「**普遍化**」という用法がある。

入試 漢字**書き取り**でも頻出。同音異義語との区別に注意。「**不変**」は変化がないこと。「**不偏**」は偏りがないこと。

関 **遍く**(あまねく)…すみずみまで広く。(→p.298)

関 **ユニバーサルデザイン**…誰にでも使いやすいデザイン。

関 **一般**(いっぱん)…多くの人に当てはまること。

010

特殊(とくしゅ)

ただ一つに当てはまること。

▼他との共通性がなく特別なこと。当てはまる範囲がきわめて限定されていること。「**特殊性**」「**特殊化**」という用法がある。

類 **特異**(とくい)…他と違って特別であること。

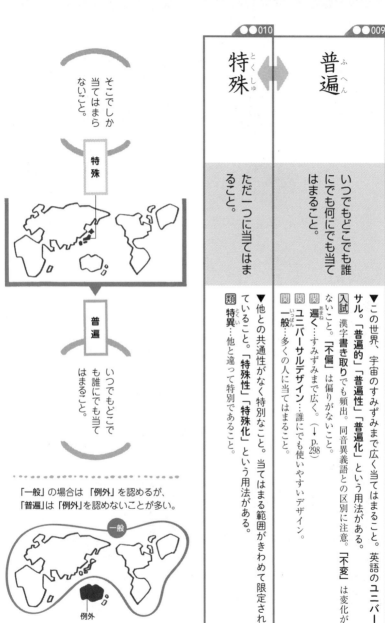

そこでしか当てはまらないこと。

特殊

普遍

いつでもどこでも誰にでも当てはまること。

「**一般**」の場合は「**例外**」を認めるが、「**普遍**」は「**例外**」を認めないことが多い。

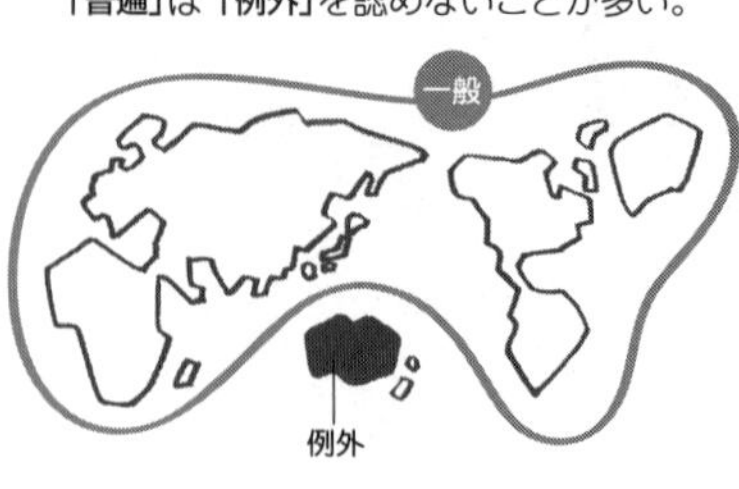

✓例文でチェック

超高層ビルがあって、道路や高速道路があって、電車や地下鉄網が張り巡らされていて、ショッピングセンターがあって、という今の都市のあり方は、**世界に共通の普遍的なもの**だと思われがちですが、それはアメリカが20世紀の最初に自動車産業や石油産業と共謀して作った、**一つの特殊モデル**に過ぎません。ぼくたちが今、日本で目の前にしている都市にしても、アメリカ流の石油エネルギーの大量消費にもとづいて作られた、**たかだか一世紀ほどの類型**に過ぎず、**歴史的にいっても短期のモデル**として終わるものでしょう。

時間と空間の縛りからいったん逃れて、世界を眺めると、都市のあり方は実にバラエティに富んでいることに気が付きます。

（隈研吾『建築家、走る』）

超高層ビル・
道路・高速道路
電車・地下鉄網
ショッピングセンター

東京、大阪、ニューヨーク、ソウル
ロンドン、パリ……

世界共通の都市のあり方＝
普遍 的な都市のあり方と思われている。

だが、実は 20 世紀のアメリカが生んだ
特殊 なモデル。
石油をたくさん使う都市にのみ当てはまる。

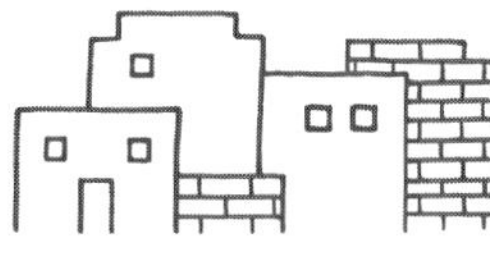

違うタイプの都市

入試 建築論や都市論は近年よく取り上げられる文章テーマである。特に筆者の隈研吾（くまけんご）は、有名な建築家であると同時に著作も多い注目の論者。

確認問題

空らんA・Bに「特殊」「普遍」のどちらかを入れなさい。

万人に【A】であるという意味での客観性という事は必ずしも科学の全部には通用しない。科学が進歩するにつれてその取り扱う各種の概念はだんだんに吾人の五官と遠ざかって来る。従って普通人間の客観とは次第に縁の遠いものになり、言わば科学者という【B】な人間の主観になって来るような傾向がある。

（寺田寅彦「科学者と芸術家」）

答▶ A普遍　B特殊

011

理性（りせい）

本能や感情に左右されず、合理的に判断する能力。

▼物事の道理に従って判断する、冷静で知的な能力。「**理性的**」という用法がある。

入試 よく**評論**で使われる語。「**理性**」は、近代では迷信や伝統的な習慣に支配されがちな近代以前の思考に対するものとして評価される。一方で、現代では「**理性**」で世界を割り切りすぎて単純化してしまったという批判もある。

類 **ロゴス**…理性。言葉。（↓p.140）

関 **悟性**（ごせい）…論理的な判断力。理解力。（↓p.68）

012

感性（かんせい）

感覚や感情レベルで受け止める能力。

▼外界の刺激を喜怒哀楽などとともに受け取る感受性。分析せず、対象をまるごと受け止めること。

類 **パトス**…情熱。情念。（↓p.184）

関 **センス**…感覚。微妙なものを感受する力。

関 **感傷**（かんしょう）…センチメンタル。涙もろいこと。（↓p.184）

（感情に流されない冷静な判断。
例）知識と関連づけての批評。）
理性
感性
（視覚などの感覚刺激に対する反応。
例）「好き嫌い」の感情。）

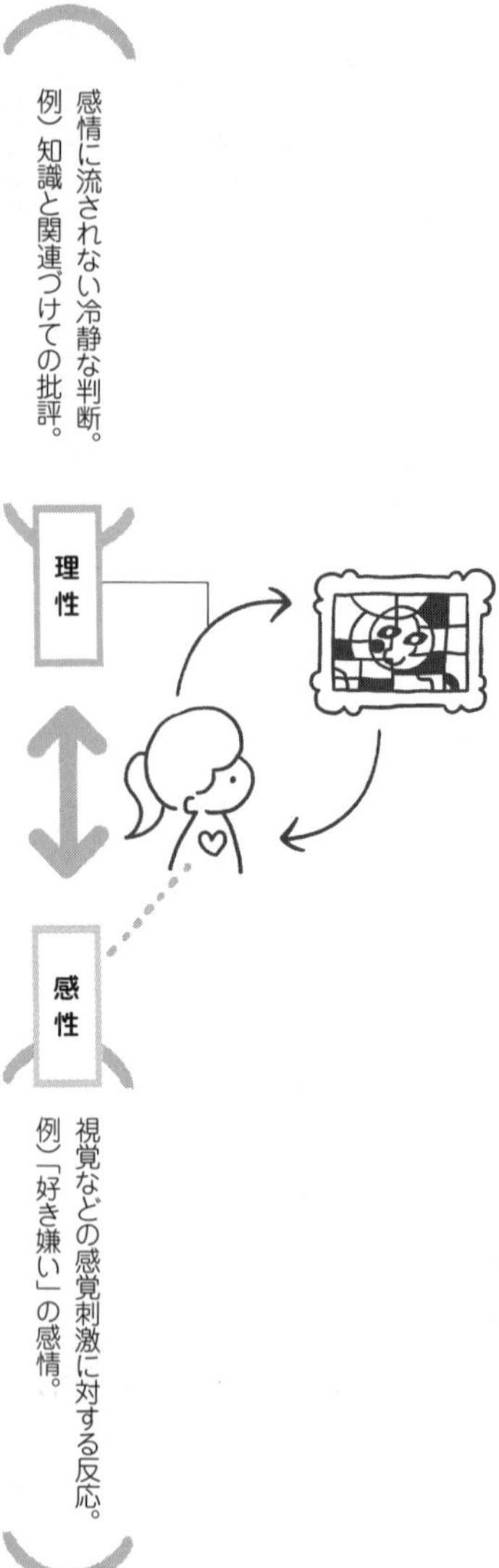

例文でチェック

数学と、それにもとづく**自然科学**は通常いわゆる**理性**の営みに分類され、したがってその世界的な普及を説明するにつけても、**合理的なもの**が普遍化するのは当然だという論理で考えられやすい。**近代は理性の時代**であって、それゆえに**近代化**は世界を統一するのだといった、安易な論法に還元*されやすい。その場合、いったい**理性**とは何であり、たとえば**感性**とはどう違うのかがまず問題だが、ここではそういう哲学論議は暫く措こう。

現実の歴史を見れば、いま進行しつつある文明統一の趨勢は、けっして狭義の**理性**の分野に限られていないのは明らかである。むしろ俗にいう**感性の分野**において、具体的には**想像力と身体の分野**において、それはよりめざましいかたちで現れているといえる。わかりやすい順序でいえば、誰もが認めるのは**視覚的想像力**の形式の一つ、すなわち**遠近法と陰影法**の地球規模での統一だろう。

（山崎正和『世界文明史の試み』）

＊還元…単純化すること。

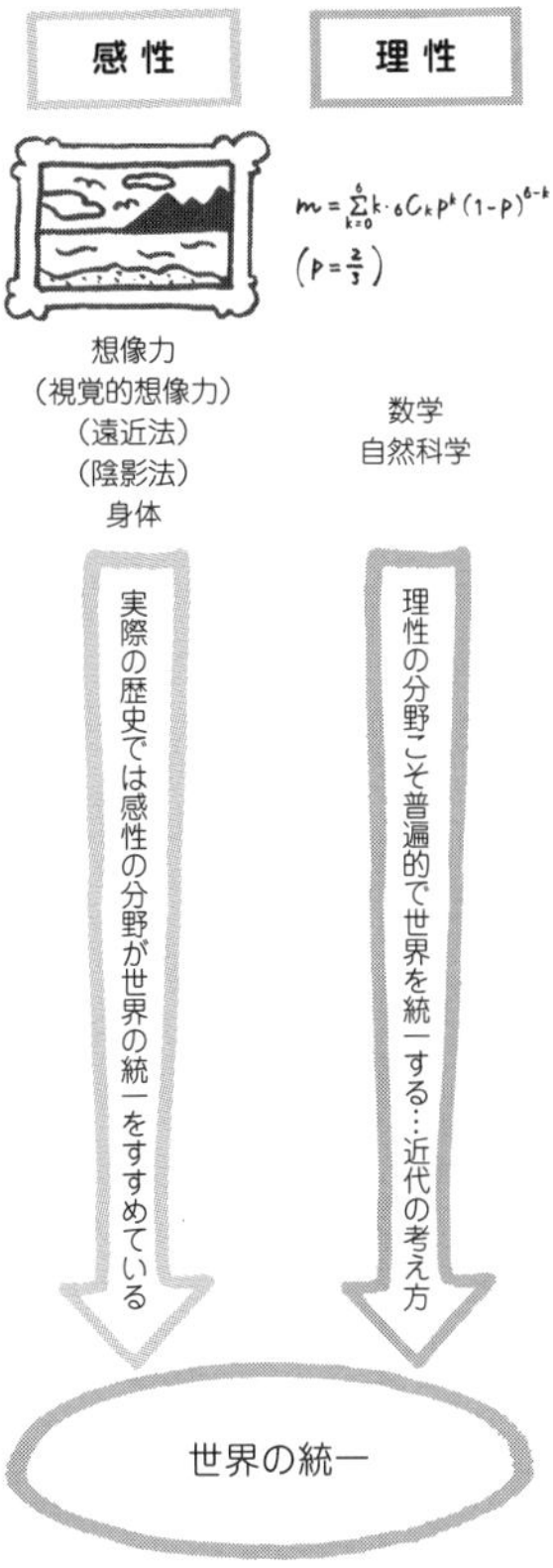

理性

$m=\sum_{k=0}^{6}k\cdot{}_6C_k p^k(1-p)^{6-k}$

$(p=\frac{2}{3})$

数学
自然科学

理性の分野こそ普遍的で世界を統一する…近代の考え方

感性

想像力
（視覚的想像力）
（遠近法）
（陰影法）
身体

実際の歴史では感性の分野が世界の統一をすすめている

世界の統一

入試 上の例文と同様に**「理性」**を**「近代」「自然科学」**のグループとして扱う文章は入試現代文の定番。また**「理性＝普遍」という近代の見方を反省**する内容も入試でよく出る文章。

確認問題

空らんA・Bに「理性」「感性」のどちらかを入れなさい。

文化により、個人によって、色彩に関して鋭敏な【A】を示しつつ、音については反応が鈍い、ということがあるし、ひとの作品に関して豊かな【A】を示す文化もしくは個人が、自然には殆ど関心を示さない、ということがある。

（佐々木健一『日本的感性』）

人間の本質を「【B】」と捉え、【B】をもった唯一の動物であると位置づけることで、近代西洋合理主義の精神的バックボーンとしてきた。

（三井秀樹『かたちの日本美』）

答▶ A感性　B理性

013

既知（きち）

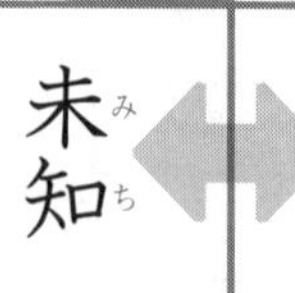

すでに知っていること。
すでに知られていること。

▼知識として登録されている世界の中のこと。既存の知識体系の枠内のこと。

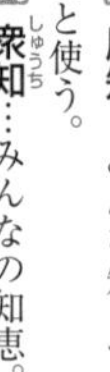

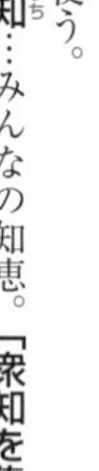
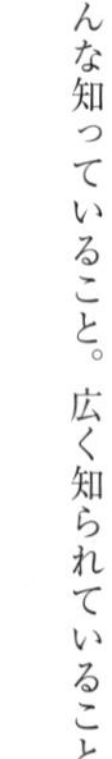

関 **周知**（しゅうち）…みんな知っていること。広く知られていること。**「周知の事実」**などと使う。

関 **衆知**（しゅうち）…みんなの知恵。**「衆知を集める」**という使い方をする。

関 **人口に膾炙する**（じんこうにかいしゃする）…広く世間の話題になる。（↓p.261）

014

未知（みち）

まだ知らないこと。
まだ知られていないこと。

▼知識の世界にはないこと。既存の知識体系の枠にはないこと。

参考 「未知」を「既知」に変えていく行為や、名付けられていないものに名前を与える行為が学問の営みだ、ともいわれる。また、「想定外」を作らずリスクに備えることは専門家の重要な仕事といえる。

関 **無知**（むち）…知っているべきことを知らないこと。四字熟語**「無知蒙昧」**（むちもうまい）がある。

すでに発見、発明されていて、知られているもの。

既知

未知

まだ発見、発明されておらず、知られていないもの。

例文でチェック

何かを待つということには、どこか先取りという面があるのだった。先取られるものは、だから、未来完了のかたちですでに視野のなかにある。ひとは、予期というかたちで、じつはもうすでに知っているものを、時の前方に、べえごまのように、あるいは網をかけるように、投射しているのだ。

すでに知っているにちがいないものを予期する。このとき、未知は既知の派生態でしかない。「何か」への期待には、こうした既知のものからする予期がふくまれている。過去になにか参照しうるもの、ないしは参照すべきものがあり、それを引いてくるのが、予期や予測というものである。そこには真に未知であると言いうるものはない。「何もかも見えちゃってる……」と、自身の未来について若いひとたちがなかば投げやりに言うときにも、彼らはたぶん予期している。予期しえぬもの、たとえば事故とか災害とか病気といった不慮の出来事を、勘定に入れていないのであるから。

（鷲田清一『「待つ」ということ』）

既知

既知＝もうすでに知っていること

「何かを待つ」・予期
既知のものからの予期。
これは真の未知ではない。既知を未来に投影したもの。

未知

真の未知・予期しえないもの
事故・災害・病気……

入試 上の例文の筆者、鷲田清一は、現代日本を代表する哲学者で、入試現代文や入試小論文で採用数の多い筆者の一人。

確認問題

空らんA・Bに「既知」「未知」のどちらかを入れなさい。

近代の学問は、【A】、不可解なものを認めない。確かに第一線の研究者は、【A】、不可解のものを熱心に求めるのだが、それを【B】、可解の論理体系の中に解消していく。たとえ今は【A】、不可解であっても、将来必ず【B】、可解にしてみせると確信する。そう信じなければ、学問は成り立たないとされた。

（柳父章『秘の思想』）

答▶ A未知　B既知

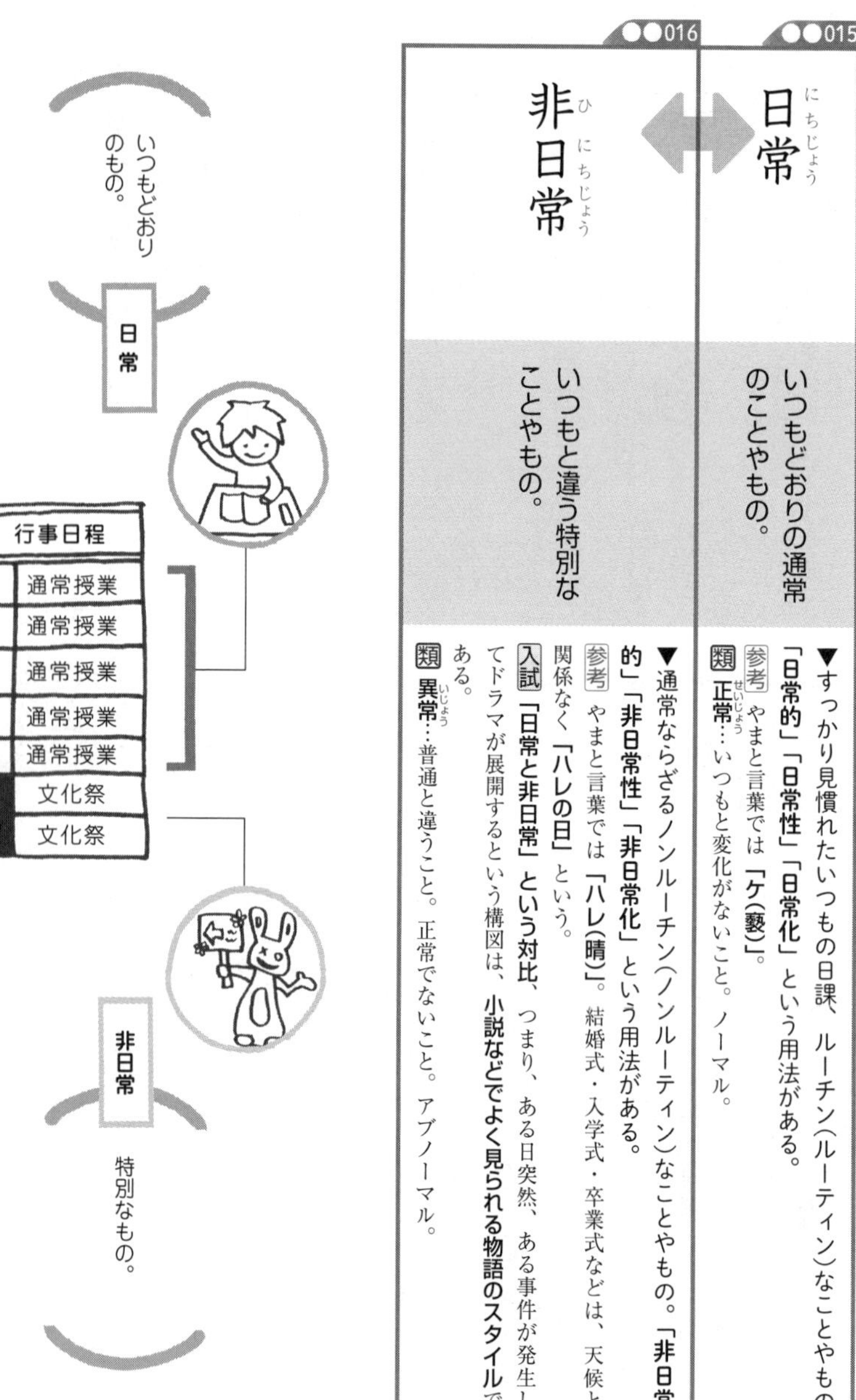

●●015

日常（にちじょう）

いつもどおりの通常のことやもの。

▼すっかり見慣れたいつもの日課、ルーチン（ルーティン）なことやもの。**「日常的」「日常性」「日常化」**という用法がある。

参考 やまと言葉では**「ケ（褻）」**。

類 **正常（せいじょう）**…いつもと変化がないこと。ノーマル。

●●016

非日常（ひにちじょう）

いつもと違う特別なことやもの。

▼通常ならざるノンルーチン（ノンルーティン）なことやもの。**「非日常的」「非日常性」「非日常化」**という用法がある。

参考 やまと言葉では**「ハレ（晴）」**。結婚式・入学式・卒業式などは、天候と関係なく**「ハレの日」**という。

入試 **「日常と非日常」という対比**、つまり、ある日突然、ある事件が発生してドラマが展開するという構図は、**小説などでよく見られる物語のスタイル**である。

類 **異常（いじょう）**…普通と違うこと。正常でないこと。アブノーマル。

例文でチェック

縁日とは、神仏がこの世に縁をもつ、「結縁の日」の意である。寺社の門前には非定住の商人が寄り集まり、常にはない場所に常にはない屋台を張って、一時的な商いの場を出現させる。祭が果てれば、その日の賑わいは跡もとどめず、人々はちりぢりに去っていく。これら、日常的な営みとは全く「無縁の」、いきずりの人々の集まりを、何故か「縁日」と呼びなすこのパラドックス。これこそ、「縁」というもののありようを根源的に問い直す一つの視角ではないか。しかも、縁日を導き、それと不可分に結びつくのが子どもであるとすれば、子どもこそこれらの「縁」の媒介者である。彼らはその境界者的性格を遺憾なく発揮して、日常と非日常、神事と商い、そして定住と漂泊を有縁のものとすべく、祭礼の日の寺社の界隈を、精力的に動き廻っているかに見える。

（本田和子『異文化としての子ども』）

非日常

【縁日】＝お祭りだから「非日常」に属しながら、日常と非日常をつなぐ「結縁」となる。子どもも媒介者として重要な役割をしている。

いきずりの「無縁」のひとが「縁日」には集まるパラドックス（逆説）。

日常

参考 「ハレ（晴）」と「ケ（褻）」という言葉は、日本における民俗学の創始者柳田国男が初めて使った。祭り・正月・盆・節句・婚礼・葬式など非日常の日や場所が「ハレ」。日常の労働の日や場所が「ケ」。

確認問題

空らんA・Bに「日常」「非日常」のどちらかを入れなさい。

誕生・病気・死は、人間が自然の存在、有限な存在であることがもっともあからさまに突きつけられる場面である。その重要なシーンが、病院など【A】的な空間で展開されるようになり、家庭という【B】生活の場から遊離してしまった。いや、隠されてしまったといったほうがいい。（鷲田清一「だれのための仕事」）

答▶ A非日常　B日常

017

能動（のうどう）

自らすすんで活動すること。積極的であること。

▼自発的に他への働きかけができること。英語の**アクティブ**。「**能動的**」「**能動性**」という用法がある。

類 **積極**（せっきょく）…自ら行動を起こすこと。

関 **自律**（じりつ）…自分の立てたルールに従うこと。（↓p.182）

018

受動（じゅどう）

受け身であること。消極的であること。

▼他からの働きかけや作用を受けたり、影響にさらされたりすること。英語の**パッシブ**。「**受動的**」「**受動性**」という用法がある。

類 **消極**（しょうきょく）…ひかえめで自ら行動を起こさないこと。

関 **他律**（たりつ）…他からの命令によって行動すること。（↓p.182）

自ら自身の意志力で動く。

能動

受動

外部からの力で動く。

例文でチェック

　他者のためになにかをするという単純な行為から、「してあげる」という意識への転換の過程では、関係のある種の偽造が起こっている。わたしの体験の意味は、どれ一つをとっても、それをじぶんがどのように受けとっているかには還元できないものであるのに、つまりいつも自／他の関係の場で規定されるものであるのに、そこではそうした相互規定的な場が一方通行的な場に変形されてしまう。

　あるひとのためになにかを「してあげる」という意識のなかでは、「あるひとのために」という関係は二重のしかたで偽造される。じぶんをたとえば「**助けるひと**」（主体）として意識したとたん、他者である「あるひと」は「**助けられるひと**」、つまり「**助ける**」という行為がさし向けられる対象（客体）へと転位させられる。自／他の関係が発信／受信、**能動**（アクション）／**受動**（パッション）の関係へと移行し、もうひとりの〈わたし〉はただ待つひととなって、もはや行為（アクション）の主体ではありえなくなるのだ。

（鷲田清一『じぶん・この不思議な存在』）

人間はお互いの存在を認め合うことで人間でありえている。
また、本来、行為の価値はお互いの関係の中で決まる。よかれと思っても相手は迷惑かもしれない。
「相手（他者）」は「私」から見れば「他者」だが、「他者」から見れば「私」は「他者」である。
これをまとめると「私」は「他者の他者」である。
言い換えれば、「他者」は「私」を認めてくれる「もう一人の私」でもある。

じぶん＝他者の他者
他者＝もう一人のわたし

だが「してあげる」という表現はこの相互関係を一方的なものに変える。

他者＝**受動**＝助けられるひと＝客体・対象
対象物
じぶん＝**能動**＝助けるひと＝主体
してあげる

参考　「他人」ではなく「**他者**」（↓p.82）と表現すると、単に私と無関係な誰かではなく、「私」と対等で独立した存在、コントロールできない存在という意味が強くなる。

確認問題

空らんA～Cに「能動」「受動」のどちらかを入れなさい。

　見ることは、一見すると【A】的な行為に思われる。しかし、見る対象に視線を合わせ、対象を目で追い、目をこらして調整しなければならない点で、対象のあり方を受容しなければならない。この意味で、見ることは【B】的である。他方、見られることは、一見すると受け身なことに思われる。しかし、知覚する者の視線を自分に集めさせ、注目を引きつけ続けて、自分のあり方に知覚者を服従させる点において【C】的である。

（河野哲也『境界の現象学』）

答▶ A能動　B受動　C能動

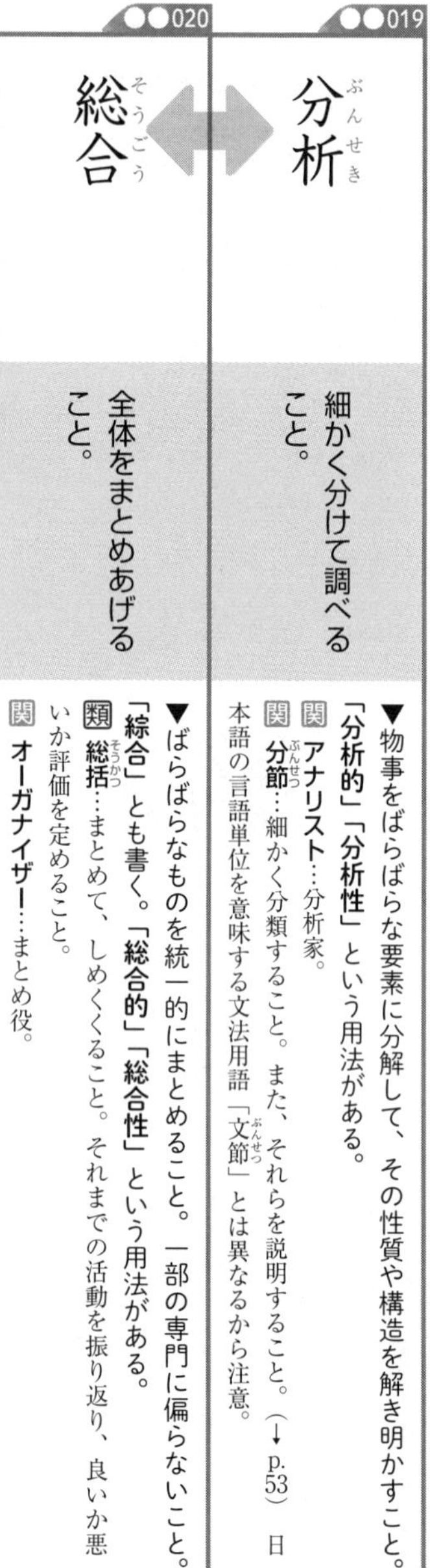

019

分析（ぶんせき）

細かく分けて調べること。

▼物事をばらばらな要素に分解して、その性質や構造を解き明かすこと。**「分析的」「分析性」**という用法がある。

関 **アナリスト**…分析家。

関 **分節**（ぶんせつ）…細かく分類すること。また、それらを説明すること。（↓p.53）日本語の言語単位を意味する文法用語「文節（ぶんせつ）」とは異なるから注意。

020

総合（そうごう）

全体をまとめあげること。

▼ばらばらなものを統一的にまとめること。一部の専門に偏らないこと。**「綜合」**とも書く。**「総合的」「総合性」**という用法がある。

類 **総括**（そうかつ）…まとめて、しめくくること。それまでの活動を振り返り、良いか悪いか評価を定めること。

関 **オーガナイザー**…まとめ役。

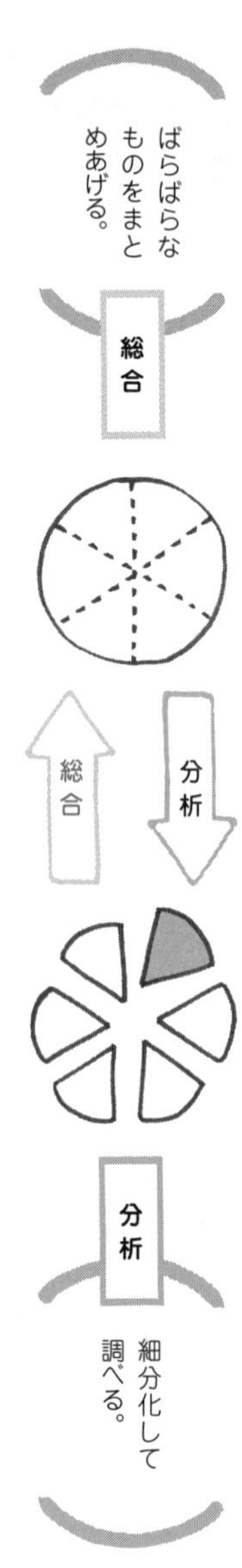
ばらばらなものをまとめあげる。
総合
分析
総合
分析
細分化して調べる。

✓例文でチェック

バイオメディスンは、人類がこれまで発達させたどのような医学体系よりも、もっとも詳細に、正確に、**総合**的に人体についての情報を集めてきた。これまでの伝統的医学の中には分子レベルにまで人体を**分析**した医学体系はないし、これほど人体を細分化してその構造とそこで起こる現象を詳細に観察し把握したものもない。それが可能であるのは自然科学の全体的発達によるのはいうまでもないが、同時に、人体を「個別の、閉じた体系を持つ存在」とみなしたからである。近代医学の発達が解剖学の発達によるところが多いということや、現代の日本の医学教育の中で解剖学や生化学が大きな割合を占めていることにそれはよく示されている。

（波平恵美子『いのちの文化人類学』）

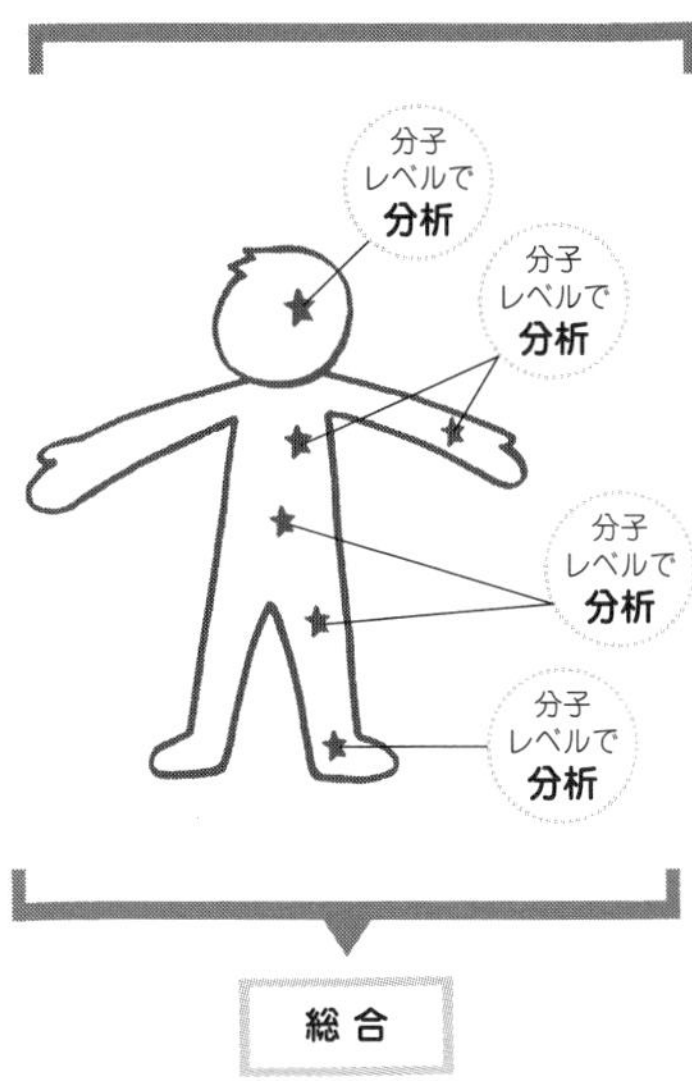

【バイオメディスン】

・外界からの影響ではなく、人体を閉じた個別のしくみと考える。
・部分が分かればその足し算として人体も理解できるという考え方。

入試 上の文章では「分析」と「総合」は相補うものとして使われているが、入試に登場する文章によっては、**まったく相容れない対義語として使われることもある。**

確認問題

空らんA・Bに「分析」「総合」のどちらかを入れなさい。

学問とくに近代の学問は、【A】の方向をいっそう推しすすめ、アート、とくに芸術のもつイメージ的な全体性を失っていった。学問のなかでも【B】化の努力はいろいろなかたちで行われてきたものの、なんといっても、根源的なイメージ的全体性から離れていったのである。

（中村雄二郎「同行者—もう一つの眼」）

答▶ A分析　B総合

1-1 練習問題① 超基本 対で覚える20語

言葉は類似した感覚的イメージの共通な部分を抽出した一般的なものであるのに対し、それが表わす現実の個々の現象はすべて微妙に異なっている。然るに人間の経験はすべて現実の現象に基づくものである。感覚的イメージはすべてそこから与えられる。そしてそのイメージに照して言葉を使っている。言葉はその人にとって過去のすべての感覚的イメージ経験を集約するものとなっている。だから同じ言葉を使っていても、人によってその言葉に反映しているイメージは異なるので意味のズレがあるはずである。人間は言葉によって表面的なコミュニケーションはできるが、お互いに深く分かり合うには、長くつき合って同じ生活経験を共有することが必要になる。

言葉には、個々人によって異なった過去の経験に基づく異なったイメージが反映している。そのような日常言語は、人によってニュアンスが異なり多義的である。そこでその曖昧さを解消するため、意味が明確に定義された言葉が現れてくる。それが概念、専門語であり、学問が成立するのはこのレベルにおいてである。そしてこの言語の客観性をさらに徹底させたものが、数学という自然科学の言語である。これは概念のもつ質的本性も量的単位に還元する最も抽象度の高い記号・数式である。

数学という言語を用いる科学において、人間の意識の働きは知られるもの(対象)から最も明確に分離したあり方をとっている。そこでは対象とつながる感覚性やイメージ性は完全に排除されている。それはものごとの客観化や対象化が極度におし進められたものである。感覚といえど何らかの対象を知るのであるから対象化の萌芽はあるが、概念においてはじめて、ものごとのつながりを離れた客観化・対象化が完成する。しかしなお質的把握という点

1 傍線部Aと傍線部Fは対義語になるが、これらを説明したものとして最も適当なものを次の中から選びなさい。

① いつでもどこでも妥当することと、一部にしか妥当しないこと
② 相互の比較が成り立つようなものと、比較するもののない圧倒的なもの
③ 対象そのものを冷静に見ることと、己の感情を入れること
④ 多角的にものを見ることと、一方向からものを見ること

2 傍線部Bの対義語を漢字二字の熟語で答えなさい。

3 傍線部Cの対義語として最も適当なものを次の中から選びなさい。

① 秩序 ② 総合
③ 相対 ④ 普遍

4 傍線部Dを説明したものとして最も適当なものを次の中から選びなさい。

① 自然を破壊して文明や文化をつくろうとする力
② 周囲に埋没しない個性や自発性に関わる力
③ 無機質で人間らしくない単調な機械

で問題を残していて、その対象化をより徹底させたのが近代科学の見方である。これは、物と心との一体的関係から最も遠ざかっている。そのため知のなかの最も確実な知とされているが、同時に、ものごととの生きたつながりを失った抽象的な世界である。そこで働く知性の能力は、ものごとを[C]分析したり一般化したりする思考能力で、悟性とか[D]理性とかいわれている。

　我々が世界とのつながりを持つのは感覚やイメージにおいてである。これらは日常的経験の基礎になっている。感覚の能力は[E]感性であるが、イメージの能力は想像力である。この想像力は、感覚によって与えられたイメージを造り変えたり組み替えたりして人間の創造活動の源泉となる。精神文化は、精神の深層において体験されたイメージの表白である。芸術は美のイメージ、道徳は善のイメージ、宗教は聖のイメージ、哲学は真のイメージというようにイメージの持つ象徴性が想像力によって様々な形を与えられる。これらは感覚的経験と同様、世界とつながった実存の世界である。

　これに対し科学は、我々の意識が物との直接的なつながりを完全に断ち切り、対象化を徹底した知の世界である。だから感覚の[F]主観性やイメージの象徴性は完全に排除されている。

（山下勲『世界と人間』）

的な能力
④ 本能や感情にゆさぶられずに思考し判断する力

5 傍線部Eを説明したものとして最も適当なものを次の中から選びなさい。
① 外界の刺激を遮断できる集中力
② 外界の刺激を冷静に分類できる力
③ 外界の刺激を感覚的に受け止める力
④ 外界の刺激を有機的に結びつける力

6 本文の内容に合致するものを次の中から選びなさい。
① 言葉や科学の営みは、日常の個々の感覚的イメージを超えて非日常的なハレの領域をさぐるものである。
② 言葉や科学の営みは、日常の個々の感覚的イメージを超えて一般化・抽象化する知的な活動である。
③ 言葉や科学の営みは、日常の個々の感覚的イメージに即して具体性を徹底して探求する活動である。
④ 言葉や科学の営みは、日常の個々の感覚的イメージを捨象することなく対象自体に迫るものである。

答▶ **1**③　**2**具体（具象）　**3**②　**4**④　**5**③　**6**②

021

概念（がいねん）

物事を整理してまとめる言葉。

▼学問や思想で用いられる言葉（学術用語）。**「概念的」「概念性」**という用法がある。

参考 本書の「評論語」で取り上げられている言葉は、ほぼすべて**「概念」**。

例 「鳥」という**概念**とは何か。これに対する一つの答えは、それは鳥たちの集合だというものである。

（野矢茂樹『語りえぬものを語る』）

関 **概念化**（がいねんか）…抽象的な言葉でまとめること。

022

観念（かんねん）

頭の中で思い描いているもの。アイディア。

▼思考の中の世界。イメージ像。ギリシャ語の**イデア**。**「観念性」「観念化」**という用法がある。

例 ギリシャ時代には平等の**観念**は必要でなかったといえる。平等をもち出したのはキリスト教である。

（西尾幹二『人生の価値について』）

関 **理念**（りねん）…「理想観念」の省略語。

関 **観念的**（かんねんてき）…「具体性を欠く」という**否定的な意味で使われる**こともある。

関 **観念論**（かんねんろん）…人間の精神を重視する哲学の立場。

鳥・鳥類

概念

具体的な個々のものをまとめる言葉や名前。

観念

設計プランのように頭の中で思い描く、アイディアや構想。

確認問題

空らんA・Bに「概念」「観念」のどちらかを入れなさい。

【A】とは、物事を整理してまとめる言葉のことである。それに対して、【B】とは、頭の中で思い描くイメージのことである。どちらも、「ある物事に対する理解の仕方」といえるが、【B】の方が個人的なものということになる。

答▶ A概念　B観念

●●023

価値観（かちかん）

物事の考え方。物の見方。

▼何に価値を認め、何に価値を認めないかの基準。価値基準。

注意 物事を見る見方や観点であるから「価値感」という表現は誤り。

例 社会に共通する価値規準は崩壊し、**価値観**は多様化しているため、自己価値を測る価値規準が見出せない。（山竹伸二『「認められたい」の正体』）

●●024

先入観（せんにゅうかん）

勝手な決めつけ。

▼見る前からあらかじめ作りあげた固定イメージ。「**先入見**（せんにゅうけん）」ともいう。

例 一般に小説に特定の意味や教訓を求めようとするわれわれの**先入観**は非常に根強いものがある。（安藤宏『太宰治　弱さを演じるということ』）

同 **予断**（よだん）・**固定観念**（こていかんねん）

類 **憶測**（おくそく）・**臆測**（おくそく）…根拠のない勝手な推測。

類 **ドグマ**…独断的決めつけ。（→p.54）

関 **色眼鏡**（いろめがね）**で見る**（み）…先入観をもって、物事を判断すること。

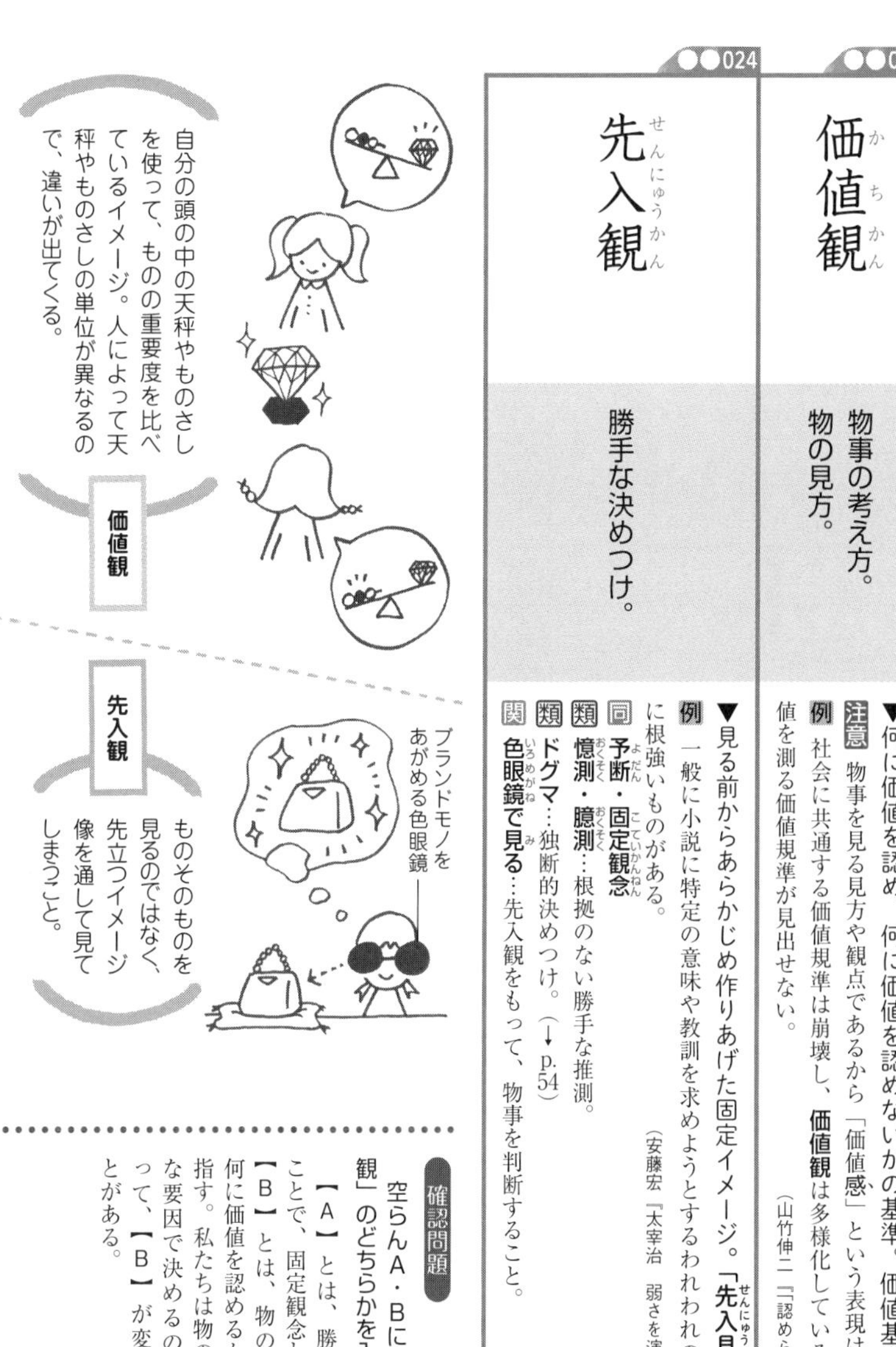

価値観
自分の頭の中の天秤やものさしを使って、ものの重要度を比べているイメージ。人によって天秤やものさしの単位が異なるので、違いが出てくる。
先入観
ものそのものを見るのではなく、先立つイメージ像を通して見てしまうこと。
ブランドモノをあがめる色眼鏡

確認問題

空らんA・Bに「価値観」「先入観」のどちらかを入れなさい。

【A】とは、勝手な決めつけのことで、固定観念と同じ意味をもつ。【B】とは、物の見方のことで、何に価値を認めるかの基準のことを指す。私たちは物の価値をさまざまな要因で決めるので、【A】によって、【B】が変わってしまうことがある。

答▶ A先入観　B価値観

025

実体（じったい）

物事の本質。

▼見たままではなく、事物そのものを実質的に支える基盤。英語の**サブスタンス**。**「実体的」「実体性」**という用法がある。

注意 字画はシンプルでも、哲学的に深い意味をもつ。したがって、**「実態**（＝見たままの実際の様子）**」**との区別が大事。

例 貨幣の**実体**は、何の価値もない単なる紙切れや金属片でしかありません。
（岩井克人『瓶の妖鬼をよむ』）

026

象徴（しょうちょう）

形のあるもので、形のないものを表現すること。

▼目に見える具体的なものによって、目に見えない抽象的なものを表現すること。例えば、「ハトは平和の**象徴**」などと使う。**「象徴性」「象徴的」「象徴化」**という用法がある。

例 近代技術の**象徴**としては印刷機その他もあるが、圧倒的に時計が**象徴的**な事物として使用されてきたようである。
（今村仁司『近代性の構造』）

同 **シンボル**

関 **比喩**（ひゆ）…「太陽のように明るい子」など、具体的なものをよく似た別な具体的なもので表現すること。

相層 皮表 うわべ

実体

実体

表面的に見えているものではなく、それを支えている基盤や本当の姿。

智恵の象徴

象徴

深い意味をもつ抽象的なものを形のあるもので表す。

確認問題

空らんA・Bに「実体」「象徴」のどちらかを入れなさい。

物々交換をしていた時代には価値の【A】そのものが直接交換されていた。しかし、現在の貨幣は【B】的価値を担っているのであり、価値そのものではない。

答▶ A実体　B象徴

027
保守（ほしゅ）

伝統や古くからの習慣・考え方・組織を重視すること。

▼「**保守的**」「**保守派**」「**保守政党**」「**保守勢力**」という用法もある。

参考 本来の「保守」の意味は、古臭い（ふるくさ）ものを守るということではなく、急激な変化が社会に混乱や不安をもたらしうるのだとする考え方を指す。

例 大衆が伝統的な生活様式を**保守**するのが現実であるなら、時には伝統を否定して文明開化の礼讃者になるのも人の世の普通のできごとにすぎない。

（磯田光一『思想としての東京』）

同 **守旧**（しゅきゅう）

関 **保守反動**（ほしゅはんどう）…革命のような急激な変化に抵抗すること。

028
革新（かくしん）

伝統や古くからの習慣・考え方・組織を変革すること。

▼「**革新的**」「**革新派**」「**革新政党**」「**革新勢力**」という用法もある。

例 われわれは変化を求め、時には**革新**を求め、見知らぬものや神秘的なものにも惹かれる。

（佐伯啓思『国家についての考察』）

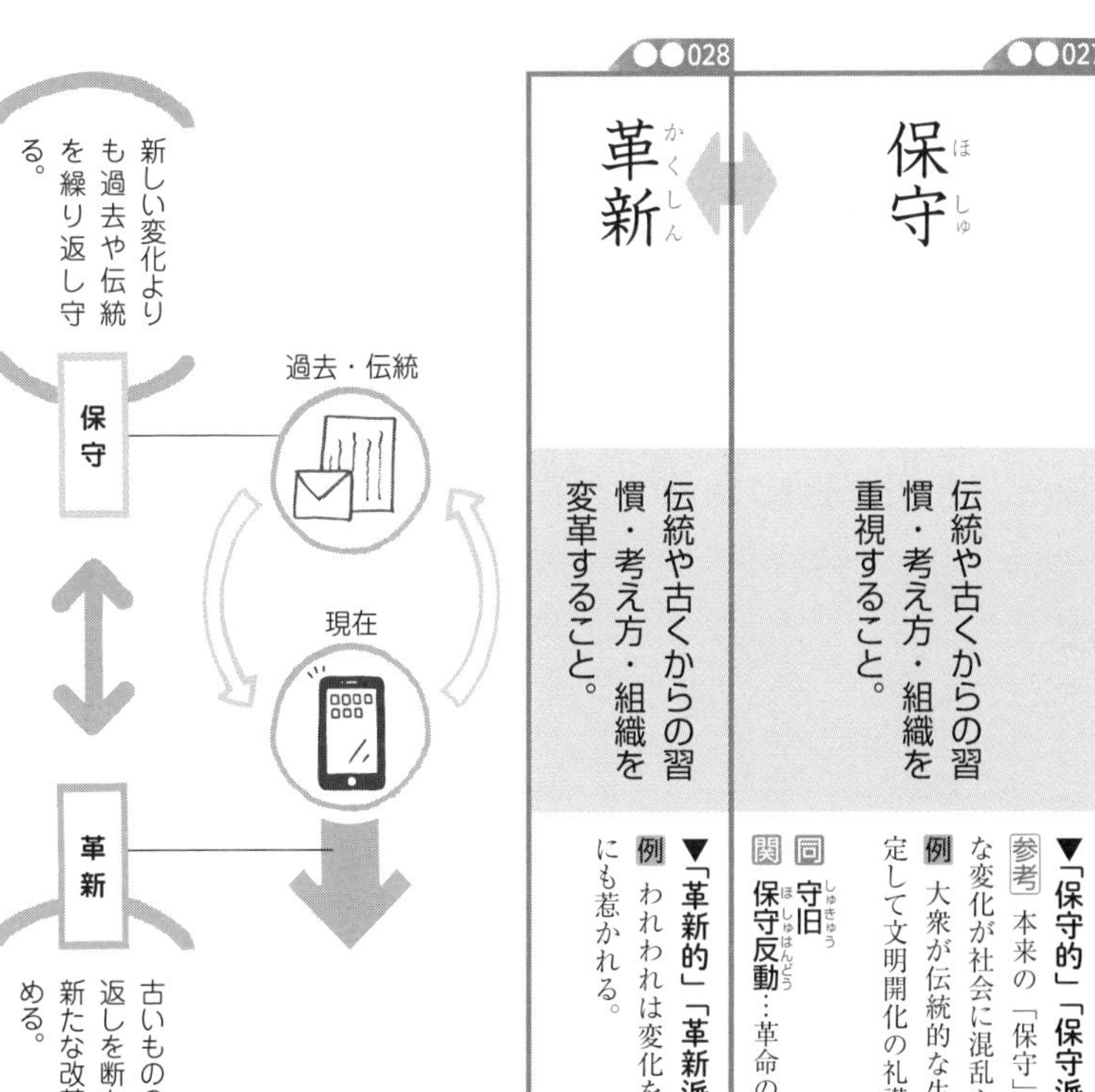

新しい変化よりも過去や伝統を繰り返し守る。
保守
過去・伝統
現在
革新
古いものの繰り返しを断ち切り新たな改革を進める。

確認問題

空らんA・Bに「保守」「革新」のどちらかを入れなさい。

「今までもこのようにやってきたんだから、そのやり方を守ろう」という考え方が【A】で、「現状のやり方をより適切なものに変えよう」という考え方が【B】である。

答▶ A保守　B革新

029 アプリオリ

a priori ラ

先天的、先験的なもの。

▼ラテン語で、人生の経験に先立つもの。生まれながらにもっているもの。

入試 学術用語だが、文章中に出ても脚注が付かないことも多い。よく使われるから受験生にとって重要な語。

例 仏教の法は**ア・プリオリ**に与えられているものではない。

（池田清彦『科学はどこまでいくのか』）

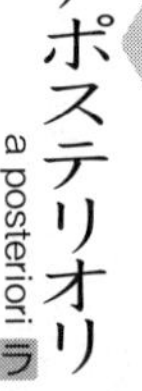

030 アポステリオリ

a posteriori ラ

後天的、経験的なもの。

▼ラテン語で、人生の経験や環境によって獲得したもの。

例「海は青い」が**ア・ポステリオリ**な総合判断であったのは、「青」が経験的直観であるからにほかならない。

（石川文康『カント入門』）

泣き声で人を引きつける能力。

（生まれながらにもっているもの。）**アプリオリ**

⇕

アポステリオリ（生まれたあと経験を通じて得たもの。）

自転車に乗れる能力。

確認問題

次のものをA「アプリオリ」、B「アポステリオリ」に分類しなさい。

① 後天的なもの
② 先天的なもの
③ 生まれつきもっているもの
④ 経験などによって獲得したもの
⑤ 倫理学
⑥ 数学の真理

答▶ A②・③・⑥　B①・④・⑤

031

カオス

chaos 英

入り混じって区別できない状態。
秩序なき混乱。

参考 もとはギリシャ語で、天地創造より前のどろどろした混じり合いの状態のこと。

注意 **「未分化で可能性も含む」**という**良い意味**もある。**「行く末が不明」**という**悪い意味**がある一方、

例 自我確立の過程の一番最初は、多くの天地創造神話に示されるように**カオス**の状態にある。
（河合隼雄『昔話と日本人の心』）

同 **混沌**（こんとん）・**渾沌**（こんとん）

032

コスモス

cosmos 英

整った状態。

参考 もとはギリシャ語。**「コスモス」**が**「宇宙」**を意味するのは、宇宙には調和のとれた一貫した秩序があるという思想があったからといえる。なお、語源的に**「秩序」**は、順序が規則正しい、という意味なのに対し、**「コスモス」**はハーモニー（＝調和）のことを指す。

例 人間は自然の結節点なのであり、それゆえにこそ已（おの）れのうちに全**コスモス**を映し出しているのだ。
（渡辺京二『山河にかたどられた人間』）

同 **秩序**（ちつじょ）

関 **コスモロジー**…宇宙観。世界観。（→p.135）

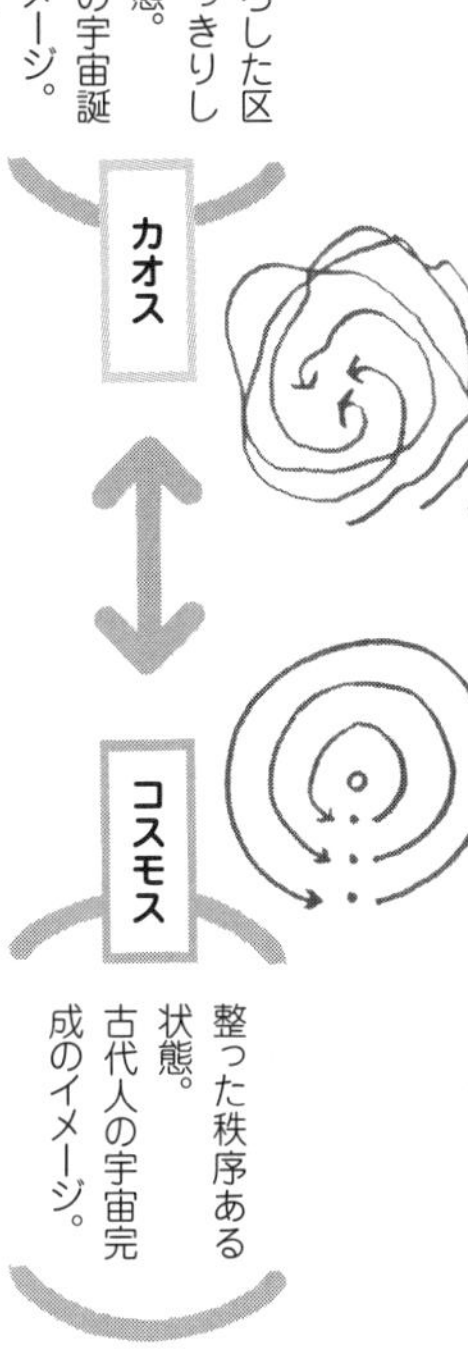

どろどろした区別のはっきりしない状態。
古代人の宇宙誕生のイメージ。
カオス
コスモス
整った秩序ある状態。
古代人の宇宙完成のイメージ。

確認問題

A「カオス」、B「コスモス」と同じ意味を表す言葉を次からそれぞれ選びなさい。

① 始まり　② 終わり
③ 系統　④ 秩序
⑤ 混沌　⑥ 多様

答▶ A⑤　B④

033

ヒエラルキー

Hierarchie 独

上下関係。ピラミッド型の階層関係。

▼「ヒエラルヒー」「ハイアラーキー」ともいう。

例 武家のようにヒエラルキーの尊重が最優先された社会では、服装の自由はむしろ制限されがちであった。（北山晴一『衣服は肉体になにを与えたか』）

類 序列（じょれつ）…上位から下位までの順序。

034

バイアス

bias 英

偏り。

▼バイアスは、意図せず、無自覚にかかることが多い。例えば、外国との緊張関係があるときは、世論調査で内閣への支持率は高く出やすいなど。

例「百聞は一見に如かず」とか「自分の目で見たことを信じなさい」とはよく言われることだが、実は、私たちが自分の目で見て「事実」と感じていること自体も「錯覚」であることが多い。学問的に言えば、非常にさまざまな脳の「バイアス」の上に成り立っている。（福岡伸一『動的平衡』）

類 偏見（へんけん）…偏った物の見方。

類 先入観（せんにゅうかん）…勝手な決めつけ。（→p.31）

関 バイアスがかかる…偏見や先入観にとらわれている。色眼鏡（いろめがね）で見る。

ピラミッド型の上下の階層。
ヒエラルキー
王様
貴族
騎士
領民

バイアス
立ち位置 状況
自分でも無自覚なまま、ある立ち位置から、公平・中立ではなく、偏った評価をしている。

確認問題

A「ヒエラルキー」、B「バイアス」と同じ意味を表す言葉を次からそれぞれ選びなさい。

① 上下関係 ② 人間関係
③ 前後関係 ④ 血縁関係
⑤ 恨み ⑥ 過ち
⑦ 偏り ⑧ ねたみ

答▶ A① B⑦

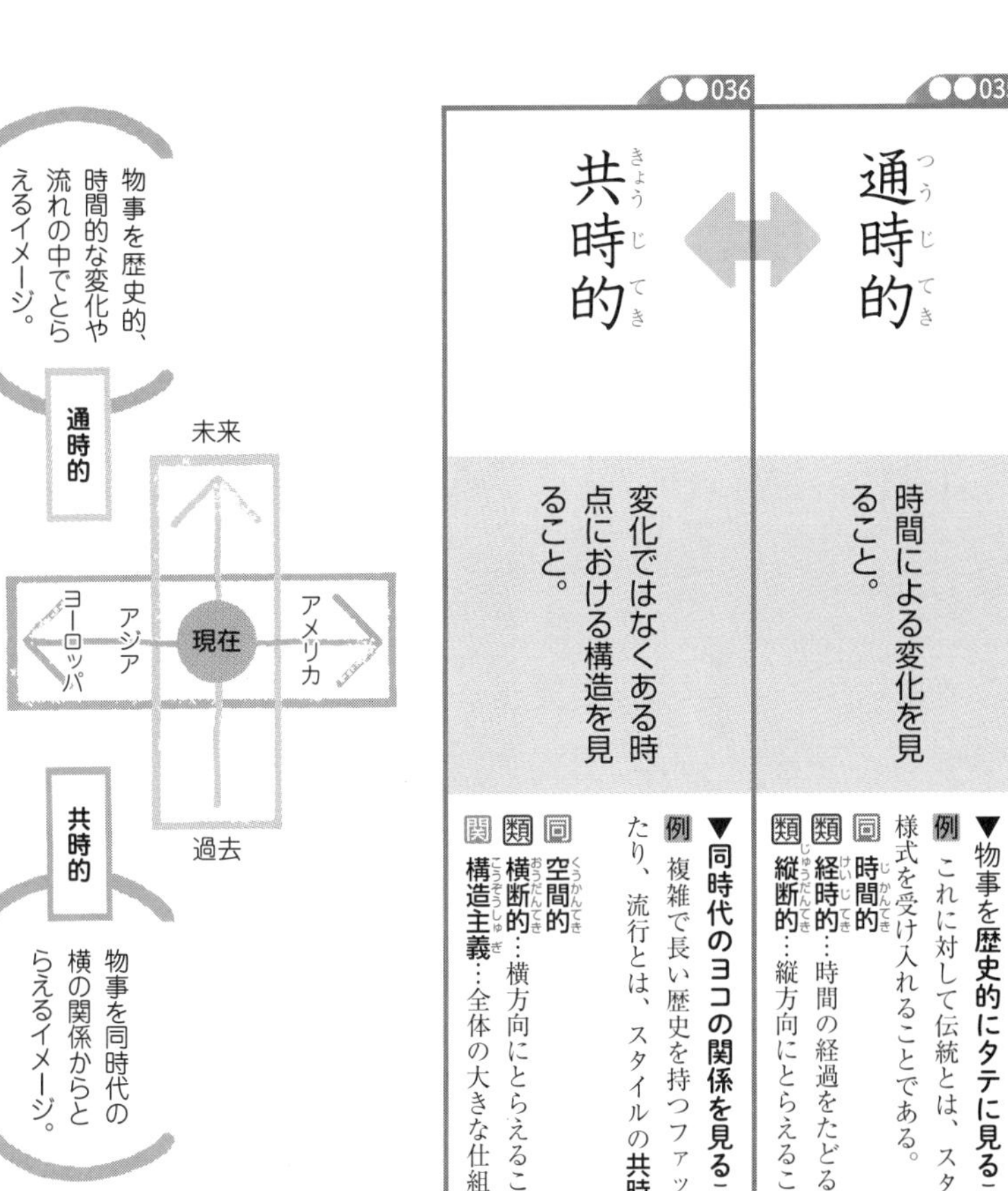

035
通時的
つうじてき
時間による変化を見ること。
036
共時的
きょうじてき
変化ではなくある時点における構造を見ること。
物事を歴史的、時間的な変化や流れの中でとらえるイメージ。
通時的
未来
現在
ヨーロッパ
アジア
アメリカ
過去
共時的
物事を同時代の横の関係からとらえるイメージ。

▼物事を**歴史的にタテに見る**こと。

例 これに対して伝統とは、スタイルを**通時的**に模倣することであり、過去の様式を受け入れることである。

（河野哲也『境界の現象学』）

同 **時間的**（じかんてき）

類 **経時的**（けいじてき）…時間の経過をたどること。

類 **縦断的**（じゅうだんてき）…縦方向にとらえること。

▼**同時代のヨコの関係を見る**こと。英語の**シンクロニック**。

例 複雑で長い歴史を持つファッションを定義するのは難しい。しかしさしあたり、流行とは、スタイルの**共時的**模倣であると定義できよう。

（河野哲也『境界の現象学』）

同 **空間的**（くうかんてき）

類 **横断的**（おうだんてき）…横方向にとらえること。

関 **構造主義**（こうぞうしゅぎ）…全体の大きな仕組みの中で個々のものをとらえる考え方。

確認問題

次のものをA「通時的」、B「共時的」に分類しなさい。

① 時間的
② 空間的
③ 歴史的にタテに見ること
④ 同時代のヨコの関係を見ること
⑤ 横断的
⑥ 縦断的

答▶ A①・③・⑥　B②・④・⑤

037

形而上（けいじじょう）

形を超えたもの。本質を考える思考の中の世界。

▼英語のメタフィジックスを訳したもの。フィジックスは古代ギリシャ語「フィシス（＝自然）」からきた言葉。「メタ〜」には「一つ次元が上」「超越」などの意味がある。

例 教養は各派それぞれに違ったが、日本人が**形而上**的な世界の価値を知ったのは仏教によってだった。（中野孝次『清貧の思想』）

関 **形而上学**（けいじじょうがく）…目に見えない本質を追究する学問。**「哲学」**とほぼ同義語として使われることが多い。

038

形而下（けいじか）

形あるもの。物質的な世界。

▼英語のフィジックスを訳したもので、物質的な世界。物理的な世界。

例 人間の生活が、形而上の世界から**形而下**の世界へとその中心を移すためには、当然にそれを受け容れるに足るだけの場所が必要であったはずである。（平野啓一郎『文明の憂鬱』）

関 **即物的**（そくぶつてき）…感情を交えず物自体をとらえること。

形を超えた目に見えない本質のイメージ。

形而上

形而下

形があり、見たり触ったり感覚的にとらえられたりするもののイメージ。

確認問題

次のものをA「形而上」、B「形而下」に分類しなさい。

① 哲学
② 物質的な世界
③ 形を超えたもの
④ 形あるもの
⑤ 人間
⑥ 神

答▶ A①・③・⑥　B②・④・⑤

039

有機的（ゆうきてき）

相互に関連し合っている様子。

▼生物の細胞のように互いに結びつき、大きな全体を形成している様子。

例 実際の作品のなかのひとつひとつの言葉は、それがふくまれる文節に、文章に、またひとかたまりの文章に、そして作品の全体に、**有機的**に結びついている。（大江健三郎『新しい文学のために』）

関 **有機体**（ゆうきたい）…生き物。

関 **有機物**（ゆうきぶつ）…有機体、生命体を形成している物質。

040

無機的（むきてき）

単調で他との関係が切れている様子。

▼部分と全体の関係が切れていること。ドライで冷たい機械のような様子。人間らしくない様子。

例 **無機的**に見える情報機器と人形やぬいぐるみといった、皮膚感覚を喚起するモノが、矛盾することなく同居している光景がどこの国にいっても見られる。（港千尋「命令と物語　断片化する世界の考察」）

関 **無機物**（むきぶつ）…生き物ではない、水や空気や鉱物などの物質。

関 **無機質**（むきしつ）…化学分野では、カリウム・カルシウム・マグネシウム・鉄・硫黄（いおう）・リンなどを指す。ただし、一般には、「無機的」と同様に、人間らしくない、との意味で使われることが多い。

生き物の部分と部分、部分と全体はつながっている。簡単には取り替え可能ではない。

有機的

無機的

部分と部分、部分と全体は、切り離し可能である。部分は、部品・パーツである。

確認問題

空らんA・Bに「有機的」「無機的」のどちらかを入れなさい。

単調で他との関係が切れていて、冷たい機械のような様子を【A】という。その対義語で、互いに結び合いながら、大きな全体を形成している様子を【B】という。

答▶ A無機的　B有機的

041

画期的（かっきてき）

今までにないほど注目を集めるさま。

▼それ以前と以後で線引きできるほど、目覚ましく新時代をひらく様子。

注意 元気のいい「活気」と混同しないこと。

例 インターネットは人間のメディア発展史上、電話やテレビと同等、あるいはそれ以上に**画期的**である。（橋元良明『メディアと日本人』）

同 **革命的（かくめいてき）・エポックメーキング**

042

契機（けいき）

きっかけ。機会。要素。

▼物事が変化する転換点。人間が行動や習慣を変える動機や転機。

例 今度の大震災を**契機**にこれまでの生き方を考え直すといった発言が随所（ずいしょ）で聞かれるようになった……。（佐々木毅『学ぶとはどういうことか』）

同 **転機（てんき）・ターニングポイント**

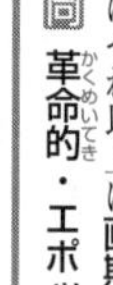

画期的

時代を、それ以前それ以後に分けるほど強いインパクトをもつこと。

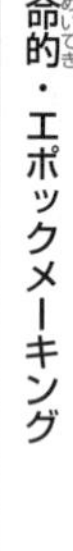

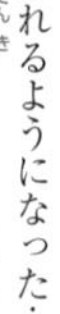

契機

人生や物事が変わるきっかけやターニングポイントになるもの。

確認問題

1 空らんA・Bに「画期的」「契機」のどちらかを入れなさい。

日本社会は、コンピュータ・ネットワークなどの【A】な新技術の登場を【B】に、大きく変化することになった。

2 「契機」の意味として適切なものを、次から選びなさい。

① 選択　② 判断
③ 意識　④ きっかけ

答▶ 1 A画期的　B契機　2 ④

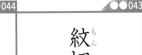

043

紋切り型（もんきりがた）

判で押したような、お決まりのパターン。

▼一定の型枠（かたわく）にはまった新鮮さのないもの。印刷のようにどれも同じであること。

入試 **重要語句の空らん補充問題**などで頻出。同じ意味を表す外来語の**「ステレオタイプ」「ステロタイプ」**も同様に頻出。

例 「家庭のスナップ写真」の大部分は、平板で退屈な**紋切り型**の構図であり、どれもこれも似通っている。（飯沢耕太郎『写真的思考』）

同 **ステレオタイプ・ステロタイプ**

関 **金太郎飴**（きんたろうあめ）…どこを切っても同じ顔が出てくる棒状のアメのお菓子。

044

画一（かくいつ）

すべてを同じようにすること。

▼個性がなく、どれもこれも同じであること。**「画一化」「画一的」「画一性」**という用法がある。

例 **画一**的な知識を詰め込む従来の教育から脱却し、自ら主体的に学び考えさせる教育へと転換するように迫ったのである。（土井隆義『友だち地獄』）

紋切り型

金太郎飴がどこを切っても同じ顔が出てくるように、決まりきっていること。

画一

大量生産される工業製品のように全部同じ基準でつくられること。

確認問題

次の説明で、あっているものには○、間違っているものには×をつけなさい。

A 紋切り型とはいつも同じパターンにはまったものである。
B 紋切り型とはステレオタイプともいい、型破りなものである。
C 多くの中から好みのものを一つ選べることを画一という。
D 大量生産品のように個性のないことを画一的という。

答▶ A○ B× C× D○

045 誤謬（ごびゅう）

間違い。エラー。

▼**本来あるべき正しさから外れて、くい違っていること。**

例 科学上の業績は単に分析にのみよって得られるものと考えるのは、ありふれた、しかし大なる**誤謬**である。（寺田寅彦『漫画と科学』）

類 **過誤**（かご）…あやまち。誤り。ミステイク。

類 **瑕疵**（かし）・**瑕瑾**（かきん）…欠点。

関 **謬見**（びゅうけん）…間違った考え方や誤りを含む意見。

046 是非（ぜひ）

よしあし。

▼**正しいことと正しくないこと。是認と否認。イエスとノー。**

例 最近、算数の時間に電卓をつかって生徒に計算させることの**是非**を問う論争がおこった。（河野哲也『存在の具体性』）

同 **可否**（かひ）

関 **是非**（ぜひ）**に及**（およ）**ばない・是非**（ぜひ）**もない**…よしあしをあれこれ判断する間もなく、そうするしかない。どうしようもない。しかたがない。やむをえない。

関 **是々非々**（ぜぜひひ）…物事の良い悪いを公平に判断すること。

関 **是**（ぜ）**が非**（ひ）**でも**…どうしても。何が何でも。

誤謬

間違い。

是非

良いか悪いか、賛成か反対か、イエスかノーか。

確認問題

A「誤謬」、B「是非」の意味を次からそれぞれ選びなさい。

① 真実　② よしあし
③ 釣り合い　④ きっかけ
⑤ 思想　⑥ 間違い

答▶ A⑥　B②

047

歪曲（わいきょく）

事実をねじ曲げること。意図的に事実をゆがめること。

例 記述者が嘘を書かず、権力者の意図が史実を**歪曲**しなかったという保障はどこにあるのか。（野口武彦『江戸の歴史家』）

関 **曲解**（きょっかい）…素直に受け取らずに、変形した形で理解すること。

関 **捏造**（ねつぞう）…でっちあげること。（→p.111）

048

逆説（ぎゃくせつ）

普通の理解に反していながら、真理を表している説。

▼「**逆説的**」という用法がある。ことわざには「急がば回れ」「かわいい子には旅をさせよ」のように逆説的なものがある。

注意 「しかし・だが」のような接続詞の「**逆接**」と混同しないこと。

例 静止をもたらす運動とは、まさに**逆説的**な運動だ。不動のためには運動が必要になるということなのだから。（北垣徹『運動する認識』）

同 **パラドクス・パラドックス**

関 **矛盾**（むじゅん）…つじつまが合わないこと。（→p.53）

関 **皮肉**（ひにく）…表面上は褒め言葉だが、真意は悪口。期待に反するよくない結果。

アイロニー・イロニー。（→p.145）

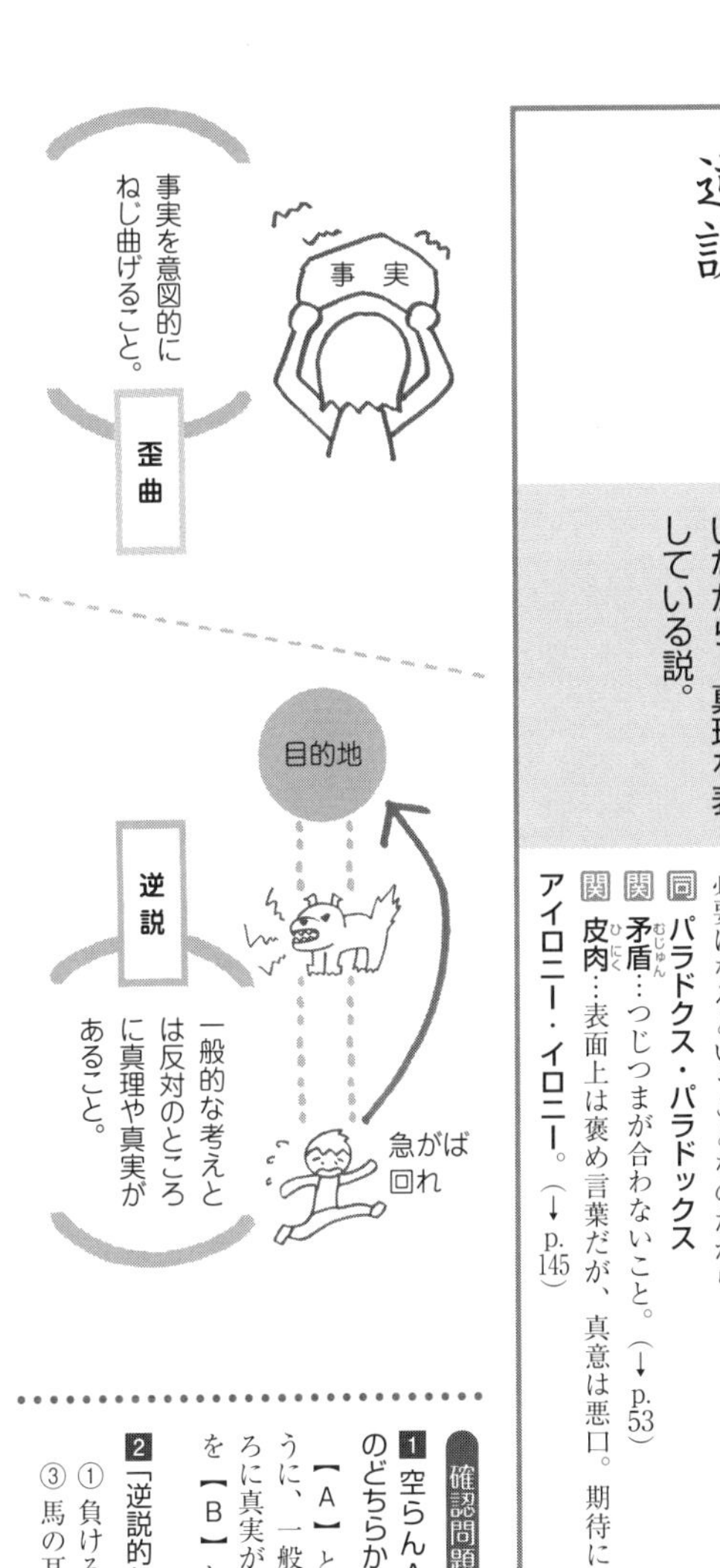

事実をねじ曲げること。
事実
歪曲
目的地
急がば回れ
逆説
一般的な考えとは反対のところに真理や真実があること。

確認問題

1 空らんA・Bに「歪曲」「逆説」のどちらかを入れなさい。

【A】とは、「急がば回れ」のように、一般的な理解とは反対のところに真実があることを指すが、事実を【B】しているわけではない。

2 「逆説的な表現」を選びなさい。

① 負けるが勝ち　② 猫に小判
③ 馬の耳に念仏　④ 虻蜂（あぶはち）取らず

答▶ 1 A逆説　B歪曲　2 ①

049

疎外（そがい）

本来親しいはずのものを排除すること。

▼「親密」や「受容」の反対で、よそよそしくて近づけないこと。

参考 学術的には、交通渋滞などのように、人間が生み出したものでありながら制御できず、人間がはじかれてしまう皮肉な事態を指す。

入試 邪魔する、妨げになるという意味の「阻害」と区別すること。

例 議論に参加できなくても楽しめればいいが、こうした討論になじめず、自分が**疎外**されたような居心地の悪さを感じる人もいるようだ。

（飛幡祐規『話さない、話したくない日本人』）

関 **疎外感**（そがいかん）…爪（つま）はじきにされて、仲間に入れてもらえない感覚。

050

払拭（ふっしょく）

きれいにぬぐい去ること。

▼さっとすべてを取り去ってしまうこと。英語の**クリアランス**。

例 じぶんが親や他人にとって邪魔な存在ではないのかという疑いをいつも**払拭**できない。

（鷲田清一『悲鳴をあげる身体』）

同 **一掃**（いっそう）

関 **掃討**（そうとう）…敵などを残らず殲滅（せんめつ）すること。

本来は親密だったものから爪はじきにされるイメージ。

疎外

払拭

さっと雑巾でひとふきのイメージ。

確認問題

空らんA・Bに「疎外」「払拭」のどちらかを入れなさい。

友だちの中で、自分だけが重要なことを知らなかったり、自分だけが遊びに誘ってもらえなかったりしたことで、【A】感を覚えることがある。そうした【A】感を【B】し、自分の居場所をつくり出すためには、気持ちを切り替えることが必要である。

答▶ A疎外　B払拭

051

淘汰（とうた）

不適合なものを取り去ること。

▼環境や条件に対応できないものを除去すること。

例 ヴィジョンは現実化されてこそマーケットの中で評価されるのであって、現実化されないものは**淘汰**される。（茂木健一郎『脳と仮想』）

関 **自然淘汰**（しぜんとうた）…英語の「ナチュラル・セレクション」を翻訳したもの。自然環境に適応できた生き物だけが生き残り、適応できない生き物は滅びること。

052

排斥（はいせき）

強く拒否すること。排除すること。

▼異質なものや人を受け入れずに、拒絶すること。

例 清潔とは何か。それはおそらく、身体や精神についた異物を**排斥**する思想、異物と共生することを拒否する感覚だ。（真木悠介『時間のない大陸（インド）』）

類 **排他**（はいた）…自己や仲間でないものを排除すること。

類 **駆逐**（くちく）…敵などを追い払うこと。

確認問題

空らんA・Bに「淘汰」「排斥」のどちらかを入れなさい。

不況によって物が売れなくなると、競争が激化し、不良企業が【A】され、優良な企業のみが残ることになる。そして、国内製品の売り上げを確保するために、外国製品は【B】すべきだ、という意見が強くなる傾向にある。

答▶ A淘汰　B排斥

053

均衡（きんこう）

力や数量が釣り合っていること。

▼例えば、野球などで同点が続くこと。

入試 漢字の**書き取り**でも頻出。「**衝突**」の「**衝**」と混同することが多い。

例 対話とは、相手の行動を相互に制御しあって、一定の**均衡**状態へと落ち着いていく過程である。（河野哲也『意識は実在しない』）

同 **平衡**（へいこう）・**バランス**

類 **拮抗**（きっこう）…同じくらいの力で張り合っていること。

関 **膠着**（こうちゃく）…ガチガチに固まって進まないこと。

054

折衷（せっちゅう）

中間の、ほどよい案を採用すること。

▼それぞれのいいとこどりでまとめること。

例 漢文の訓読体をベースにして、和文や和歌の修辞法を**折衷**して生まれたのが和漢混淆文（わかんこんこうぶん）である。（兵藤裕己『琵琶法師』）

関 **和洋折衷**（わようせっちゅう）…日本と西洋をほどよく混ぜ合わせること。

関 **妥協**（だきょう）…対立があるとき、ゆずり合って折り合いをつけること。

均衡

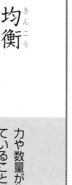

「0対0」のまま、釣り合いが続く。どちらかが1点取れば「均衡を破る」。

	一	二	三	四	五	…
(うさぎ)	0	0	0	0	0	…
(かめ)	0	0	0	0	0	…

折衷

二つのもののいいとこどりの合体。

確認問題

A「均衡」、B「折衷」の意味を次からそれぞれ選びなさい。

①二つのよいところを取り合わせること
②すべてを同じようにすること
③力や数量で釣り合っていること
④互いに関連し合っていること
⑤ゆずり合って折り合いをつけること
⑥もとの状態に返すこと

答▶ A③　B①

●●055

機微（きび）

微妙な味わい。

▼表面からははっきりわからない、ひそやかで繊細なもの。

例「弱者」に優しい「正義の味方」には、人情の**機微**に敏感で、温かい心配りをするというイメージもある。（仲正昌樹『いまを生きるための思想キーワード』）

類 ニュアンス…微妙な意味合い。ほのめかし。（→p.194）

類 隠微（いんび）…かすかでわかりにくいこと。

関 人情の機微（にんじょうのきび）…人間の感情の奥底にある微妙なゆれや動きを指す。

●●056

示唆（しさ）

ほのめかすこと。それとなく示し教えること。

例「ふるさとは遠きにありて思うもの」という通俗的な表現が、すでに「ふるさと」の二重性を**示唆**している。（西谷修『ふるさと、またはソラリスの海』）

類 暗示（あんじ）…含みをもたせた表現で示すこと。（→p.144）

類 教唆（きょうさ）…そそのかすこと。相手がある行動をするようにしむけること。

関 示唆的（しさてき）…教えを含んだ含蓄深い様子。

機微

表面からは簡単にはうかがい知れない事情や細やかな心理。

示唆

直接的には明示されていないが、そこに含まれた間接的な意味。

確認問題

A「機微」、B「示唆」の意味を次からそれぞれ選びなさい。

① 誤った指示を出すこと
② たびたび表れる心の動き
③ 表面からははっきりわからない繊細なもの
④ それとなく示し教えること
⑤ 頭の中で思い描いているもの
⑥ 機械的に処理すること

答▶ A③　B④

057

還元（かんげん）

もとの状態に返すこと。

▼原点や原理にあたるものに戻すこと。「**単純化する**」という意味もある。

例 ほとんどの場合、科学は対象や事態を小さい要素に**還元**していく。

（保坂和志『「世界の意味」のための下書きの準備』）

関 **還元論**（かんげんろん）・**還元主義**（かんげんしゅぎ）…原点や原理に立ち戻ることをよいと考える思想。

058

恣意（しい）

思うまま自由な考え。

▼「恣」は「ほしいまま」と読み、気まま、わがままの意味がある。「**恣意的**」という用法がある。

例 無法な暴力を前に犠牲者を見殺しにすれば、ただ無法な支配を認め、支配者の**恣意**を認めることになる。

（藤原帰一『戦争を記憶する』）

類 **任意**（にんい）…自由に思うままに任せること。

関 **酔狂**（すいきょう）・**粋狂**（すいきょう）…ばかげたことをあえてする様子。

結果・利益
POINT CARD
原点
還元
出てきた結果や利益をもとに戻す、返すイメージ。

恣意
気分のおもむくままのイメージ。

確認問題

空らんA・Bに「還元」「恣意」のどちらかを入れなさい。

もとの状態に返すことを【A】という。例えば、物を売ったときに、値引きするのではなく、ポイントを付与することで、客に利益の一部を【A】するサービスのことをポイント【A】という。こうしたサービスの【A】率を経営者が勝手気ままな【B】で変更すると、現場が混乱するので、【B】的な判断はしてはならない。

答▶ A還元　B恣意

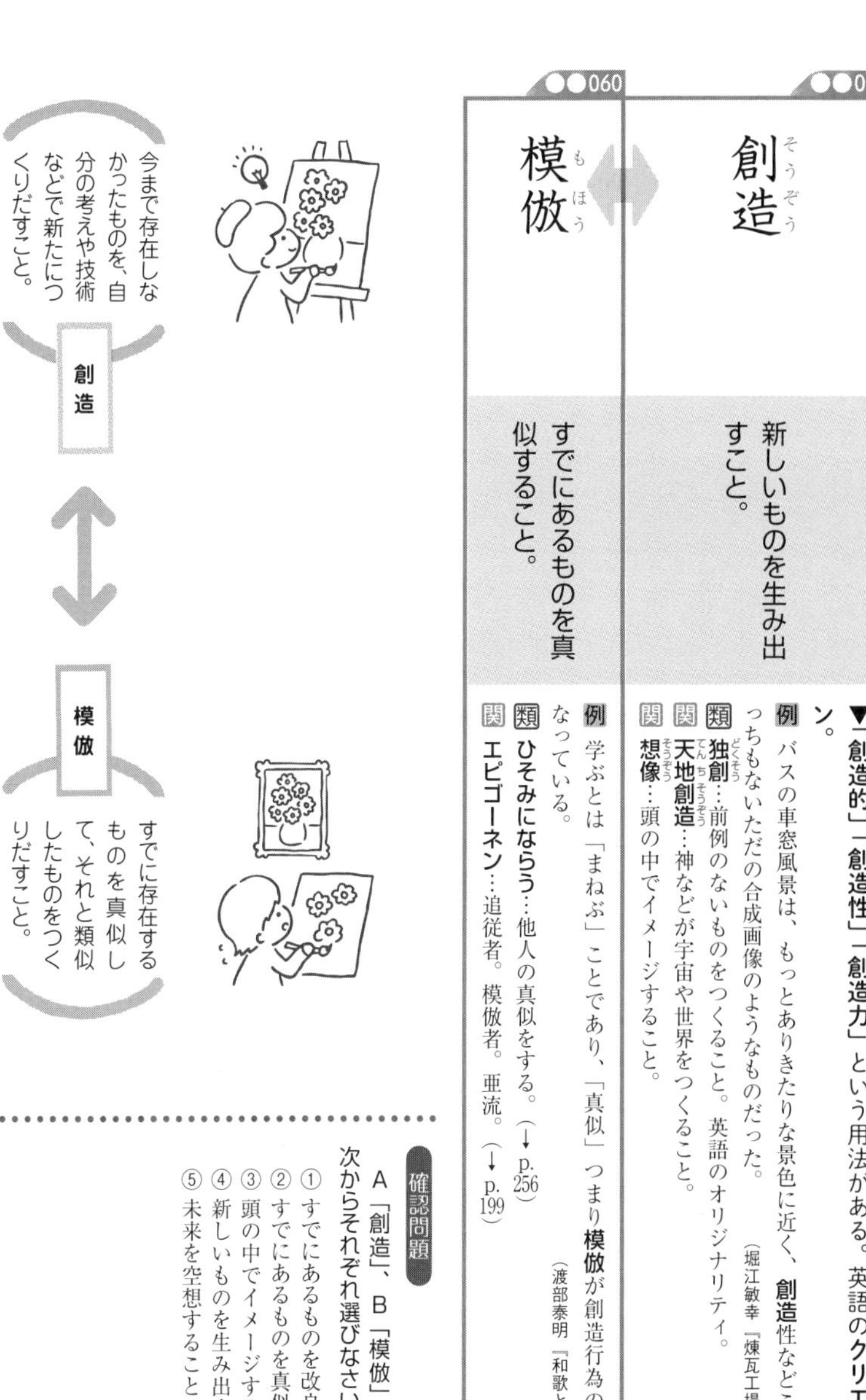

今まで存在しなかったものを、自分の考えや技術などで新たにつくりだすこと。
創造
模倣
すでに存在するものを真似して、それと類似したものをつくりだすこと。

059 創造（そうぞう）

新しいものを生み出すこと。

▼「**創造的**」「**創造性**」「**創造力**」という用法がある。英語の**クリエイション**。

例 バスの車窓風景は、もっとありきたりな景色に近く、**創造**性などこれっぽっちもないただの合成画像のようなものだった。（堀江敏幸『煉瓦工場の退屈』）

類 **独創**（どくそう）…前例のないものをつくること。英語のオリジナリティ。

関 **天地創造**（てんちそうぞう）…神などが宇宙や世界をつくること。

関 **想像**（そうぞう）…頭の中でイメージすること。

060 模倣（もほう）

すでにあるものを真似すること。

例 学ぶとは「まねぶ」ことであり、「真似」つまり**模倣**が創造行為の前提となっている。（渡部泰明『和歌とは何か』）

類 **ひそみにならう**…他人の真似をする。（→p.256）

関 **エピゴーネン**…追従者。模倣者。亜流。（→p.199）

確認問題

A「創造」、B「模倣」の意味を次からそれぞれ選びなさい。

① すでにあるものを改良すること
② すでにあるものを真似すること
③ 頭の中でイメージすること
④ 新しいものを生み出すこと
⑤ 未来を空想すること

答▶ A④　B②

1-2

練習問題②—読解に関わる40語

人間が文明をつくるについては、いくつかの知的能力が人間に普遍的に潜在していたと考えるほかはありません。何かが何かの上にあるとか、下にあるといった先験的な感性の形式、個物が存在して一つ二つと数えられるという数の観念、感覚刺激をまとめて一つのかたちを見てとる想像力といった能力がそれです。

さらに人間には行動を繰り返し、そのなかでしだいに行動のかたちを一定の形式に整える能力があります。石を投げるにせよ、木を切るにせよ、身体の動きを一定の型に嵌めて、それを反復可能な慣習にしていく能力です。そうすれば行動の効率を高めることもできるし、その能力を他人に教育することもできます。じつはこれがすべて技術と礼儀作法と呼ばれる営みの原型になるもので、これもまた文明をつくる普遍的な人間の能力だといえます。

そういう能力を持った人間が集団で生き、多様に異なる自然環境に遭遇したとき、その出会いのはざまに生まれたものが神話的な世界観でした。神話とは人間の世界解釈のかたちですが、世界をどう解釈するかということは、当の人間の側がどんな能力を持っているかということと、相互に決定しあう関係にあるからです。その意味で、それぞれの神話はちがっていても、その底には人間が共通して理解できる普遍性の芽があったと考えられます。

とくに行動の定式化から生まれた技術や、礼儀作法をさらに普遍化した法制度といった要素は、もともと教育可能な営みなのですから、文明として強力な伝播力を発揮したにちがいありません。定式化はまた合理性の源泉とも考えられるので、いい方をかえれば、文明は合理的であるときに、その支配範囲をつねに拡張するものだと見ることもできます。

1 傍線部Aを説明したものとして最も適当なものを次の中から選びなさい。

① 事物そのものの本質
② 学問や思想用語
③ 物事の価値基準
④ 頭の中で思い描く構想

2 傍線部Bについて、こうした一定の型が新鮮さを失い印刷のようにどれも同じになることを何というか、最も適当なものを次の中から選びなさい。

① 絶対化
② 還元
③ ドグマ
④ 紋切り型

3 傍線部Cを説明したものとして最も適当なものを次の中から選びなさい。

① 事実をねじ曲げた理解や説明
② 事実に反するようで真理である表現
③ 事実を見る前からある偏った考え
④ 表面からはわからない微妙な味わい

4 傍線部Dを説明したものとして最も適当なものを次の中から選びなさい。

① 明快に例示すること
② 比喩的に示すこと
③ 間接的にそれとなく示すこと
④ 直接的に明示すること

しかも[C]逆説的なことですが、その伝播力は互いに伝播することによって、すなわち異質文明と遭遇し衝突し、相互に交流することによってその力を増したと考えられるのです。四大文明と呼ばれる古代文明も、遠く離れてそれぞれに異質性を保ちながら、古くからさまざまな面で交流を繰り返し、相互影響によって強大化に成功したようです。A・クローバーやH・フランクフォートといった歴史学者によれば、エジプトの象形文字はメソポタミアの楔形（くさびがた）文字の刺激を受けて誕生したし、さらにクローバーによれば、中国文明ですらメソポタミアの影響を受けて発展したと考えられています（山本新『トインビーと文明論の争点』）。

これにつけて[D]示唆的なのは、アメリカ大陸に孤立して誕生した、マヤやアステカを含む古代メソアメリカ文明の存在です。いずれも農業を発明し、巨大石造建築や道路を建設して、独自の宗教を持つ偉大な文明でした。

特にマヤは文字を持っていたばかりか、インドとは別個に「0」の観念さえ知っていたといわれる文明ですが、なぜか銅器も鉄器も持たない石器文明で終わりました（青山和夫『古代メソアメリカ文明』）。こうした不思議な文明史の偏りは、この文明が古代に他の大陸文明から孤立し、交流の機会を得なかったことと無縁ではないと思われます。

（山崎正和『文明としての教育』）

5 本文の内容に合致するものを次の中から選びなさい。

① 異質な文明との出会いは大きな衝突となり、互いに打ち消しあって文明の伝播力を弱める。

② 異質な文明との衝突や交流が互いに刺激となることで、かえってある文明の伝播力を高める。

③ 異質な文明との衝突や出会いが少なく孤立した文明ほど、高度で純粋な思想や技術を育てる。

④ 異質な文明との衝突や交流により次第に相互の差異が消失し、統一的で強大な文明が生まれる。

答▶ **1**④　**2**④　**3**②　**4**③　**5**②

061

正統（せいとう）

血筋や流儀を正しく受け継ぐこと。

▼思想や学説、芸術や技術の流儀、あるいは血筋・血統を正しく継承すること。**「正統的」「正統性」**という用法がある。

注意 **「正当」**は「正しく道理にかなっていること」を意味し、「不当」が対義語。

例 原稿の復元はかなわなくとも、現存する版本でどれがもっとも**正統的**なものであるかを明らかにすることは出来た。（外山滋比古『古典論』）

類 **オーソドックス**…正統的。

関 **正統派**（せいとうは）…正しい系統のグループ。

062

異端（いたん）

思想や流儀が主流や正統とされる流れから外れていること。

▼**「異端的」**という用法がある。

例 民族やその国家が大きくなると、必ず**異端的**な宗教が出てきます。そして、その**異端**の宗教の中から「世界宗教」が出てくるのです。（竹田青嗣『中学生からの哲学「超」入門』）

関 **異端児**（いたんじ）…主流派や正統派に属さない特異な人物。

血筋や芸能の伝統を正しく受け継ぐイメージ。

正統 ↔ **異端**

正統とされる流れから外れたもののイメージ。

確認問題

空らんA・Bに「正統」「異端」のどちらかを入れなさい。

宗教や学問などで、創始者の思想などを正しく継承しているグループを【A】派という。その【A】とされる流れから外れているものを【B】という。

答▶ A正統　B異端

063

分節（ぶんせつ）

細かく分類すること。また、それらを説明すること。

▼一続きのものを区切ること。ひとかたまりのものを分解、分析してそれぞれに言葉を与えること。「分節化」という用法がある。

例 人間という存在者のあり方から、「自然」と「世界」はおのずと**分節**される。

（森一郎『死を超えるもの』）

064

矛盾（むじゅん）

つじつまが合わないこと。

▼言葉と言葉の関係、論理の一貫性がないこと。

例 一貫した自分であるためには、**矛盾**する思考や感情を抑圧しなければならない。

（榎本博明『エピローグ』）

同 **撞着**（どうちゃく）

関 **自家撞着**（じかどうちゃく）…自己矛盾。

関 **二律背反**（にりつはいはん）…二つのものや意見が同時には成り立たないこと。（↓p.144）

関 **齟齬**（そご）…くい違い。かみ合わないこと。（↓p.84）

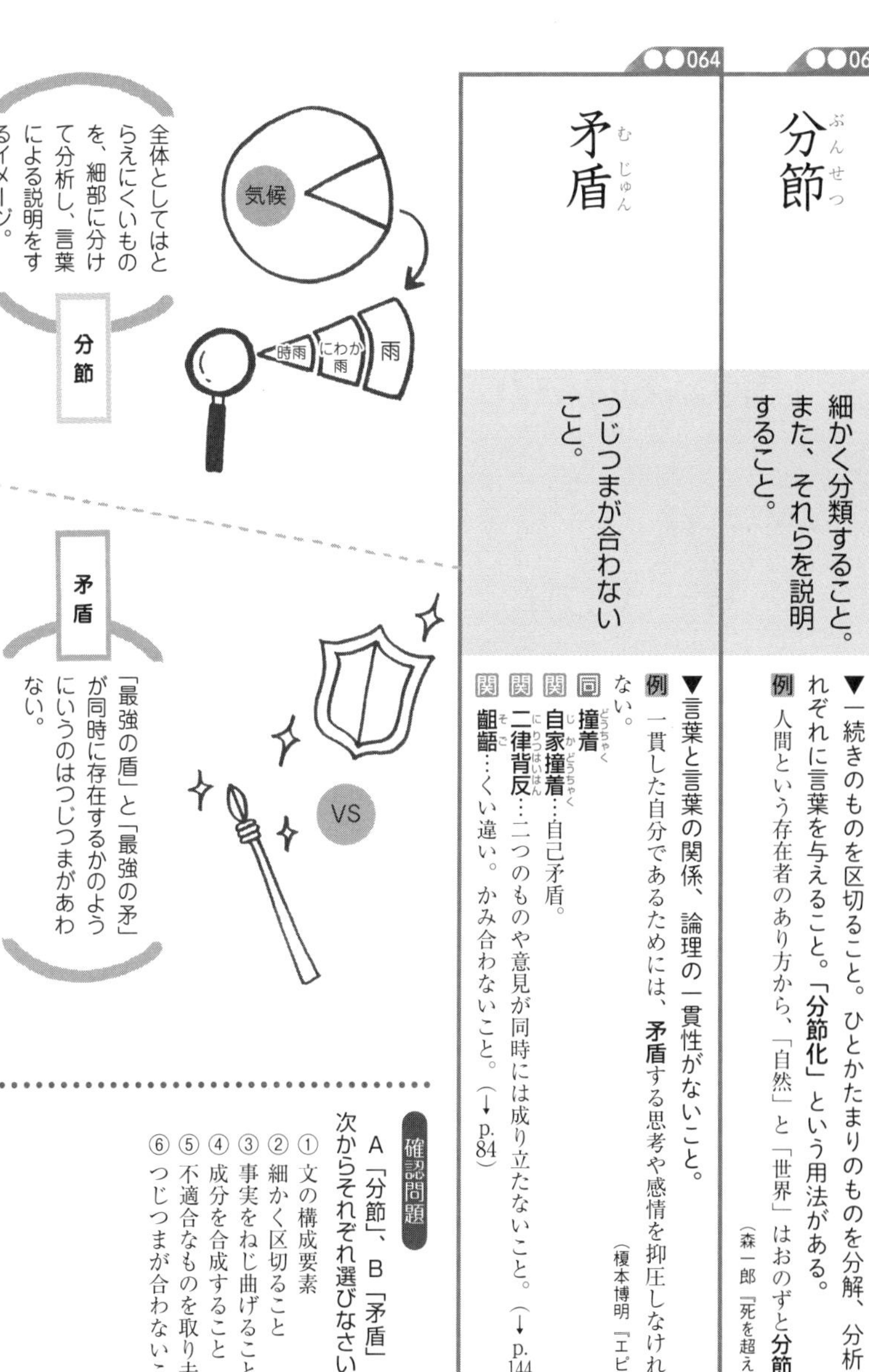
気候
時雨
にわか雨
雨
分節
全体としてはとらえにくいものを、細部に分けて分析し、言葉による説明をするイメージ。
VS
矛盾
「最強の盾」と「最強の矛」が同時に存在するかのようにいうのはつじつまがあわない。

確認問題

A「分節」、B「矛盾」の意味を次からそれぞれ選びなさい。

① 文の構成要素
② 細かく区切ること
③ 事実をねじ曲げること
④ 成分を合成すること
⑤ 不適合なものを取り去ること
⑥ つじつまが合わないこと

答▶ A②　B⑥

●●065

神話（しんわ）

神様の物語。根拠なく信じられてきたこと。

▼広く信じられてきた事柄。人々の思考や行為を拘束してきたもの。「**神話的**」「**神話性**」という用法がある。

入試 ギリシャ神話などの「**神様の物語**」が本来の意味だが、入試では「**根拠なく信じられ、人を縛ってきたもの**」という**否定的な意味**でも用いられる。

例 ようやく日本でも平等社会の**神話**が崩れ、貧富の差の拡大を問題にする意識が芽生えてきたようである。（山崎正和『世紀を読む』）

関 **神話化**（しんわか）…伝説化すること。絶対的に正しいと信じ込ませること。

●●066

ドグマ

独断的な決めつけ。

▼宗教会議などで決定された教義。転じて、融通（ゆうずう）のきかない独断的意見。

例 過去の人々は宗教的**ドグマ**や迷信のために曇らされてきた。（吉岡洋『〈思想〉の現在形』）

類 **先入観**（せんにゅうかん）…勝手な決めつけ。（→p.31）

類 **独善**（どくぜん）**・独**（ひと）**りよがり**…自分だけが正しいと考えること。

神話

これまで広く信じられてきた事柄。根拠なく信じられているもの。

多くの人が根拠なく信じている事柄

ドグマ

権威ある、上からの決定事項。

ドグマ

確認問題

空らんA・Bに「神話」「ドグマ」のどちらかを入れなさい。

最近、経済成長【A】からの脱却が叫ばれている。この場合の【A】とは、多くの人が根拠なく信じてきたことを指す。ただし、「経済的に成長していくこと」を、経済学者など、権威ある人から決めつけられた場合、これを【B】と表現することもある。

答▶ A神話　Bドグマ

●●067

牧歌的（ぼっかてき）

のんきな様子。

▼アルプスの牧草地で牧人が歌を歌うように、のどかでのんびりした様子。「**牧歌性**」という用法もある。

注意 **危機感がない**、**現実感がない**として**否定的な意味**でも使われる。

例 人々の心を揺する可能性があるのは、遙（はる）かなるわれわれの先祖が生きていたであろう素朴な楽園の**牧歌的**情景である。（河原宏『人間にとっての素朴の意味』）

●●068

ユートピア

理想郷。

▼空想上の理想世界。もともとギリシャ語で「どこにもない場所」の意。

例 かつては人間に豊かさと幸福をもたらすと思われていた産業社会の今の姿は、果たして人々にとって**ユートピア**なのだろうか。（辻井喬『ユートピアの消滅』）

対 **ディストピア・ネガトピア**…悪夢のような未来世界。

関 **桃源郷**（とうげんきょう）…中国の陶淵明（とうえんめい）が描いた、平和な別天地。（↓p.297）

関 **アルカディア**…牧歌的な楽園。

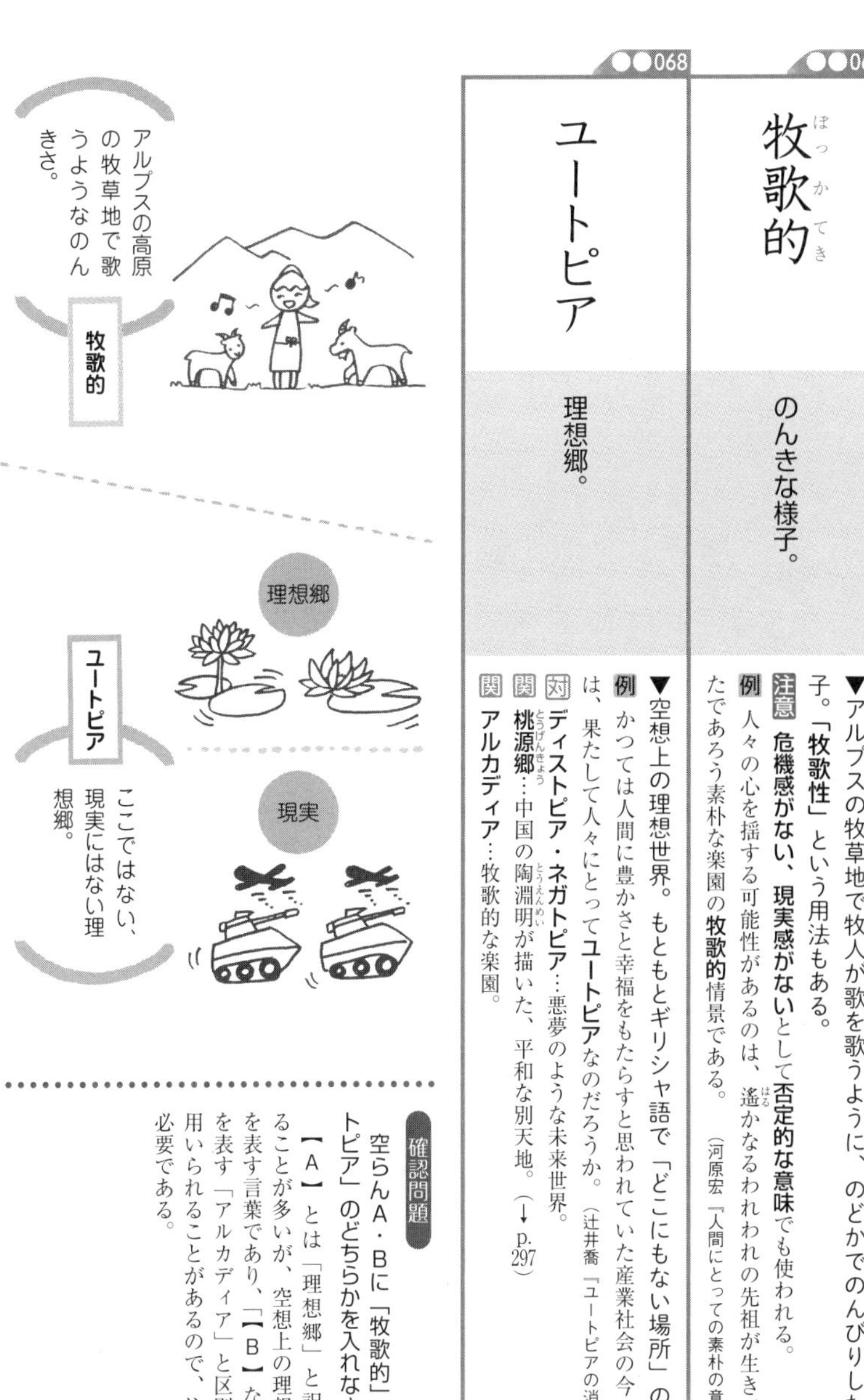

アルプスの高原の牧草地で歌うようなのんきさ。
牧歌的
理想郷
ユートピア
現実
ここではない、現実にはない理想郷。

確認問題

空らんA・Bに「牧歌的」「ユートピア」のどちらかを入れなさい。

【A】とは「理想郷」と訳されることが多いが、空想上の理想世界を表す言葉であり、「【B】な楽園」を表す「アルカディア」と区別して用いられることがあるので、注意が必要である。

答▶ Aユートピア　B牧歌的

069

求心（きゅうしん）

周りを引きつけ、まとめること。

▼中心に向かうこと。「**求心力**」という用法がある。

注意 物理学では、円運動で中心に向かう力の方向性を意味するが、**評論や小説**では、**人間的魅力や能力**を指すことが多い。

例 およそ人間が集まって集団をなす場合、それが村であれ国であれ、集団の結束を維持するには強い**求心力**が必要になる。

（原研哉『日本のデザイン』）

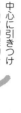

070

遠心（えんしん）

中心から遠ざかること。

▼中心から外へ分散すること。「**遠心力**」という用法がある。

例 文化が他地域に普及する**遠心力**をもったとき、その文化は文明になる。

（川勝平太『「美の文明」をつくる』）

求心

中心に引きつける力。物理的な力以外に、人を引きつける魅力という意味でも使われる。

遠心

中心から外へと分散する、広がる力。

アメリカから世界へ

確認問題

空らんA・Bに「求心」「遠心」のどちらかを入れなさい。

人は、自己をとりまく環境的世界を抜け出し、未知の世界へと雄飛しようとすると同時に、その環境的世界のなかで安寧をえ、快適性を感受しようとする。【A】力に対しては【B】力、拡散する力に対しては凝縮する力が働くのだ。この両方共が必要なのである。

（佐伯啓思『経済成長主義への訣別』）

答▶ A遠心　B求心

071

巨視的（きょしてき）

物事を大きくとらえ、全体を見ること。

▼**マクロ**な視点に立つこと。

例 **巨視的**に見て日本文芸の典型は、散文は「随筆」、韻文は「和歌」である。（野内良三『偶然を生きる思想』）

類 **マクロ**…巨大であること。広域、全域を見ること。

関 **マクロコスモス**…大宇宙。

関 **大局的（たいきょくてき）**…全体の成り行きを見ること。

関 **メガ〜**…巨大な。

072

微視的（びしてき）

物事を細かくとらえ、細部を見ること。

▼**ミクロ**な視点に立つこと。

例 人間ひとりひとりの動きはいかにも多様に見え、都市の物的な環境も建物個体にまで**微視的**にみればそれぞれにちがっている。（原広司『空間〈機能から様相へ〉』）

類 **ミクロ**…極小であること。小さな局所を見ること。

関 **ミクロスコープ・マイクロスコープ**…顕微鏡。

関 **ミクロコスモス**…小宇宙。

関 **ピンポイント**…針の先。正確な目標地点。

大きく全体をとらえるイメージ。

巨視的

微視的

小さな細部をとらえるイメージ。

確認問題

A「巨視的」、B「微視的」と同じ意味を表す言葉を次からそれぞれ選びなさい。

①コスモス　②ミクロ
③カテゴリー　④カオス
⑤ロゴス　⑥マクロ

答▶ A⑥　B②

073

遍在（へんざい）

どこにでも広く存在すること。

注意 「遍」は、「普遍」（↓p.16）の「遍」で、訓読みで「遍く（あまねく）」（↓p.298）と読み、「すみずみまで広く」の意味。**「偏在」**とは同音だが正反対の意味になるので注意。

例 今日ではノスタルジアは、いたるところに**遍在**している。
（四方田犬彦『「かわいい」論』）

関 **全域**（ぜんいき）…全体をカバーすること。
関 **遍歴**（へんれき）…各地をめぐり歩くこと。さまざまな経験を重ねること。

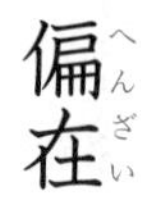

074

偏在（へんざい）

偏った一部にしか存在しないこと。

例 わが国には、医師不足の問題の他に、医師が地域や専門領域において、偏って分布している**偏在**の問題がある。
（桐野高明『医療を守る（医の未来）』）

関 **局所**（きょくしょ）…限られた一定の場所。
関 **点在**（てんざい）…あちこち散らばってあること。
関 **偏差**（へんさ）…標準や中心からのズレや偏り。

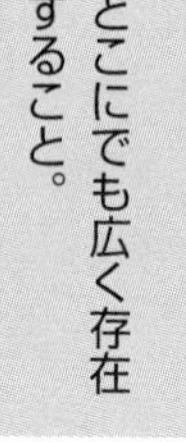

全国、どこにでもあるというイメージ。

遍在

↕

偏在

ごく一部の限られたところにしかないというイメージ。

確認問題

空らんA・Bに「遍在」「偏在」のどちらかを入れなさい。

「へんざい」には【A】と【B】の二つがある。【A】は、ごく一部分にしか存在しないことを指す。それに対して、【B】は、どこにでも広く存在することを指す。

答▶ A偏在　B遍在

075

潜在（せんざい）

表に現れず、秘められて存在すること。

例 遠いものを結び合わせて互いの中に**潜在**する類似に気づかせるのが想像力であるが、比喩は想像力のもっとも具体的な表出である。

（外山滋比古『知的創造のヒント』）

類 **潜伏**（せんぷく）…隠れてひそむこと。病気では、感染しても症状が現れないこと。

関 **潜在能力**（せんざいのうりょく）…秘めた可能性。ポテンシャル。

関 **潜在意識**（せんざいいしき）…深層意識。無意識。

076

顕在（けんざい）

はっきり目に見えて存在すること。

▼「**顕在化**」という用法がある。

例 個人がバラバラになった社会はさまざまな問題を**顕在化**させつつある。

（内山節『現実の奥底』）

類 **顕現**（けんげん）…はっきりした姿形で現れること。

関 **顕微鏡**（けんびきょう）…極小のものを大きくはっきり見せる光学器械。

潜在

秘めた能力、眠れる能力のイメージ。

顕在

はっきり表に現れた能力のイメージ。

能力

能力

確認問題

空らんA・Bに「潜在」「顕在」のどちらかを入れなさい。

どんなに個性的な人間にも、普遍的にものを考える可能性が【A】していて、しかしその【B】化は先達の手助けを必要としている。これこそが公的におこなわれる教育の根源的な基盤であって、人が人に教える最大の所以（ゆえん）だといえるはずです。

（山崎正和『文明としての教育』）

答▶ A潜在　B顕在

077

動的（どうてき）

動きがあって生き生きとしている様子。

▼英語のダイナミック。

注意 落ち着きがないという意味ではなく、**活動的な様子**を指し、**肯定的な意味**で使われることが多い。

例 文化は一般に安定した「結果」としてイメージされているが、実際は刻一刻と進行している**動的**な状態の連続である。（張競『文化のオフサイド／ノーサイド』）

⇔

078

静的（せいてき）

動きが止まっている様子。

▼英語のスタティック。

注意 **動きを見ず、物事を固定的に見る**ということから**否定的な意味**で使われる場合と、**静かで秩序ある状態**を**肯定的に表現する**場合がある。

例 秩序とは、社会制度と同じで、ともあれ**静的**なものである。（養老孟司『20世紀の定義6　ゲームの世界』）

類 **静謐**（せいひつ）…静かで落ち着いていること。

（変化する活動的なところをとらえようとするイメージ。）

動的

⇕

静的

（止まった固定的な姿をとらえようとするイメージ。）

確認問題

空らんA・Bに「動的」「静的」のどちらかを入れなさい。

われわれは自己を取りまく世界を二つの仕方で知覚する。一つは【A】で、空間を踏破することを通して知覚することであり、もう一つは【B】で、自分は動かず、無限の彼方まで放射状に拡がっていく視線によって知覚することである。

（中村雄二郎『場所』）

答▶ A動的　B静的

079 アナーキー

anarchy 英

社会の無秩序・混乱状態。無政府状態。

例 体系化されない自由は大なる可能性で**アナーキー**の自由に陥ってしまうだろう。それのみか自由論までが**アナーキー**の状態に陥ってしまうに違いない。（間宮陽介『ケインズとハイエク』）

関 **アナーキズム**…無政府主義。混乱を誘発する破壊的思想として使われるが、本来は、政府こそが暴力装置であり、それを否定することで個人の自由を守れるという思想。

080 ヘゲモニー

Hegemonie 独

主導権。特に政治的運動の支配権。

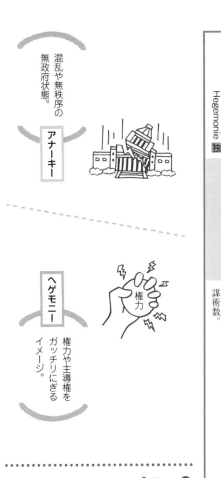

例 特定の言語がその**ヘゲモニー**を獲得していく過程は、文学、文法教育、政治、経済などの要因が複雑にからまりながら演ぜられる。（田中克彦『名前と人間』）

類 **覇権**（はけん）…他を支配する強大な権力。

関 **マキャベリズム**…権力を使って目的のためなら手段を選ばない考え方。権謀術数（けんぼうじゅっすう）。

アナーキー

混乱や無秩序の無政府状態。

ヘゲモニー

権力や主導権をガッチリにぎるイメージ。

確認問題

A「アナーキー」、B「ヘゲモニー」と同じ意味を表す言葉を次からそれぞれ選びなさい。

①管理権　②自治権
③主導権　④拒否権
⑤保守的　⑥暴力的
⑦不規則　⑧無秩序

答▶ A⑧　B③

081

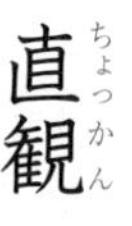

直観（ちょっかん）

一度に全体を理解すること。

▼ただちに物事の本質をつかまえること。英語の**イントゥイション**。「**直観的**」という用法がある。

入試 「**直感**」と同音異義語だが、**論説や評論**など学術的な内容で出てくるのは、圧倒的に「**直観**」の方である。

例 古代の日本人は**直観的**に生命の実相を見抜き、それを「こころ」という言葉で表現したといってもよい。
（森本哲郎『日本語 表と裏』）

082

直感（ちょっかん）

ひらめきや勘と呼ばれるもの。

▼推理・考察などによらず、感覚によって物事の本質や全体をとらえること。英語の**インスピレーション**。「**直感的**」という用法がある。

例 少なくも優れた科学者が方則を発見したりする場合には**直感**の力を借りる事は甚だ多い。
（寺田寅彦「漫画と科学」）

類 **第六感**（だいろっかん）…物事の本質をつかむ心の働き。五感（視覚・聴覚・嗅覚（きゅうかく）・味覚・触覚）とは異なる第六番目の感覚のこと。

直観

本のように前から順に読むのではなく、一度に全体を理解するイメージ。ズバッと見抜く感じ。

直感

ひらめきや勘、第六感。パッとひらめく感じ。

確認問題

空らんA・Bに「直観」「直感」のどちらかを入れなさい。

「ちょっかん」には二つある。ひらめきや勘とも呼ばれる【A】は、パッとひらめく感じで、感覚によって物事の本質を理解することである。それに対して【B】は、ズバッと見抜く感じで、一度に全体を理解することである。哲学で用いられるのは【B】の方である。

答▶ A直感　B直観

●●083

一元論(いちげんろん)

ただ一つの基準で物事を考えること。

▼根源的な一つの原理や原則で、すべてをまるごと説明しようとする考え方。「一元論的」「一元論化」という用法がある。

参考 「一元論」の例として、世界のすべては物質とその現象で説明できるという立場の「唯物論(ゆいぶつろん)」、世界のすべては心の現象で説明できるという立場の「唯心論(ゆいしんろん)」がある。

例 仏教を信仰すれば神は否定しなくてはならないという**一元論**ではなく、仏も神も認める。多元論、複元論である。

（外山滋比古『日本語の論理』）

関 **還元(かんげん)**…もとの状態に返すこと。（→p.48）

●●084

二元論(にげんろん)

二つの異なる基準で物事を考えること。

▼両極的な二つの項目によって、物事をふり分ける考え方。「二元論化」「二元論的」という用法がある。

参考 「二元論」の例として、**神と悪魔の二元論**、**善悪の二元論**、**心身の二元論**がある。

例 精神と身体、あるいは思考と身体という**二元論**は魂と肉体という**二元論**をその原型にもっている。

（野内良三『レトリックと認識』）

関 **二項対立(にこうたいりつ)**…二つの対比的、対照的な項目。

関 **多元論(たげんろん)**…二つ以上の原理や原則で、多面的に物事を考えること。

心は脳という物質の機能、と考える。

二つに見えるものも一つの原理から説明できるという考え方。

一元論

二元論

世界を二つの原理で説明しようとする考え方。

確認問題

空らんA・Bに「一元論」「二元論」のどちらかを入れなさい。

唯物論のように、ただ一つの基準で物事を考えることを【A】という。それに対して、善と悪、心と体のように、二つの異なる基準で物事を考えることを【B】という。

答▶ A一元論　B二元論

085

第一義（だいいちぎ）

最優先される大事な意義。

▼「第一義的」という用法がある。

例 現代科学を底の浅いものにしているのは、物質的欲望を**第一義**としてきたためだろう。（池内了『科学と人間の不協和音』）

関 **広義**（こうぎ）…広い意味。／**狭義**（きょうぎ）…狭い意味。

086

第二義（だいにぎ）

後回しにされる重要ではない意義。

▼「第二義的」という用法がある。

注意 二番目に大事ともいえるが、多くの場合、**さほど重要ではない**という意味で使われる。

例 現代では「何が」描かれているかが主要な関心を呼び、「いかに」描かれているかは、まるで**第二義的**なもののように扱われている。（亀井勝一郎「推敲の魔術」）

第一義

圧倒的に重要な意味のこと。

第一義
第二義

第二義

第一義のかげでかすんでしまう意味のこと。

確認問題

A「第一義」、B「第二義」の意味を次からそれぞれ選びなさい。

① 一語が二重の意義をもつこと
② 最優先される大事な意義
③ 意味が二つに分裂すること
④ それほど重要でない意義
⑤ 付け加えられる新たな意義
⑥ 意義が一つしかないこと

答▶ A② B④

●●087

一義（いちぎ）

意味が単一で確定していること。

▼**「一義的」「一義性」**という用法がある。

例 近代科学の論理性、いっそう正確には論理的な**一義性**は、一つの原因に対する一つの結果という単線的な因果関係を説くのにきわめて適している。

（中村雄二郎『臨床の知とは何か』）

●●088

両義（りょうぎ）

意味が二つあること。

▼**「両義的」「両義性」**という用法がある。

注意 意味が二つという点から、**「曖昧（あいまい）」**という**否定的**意味でも使われる一方、**「単純ではない意味の豊かさ」**として**肯定的**に使われることもある。

例 人間にとって身体は**両義的**な存在である。一方で、身体は自分そのものであるにもかかわらず、他方で、自分の所有物であるかのように感じる。

（河野哲也『意識は実在しない』）

●●089

多義（たぎ）

意味が多数あること。

▼**「多義的」「多義性」**という用法がある。

例 便利ということは、**多義的**ということである。つまり、どんな場合にも、いろいろな形で使うことができるということだ。

（森本哲郎『日本語　表と裏』）

一義

ことば＝意味

意味が一つだけに確定。例)「数学的線＝長さだけあり幅のないもの」

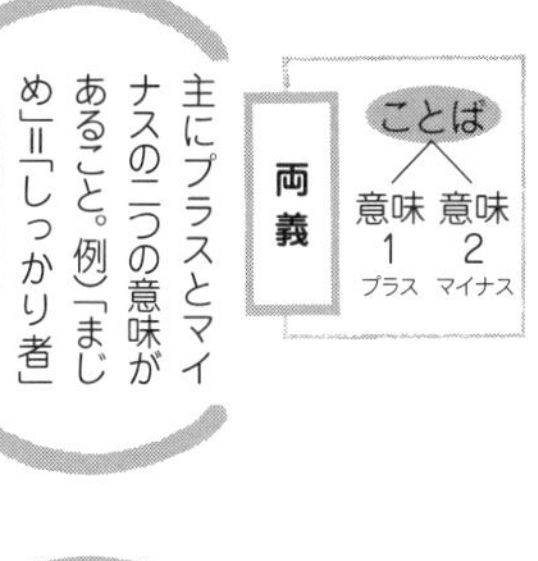

主にプラスとマイナスの二つの意味があること。例)「まじめ」＝「しっかり者」↕「頭が固い」

多義

意味1　意味2
ことば
意味3　意味4

意味が多数あること。例)「先生」…「指導者」「先に生まれた者」「教師」「医師」「政治家」

A「一義」、B「両義」、C「多義」の意味を次からそれぞれ選びなさい。

① 意味を拡大すること
② 意味が多数あること
③ 二つ目の意味が重要なこと
④ 意味が単一で確定していること
⑤ 意味が二つあること
⑥ 意味を確定しないこと

答▶ A④　B⑤　C②

090

対象（たいしょう）

行為が差し向けられる相手。物体。

▼見たり聞いたりといった、関心や感覚や行為の向かう相手。英語の**オブジェクト**。「**対象物**」という用法がある。

例 「男」と呼ばれる**対象**は昔も今も変わりはない。
（野矢茂樹『語りえぬものを語る』）

類 **客観**（きゃっかん）…意識や行動の対象となるもの。（→p.8）

関 **対象化**（たいしょうか）…距離をおいて冷静にとらえようとすること。情緒をさしはさまず相手をモノとして見ること。

091

対照（たいしょう）

二つのものを並べて比べること。二つのものに違いがあること。

▼対比や比較のこと。英語の**コントラスト**。「**対照的**」という用法がある。

参考 論説や小説などの文章は、〈筆者の主張とそれと異なる比較意見〉、〈主役と敵役〉などのように対照的、対比的、あるいは対話するように書かれる。

例 身体といえば魂や心と**対照**されることが多いが、ほんとうは物体と**対照**したほうが、身体というものの固有なあり方は見えやすい。
（鷲田清一『普通をだれも教えてくれない』）

類 **対比**（たいひ）…異なるものとして比較すること。

関 **類比**（るいひ）…似たものを比較すること。

関 **好対照**（こうたいしょう）…きれいに正反対ということ。

092

対称（たいしょう）

図形的に二つのものが釣り合っていること。

▼英語の**シンメトリ**。「**左右対称**」「**点対称**」「**線対称**」という用法もある。

注意 「**対照**」が質的、色彩的な比較であるのに対し、「**対称**」は図形的、数学的な比較となる。

例 あまりに幾何学的に**対称**な空間であると、どこか冷たく余裕がないように感じてしまうのだ。
（池内了『物理学と神』）

対 **非対称**（ひたいしょう）…釣り合いが崩れていること。英語のアシンメトリ。

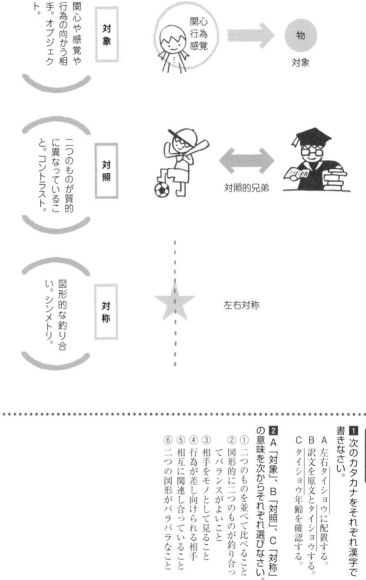

対象

（関心や感覚や行為の向かう相手。オブジェクト。）

関心
行為
感覚
物
対象

対照

（二つのものが質的に異なっていること。コントラスト。）

対照的兄弟

対称

（図形的な釣り合い。シンメトリ。）

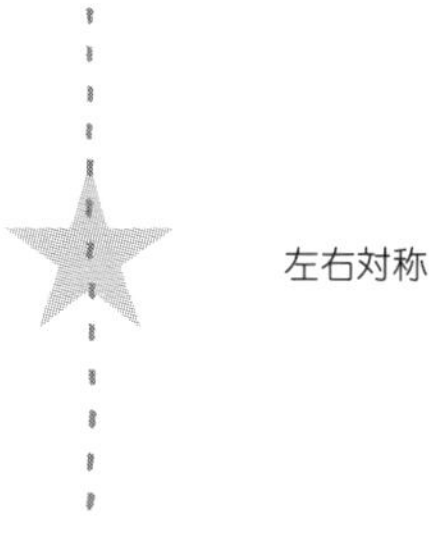

左右対称

1 次のカタカナをそれぞれ漢字で書きなさい。

A 左右タイショウに配置する。
B 訳文を原文とタイショウする。
C タイショウ年齢を確認する。

2 A「対象」、B「対照」、C「対称」の意味を次からそれぞれ選びなさい。

① 二つのものを並べて比べること
② 図形的に二つのものが釣り合ってバランスがよいこと
③ 相手をモノとして見ること
④ 行為が差し向けられる相手
⑤ 相互に関連し合っていること
⑥ 二つの図形がバラバラなこと

答▶ **1** A対称　B対照　C対象　**2** A④　B①　C②

●●093

悟性（ごせい）

論理的な判断力。理解力。

▼英語のアンダースタンディング。「悟性的」という用法がある。「理性」はすでに提示されたものを理解し判断する力なのに対し、「悟性」はそこから合理的に推理や推論する力である。

参考 「悟性」はすでに提示されたものを理解し判断する力なのに対し、「理性」はそこから合理的に推理や推論する力である。

例 人間は理性と悟性の働きだけで、宗教に代わるような働きを持つ新しい「倫理学」を構築できるだろうか。（村上陽一郎『安全学』）

関 理性（りせい）…本能や感情に左右されない、冷静で知的な能力。（↓p.18）

●●094

彷彿（ほうふつ）・髣髴（ほうふつ）

よく似たものを見て、ありありと思い浮かべること。

▼「彷彿とする」「彷彿として」の形でよく用いられる。

例 生きているときの姿を彷彿とさせる標本は、そうでないものに較べ、それだけ多くの付帯情報を含んでいる。（西野嘉章『真の贅沢さとはなにか』）

類 連想（れんそう）…ある事柄からそれと関連した他の事柄を思い浮かべること。

類 類比（るいひ）…似たものを比較すること。

悟性

理性が合理的な推理や推論を含むのに対して、悟性は理解する力。

理性
悟性
ということはあれはこうなって
ふむふむ。そういうことか

彷彿・髣髴

あるものから、似たあるものを思い浮かべる。

確認問題

A「悟性」、B「彷彿」の意味を次からそれぞれ選びなさい。

① はっきりと指摘すること
② 論理的な判断力
③ 似たものをありありと思い浮かべること
④ 推理や推論する能力
⑤ 勘違いすること
⑥ それとなくうかがうこと

答▶ A② B③

095

刹那（せつな）

一瞬。ごくわずかな時間。

▼「刹那的」という用法がある。

例 自らの生理的な感覚や内発的な衝動は、いまのこの一瞬にしか成立しえず、まったく**刹那的**なものである。（土井隆義『友だち地獄』）

対 **永劫**（えいごう）…きわめて長い時間。

類 **束の間**（つかのま）…ごく短い時間。

関 **暫時**（ざんじ）…わずかな時間。しばらくの間。

関 **刹那主義**（せつなしゅぎ）…過去や未来を考えず、今この瞬間の充実や快楽を重視する考え。

096

造化（ぞうか）

①造物主。神。
②神がつくりだした世界や自然。

参考 古い日本語では、いわゆる自然界のことを「**造化**」と呼び、「自然」という表現は「あるべきさま・しぐさが自然体である様子」という意味で使われた。明治以降はネイチャーの訳語として「自然」が定着した。

例 **造化**というのは、天地宇宙をつくり動かす根源の力であり、四時とは四季のことである。（栗田勇『四季と日本文化』）

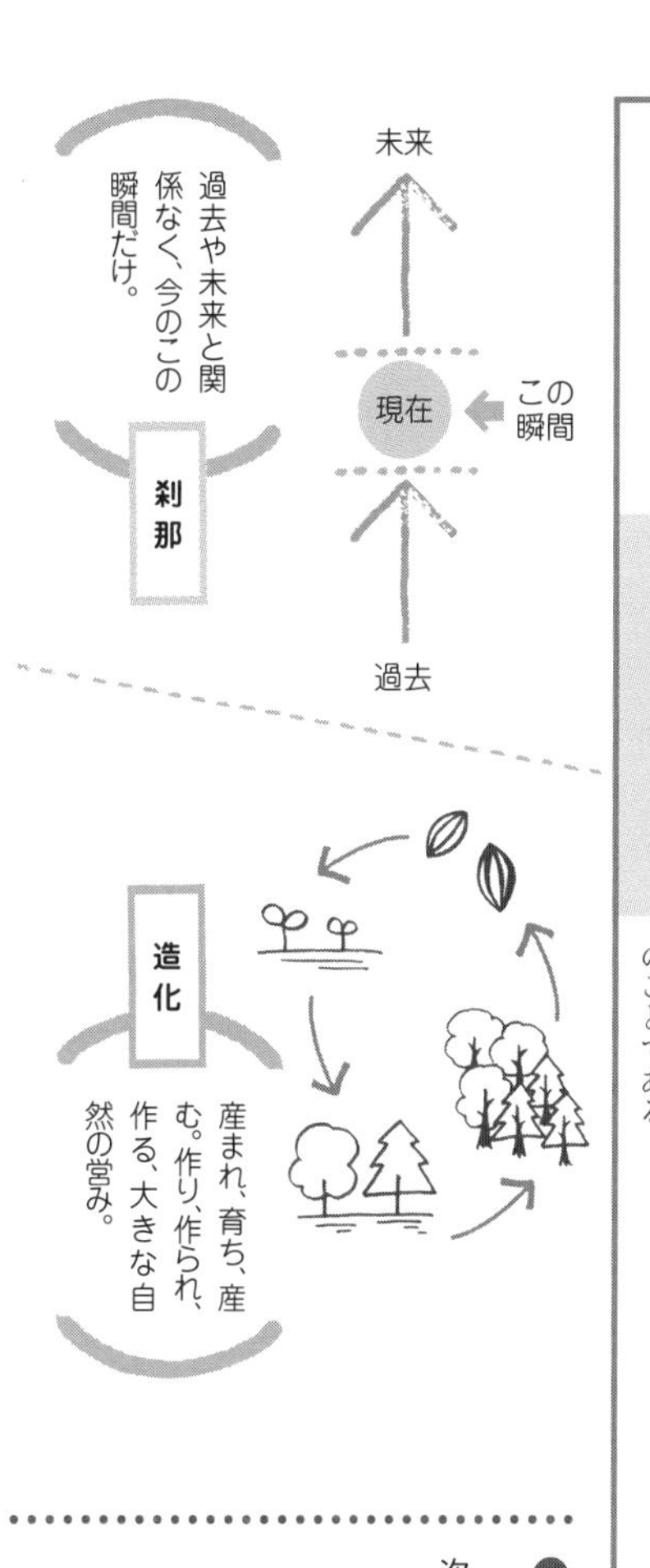

未来
この瞬間
現在
過去
過去や未来と関係なく、今のこの瞬間だけ。
刹那
造化
産まれ、育ち、産む。作り、作られ、作る、大きな自然の営み。

確認問題

A「刹那」、B「造化」の意味を次からそれぞれ選びなさい。

① 宇宙に存在するすべてのもの
② きわめて長い時間
③ 新しいものをつくりだすこと
④ 神がつくりだした自然
⑤ 今現在の出来事
⑥ ごくわずかな時間

答▶ A⑥ B④

097

高邁（こうまい）

理想や志（こころざし）が高いこと。

▼「邁」は、先に進んでいくという意味で、「高邁」は高みを目指すこと。

注意 「高慢（こうまん）」は、思い上がって他者を見下すという否定的な意味。「高邁」と読みが似ているので、意味を取り違えないように。

入試 漢字の**読みの問題**でもよく出題される。

例 日本の指導者だけが「ナショナリズムは不潔」などと**高邁**な思想を貫いていると、日本は大損をしてしまう。
（藤原正彦『国家の品格』）

関 **高尚（こうしょう）**…知性的で気品があること。

関 **邁進（まいしん）**…勇んで突き進むこと。努力すること。

098

篤実（とくじつ）

情が厚く、親切なこと。

▼心が温かで、他者に対して誠実であること。

入試 **意味を知らないと選択肢を選べないというタイプの問題**で頻出。

例 掃除をする人も、工事をする人も、料理をする人も、灯りを管理する人も、すべて丁寧に**篤実**に仕事をしている。
（原研哉『日本のデザイン』）

対 **酷薄（こくはく）・刻薄（こくはく）**…思いやりがなく、残酷なこと。

関 **篤志家（とくしか）**…貧窮者に進んで親切をする人。社会奉仕や福祉に熱心な人。

現実から離れ、雲の上のような気高い理想のイメージ。

高邁

篤実

現実的なところで誠実。親切で人情に厚いイメージ。

確認問題

空らんA・Bに「高邁」「篤実」のどちらかを入れなさい。

市長に立候補した人物の【A】な人柄と、演説で語る【B】な理想に心打たれて、私は彼を応援することに決めた。

答▶ A篤実　B高邁

099

蚕食（さんしょく）

ある領域を次々と侵していくこと。

▼蚕が桑の葉をむしゃむしゃ食べ進むように、片端から領域を侵していくこと。

入試 **意味を問う問題**や**空らん補充問題**などで頻出。

例 「お任せ」していると、知らぬうちに疑似科学に**蚕食**されていくのである。（池内了『疑似科学入門』）

類 **浸食**（しんしょく）・**浸蝕**（しんしょく）…風雨や時間が何かをむしばみ、削り取っていくこと。

類 **侵食**（しんしょく）・**侵蝕**（しんしょく）…他の領域をおかしそこなうこと。

100

無私（むし）

私利私欲がないこと。

▼利己心や私心がなく他者へ心が向くこと。自己犠牲をいとわぬこと。

注意 同音異義語の「**無視**」と混同しないこと。

例 **無私**、無我、解脱（げだつ）などの境地は、人間が本来のエディターシップを発揮できるもっとも望ましい状態のことにほかならない。（外山滋比古『新エディターシップ』）

類 **無我**（むが）…自分へのとらわれがなく無心な状態。

関 **公平無私**（こうへいむし）…公平で私利私欲を交えないこと。

蚕食

ちびちびではなく、むしゃむしゃ猛烈な勢いで食べ進むイメージ。

無私

私利私欲や利己心や私心にとらわれないイメージ。

確認問題

空らんA・Bに「蚕食」「無私」のどちらかを入れなさい。

近隣諸国によって領土が【A】され、人々の気持ちが暗くなっていく中、【B】の精神で、他人の救援に精を出している人たちがいた。

答▶ A蚕食　B無私

1-3 練習問題③ ―差がつく40語

それぞれの国家の構成員は、自然の心理として自らの国の事情に最も深い関心を抱く。隣国との国境をめぐる紛争においても、その歴史的経緯や紛争の経過に利己的な動機をもって接するのは当然のことである。国境に関する議論を積み重ねているうちに、利害が対立している相手国の主張が独善的だと腹を立てたり、やり方が汚いと不満を持ったりする。自国が置かれている立場が、あたかも国際社会において天涯孤独の地位に置かれた者の特殊な事情であるかのような認識に至ることは格別不思議なことではない。

しかしながら、視点を広い範囲に及ばせ、地球規模で国々のあり方を眺めてみれば、国境紛争は特殊であるどころか、むしろ通例の出来事であることにも気づく。二つの国が境を挟んで対峙すれば、そこに国境をめぐる紛争が生まれるのは、よほどの歴史的僥倖（ぎょうこう）のない限り半ば必然のこととさえ言える。地球上の隣接する国家のすべての組み合わせにおいて、何らかの顕在的ないしは潜在的な国境紛争がある、と言っても過言ではないほどである。

自分たちの特殊事情だと思っていたことが、世界には遍在していると知ることで、視野が変わり始める。隣国が勝手であると思っている人々が世界中のあちらこちらにいると気づいた時、自らの感情は相対化され始める。

専売特許だと思っていた感情が、実は世界に多数あるホメオスタシスの発露の一つに過ぎないと気づくことは、現代の世界で生きるための重要なレッスンだろう。もちろん、だからといって自分たちの利益を一番に考えるという人間の本性が変わるわけではない。ただし、内なるホメオスタシスへの傾向を対象化し、客観化することで、私たちは自らの思想を「うちの父ちゃん世界一」のような無防備な自己肯定ではない形で「世界市場」に送り出す準

1 傍線部Aに相当する表現として最も適当なものを次の中から選びなさい。

① 微視的　② 通時的
③ 悟性的　④ 巨視的

2 傍線部Bを説明したものとして最も適当なものを次の中から選びなさい。

① あらゆるところに現れること
② はっきり形に現れていること
③ 先天的にあること
④ 長期にわたってあること

3 傍線部Cを説明したものとして最も適当なものを次の中から選びなさい。

① 表面には現れずひそんでいること
② 局所的に存在すること
③ 後天的にあること
④ 瞬間的に出現すること

4 傍線部Dの対義語として最も適当なものを次の中から選びなさい。

① 実在　② 偏在
③ 混在　④ 点在

5 傍線部Eと傍線部Fは対義語である。これらと同様に、「正統」と対義語の関係にあるものとして最も適当なものを次の中

備を調えることができるのである。

恒常性を維持しようとする傾向は、むろん自然人たる私たち一人ひとりの中にもある。

そして、そのような「現状維持」への衝動の存在を理解し、客体化しておくことが、ますます多様になり、偶有性を増す現代社会における生命哲学を全うする上で必要不可欠なことではないだろうか。

変革の時代には、「変わること」自体に価値が置かれがちである。事実として、脳の神経細胞のネットワークは生きている限り変わり続ける。しかし、だからといって、変化だけに重点が置かれてしまって、「変わらないこと」が罪であるかのような論調は、バランスを欠くだけでなく危険でもある。

しばしば、歴史的伝統を重視し現状を維持しようとする[E]保守主義と、改革を志向する[F]革新主義が二項対立的に論じられるが、そのような単純な割り切りは生命の有機体としての本質から外れている。変化の激動に生命が耐え、新しい「自己」を作り上げることができるのは、むしろその強靱（きょうじん）なホメオスタシスの作用あってこそである。「自己」を維持する作用が強いほど、より激しい変化の中に身をさらすことができる。恒常性と変化は、対立概念ではない。むしろ、自然人にせよ、社会にせよ、ある有機体が何が起こるかわからない偶有性の海に飛び込んで大きな変化を経験することができるのは、頑強な恒常性維持作用があってこそなのである。

（茂木健一郎『疾走する精神』）

から選びなさい。

① 造化　② 異端

③ 求心　④ 不当

6 本文の内容に合致するものを次の中から選びなさい。

① 有機体としての生命の本質からみれば、環境に合わせた変化こそが生存に不可欠である。

② 有機体としての生命の本質からみれば、ホメオスタシスなどの恒常性が最重要である。

③ 有機体としての生命の本質からみれば、環境の一定性、変化しない恒常性こそが重要である。

④ 有機体としての生命の本質からみれば、現状を維持しようとする恒常性と変化は矛盾しないといえる。

答▶ **1**④　**2**②　**3**①　**4**②　**5**②　**6**④

101
乖離（かいり）
二つのものが大きく離れること。

例 民族の特性が貧富の差に結びつくにいたって、この理想と現実の**乖離**はだれの目にも明らかになったといえよう。（会田雄次『日本人として言い残しておきたいこと』）

関 **離反**（りはん）…それまで従っていたものからそむき、離れること。
関 **隔離**（かくり）…距離をあけて離すこと。
関 **遊離**（ゆうり）…本来一体のものから離れること。

102
喚起（かんき）
注意や意識を呼び起こすこと。

例 科学の祭典やサイエンス・フォーラムなど官民あげて科学への関心を**喚起**しようとしているが、その場限りの催しで終わっているきらいもある。（池内了『科学と人間の不協和音』）

関 **継起**（けいき）…次々と出来事が発生すること。

103
収斂（しゅうれん）
一つにまとまること。

参考 レンズで黒い紙を焦がすのは、光の収斂によるもの。
例 あいまいな現実が明確な意味に**収斂**し始めるといってもいい。（尼ヶ崎彬「簡潔と詠嘆」）

同 **集約**（しゅうやく）・**収束**（しゅうそく）

104
終焉（しゅうえん）
①人の死。
②物事の終わり。

例 ファッションは、新しさを生み出すことで、何かに**終焉**をもたらす。（河野哲也『境界の現象学』）

類 **臨終**（りんじゅう）…人の死。
類 **終幕**（しゅうまく）・**閉幕**（へいまく）・**幕切れ**（まくぎれ）…演劇の最終場面。転じて、物事の終わりを意味する。

105
遡及（そきゅう）
さかのぼること。過去にさかのぼって影響を与えること。

▼「**遡及的**」という用法がある。
例 実際には、過去の事象としての歴史があったから〈歴史〉が記述されるのではなく、〈歴史〉が書かれることによって**遡及**的に事実としての〈過去＝歴史〉が設定されるということになる。（西谷修『世界史の臨界』）

関 **波及**（はきゅう）…波紋が広がるように、広く影響が及ぶこと。
関 **遡行**（そこう）…川を上流へとさかのぼること。

106 輩出（はいしゅつ）

優れた人物が次々と世に出ること。

注意 不用なものを外に出す、という意味の「**排出**」と混同しないこと。

例 さらに遣唐使の終了した平安末期の頃から鎌倉時代にかけては法然（ほうねん）、親鸞（しんらん）、日蓮（にちれん）といった大天才を**輩出**し、日本独自の仏教が創始されました。（藤原正彦『日本人の誇り』）

107 派生（はせい）

もとになるものから枝分かれすること。

例 片思いもやはり、最終的には結婚という制度から**派生**した奇形的な感情の形態にすぎないのではないだろうか。（小谷野敦『〈男の恋〉の文学史』）

関 **分岐**（ぶんき）…二つの方向に分かれること。

108 不可逆（ふかぎゃく）

もとには戻れないこと。

例 わたしたちは、時間が一定の**不可逆**の方向に進行していると思っている。（木村敏『形なきものの形』）

関 **不可避**（ふかひ）…避けられないこと。

確認問題

1 次の空らんに適当な語を後の①～⑥から選びなさい。

A ひらがな・カタカナは、漢字から□した。
B 新しい規則は昨年の四月にまで□して適用される。
C 理想と現実の大きな□は明らかだ。

①普及 ②逸脱 ③乖離 ④派生 ⑤遡及 ⑥脱却

2 次のカタカナ部分に当てはまる熟語を後の①～④から選びなさい。

A 生き生きとしたイメージをカンキする。
①喚起 ②歓喜 ③換気 ④寒気

B 東西冷戦のシュウエンによる新しい時代を期待した。
①終演 ②周縁 ③終宴 ④終焉

C 有名アーティストをハイ出した町。
①配 ②輩 ③排 ④背

3 「不可逆」の意味として適当なものを次から選びなさい。

①避けられないこと ②順番とは逆になること
③もとには戻れないこと ④圧力を加えられること

4 傍線部の意味として最も適当なものを後の①～④から選びなさい。（産業能率大・改）

それは、この悲しみを彼方の世界にたくし、われわれの罪と悲しみを一切になおうとするキリストの十字架に収斂されてゆく世界のものではない。苦悩さえもが美しくあらねばならないという運命への愛の表現なのではないだろうか。（饗庭孝男『石と光の思想』）

①一点に集められてゆくこと ②束縛されてゆくこと
③迷いが消されてゆくこと ④とり憑かれてゆくこと

答▶ **1** A④ B⑤ C③ **2** A① B④ C② **3** ③ **4** ①

109 横溢（おういつ）

力がみなぎり、あふれること。

例 言語表現に限ってみても、文字を用いた教育によって規格化されていない、個性的な自由さが**横溢**している。（川田順造『コトバ・言葉・ことば』）

類 **充溢**（じゅういつ）…満ちあふれること。

関 **充塡**（じゅうてん）…欠けたところやすき間をうめて、満たすこと。

110 潤沢（じゅんたく）

資金や資源がたっぷりあること。

▼「**潤い**（うるお）**やつやがあること**」という意味もある。

例 その結果生じた空中権を他の開発主体に売ることで、東京駅の再開発のために**潤沢**な資金を集めることができる。（伊藤元重『都市集積が新産業を育てる』）

111 枯渇・涸渇（こかつ）

資源などが枯れてなくなること。尽き果てること。

例 ヨーロッパ諸国では、人々が木綿欲しさに、輸入量を激増させ、国庫の**枯渇**を招いた。（川勝平太『「美の文明」をつくる』）

関 **蕩尽**（とうじん）…財産などを使い果たすこと。

関 **無尽蔵**（むじんぞう）…いくら使ってもなくならない様子。（↓p.285）

112 卑小（ひしょう）

取るに足りないほど、ちっぽけなこと。

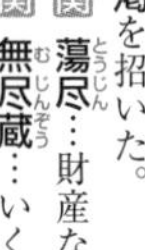
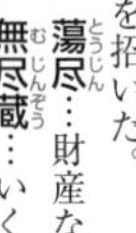
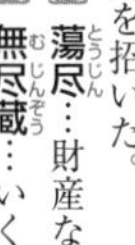

注意 類義語の「些末」などの「**些**」は**少し**、「瑣末」などの「**瑣**」は**小さい**の意味だが、「卑小」の「**卑**」は、**下品・下等といった質的小ささ**を意味する。

例 私はそこに、結局のところ、神という存在を前にした人間の**卑小**さへの意識があるように思う。（平野啓一郎『文明の憂鬱』）

類 **些末**（さまつ）・**瑣末**（さまつ）…細かくて重要でないこと。（↓p.78）

類 **些事**（さじ）・**瑣事**（さじ）…取るに足りない小さな出来事。（↓p.78）

関 **卑屈**（ひくつ）…いじけた態度で人にへりくだること。

関 **卑下**（ひげ）…自分を低くみなすこと。

113 肥大（ひだい）

あるべき状態より巨大化すること。

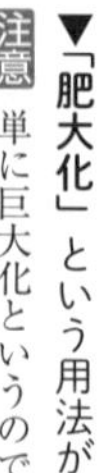

▼「**肥大化**」という用法がある。

注意 単に巨大化というのではなく、**否定的意味で使われることが多い**。

例 スポーツは社会的に異常に**肥大**し、投入される資金は巨大化している。（多木浩二『スポーツを考える』）

114

脆弱（ぜいじゃく）

もろくて弱いこと。

例 現代の若者たちは、自己肯定感が**脆弱**なために、身近な人間からつねに承認を得ることなくして、不安定な自己を支えきれないと感じている。（土井隆義『友だち地獄』）

115

蔓延（まんえん）

はびこって広がること。

▼好ましくないものが勢いよく広がること。

例 内容などはなくてもいい、まじめなのはくだらないといった風潮が**蔓延**した。（齋藤孝『読書力』）

116

堪能（たんのう）

学芸・技芸などに優れていること。

▼「堪能する」の形では「十分満足する」という意味になる。

例 オランダ語に**堪能**でハリスの秘書兼通訳として活躍したヒュースケンはこう記しました。（藤原正彦『日本人の誇り』）

117

逡巡（しゅんじゅん）

決定できず、ぐずぐずためらうこと。

例 ぐずぐずしながらも、**逡巡**の果てにやがてある決断にたどり着く、いやいやたどり着くことをいやでも強いられる。（鷲田清一『〈ぐずぐず〉の理由』）

類 **躊躇**（ちゅうちょ）…ためらうこと。決心がつかず、ぐずぐずすること。（→p.226）

類 **遅疑**（ちぎ）…あれこれ迷って遅くなる。「**遅疑逡巡**（ちぎしゅんじゅん）」という四字熟語もある。

確認問題

1 次の空らんに適当な語を後の①～⑥から選びなさい。

A 神が絶対で人間は□な存在だとする考えがある。
B 南アフリカは□な鉱物資源に恵まれている。
C □化した行政を縮小する改革が急務である。
D 人口増加が地球の資源を□させている。

① 枯渇　② 潤沢　③ 肥大　④ 卑小　⑤ 卑下　⑥ 蔓延

2 「逡巡」の意味として適当なものを次から選びなさい。

① 強く拒否すること　② ようやくめぐり会うこと
③ 素早く判断すること　④ 決断できずためらうこと

3 「横溢」の意味として適当なものを次から選びなさい。

① 見失うこと　② 失敗すること
③ ひっくり返ること　④ 満ちあふれること

4 「蔓延」の意味として適当なものを次から選びなさい。

① 長く続いていること　② 期限がのびること
③ はびこって広がること　④ 希薄になること

5 「脆弱」の意味として適当なものを次から選びなさい。

① なよなよと柔らかいこと　② もろく弱いこと
③ 勢力が小さいこと　④ 年が若いこと

答▶ **1** A④　B②　C③　D①　**2**④　**3**④　**4**③　**5**②

118

錯綜（さくそう）

複雑に入り組むこと。

▼多くものが入り乱れて、統一性なく混乱していること。

例 医師の立場、看護師の立場、病院のスタッフの立場、患者の家族の立場、そして何より患者本人の思いと、さまざまな思いや考えが**錯綜**する。
（鷲田清一「わかりやすいはわかりにくい？」）

類 **交錯**（こうさく）…いくつかのものが入り混じること。

関 **錯乱**（さくらん）…感情が入り乱れて平常心を失うこと。

119

些事（さじ）・瑣事（さじ）

取るに足りない小さな出来事。

例 むしろ、必要なことはその正反対であって、身辺のあらゆる**些事**について、共通の感覚をことばによって恢復（かいふく）させる仕事である。（山崎正和『混沌からの表現』）

同 **小事**（しょうじ）・**細事**（さいじ）

120

些末（さまつ）・瑣末（さまつ）

細かくて重要でないこと。

例「些細」と「**瑣末**」はどちらも、取るに足らないどうでもいいことを言うが、「些細」が細かすぎるところに重点があるのに対し、「**瑣末**」は本筋と無関係であるところに重点がある。
（中村明『語感トレーニング』）

同 **些細**（ささい）

121

奢侈（しゃし）

度を越してぜいたくなこと。
身分不相応な暮らし。

▼「**奢侈品**（＝ぜいたく品）」という用法もある。

例 すでに見たように、今やその存在は実用品ではなく**奢侈**品なのである。
（田中優子『布のちから』）

類 **豪華**（ごうか）・**豪奢**（ごうしゃ）…派手でぜいたくなこと。

関 **嗜好品**（しこうひん）…必需品ではなく、味や香りを楽しむもの。

122

森厳（しんげん）

厳かで自然と身を正してしまうような雰囲気。

注意 「**厳**」には、厳しい、の他、**尊ぶ・敬意を払う**、という意味がある。

例 法隆寺（ほうりゅうじ）五重塔は薬師寺（やくしじ）の塔よりもさらに古く、またこれに劣らず立派なものだが、**森厳**重厚な感じで、安定して重々しいが軽やかとはいえない。
（矢内原伊作『古寺思索の旅』）

同 **厳粛**（げんしゅく）

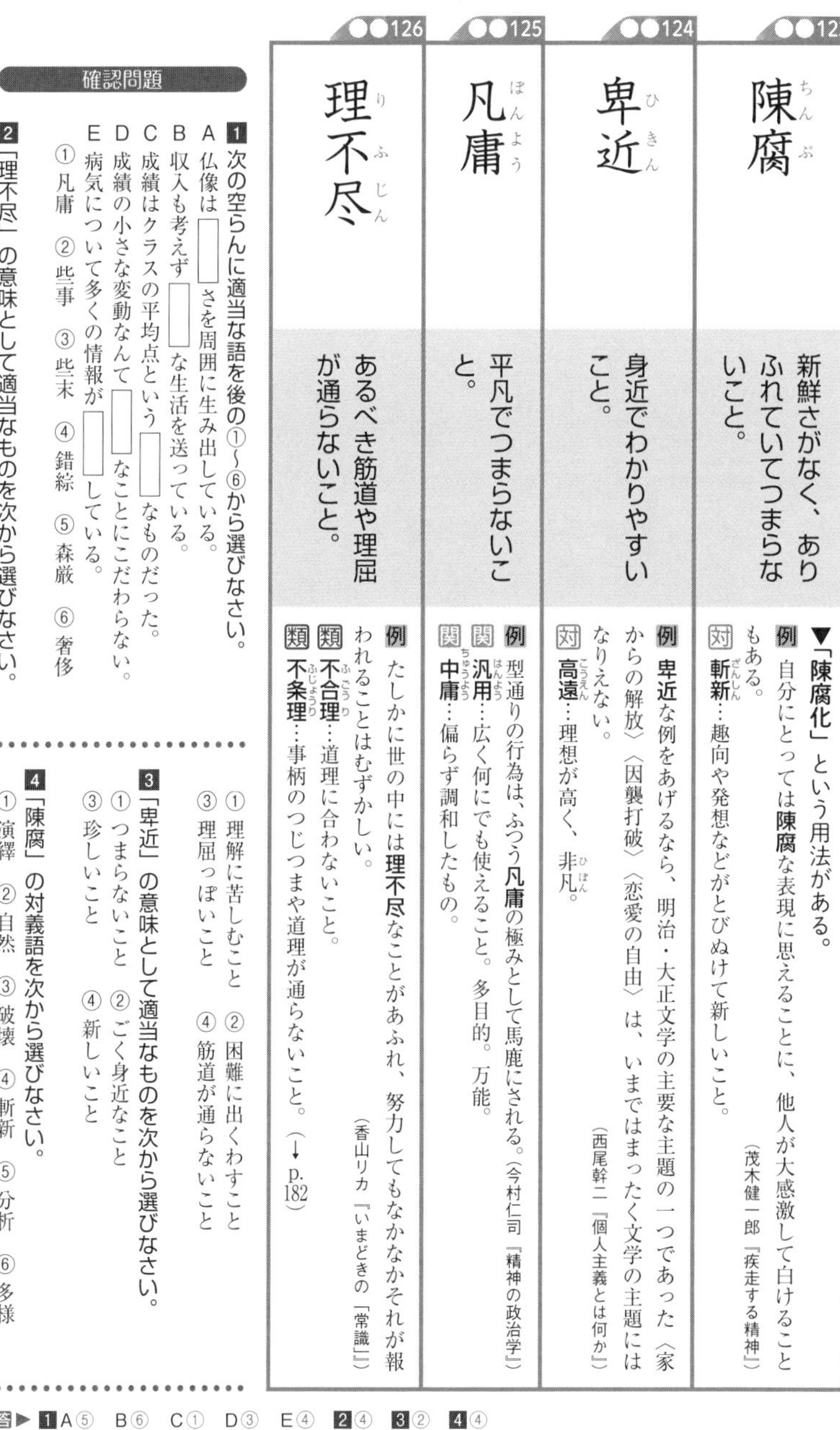

123 陳腐（ちんぷ）

新鮮さがなく、ありふれていてつまらないこと。

▼「**陳腐化**」という用法がある。

例 自分にとっては**陳腐**な表現に思えることに、他人が大感激して白けることもある。（茂木健一郎『疾走する精神』）

対 **斬新**（ざんしん）…趣向や発想などがとびぬけて新しいこと。

124 卑近（ひきん）

身近でわかりやすいこと。

例 **卑近**な例をあげるなら、明治・大正文学の主要な主題の一つであった〈家からの解放〉〈因襲打破〉〈恋愛の自由〉は、いまではまったく文学の主題にはなりえない。（西尾幹二『個人主義とは何か』）

対 **高遠**（こうえん）…理想が高く、非凡（ひぼん）。

125 凡庸（ぼんよう）

平凡でつまらないこと。

例 型通りの行為は、ふつう**凡庸**の極みとして馬鹿にされる。（今村仁司『精神の政治学』）

関 **汎用**（はんよう）…広く何にでも使えること。多目的。万能。

関 **中庸**（ちゅうよう）…偏らず調和したもの。

126 理不尽（りふじん）

あるべき筋道や理屈が通らないこと。

例 たしかに世の中には**理不尽**なことがあふれ、努力してもなかなかそれが報われることはむずかしい。（香山リカ『いまどきの「常識」』）

類 **不合理**（ふごうり）…道理に合わないこと。

類 **不条理**（ふじょうり）…事柄のつじつまや道理が通らないこと。（→p.182）

確認問題

1 次の空らんに適当な語を後の①～⑥から選びなさい。

A 仏像は□さを周囲に生み出している。
B 収入も考えず□な生活を送っている。
C 成績はクラスの平均点という□なものだった。
D 成績の小さな変動なんて□なことにこだわらない。
E 病気について多くの情報が□している。

①凡庸 ②些事 ③些末 ④錯綜 ⑤森厳 ⑥奢侈

2 「理不尽」の意味として適当なものを次から選びなさい。

①理解に苦しむこと ②困難に出くわすこと ③理屈っぽいこと ④筋道が通らないこと

3 「卑近」の意味として適当なものを次から選びなさい。

①つまらないこと ②ごく身近なこと ③珍しいこと ④新しいこと

4 「陳腐」の対義語を次から選びなさい。

①演繹 ②自然 ③破壊 ④斬新 ⑤分析 ⑥多様

答▶ **1** A⑤ B⑥ C① D③ E④ **2**④ **3**② **4**④

127 形骸（けいがい）

形ばかりで実質的意味や価値がないこと。

▼精神や生命のない、物体としてのからだのこと。「**形骸化**」という用法がある。

例 かつては松は歳神様（としがみ）を迎えるための依代（よりしろ）であり、鏡餅は歳神様への供物であったのに、現代ではすっかりもとの意味が忘れられ**形骸**化してしまっている、と考えるわけである。（小松和彦『現代の正月』）

関 **形式化**（けいしきか）…「きちっと形を調える」と、「内容をなくす」の意味がある。

関 **なしくずし**…既成事実を重ねて理念を骨抜きにすること。

128 破綻（はたん）

人間関係や経営などが行き詰まること。

入試 漢字の**読み問題**でもよく問われる。「はじょう」と書く間違いが多い。

例 世界中の投資家からの評価が得られなければ、企業も国もすぐに**破綻**する。（上田紀行『生きる意味』）

129 風化（ふうか）

記憶や印象が月日とともに薄れていくこと。

注意 地質学では岩石が風雨にさらされてぼろぼろになることを指すが、一般には、心理的な意味で使われる。

例 当時メディア上で優勢だったのは、戦争体験とそれに引き続く戦後をいかに**風化**させないか、という議論である。（加藤典洋『戦後から遠く離れて』）

130 袋小路（ふくろこうじ）

行き止まりの道。物事が行き詰まること。

例 目的(目標)なき行動は無意味・無価値の**袋小路**に迷い込む。（野内良三『偶然を生きる思想』）

類 **隘路**（あいろ）…狭くて通りにくい道。難関。

類 **アポリア**…解決困難な問題。

131 未曽有（みぞう）

いまだかつて一度もないこと。

例 現代は**未曽有**の大きな転換期を迎えている。あらゆる分野で多品種の広がりが求められ、個性的な仕事と商品が要請されている。（谷沢永一『無私と我欲のはざまで』）

類 **空前**（くうぜん）…前例がないこと。「**空前絶後**」という四字熟語もある。

類 **破天荒**（はてんこう）…今まで誰もなしえなかったことを初めて行うこと。（→p.292）

132 忽然（こつぜん）

急に突然。にわかに。たちまちに。

例 運悪く捕われても、勇者が**忽然**と現れて自分を救出してくれることを願っている。（栗原彬『かんけりの政治学』）

類 **唐突**…前ぶれもなく突然。

類 **不意**…思いがけなく、だしぬけに。

133 端的（たんてき）

わかりやすくはっきり。ストレートにずばり。

入試 「傍線部を**端的**に言いかえた表現を抜き出せ」などという設問の場合、比喩や長々とした具体例ではなく、**簡潔にまとまった表現を探す**。

例 現在、哲学の専門家と称する人で、人はどうすれば幸せな人生を送れるのかという問いに**端的**に答えられる人はまずいないだろう。（小浜逸郎『人はなぜ死ななければならないのか』）

関 **単刀直入**…遠回しでなく、直接本題に入ること。

134 畢竟（ひっきょう）

結局。つまり。

▼「**畢竟するに**」という用法もある。

例 科学の方則とは**畢竟**「自然の記憶の覚え書き」である。自然ほど伝統に忠実なものはないのである。（寺田寅彦「津浪と人間」）

確認問題

1 次の空らんに適当な語を後の①～⑤から選びなさい。

A 事件の捜査が□に入り込んでしまった。

B 国家財政が□する危険が増している。

C 規則が□化してしまって役に立たない。

D 本の内容を□に説明する。

① 形骸　② 忽然　③ 端的　④ 袋小路　⑤ 破綻

2 「忽然」の意味として適当なものを次から選びなさい。

① ゆったりと　② 曖昧に　③ にわかに　④ 明らかに

3 「風化」の意味として適当なものを次から選びなさい。

① うわさになること　② 月日とともに薄れること　③ 事態が行き詰まること　④ 次第に明らかになること

4 「未曾有」を他の表現で言いかえたものとして、適当なものを次から選びなさい。

① 空前絶後　② 絶体絶命　③ 悪戦苦闘　④ 五里霧中　⑤ 右往左往　⑥ 危機一髪

5 傍線部の意味を簡潔に記しなさい。（東京学芸大・改）

悟浄が日ごろ憂鬱なのも、畢竟、渠が文字を解するために違いないと、妖怪どもの間では思われておった。（中島敦『悟浄出世』）

答▶ 1 A④　B⑤　C①　D③　2 ③　3 ②　4 ①　5 結局。つまり

135
因果（いんが）

ある原因からある結果が生じること。

▼「因果関係」という用法もある。

例 哲学とは要するに、「これは何であるか」を説明するのに、その、因果を遡って（さかのぼって）もうそれ以上遡れないところまで問いつめるような思考法として現れたと言える。（竹田青嗣『自分を知るための哲学入門』）

関 **因果応報**（いんがおうほう）…過去や前世の善行や悪行の報いが必ずあること。

136
他者（たしゃ）

他人。
自分ではない者。

入試 **「他者性」**というと、単に他人というだけでなく、**「こちら側からコントロールできない、独立の存在」**という意味が強くなる。

例 「教える」立場に立つということは、いいかえれば、**他者**を、あるいは**他者の他者性**を前提することである。（柄谷行人『探究Ⅰ』）

対 **自己**（じこ）…自分。おのれ。

137
傍系（ぼうけい）

直系や主流派から外れたグループ。

例 然（しか）しいつの場合でも、私は運動の中心になるというのではなく、**傍系**のような形でやって居たと言えるであろう。（高村光太郎『回想録』）

類 **傍流**（ぼうりゅう）…本流から分かれた支流。

関 **亜流**（ありゅう）…一流の真似をする二流グループ。

138
傍観（ぼうかん）

直接参加せず、横から見ていること。

注意 **「客観」**（→p.8）に比べて、**「傍観」**は**否定的な意味が強い**。

例 世界の多様性を認識することは何よりも大切である。しかし、それをただ単に**傍観**しているだけではいけない。（茂木健一郎『疾走する精神』）

139
俯瞰（ふかん）

高い所から一望に見渡すこと。

例 今の日本の人々の住宅は、仮に天井をはがして**俯瞰**するならば、どこの世帯もおおむね夥（おびただ）しいものであふれかえっているのではないかと想像される。（原研哉『日本のデザイン』）

同 **鳥瞰**（ちょうかん）…鳥が空から見下ろすように高い所から見下ろすこと。

関 **俯瞰図**（ふかんず）・**鳥瞰図**（ちょうかんず）…高い所から見下ろしたように描いた絵や地図。パノラマ図。

●●140

介在（かいざい）

二つの間に第三のものがはさまって存在し、働くこと。

例 じぶんがじぶんの身体にかかわる回路に医師という他人が**介在**しているわけだ。（鷲田清一『死なないでいる理由』）

類 **介入**（かいにゅう）…間に入ってくること。

●●141

媒介（ばいかい）

二つのものをつなぎ、橋渡しすること。

例 金銭を**媒介**とするモノの取引は「商品経済」と呼ばれてきたが、金銭を**媒介**としない経済活動を「商品経済」と呼ぶわけにはいかない。（山根一眞『デジタル産業革命「情品経済」の仕事力』）

●●142

差異（さい）

比較したときの違い。

例 ファッションは、年齢や社会階層、ジェンダー、地域などの**差異**を際立たせる。（河野哲也『境界の現象学』）

同 **相違**（そうい）

関 **差別化**（さべつか）…他と異なる特徴づけをすること。人を不当に低く扱う意ではない。

確認問題

1 次の空らんに適当な語を後の①～④から選び、漢字で書きなさい。

A 言葉が自己と他者とを□する機能を果している。

B 自分のことではないからと、ただ□している。

① ばいかい ② ばいたい ③ ぼうけい ④ ぼうかん

2 A「俯瞰」、B「介在」の意味として適当なものを次からそれぞれ選びなさい。

① 低い所から見上げること
② 高い所から見渡すこと
③ 第三者が二つの間で働くこと
④ 二つのものが対話的に高めあうこと

3 「因果」の意味として適当なものを次から選びなさい。

① どんな原因でも最後は同じ結果になること
② 結果から決まった原因を導き出せること
③ 思いがけない結果をもたらすこと
④ ある原因からある結果が生じること

4 次の例文の傍線部「差異」の意味として、適当なものを後の①～⑤から選びなさい。

▼料理には地方風土によりさまざまな差異がある。

① 工夫 ② 違い ③ 省略 ④ 誤り ⑤ 種類

5 次の空らんには傍線部の対義語が入る。適当な語を後の①～⑤から選びなさい。

A 直系の子孫は存在せず、□の子孫のみである。

B □との関係においてしか自己は存在しない。

① 傍系 ② 因果 ③ 他者 ④ 亜流 ⑤ 他流

答▶ **1** A①媒介 B④傍観 **2** A② B③ **3**④ **4**② **5**A① B③

143 軋轢（あつれき）

いざこざや争いのために関係が悪くなること。

例 かつてなら、互いの対立や**軋轢**が際立つことが少なかった浅い関係においてすら、昨今では、新たな葛藤が生じやすくなっている。（土井隆義『友だち地獄』）

類 **摩擦**（まさつ）…関係がなめらかでなく、とげとげしいこと。

類 **葛藤**（かっとう）…もつれ。いざこざ。争い。（↓p.181）

類 **確執**（かくしつ）…意見の対立や人間関係の不和。

144 齟齬（そご）

くい違い、かみ合わないこと。ずれ。

例 少しでもコミュニケーションに**齟齬**が生じ、その関係が行き詰まれば、自己否定的感情に襲われ、絶望的な気持ちになるのである。（山竹伸二『「認められたい」の正体』）

類 **違和**（いわ）…調和がとれず、ちぐはぐであること。

関 **矛盾**（むじゅん）…つじつまが合わないこと。（↓p.53）

145 倒錯（とうさく）

正常とされることや常識がひっくり返った状態。

例 本当なら、戦争を模倣したのはゲームなのに、われわれは現実のほうがゲームのコピーであるかのように感じ、非現実的な印象を受けるという**倒錯**した状況ができあがったのである。（江下雅之『ネットワーク社会の深層構造』）

関 **異常**（いじょう）…普通と違うこと。正常でないこと。アブノーマル。

146 アンビバレンス

ambivalence 英

相反する感情を同時にいだくこと。

▼「**両面価値**」「**両面価値感情**」などと訳されることがある。

例 すなわち建前と本音の二本立てが自覚されているところでは、**アンビバレンス**が無意識に放置され、コントロール不可能になるということがない。（土居健郎『表と裏』）

関 **ジレンマ**…板ばさみ。相反するものの間で苦しむこと。（↓p.182）

関 **アンバランス**…調和や釣り合いが乱れた状態。つづりは「unbalance」。

147 逸脱（いつだつ）

本来のあり方、本筋から外れること。

例 ファッションとは、どこまでも現在の世界のあり方から逃れようとする**逸脱**であった。（河野哲也『境界の現象学』）

関 **常軌を逸する**（じょうきをいっする）…常識外れなことをする。（↓p.234）

●●148

相克（そうこく）・相剋（そうこく）

相反するものが、相手に勝とうと争うこと。

例 宇宙論における神と科学者の**相克**は、地上における物理学の変遷と同じような物語となるだろうか。（池内了『宇宙論と神』）

関 **せめぎ合う**…対抗し合う。

●●149

超克（ちょうこく）

困難を乗り越え、打ち勝つこと。

例 タテ社会は**超克**されるのが望ましいといった心情が広まったようで、わけもわからずヨコ社会をあこがれる人たちが若い世代を中心にふえた。（外山滋比古『人生複線の思想』）

類 **超越**（ちょうえつ）…とびぬけて優れていること。別次元。

●●150

凌駕（りょうが）

他のものを乗り越えて、上に出ること。

例 下のものが上のものを**凌駕**することこそ民主主義の原点なのだ。（三浦雅士『読書と年齢』）

関 **圧倒**（あっとう）…途方もない力で相手を打ち負かすこと。

関 **蹂躙**（じゅうりん）…踏みにじり侵害すること。

確認問題

1 次の空らんに適当な語を後の①～⑤から選びなさい。

A 愛と憎しみという二つの感情が□する。

B 現代日本の危機的状況を□する手段をさぐる。

C ある種の芸術には□的な美しさがある。

① 逸脱　② 倒錯　③ 軋轢　④ 超克　⑤ 相克

2 A「齟齬」、B「軋轢」の意味として適当なものを次からそれぞれ選びなさい。

① かみ合わないこと　② 関係が悪くなること

③ 邪魔をすること　④ 仲をとりもつこと

3 「凌駕」の意味として適当なものを次から選びなさい。

① 熟考すること　② 占領すること

③ 他を上回ること　④ じっと我慢すること

4 「アンビバレンス」の意味として適当なものを次から選びなさい。

① 両面価値　② 改善　③ 範疇　④ 異常

5 傍線部の意味として最も適当なものを後の①～④から選びなさい。（佛教大・改）

流行に乗るとはみずからを画一性に向けてデザインするとともに、それを逸脱して個性の印を身につける装飾の営みでもあるからである。（山崎正和『装飾とデザイン』）

① 本筋や決まった範囲からそれること

② 一方に大きく偏ってしまうこと

③ 周囲としっくりいかないこと

④ 順序が逆になってしまうこと

答▶ **1** A⑤　B④　C②　**2** A①　B②　**3** ③　**4** ①　**5** ①

151
晦渋（かいじゅう）

言葉が難しく、意味がわかりにくいこと。

例 私は、子ども向けの翻訳とおとな向けの翻訳とは、本質的には同じであると思う。ちがいは、おとなの読者は難解、**晦渋**な訳文を我慢してくれるが、子どもは決して許さないということである。（田中克彦『ことばのエコロジー』）

類 **難解**（なんかい）…理解が難しいこと。

関 **難渋**（なんじゅう）…物事がスムーズに運ばないこと。

152
喝破（かっぱ）

大声で相手を言い負かすこと。
真実を見抜くこと。

参考「喝」は、叱ったり、励ましたりするときの大きな声のこと。

例 描写に「しかし」や「そして」は要らない、と**喝破**したのは井伏鱒二（いぶせますじ）だった。（井上ひさし『私家版　日本語文法』）

類 **看破**（かんぱ）…隠れていた大事なものを見破る、見抜くこと。

類 **論破**（ろんぱ）…相手の意見を議論で打ち負かすこと。

153
標榜（ひょうぼう）

主義主張をはっきりと掲げること。

例 一般に知識は、「真」であることを**標榜**している。逆にいえば「偽」であることを**標榜**して、知識が提示されることはない。（奥井智之『社会学　第2版』）

154
稚拙（ちせつ）

未熟で下手なこと。

例 **稚拙**ではあっても、自分で筋立ててものを考えることができるようになるのである。（木田元『哲学の余白』）

類 **拙劣**（せつれつ）…下手で劣っていること。

155
自明（じめい）

証明するまでもなく、明らかなこと。

例 医療において安全性がとりわけ重視されなければならないのは**自明**である。（村上陽一郎『医療のなかの安全』）

156
敷衍（ふえん）

趣旨を広く展開し、くわしく説明すること。

例 資本主義の変容と、「マネー（金）」の問題についても注目すべきものがあります。そこから**敷衍**して、人が「働く」とはどういうことなのかといったことについても、目を見開かされるものがあります。（姜尚中『悩む力』）

類 **詳説**（しょうせつ）…くわしく説明すること。

157

表象（ひょうしょう）

心に思い浮かべるイメージ。

▼「**表現された芸術作品**」「**象徴（シンボル）**」という意味もある。

例 人間が自分の家をつくるとき、彼は出来上がるはずのその作品の全体像を、あらかじめ**表象**としてもっている。（真木悠介『人間解放の理論のために』）

158

強靱（きょうじん）

しなやかで強いこと。

▼単に強固なだけではなく、柔軟性をそなえた強さ。「靱」に、しなやかという意味がある。「**強靱化**」という用法がある。

例 思考停止せず、他者をどんどん受け入れていく柔らかさ。これが読書で培われる**強靱**な自己のあり方だ。（齋藤孝『読書力』）

関 **レジリエンス**…弾力。回復力。強靱さ。

159

洗練（せんれん）

磨いて優雅にすること。

▼鍛えられた美しさや品格がある様子。英語の**ソフィスティケイト**。

例 かつては世界でも有数の最も**洗練**された作法を持っていた日本が、どうして現在のような無作法国になり下（さが）ってしまったのか。（中野孝次『現代人の作法』）

関 **風格**（ふうかく）…容姿や言動に表れた品格やおもむき。

確認問題

1 次の空らんに適当な語を後の①～⑥から選びなさい。

A 難解で□なため、理解できない作品。

B 目標を達成するためには□な意志と実行力が必要だ。

C □されたデザインが高く評価された。

D わざわざ言う必要もないほど□なことである。

① 自明 ② 晦渋 ③ 洗練 ④ 疑問 ⑤ 強靱 ⑥ 詳説

2「標榜」の意味として適当なものを次から選びなさい。

① 主義主張をはっきりと掲げること
② 相手の意見を議論で打ち負かすこと
③ 自由に話し合うこと
④ 隠れていた大事なものを見破ること

3 A「稚拙」、B「喝破」の意味として適当なものを次からそれぞれ選びなさい。

① 未熟で下手なこと ② 子どものように正直なこと
③ 真実を見抜くこと ④ 約束を破ること

4「敷衍」という言葉が最も適切に用いられている例を次から選びなさい。（神奈川工科大）

① 交通網の敷衍に取り組む。 ② 不条理な敷衍に苦しむ。
③ 先哲の考えを敷衍する。 ④ 新たな事実を敷衍した。
⑤ 敷衍なしには真理はない。

答▶ **1** A② B⑤ C③ D① **2**① **3** A① B③ **4**③

160
依拠（いきょ）
よりどころ。根拠とすること。

例 地下資源に**依拠**した技術の構造は、大型化・集中化・一様化を専ら（もっぱ）としてきた。（池内了『科学と人間の不協和音』）

類 **論拠**（ろんきょ）…意見の正しさの証拠。裏付け。
類 **依存**（いそん）…他のものに頼っていること。

161
邂逅（かいこう）
思いがけない出会い。人とめぐり合うこと。

例 自然と向き合い、親しい友や恋人との**邂逅**をイメージしながら、孤独を噛（か）みしめている。（山折哲雄『早朝坐禅』）

類 **遭遇**（そうぐう）…事件や事故に不意に出くわすこと。
類 **逢瀬**（おうせ）…恋仲にある人が会う機会。

162
帰趨（きすう）
行きつく先。物事の結末、結果。

例 証人の宣誓や拷問（ごうもん）による自白、これらの声は、裁判の**帰趨**を決定的に左右する声であった。（池上俊一『身体の中世』）

同 **帰結**（きけつ）

163
コンセプト
concept 英

基本的な考え方。発想の方向性。

例 大都市近郊の里山を切り開き、造成して、新しい**コンセプト**によって街がつくられた。（桑子敏雄『感性の哲学』）

同 **概念**（がいねん）（→p.30）

164
端緒（たんしょ）
物事の始まりや始まる糸口。きっかけ。

例 ガリレイは教会に屈服して地動説を捨てたが、結果的には、このような考えかたが神を地上から追放する**端緒**となったのである。（池内了『物理学と神』）

同 **嚆矢**（こうし）
類 **契機**（けいき）…きっかけ。機会。要素。（→p.40）

165
所与（しょよ）
前提として与えられたもの。前提条件。

例 現在の自然科学の目標は、対象たる物質を**所与**のものとして、その起源・構造・運動・変化の法則性を明らかにすることにある。（池内了『物理学と神』）

関 **所産**（しょさん）…生産されたもの。結果。

166

趨勢（すうせい）

ある方向への勢い。なりゆき。

例　少子高齢化が進めば流行への憧れも衰え、老後の蓄えに関心が移るのも、自然の**趨勢**だといえる。（山崎正和『アメリカを問い直す』）

類　**大勢**（たいせい）…大きな動向。トレンド。

関　**優勢**（ゆうせい）…流れや情勢が有利であること。

167

茶番（ちゃばん）

見えすいた作り話。ばかばかしい振る舞い。

注意　正確には**「茶番劇」**（ちゃばんげき）**「茶番狂言」**（ちゃばんきょうげん）。「茶番狂言」は、身近な道具で即興的な笑劇を演じること。

例　「現代」とはもはや「悲劇」を失った時代であり、すべてが「**茶番**」としかならない時代である。（岩井克人「遅れてきたマルクス」）

関　**日常茶飯**（にちじょうさはん）**・日常茶飯事**（にちじょうさはんじ）…ありふれた出来事。

関　**茶々**（ちゃちゃ）**を入れる**（い）…話に割り込んで勝手なことを言う。

168

カテゴリー

Kategorie 独

物事の分類項目。範疇（はんちゅう）。

▼枠組み。グループ分け。カタログと語源は同じ。

例　ヒトは、自然や社会の事物や現象、それらの関係などを、脳のなかで**カテゴリー**に沿って切り分けて認識する。（松木武彦『進化考古学の大冒険』）

確認問題

1 次の空らんに適当な語を後の①～⑤から選びなさい。

A 彼の発言が□となり計画が進み始めた。

B 勝敗の□はもはや明らかだ。

C こんな□には付き合っていられない。

① 茶番　② 日常茶飯　③ 帰趨　④ 所産　⑤ 端緒

2 A「カテゴリー」、B「コンセプト」と意味的に対応する最も適当な語を次からそれぞれ選びなさい。

① 誤解　② 反論　③ 概念　④ 要素

⑤ 範疇　⑥ 端緒　⑦ 矜持　⑧ 大勢

3 A「依拠」、B「趨勢」の意味として適当なものを次からそれぞれ選びなさい。

① 目的地　② よりどころ　③ きっかけ　④ なりゆき

4 「所与」の意味として適当なものを次から選びなさい。

① 分け与えるもの　② 自分で手に入れるもの

③ 相続するもの　④ 前提として与えられたもの

5 「邂逅」の意味として適当なものを次から選びなさい。

① めぐり合うこと　② 質問すること

③ すれ違うこと　④ 信じ合うこと

答▶ **1** A⑤　B③　C①　**2** A⑤　B③　**3** A②　B④　**4** ④　**5** ①

169
杞憂（きゆう）

必要のない心配。取り越し苦労。

参考 古代中国の杞という国の人が天や空が地上に落ちる心配をした、という『列子』の故事による。

例 自分の教え子がすこし伸びてくると、いまにも自分を追い越すのではないか、という**杞憂**にとりつかれる。 （外山滋比古『師の影』）

関 **憂慮（ゆうりょ）**…よくない結果を心配すること。

170
懐柔（かいじゅう）

手なずけて、自分の思い通りに従わせること。

例 残る仕事、ドイツ国家の永遠の守りと己惚（うぬぼ）れて、往時の特権を夢みていた軍人達の**懐柔**、それは容易な事であった。 （小林秀雄『考えるヒント』）

関 **馴致（じゅんち）**…なれさせること。なじませること。

171
薫陶（くんとう）

優れた道徳で人を育てること。

例 フィールズ賞を受賞した森重文・京都大学教授や、湯川博士の下で一〇年以上**薫陶**を受けた米沢富美子、慶応義塾大学名誉教授など、多くの関係者が集まって湯川、朝永両博士の業績や人柄を偲んだ。 （茂木健一郎『それでも脳はたくらむ』）

関 **感化（かんか）**…影響を与えて人を変えること。

172
陶冶（とうや）

鍛えて才能を育てること。

例 自らのあり方、将来の方向性に「批評性」という鏡を通して厳しい視線を向けてこそ、私たちは人格を美しく**陶冶**することができるのである。 （茂木健一郎『疾走する精神』）

173
峻別（しゅんべつ）

曖昧（あいまい）さがなく、厳しく区別すること。

例 人間と動物は**峻別**されるが、**峻別**の基準の客観的根拠は存在しない。 （会田雄次『日本の風土と文化』）

関 **訣別（けつべつ）**…親しかった相手ときっぱり別れること。

174
是認（ぜにん）

良いものとして認めること。

例 この世界には、論理的に正しいが**是認**できぬことがごろごろあるからである。 （藤原正彦『数学者の休憩時間』）

対 **否認（ひにん）**…事実として認めないこと。

関 **認証（にんしょう）**…公的に正しさを認めること。

175

穿鑿（せんさく）

根掘り葉掘り、細部までさぐり知ろうとすること。

注意「穿鑿」には、**知らなくていいことまでさぐろうとする**との悪い意味もある。同音の「**詮索**（せんさく）」には、そうした悪い意味はなく、**細かく調べること**を表す。

例 わけても刀剣の扱いはわが家の一大事であって、その目利き**穿鑿**のきびしく厳格なことは、心に曇りあるような人には到底推量できぬくらいである。（中野孝次『清貧の思想』）

176

欺瞞（ぎまん）

欺き、だますこと。いかさま。

▼**嘘や偽りで裏切ること**。「瞞」は目を何かで覆って見えにくくすること。

例 なぜ彼らは、また日本社会は、こうも簡単にタテマエとホンネという**欺瞞**の装置にだまされるほど、「本心」の感覚、「信義」の感覚を、失うようになっているのか。（加藤典洋「可能性としての戦後以後」）

関 **自己欺瞞**（じこぎまん）…自分を偽ること。自分をごまかすこと。

関 **紛い物**（まがいもの）…本物ではないもの。

確認問題

1 次の空らんに適当な語を後の①～⑤から選びなさい。

A 幼い頃から祖父の□を受けてきた。
B 儒教的教育で豊かな人格を□する。
C 反対派を手なずける□策を練る。
D 君の乱暴な振る舞いは□できない。

① 薫陶　② 是認　③ 懐柔　④ 陶冶　⑤ 倒錯

2「欺瞞」の意味として適当なものを次から選びなさい。

① 見逃し許すこと　② 欺き、だますこと
③ 疑いをもつこと　④ あわれむこと

3「峻別」の意味として適当なものを次から選びなさい。

① 大まかに分けること　② 明確に区別できないこと
③ 分別し収集すること　④ 厳しく区別すること

4「杞憂」の意味として適当なものを次から選びなさい。

① 目論見　② 回り道
③ 取り越し苦労　④ 用心深さ

5 傍線部の意味として最も適当なものを後の①～⑤から選びなさい。（関西外国語大・改）

先方では、そういうことは思いも寄らぬことだとこう察して、ねんごろに教えてくれるのであろうが、此方は日本に居る中に数年の間にそんなことばかり穿鑿していたのであるから、ソレは少しも驚くに足らない。（福沢諭吉『福翁自伝』）

① 穴を掘り進めて　② しつこくこじつけて
③ こと細かく追求して　④ あれこれとやかく言い
⑤ 詳しく翻訳して

答▶ **1** A① B④ C③ D② **2**② **3**④ **4**③ **5**③

177

愚弄（ぐろう）

ばかにしてからかうこと。

参考 「弄」には、いじる・もてあそぶ、という意味がある。

例 古来多くの科学者がこのために迫害や愚弄の焦点となったと同様に、芸術家がそのために悲惨な境界に沈淪（ちんりん）せぬまでも、世間の反感を買うた例は少なくあるまい。（寺田寅彦「科学者と芸術家」）

類 嘲笑（ちょうしょう）…相手を見下したりばかにしたりして笑うこと。あざ笑うこと。

178

執拗（しつよう）

しつこく頑固にあきらめない様子。

例 日本人は人に頼みごとをして断わられると、きまって「そこをなんとか」と執拗にせまる。（森本哲郎『日本語根ほり葉ほり』）

類 執着（しゅうちゃく・しゅうじゃく）…心がとらわれて離れないこと。

類 固執（こしつ・こしゅう）…自分の意見を曲げないこと。

179

不遜（ふそん）

思い上がって相手を見下すこと。

例 貴族や帝らを全員袖にしてしまう『竹取物語』は、見方次第ではきわめて不遜あるいは不敬な物語である。（福嶋亮大『百年の批評』）

類 横柄（おうへい）…人を見下したような無礼な態度。

対 謙遜（けんそん）…相手に対し控え目で、自分を低く表現すること。

180

真摯（しんし）

まじめでひたむきなこと。

例 他者への真摯な関心があってこそ、初めて私たちは人間を研究対象にした科学を立ち上げることができるのである。（茂木健一郎『欲望する脳』）

関 実直（じっちょく）…まじめで正直なこと。

関 律儀・律義（りちぎ）…義理がたく、まじめな様子。（↓p.227）

181

扇情（せんじょう）・煽情（せんじょう）

感情や欲望をあおり高めること。

▼「扇情的」という用法がある。

例 母国語とは、母国のことば、すなわち国語に母のイメージを乗せた煽情的でいかがわしい造語である。（田中克彦『ことばと国家』）

関 激情（げきじょう）…激しくこみ上げる感情。

関 激昂（げきこう）…怒って興奮すること。

●●182

甘受(かんじゅ)

嫌なものをやむなく受け入れること。

▼不本意ながら仕方がないとして受け入れること。

例 詩もついには黙読を**甘受**しなければならなくなり、音声要素の影も薄くなることを余儀なくさせられています。（外山滋比古『読者の世界』）

関 **享受**(きょうじゅ)…豊かなよいものを受け取ること。

●●183

腐心(ふしん)

目標のため心を砕き、努力すること。

参考 「腐」には、**悩ませる**、という意味がある。

例 会議などで反論するにしても、相手とぶつかって関係が悪化することのないよう言い方に**腐心**する。（加賀乙彦『不幸な国の幸福論』）

類 **苦心**(くしん)…努力すること。

●●184

揶揄(やゆ)

冗談や皮肉で相手をからかうこと。

参考 「揶」にも「揄」にも、**もてあそぶ**、という意味がある。

例 世間には、総合的な知性を称揚する言葉は少なく、**揶揄**する言説がむしろあふれている。（茂木健一郎『思考の補助線』）

類 **茶化**(ちゃか)**す**…はぐらかす。からかう。

確認問題

1 次の空らんに適当な語を後の①～⑤から選びなさい。

A 大衆の欲望を刺激し、□する表現。
B 相手を□し、嘲笑するかのような態度をとる。
C 厳しい現実を□する。
D 先生は□で誠実な人柄で知られている。

① 愚弄　② 不遜　③ 扇情　④ 真摯　⑤ 甘受

2 「揶揄」の意味として適当なものを次から選びなさい。

① 賞賛すること　② からかうこと
③ うらむこと　④ 無視すること

3 「腐心」の意味として適当なものを次から選びなさい。

① 心を合わせること　② 努力すること
③ あきれはてること　④ 心を決めること

4 傍線部の意味として最も適当なものを後の①～④から選びなさい。（共立女子大・改）

部分的な借用やあるかなきかの影響は別として、ピカソほど正々堂々と真正面から他人の作品と取り組んで、しかも執拗に繰り返しその試みを続けた作家はほかにはいない。（高階秀爾『ピカソ　剽窃の論理』）

① わが身を委ねること　② 粘り強く行うこと
③ 冷静に行うこと　④ 自らに厳しいこと

答▶ **1** A③　B①　C⑤　D④　**2**②　**3**②　**4**②

185

懐疑（かいぎ）

疑いをもつこと。

注意 性格的に疑り深いというより、**学問的に試す**という意味が強い。

例 最後にキリストが示すものは、神＝真理の存在への**懐疑**である。（大澤真幸『思考術』）

関 **疑心暗鬼**（ぎしんあんき）…疑いの心から不安や妄想が広がること。

関 **懐疑論**（かいぎろん）…人間の理解には限界があり、真理の認識はできないとの考え。**「懐疑主義」**も同義。

186

仮借（かしゃく）

見逃し許すこと。

注意 **「仮借ない」「仮借しない」**と**否定表現とセット**で使うのが一般的で、**「見逃さない・許さない」**という意味になる。

例 核兵器の登場は、戦争の〈世界化〉の性格をその閃光（せんこう）によって**仮借**なく照らし出すものだった。（西谷修『戦争論』）

類 **容赦**（ようしゃ）…相手のミスを許すこと。手加減すること。**「容赦ない」「容赦しない」**と**否定表現とセット**で使うことが多い。

類 **免責**（めんせき）…責任を問われないこと。

関 **呵責**（かしゃく）…厳しくとがめること。

187

頑迷（がんめい）

自分の正しさを疑わず頑固であること。

例 彼らの真面目をそういう**頑迷**な西洋ぎらいや、常軌を逸した神がかりなどの外形に求めるのは、やはり浅見といわねばならない。（渡辺京二『幻影の明治』）

同 **頑迷固陋**（がんめいころう）

188

空虚（くうきょ）

価値や内容ががらっぽなこと。

例 自分は偉いのだと確信してはいても、それだけでは満足できない空白感がある。この**空虚**を何かで満たさなくてはならない。（今村仁司『近代の労働観』）

189

閉塞（へいそく）

行き詰まっていること。
閉ざされていること。

例 技術的生活はしばしば、無反省な精緻化や反復に陥り、生活を**閉塞**させる。（河野哲也『道徳を問いなおす』）

類 **進退窮まる**（しんたいきわまる）…進むことも退くこともできない。

190

鼓舞（こぶ）

意志や意欲を奮い立たせること。

例 成人も行進曲のリズムに活力を**鼓舞**され、電車の断続的な振動によって居眠りを誘われる。（山崎正和『リズムの哲学ノート』）

191

節操（せっそう）

信念や方針を曲げないこと。

例 日本人には宗教心がないから、**節操**もなくどんな宗教とも適当につき合ってしまうとよく言われる。（津島佑子『花祭りとバーミヤンの大仏』）

対 **無節操**（むせっそう）…自分の主義・主張がないこと。

関 **節度**（せつど）…ちょうどよい程度。

192

憐憫（れんびん）・憐愍（れんびん）

かわいそうにと思うこと。あわれむこと。

例 欠損を抱えこんだかつての少年に、ここで同情や**憐憫**の情を注ごうというのではない。（市村弘正『読むという生き方』）

同 **不憫**（ふびん）・**不愍**（ふびん）・**哀憐**（あいれん）

関 **同情**（どうじょう）…悲しんでいる人と同じ気持ちになること。

関 **自己憐憫**（じこれんびん）・**自己憐愍**（じこれんびん）…自分をあわれむこと。

確認問題

1 次の空らんに適当な語を後の①～④から選び、漢字で書きなさい。

A 祖父は他人の意見を聞かない［　］な性分だ。
B 彼は金で動く［　］のない人物だと非難されている。
C 主将の［　］で、チームはやる気を取り戻した。
D 心に穴があいたような［　］さを感ずる。

① こぶ　② せっそう　③ くうきょ　④ がんめい

2 「懐疑」の意味として適当なものを次から選びなさい。

① 不安を抱いていること　② 間違いに気づくこと
③ 絶対に疑いのないこと　④ 疑いをもつこと

3 「憐憫」の意味として適当なものを次から選びなさい。

① かわいいと思うこと　② 見逃し許すこと
③ かわいそうにと思うこと　④ 頑固であること

4 「閉塞」の意味として適当なものを次から選びなさい。

① 行き詰まっていること　② 危険が迫っていること
③ 緊張感が高まること　④ 過去を乗り越えること

5 「仮借」という言葉が最も適切に用いられている例を次から選びなさい。（巌央大）

① 仮借なく物件の契約を済ませる。
② 万事、仮借なく式が執り行われる。
③ 仮借のない親しい友人と旅行する。
④ 罪を犯した者を仮借なく罰する。

答▶ **1** A ④頑迷　B ②節操　C ①鼓舞　D ③空虚　**2** ④　**3** ③　**4** ①　**5** ④

193 叡智（えいち）

高度な知性。

参考 「英知」は「叡智」を簡略化した代用文字。

例 科学は人類の理性が産んだ偉大な**叡智**である。（木田元『哲学は人生の役に立つのか』）

194 陥穽（かんせい）

思いがけない落とし穴。

人を陥れる策略や罠（わな）。

例 生命科学を研究するうえで、最も厄介な**陥穽**は、純度のジレンマという問題である。（福岡伸一『生物と無生物のあいだ』）

類 **奸計**（かんけい）…悪いたくらみ。悪だくみ。詐術。

類 **権謀術数**（けんぼうじゅっすう）…人を欺く策略。

195 桎梏（しっこく）

自由を奪い、縛りつけるしかけ。

例 束縛や**桎梏**を打ち破って自由になったというだけでは、人間は自由にはなれない。（西尾幹二『個人主義とは何か』）

類 **足かせ・首かせ・手かせ**…自由を奪うもの。

類 **束縛**（そくばく）…縛りつけること。

類 **拘束**（こうそく）…自由を奪うこと。

196 神髄（しんずい）・真髄（しんずい）

物事の一番肝心なところ。

本質。エッセンス。

例 科学の**真髄**は科学知識の公共性にあり、その成果を迅速かつ過不足なく公表することが当然とされた。（池内了『科学の限界』）

類 **精髄**（せいずい）…なくてはならない最重要部分。

関 **奥義**（おうぎ）…学芸や武芸の大事な教えや技。

関 **極意**（ごくい）…道を究めた者が味わえる心の状態。

関 **醍醐味**（だいごみ）…経験の深さからくる究極の味わい。

197 通念（つうねん）

広く一般に共有されている考え。

例 芸術とは見知らぬ他者からなる公共世界に向けて発信された作品であり、芸術家の創作であるというのが私たちの**通念**である。（尼ヶ崎彬「数寄と遊芸」）

類 **常識**（じょうしき）…共通の知識や感覚。

関 **不文律**（ふぶんりつ）…文書はなくても、皆が守る規律。（↓p.131）

●●198

大道（だいどう）

人として守るべき正しい道。

▼「**広い大通り**」という意味もある。

例 すべての怪異も同様である。前者は集積し凝縮し電子となりプロトーンとなり、後者は一つにかたまり合って全能の神様になり天地の**大道**となった。（寺田寅彦「化け物の進化」）

類 **王道**（おうどう）…最も正統とされる道。ただし、安易な近道という意味もある。

類 **人道**（じんどう）…人間らしさにかなうあり方。

●●199

矜持（きょうじ・きんじ）

自分の能力への誇り。

例 富や政治的影響力といったものは**矜持**に寄与するものであるが、そうした幸運な諸条件だけに根拠を持つ優越性だけでは**矜持**ある人間ではあり得ない。（佐々木毅『政治の精神』）

同 **プライド**・**自尊心**（じそんしん）

類 **自恃**（じじ）…自分自身の力をたのみとすること。

●●200

能事（のうじ）

なしとげるべき仕事。

例 自然をその「あるがままの印象」で、単に平面的にスケッチすることを**能事**とする。（萩原朔太郎『郷愁の詩人 与謝蕪村』）

確認問題

1 次の空らんに適当な語を後の①～⑥から選びなさい。

A 科学は人類の□の結晶だ。
B 人としての□が廃れてしまった。
C 日本文化の□を追究する。
D 常識や一般的な□から外れた考えをもつ。

① 叡智 ② 真髄 ③ 悪意 ④ 大道 ⑤ 束縛 ⑥ 通念

2 「桎梏」の意味として適当なものを次から選びなさい。

① 人を欺き、陥れるもの
② くい違い、かみ合わないもの
③ 時代遅れで、役に立たないもの
④ 自由を奪い、縛りつけるもの

3 「矜持」の意味として適当なものを次から選びなさい。

① 誇り ② 決意 ③ 闘志 ④ 義侠心

4 「陥穽」の意味として適当なものを次から選びなさい。

① 人を引きつける魅力 ② 内容がからっぽなこと
③ 人を陥れる策略 ④ 安心できる場所

5 傍線部の意味を書きなさい。（福岡女子大・改）

芸術の能事は、表現に尽きる。（菊池寛『文芸作品の内容的価値』）

答▶ **1** A① B④ C② D⑥ **2**④ **3**① **4**③ **5**なしとげるべき仕事

1-4
練習問題④―覚えておきたい重要語100

「かわいい」が海を渡り、グローバル化が進行してゆく世界にあって国境を越えて受容され、巨大な娯楽産業として発展していった例を挙げてみた。それではこうした動向は、日本文化の流れのなかでどのように位置づけられるのだろうか。「かわいい」は日本文化に深く根ざした特殊なものであるがゆえに珍重されるのだろうか。それとも世界中の人間が享受しうる、ある種の文明的普遍性をもっているがゆえに、彼らに受け入れられるのだろうか。以下ではこの問題をとりあげてみたい。

明治以後、急速に西洋的近代化を成し遂げてきた日本にとってもっとも重要なことは、西洋列強の眼(め)にみずからがどのように映るかという問題であった。未開の蛮族と思われないために鹿鳴館が設けられ、西洋音楽が軍隊と教育制度に組み込まれた。同時に日本の文化的独自性を証明するために、前近代から存続している文化のいくつかに焦点が投じられ、それが日本を体現する真性の高級文化として、海外に喧伝(けんでん)されることになった。この文化ナショナリズムの傾向は、第二次大戦で日本が敗北した後、それ以上に顕著となった。だがこうした伝統主義とは近代化以降に、どこまでも他者の眼差(まなざ)しを^A契機として、歴史的に形成されたものにほかならない。歌舞伎、浮世絵、陶磁器、着物といった具合に、江戸期の庶民にとって「伝統」とはとうてい自覚されていなかった大衆文化が、内面化されたオリエンタリズムを^B媒介として純粋にして高級な文化遺産へと、イデオロギー的に作り変えられていったにすぎない。

一方、近代化のなかではじめて成立した大衆文化には、こうした純粋化は要請されなかった。新派、洋食、映画、漫画といったジャンルは、欧米文化

1 傍線部Aを説明したものとして最も適当なものを次の中から選びなさい。
① 自己との差異を解消し近づいてくるもの
② 自己とは異質で容易には制御できないもの
③ 自己に従属する卑小で些末(さまつ)なもの
④ 自己と峻別(しゅんべつ)され凌駕(りょうが)するもの

2 傍線部Bを説明したものとして最も適当なものを次の中から選びなさい。
① あるものをくわしく説明すること
② 因果関係を明らかにすること
③ 二つのものを橋渡ししてつなぐこと
④ 一方が他方に依拠すること

3 傍線部Cを説明したものとして最も適当なものを次の中から選びなさい。
① 広く受け入れられる
② あるものとして言い表す
③ 優れたものとしてほめたたえる
④ 伝統的なものとして認める

4 傍線部Dについて、自由な行動を縛ることを表現したものとして最も適当なものを次の中から選びなさい。
① 桎梏(しっこく)　② 相克

との接触によって生じたものであり、日本を正統に表象する文化とは長い間見なされてこなかったばかりか、知識人によって言及されることも稀だった。それが幸いしてか、こうしたジャンルは欧米文化との積極的なハイブリッド化を軽々と行なうことが許され、「伝統的」制約に捕らわれることなく、次々と新しいスタイルへと発展できることになった。なるほどそれらはひとたび欧米の文化的ヘゲモニーに圧倒され、稚拙な模倣から出発したが、やがて徐々にその状態を脱して、独自のモダニティを発揮するまでになった。たとえば一九三〇年代のハリウッド映画は若き小津安二郎をフェティシュに魅惑したが、彼はそこから出発して、ハリウッドとはまったく対照的な手法の監督として大成した。ディズニーは手塚治虫に決定的な影響を与えたが、今日のジャパニメーションの興隆は、彼を克服すべき象徴的父親とすることで達成された。

ちなみに現在、「かわいい」文化として日本から世界に発信しているものの大半は、この近代以降の大衆文化が発展したものだ。

こうした現象を、欧米を巧みに飼い馴らして利益を得るに長けた日本文化と見なすだけでは不充分であって、そこに現実に働いていた文化的混淆性にこそ焦点を当てなければならない。同様の事態は、現在も東アジアでは日常的に生じている。今日の香港映画や韓国映画はハリウッドからさまざまな霊感を授かりながらも、まったく独自のスタイルをもったジャンルとして完成され、向かうところ敵なしといった動きを見せている。

（四方田犬彦『「かわいい」論』）

③ 執拗　④ 軋轢

5 傍線部Eを説明したものとして最も適当なものを次の中から選びなさい。

① 見本から乖離していること
② 手本を絶対視すること
③ 基本を理解していないこと
④ 未熟で下手なこと

6 本文の内容に合致するものを次の中から選びなさい。

① 「かわいい」文化は、欧米文化を巧みに飼い馴らし、転じて世界に発信して利益を得た日本文化の代表といえる。
② 「かわいい」文化は、近代以前から存在する日本の伝統文化に由来し、その特殊性ゆえに世界で珍重されたといえる。
③ 「かわいい」文化は、近代化以降の日本の大衆文化に起源をもち、しかも欧米文化と混在しつつ発展したものである。
④ 「かわいい」文化は、日本の大衆文化を出発点としながら、広い普遍性をもっていたため世界で享受されている。

答▶ 1② 2③ 3② 4① 5④ 6③

column 1

仕事の道具

　私の仕事の一つに小論文答案への赤ペン添削があります。その際にお気に入りの万年筆を使っています（本書のチェックつまり校正でも使用しました）。これまで何種ものペンを試してきましたが、今採用しているのが〝ミュージック〟と呼ばれるペン先タイプの万年筆です。

　その名が示すように本来は楽譜を書くためのペンです。私のヘアスタイルは、ヴァイオリン奏者の葉加瀬太郎（はかせたろう）さんと似たウェーブ加工をしているため、「お仕事は音楽関係ですか」とよく問われます（必ず「そうです」と応えます）。実際には楽譜を読むことも書くこともできない私ですが、この万年筆は、文字を記す上でもよい書き味なのです。ペン先が丸ではなくフラットであるのが特徴です。ちょうどホワイトボード・マーカーなどで丸芯よりも角芯の方がメリハリある字が書けるのと同じ感じです。

　これにドイツ、ペリカン社製の赤インク〝ブリリアント・レッド〟（ドイツ語名ブリラント・ロート）を入れて答案に向かいます。もともと添削は好きな仕事なのですが、鮮やかな赤色のこのインクを使うと一層楽しくてはかどります。皆さんにもお気に入りの文房具を見つけることをお勧めします。勉強でも気持ちが乗ってきますよ。

　さて、もう一つのお気に入りの仕事道具に衣装があります。スタディサプリやZ会の映像授業でご覧いただけますが、私は好んで細かい花柄のシャツを仕事着としています。アロハやかりゆしとは異なる小粒のフローラル・パターンが主です。英国リバティ社のデザインが多いです（ポールスミスやアニエスベーの服などでもよく採用されています）。しかも、長袖（ながそで）で「胸ポケットなし」を選びます。

　半袖だとラフすぎて仕事着としては適さないこと、手首まで花柄で満たされることから長袖です。「胸ポケットなし」であるのは、なぜか。本来シャツデザインの基本は「胸ポケットなし」です。ところが日本のシャツメーカーではポケットありが主流です。ポケットがあるとそこにペンなどを挿（さ）すのですが、それゆえの大失敗経験があります。

　赤ペン添削している最中に生徒への質問対応などをすると、話に熱中してついキャップをしないまま、ポイっとポケットに入れてしまうのです。ふと気づくと左胸あたりで見る見る赤いシミが広がっています。まるで心臓を銃弾で打ち抜かれたような……。これが一度や二度ではないのです。見た人を驚かせないためにも衣装を大事にするためにも胸ポケットは「なし」が基本です。

第二章

評論語 テーマ別編

入試評論文・小論文に頻出のキーワードを８つのテーマ（題材・分野）に分けました。まず、「テーマ解説」を読んで、各テーマの全体的な理解を深めてください。その後、各テーマにおける重要なキーワードを理解することで、入試評論文・小論文がよりつかみやすくなります。

■「科学的」ってどういうこと

「科学的な捜査」や「科学的根拠を示す」などといいますが、何をもって「科学的」とするのか、実はそれほど自明とはいえません。「科学的」と「実証的」を同義語のように使っている文章もあります。「実証的」とは、データや実験で仮説を裏付け、証拠を出すことですが、証拠を積み上げれば、ただちに「科学的」といえるかというとそうではありません。「科学」がテーマの評論では「科学とは何か」ということをさまざまな角度から問いかけていきます。

■科学にもヒストリーがある

「科学」と呼ばれる営みには、歴史的な推移、変化、進歩、停滞があります。まず、学問のふるさと、古代ギリシャで「自然哲学者」が自然の探究とその説明を始めました。その特徴は、神様を持ち出さないで自然を合理的に説明しようとする態度と、世界や自然の根源・本質を突き止めようという関心にありました。一方、「近代科学」は、「古代ギリシャ科学」が目指した本質の探究を形而上学として排除し、事実・現象の説明に向かいました。「なぜ」の解明より「どのように」の説明に向かったといえます。

さらに、学問の方法が意識され（帰納法・演繹法など）、「科学（サイエンス）」が、理系の学問分野として独立扱いされるのも、近代以降のことです。むしろ、中世と近代との区別をするうえで大きな役割を果たしているものこそが、「科学」といえます。また、生物学・化学・物理学のみならず、そこからさらに○○生物学、○○化学、○○物理学というように細分化・専門分化していくことが「近代科学」の特

▼自明→p.86
▼実証的→p.104
▼仮説→p.104
▼合理的→p.116
▼形而上学→p.38
▼帰納法→p.105
▼演繹法→p.105

徴です。加えて、神秘的で複雑とされてきた自然さえ解明できるとする科学の態度も生まれました。

■サイエンス・ベースト・テクノロジー＝科学技術

「技術（テクノロジー）」が「科学」と結びつき、相互に刺激し合って発展するのも近代以降です。刀や楽器をつくるような、師匠から弟子へと伝えられる「技術」と、「科学技術」は区別され、「科学技術」は「科学」をベースにして次々と応用発展していきます。ですから、「科学技術」は「サイエンス＆テクノロジー」ではなく、「サイエンス・ベースト・テクノロジー」です。こうして「科学技術」は実際的な技術として生活に浸透し、伝統的な生活を変えていきました。こうなると生活になじみ深い道具やエネルギーでさえ、科学技術がベースとなり、一般市民の常識ではついていけなくなります。つまり、人間が科学から疎外されるという状況になっているのです。

▼疎外→p.44

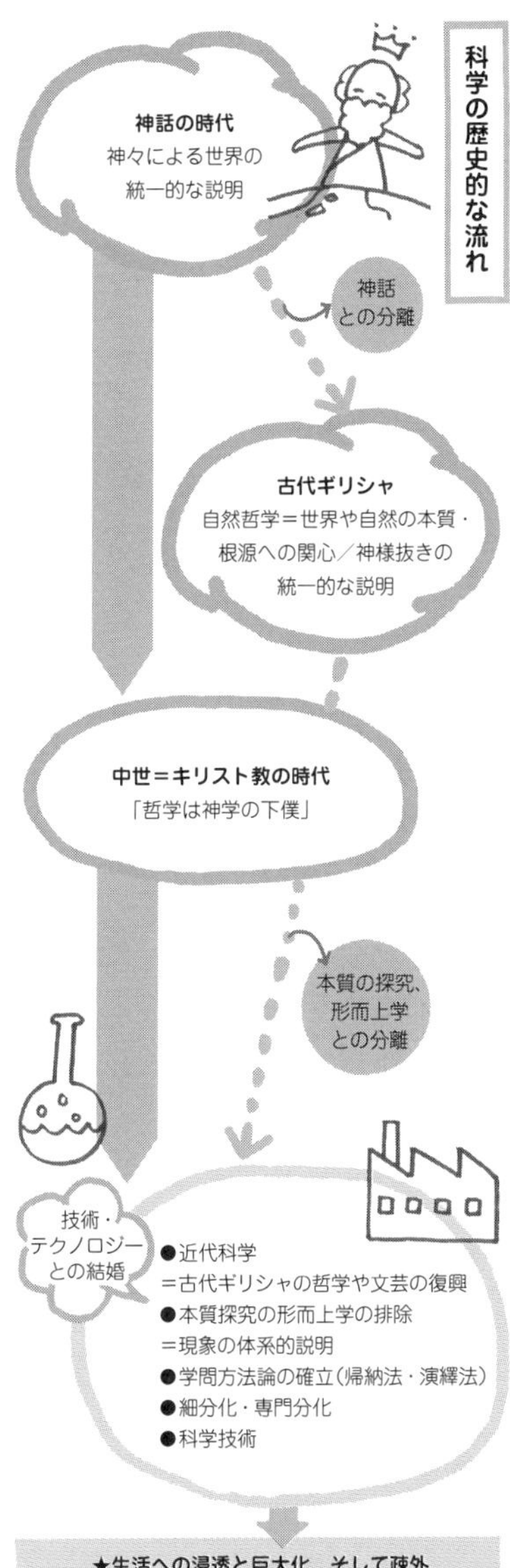

●●201

仮説（かせつ）

ある現象について、なぜそのようになるのかを想定した考え。

▼何らかの現象の因果関係を語るために用いる仮の説明のこと。

例 この**仮説**が正しいかどうかは、自分の経験だけでは答えの出しようがありません。答えは自然に問うしかありません。つまり、実験しなければわからないのです。（山鳥重『「わかる」とはどういうことか』）

関 **措定**（そてい）…ひとまず意見を提示してみること。

●●202

実証（じっしょう）

目に見える裏付けをすること。

▼実験やデータによる証拠を挙げること。

例 **実証**主義とは言うまでもなく、経験に照らして**実証**されることに科学の優越性を見ようとする立場であり……（蔭山泰之『批判的合理主義の思想』）

対 **反証**（はんしょう）…仮説に反する証拠や事実。

関 **エビデンス**…裏付けとなる証拠や証言。

関 **実証的**（じっしょうてき）…思考だけでなく、体験に基づく事実で明らかにされるさま。

関 **実証主義**（じっしょうしゅぎ）…主観ではなく客観的な証拠を重視する立場。実験やデータの裏付けがあれば、仮説は真理と見なしてよいとの立場。

関 **経験主義**（けいけんしゅぎ）…理論より実際の経験を重視する立場。

科学の法則はすべて「仮説」として扱われ、ある「仮説」で矛盾なく説明できる範囲が広がることで、科学史上の進歩があるといえる。

現代の量子物理学の仮説で説明できる範囲

アインシュタインの仮説で説明できる範囲

ニュートンの仮説で説明できる範囲

アリストテレスの仮説で説明できる範囲

確認問題

空らんA・Bに「仮説」「実証」のどちらかを入れなさい。

科学者の述べる説は一つの【A】でしかないが、検証と反証を繰り返し、実験やデータなどよって【B】されることで真理とみなされるようになる。ただし、その【A】で矛盾することが起きると、新しい【A】を立て直すことになる。

答▶ A仮説　B実証

203

演繹（法）

大きな原理を前提として個々の事例を説明する思考法。

参考 いつでもどこでも当てはまる普遍的原理から個別的事実を導き出す思考法。例えば、「三角形の内角の和は二直角（180度）である」という大原則（定理）を前提に、正三角形にも、二等辺三角形にも、辺の長さが全部違う三角形にもその定理を当てはめていく考え方。裁判も、先立つ大きな原理（憲法や刑法や商法）に基づいて、個別の事件の有罪、無罪を決定する点で演繹的である。

例 一つの統一的目的からすべての行動を**演繹**的に導きだしうるほど、人間の世界認識はすすんでいないし、認識を行動にむすびつけるだけの**演繹**能力ももっていない。

（塩沢由典『人はなぜ習慣的に行動するのか』）

204

帰納（法）

たくさんの個々の事例から大きな原理を導き出す思考法。

参考 個々の事例からそれらの共通点を発見し、広く一般原理、規則性や法則や結論を導く思考法。実験科学、実証科学の方法。

例 合理的であることは演繹的であることであり、実証的であることは**帰納**的であると考えられ、科学は演繹的であると共に**帰納**的であり、**帰納**的であると共に演繹的である。

（三木清『哲学入門』）

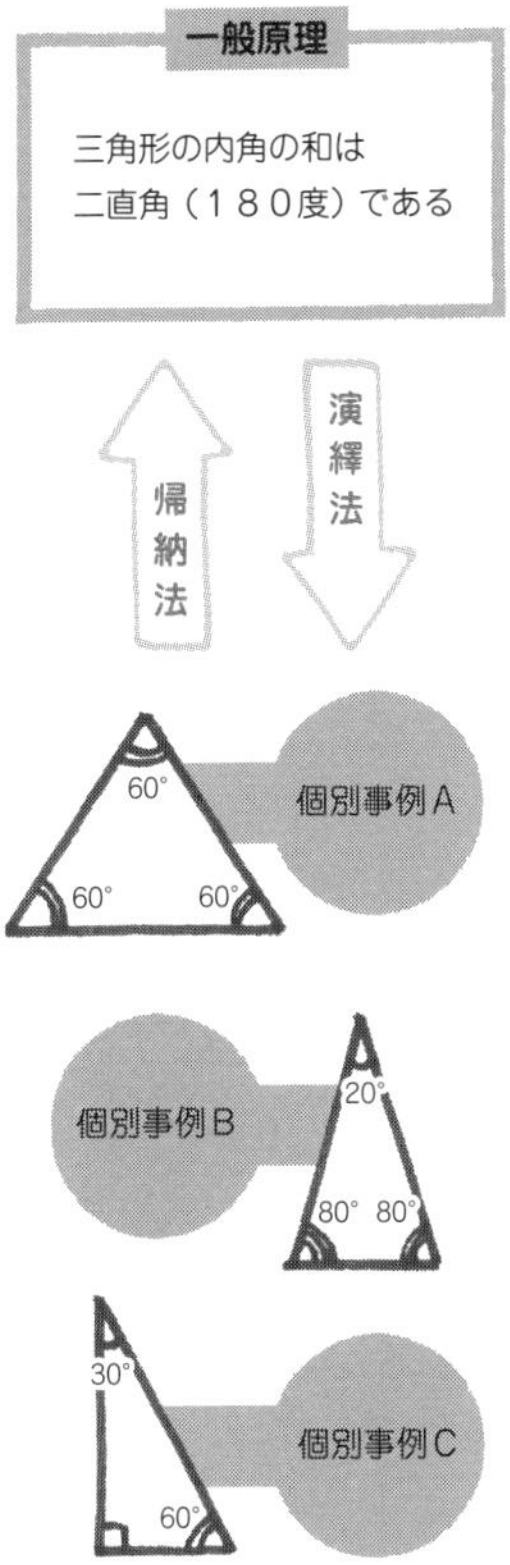

一般原理

三角形の内角の和は
二直角（１８０度）である

帰納法　演繹法

個別事例Ａ　60°　60°　60°

個別事例Ｂ　20°　80°　80°

個別事例Ｃ　30°　60°

確認問題

空らんＡ・Ｂに「演繹」「帰納」のどちらかを入れなさい。

【Ａ】は一から多へであり、【Ｂ】は多から一へである。現実の世界は多にして一、一にして多であり、一即多、多即一という弁証法的なものであるところに、科学の弁証法的構造の根底があるといわねばならぬ。

（三木清『哲学入門』）

答▶ Ａ演繹　Ｂ帰納

205
弁証法（べんしょうほう）

対話（ダイアローグ）による思考の発展方法。ディアレクティーク。

▼意見の対立や対話を通して、より高い認識や意見を出す思考法。

参考 物別れ、ケンカ別れではなく、また単なる歩み寄りとしての妥協でもなく、混ぜ合わせの折衷案でもない。むしろ、もともとの各意見以上の総合的な見解を生み出すこと。

例 プラトンの**弁証法**は対話の体裁をとっているけれども、対話ではない。そこには他者がいない。

（柄谷行人『探究Ⅰ』）

206
テーゼ
These 独

提言。意見。定立（ていりつ）。命題。

207
アンチテーゼ
Antithese 独

反対意見。反命題。

208
ジンテーゼ
Synthese 独

高められた総合意見。総合命題。

参考 正しいと思って提示した意見（**テーゼ**）も、なんらかの欠陥があり、反論（**アンチテーゼ**）を呼ぶ。その討論からよりよい総合意見（**ジンテーゼ**）を生み出す知的な過程が「弁証法」。

注意 **テーゼ**、**アンチテーゼ**、**ジンテーゼ**は、形式的に「正」「反」「合」と記号的に表現されることがある（左図参照）。

例 我々の心の中には、**テーゼ（命題）**と**アンチテーゼ（反命題）**との闘争が行われている。その闘争の結果**ジンテーゼ（総合命題）**が生まれた瞬間には、それがまたただちに**テーゼ**となって新しい**アンチテーゼ**を生み、そうしてそれらの闘争が絶えず行われるのであって、それでこそ思想の進歩が可能なのである。

（末広厳太郎『嘘の効用』）

209
止揚（しよう）

より高い次元へ引き上げて統合すること。アウフヘーベン。

参考 テーゼとアンチテーゼとの火花を散らすような対立や争点や違いをとどめおきつつ、より高い次元へ引き上げて統合すること。総合命題（ジンテーゼ）へと対立を引き上げること。

例 不調和の調和は、すでに、正と反とが**止揚**されて合になるという弁証法において、成立している。正と反とは矛盾対立の関係にある。両者を同一平面に止めておけば、プラス・マイナス・ゼロの無為の中和を起こす。これを別の次元で統合するのが**止揚**にほかならない。調和を弁証法的に説明すれば、**止揚**された矛盾ということになる。

（外山滋比古『省略の文学』）

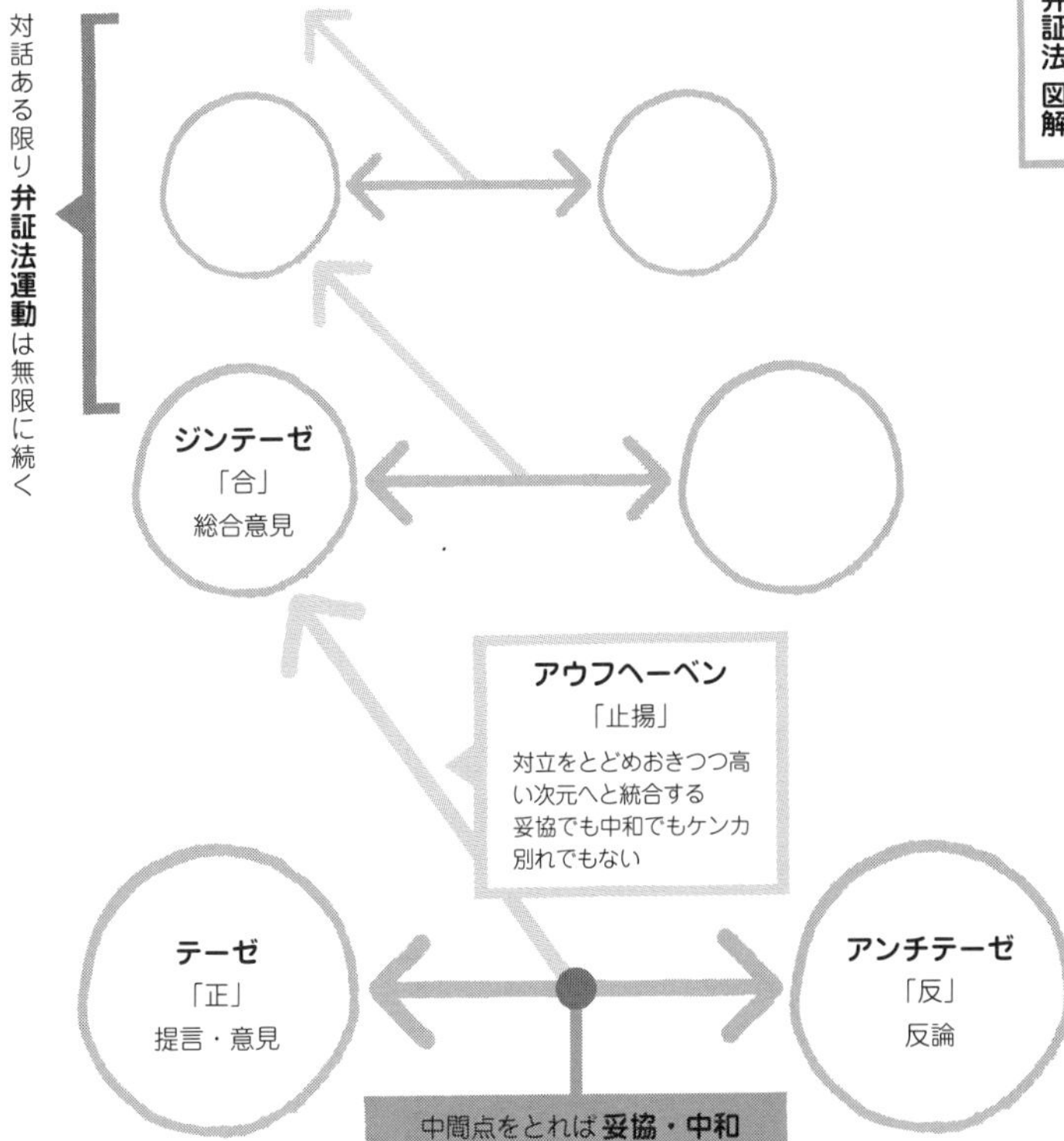

参考 **弁証法 具体例**

少子高齢化という課題に対して、予算は有限という条件下で、「高齢者介護施設を増やすべきだ」という意見があるとする。他方「保育施設を増やして少子化対策をするべきだ」という意見がある。この対立と論争から、「廃校や空き家を利用した介護と保育の総合施設を提案する」などといった、もともとの意見以上の総合的な見解を生み出す過程を、**「弁証法的」**な思考という。

確認問題

「弁証法」の説明として適当なものを次から選びなさい。（自治医科大・改）

① 一般原理から個々の命題を推論すること
② 主題や趣旨を展開・詳述すること
③ 対話を通して高次の統合に至ること
④ 具体的事実から一般法則を導き出すこと

答▶ ③

210 命題（めいだい）

はっきり明記された意見。

▼「AはBである」といった言明の他、解決を求められている問題という意味もある。

例 医療のなかでは延命というのが至上の**命題**になっている。（鷲田清一『死なないでいる理由』）

211 パラダイム paradigm 英

考え方の枠組み。特に科学者社会の共通認識。

例 **パラダイム**を転換すれば科学が人間的になると信じる人々は、科学の人間的な改造を狙っていると思われる。（加藤尚武『進歩の思想 成熟の思想』）

関 **パラダイム・シフト**…前提となっていた考えが、別の考えに取って代わられること。パラダイム・チェンジ。

212 決定論（けっていろん）

あらゆる出来事はあらかじめ決まっているという考え方。

▼自然現象・歴史・人間の意志や行動は、自然法則・神・運命などの原因によって、決まっているという考え方。

例 個人や集団の行動は、**決定論**の原則によれば、自然法則のごとく社会法則によって必然的に、全面的に決定される。（今村仁司『マルクス入門』）

213 体系化（たいけいか）

複数のものを、何らかの基準や原理でまとめること。

▼カテゴリー（→p.89）に基づいて整理すること。システムキッチンのようにコンロ、シンク、調理台が同じ高さとデザインでまとまっているイメージ。

例 学習内容が分解されることによって、学習法は**体系化**されるわけである。（尼ヶ崎彬『ことばと身体』）

類 **組織化**（そしきか）・**システム化**（か）…ばらばらのものを一つの仕組みにまとめること。

214 術語（じゅつご）

専門用語。

▼英語の**テクニカル・ターム**を訳した言葉。

注意 文法の「主語・述語」というときの「**述語**」とは、同音異義語。

例 たとえば、もともと精神医学の**術語**だったのに、医学をはみだして一種の流行語になっている「アダルト・チルドレン」。（鷲田清一『死なないでいる理由』）

215

遠近法（えんきんほう）

遠くのものを小さく薄く、近くのものを大きく濃く強調すること。

▼英語のパースペクティブ。絵画の手法以外に価値の強弱をつける思考法としても使われる。

例 思い出は過去の出来事のありのままの再現ではない。それは経験の**遠近法**による ろ過と選別とを通じて一種の「解釈学的変形」を被った出来事である。（野家啓一『物語の哲学』）

216

超自然（ちょうしぜん）

オカルト。神秘。神がかったもの。

▼物理的な自然法則に従わないもの。「**超自然的**」という用法がある。

注意 おしゃべりで使う「ちょー自然」「とってもナチュラル」ではない。

例 そういう不可解なもの、**超自然的**なものと交わるひとつの技法としておそらく宗教はある。（鷲田清一『てつがくを着て、まちを歩こう』）

217

蓋然性（がいぜんせい）

たぶんそうなるであろう確率。可能性。

▼英語のプロバビリティ。

参考 危険なこと、事故の発生にどう備えるかというリスク評価の一つの基準。

例 その結果を全面的に正しいとは考えず、**蓋然性**の高い警告だと受け取るのが良いのではないだろうか。（池内了『疑似科学入門』）

確認問題

1 次の空らんに適当な語を後の①～⑥から選びなさい。

A 「止揚」など、専門的で難しい［　］を用いた本。
B 超能力や魔法といった［　］的なものは信じない。
C 内容別に［　］された思想を学ぶ。
D 生命とは何かという［　］に取り組む。

①命題　②体系化　③超自然　④仮説　⑤帰納　⑥術語

2 「蓋然性」の意味として適当なものを次から選びなさい。

①秘密であること　②そのことが起こる可能性のこと
③当然であること　④危険性があること

3 「パラダイム」の意味として適当なものを次から選びなさい。

①物事を人間的にみる見方
②物事を科学的にみる見方
③物事の見方の大きな枠組み
④物事を細かく分けてみていく枠組み

4 「決定論」の説明として適当なものを次から選びなさい。

①すべてを冷静で論理的な思考で割り切る考え方
②完全な真理や絶対的な正しさはないという考え方
③人間らしい価値や尊厳を重視する考え方
④あらゆる出来事はあらかじめ決まっているという考え方

答▶ **1** A⑥　B③　C②　D①　**2**②　**3**③　**4**④

218

アカデミック

academic 英

学問的。学究的。学問や芸術で利益を求めない態度。

▼古代ギリシャの哲学者プラトンのつくった学校、アカデメイアから由来。

例 十九世紀の終わりに、いわゆる**アカデミック**な技法を遵守していたつもりの画家たちが、なぜあれほどまでに写真的な視覚に惹かれていったか。（前田英樹『絵画の二十世紀』）

関 **アカデミズム**…応用実践より純粋な真理探究を重視する立場。

219

象牙の塔（ぞうげのとう）

俗世間から離れて芸術や学問を探究する場。

▼**大学の古い学問伝統を閉鎖的に守る**という否定的な意味もある。

例 要するに、小説家は学問の府たる**象牙の塔**から遠く離れて書くべきだということである。（水村美苗『日本語が亡びるとき』）

220

イデオロギー

Ideologie 独

行動に出るほどの根本的なものの考え方。主義。思想。

▼**階級や党派の立場を反映した思想**という**政治的な意味**もある。

例 むろん、新聞はいまなお存在しているし、正義と真実を報道するというそのイデオロギーもまた持続している。（三浦雅士『考える身体』）

221

功利主義（こうりしゅぎ）

幸福を追求する考え方。

▼人生の目的を、現実的な利益・幸福・快楽の追求に置く考え方。実利主義。英語の**ユーティリタリアニズム**。

例 何か目的がなければ読書しないというのは読書における**功利主義**であって、かような**功利主義**は読書にとって有害である。（三木清『如何に読書すべきか』）

関 **実用主義（じつようしゅぎ）・プラグマティズム**…行動を重視し、思考の意味や真偽を実用性（役に立つかどうか）で決定する考え方。

222

三段論法（さんだんろんぽう）

論理的な推測を三つの段階で進める方法。

参考 大前提と小前提から正しい結論を導く思考方法。例えば、「すべての人間は死ぬ」（大前提）、「ソクラテスは人間である」（小前提）という二つの判断から、「ゆえにソクラテスは死ぬ」（結論）を導く。

例 最も確実な推論法として私どもが知っているのは**三段論法**である。（湯川秀樹『創造的人間』）

223

試行錯誤（しこうさくご）

挑戦し、失敗から学びつつ前進していくこと。

▼英語の**トライアル・アンド・エラー**を訳した言葉。

例 実験は**試行錯誤**のもっとも有効な手段である。（外山滋比古『失敗談』）

224

改竄（かいざん）

文書を不正に書きかえること。

▼文章やデータの数値を、自分に都合よく改変すること。

注意「竄」が常用漢字ではないため、新聞などでは「改ざん」と表記される。

例 歴史の**改竄**ということは、何千年も前から行われていたのだ。（森本哲郎『読書の旅』）

関 **隠滅**（いんめつ）…都合の悪い証拠を隠したり、消し去ったりすること。

225

捏造（ねつぞう）

でっちあげること。

▼実際にはない事柄やデータを、事実であるかのように作りあげること。

注意「捏」が常用漢字ではないため、新聞などでは「ねつ造」と表記される。

例 見間違いがあるだけでなく、無意識のうちに情報が**捏造**され、見たような気持（きもち）になってしまうことがあるからだ。（池内了『疑似科学入門』）

関 **剽窃**（ひょうせつ）…他人の作品や学説を盗んで自分の創作として発表すること。盗用。

確認問題

1 次の空らんに適当な語句を後の①〜⑧から選びなさい。

A データの数値が□されている可能性がある。
B 研究に夢中で□にこもるような生活をしている。
C よりよい方法を見つけるために□を重ねる。

① 改竄　② 象牙の塔　③ 試行錯誤　④ 他山の石
⑤ 剽窃　⑥ 疑心暗鬼　⑦ 抑圧　⑧ 時代錯誤

2 A「アカデミック」、B「イデオロギー」と意味的に対応する最も適当な語を次からそれぞれ選びなさい。

① 伝統的　② 学究的　③ 権威　④ 主義
⑤ 範疇　⑥ 精神的　⑦ 合理的　⑧ 概念

3 次のような思考方法をなんというか。後の①〜④から適当なものを選びなさい。

▼両生類は脊椎（せきつい）動物である。カエルは両生類である。ゆえにカエルは脊椎動物である。

① 帰納法　② 演繹法　③ 三段論法　④ 弁証法

4 A「功利主義」、B「捏造」の説明として適当なものを次からそれぞれ選びなさい。

① 国家や社会の利益を優先する考え方
② 幸福を追求する考え方
③ 実際にはないデータなどを作りあげること
④ 他人の作品を盗んで自作として発表すること

答▶ **1** A① B② C③ **2** A② B④ **3** ③ **4** A② B③

2-1

練習問題⑤ 科学・学問

私たちは、外界から刺激(例えば、眼に入る光)を得て、その情報処理を行って(物の像を得て)対象を認識する(何があるかを知る)。この当たり前の行為において、脳では二つの無意識の作用が起きている。一つは、入力から特徴を抽出し、情報の要点だけを取捨選択する作用である。目で見ているものや耳で聞いているものを全て認識しているわけではなく、ある特定のものを選んでいるのだ。「認識のボトムアップ」である。目や耳から入った情報にフィルターをかけているとも言える。そのとき同時にもう一つ、「スキーマ」(個人が経験を通して形成してきた外部環境に対する総合的知識)と照合して対象の姿を再構成するという作用がはたらいている。外界の情報を解釈して認知内容に制約を与えているのだ。これが「認識のトップダウン」である。既知のものか未知のものかをまず選別し、既知ならその知識に当てはめ、未知ならいっそう注意して何であるかを知ろうとする心的作用のことだ。

これら二つの逆向き(ボトムアップとトップダウン)の作用が組み合わさって初めて「パターン認識」が可能になる。つまり知覚が完成するのである。とすると、二つの作用に何らかのエラーが発生すれば、当然知覚の変容が生じてしまうことになる。

(中略)

人間は、ある種の思いがけない体験をすると、それがなぜ起こったかの「仮説」を持ち、仮説から論理的に導かれる「推論」を行い、結果と照合して仮説を「検証」[A]する、という思考回路を採っている。「帰納的推論」[B]である。それで、赤信号で道路を渡れば交通事故に遭う(とう)とか、火に手を近づければ火傷(やけど)をすることを学び、二度としなくなる。このように結果が明白にわかる場

1 傍線部Aに関連して、多くの実験やデータと照合して仮説を検証することを科学的な方法とみなす考え方を何というか、最も適当なものを次の中から選びなさい。

① 合理主義　② 実証主義
③ 反証主義　④ 相対主義

2 傍線部Bを説明したものとして最も適当なものを次の中から選びなさい。

① 多くの具体的事例から原理を導き出すこと
② 仮説の検証を第三者のチェックにゆだねること
③ 異なる学説との対話を通じてより総合的な学説を導くこと
④ 過去の学説にさかのぼって誤りを指摘すること

3 傍線部Bと対になる方法を何というか、最も適当なものを次の中から選びなさい。

① 消去法　② 遠近法
③ 演繹法　④ 弁証法

4 傍線部Cを説明したものとして最も適当なものを次の中から選びなさい。

① 単一の原因を確定できないこと
② 特定の原因から特定の結果が導ける

合は簡単だが、結果が曖昧（あいまい）であったり、神秘的に見える体験をしたりすると、思考に狂いが生じてくる場合がある。

例えば、ある晩、友人が夢枕に立って、翌日その人が亡くなった。予知したのか、テレパシーで知らせてきたのか、超感覚的知覚がはたらいて前もって察知できたのか、夢と死が偶然に一致したのか、とさまざまに思う（「仮説」を持つ）。何か超能力（予知能力やテレパシー）のようなものがあるかもしれないと思い込んでしまう（「推論」する）と、それによって他のことも説明できるかもしれないと欲張ってあれもこれも強引に解釈する（結果の「検証」を行う）。このような思考の流れの中で無意識のうちに超能力を信じ込んでしまう二つの事柄が続けて起こると、その解釈に多くのバイアスがかかるからだ。

まず仮説を持ち出す段階で「確証バイアス」が入り込む。自分にとって確かそうな仮説しか思い浮かべないことだ。右の例で言えば、夢と死が偶然に一致したとはとても思えないと簡単に棄却してしまう。どの仮説も等しく考える必要があるのに、初めからある仮説を除外して考えるというバイアスがかかっているのである。

もう一つは、推論の段階で、ある目立った事柄二つ（AとBとする）が続けて起こると、ただ目立つという理由でその二つを結びつけて（Aが原因でBが起こったと）考える癖がある。この二つに関連（因果関係）があると推論してしまう傾向で、「関連性の錯誤」あるいは「相関の錯誤」と呼ばれている。夢を見たということとその人が死んだということを、必ず関連があると思い込む心的作用である。単なる偶然の一致（A、Bは無関係）とは考えないのだ。

（池内了『疑似科学入門』）

こと

③ 偶然に特定の結果が何度も生じること

④ 過去にした悪い行いの報いを受けること

5 本文の内容に合致するものを次の中から選びなさい。

① 外界からの刺激をどのように知覚しているのかを説明するために確実な論だけを思い浮かべることはやむをえない。

② 体験や出来事について、なぜそれが起きたのか仮説を立てて推論する際、バイアスがかかり思考に狂いが出ることがある。

③ 目立つ二つの事柄が続けて起きると、因果関係があると推論しがちだが、偶然の一致を考えに入れる心的作用が人間にはある。

④ 帰納的推論によって、体験や出来事の起きた原因を考えて仮説を立て、結果と照合して検証する方法では必ず錯誤にいたる。

答▶ 1② 2① 3③ 4② 5②

近代　テーマ解説

■前近代（プレモダン）から近代（モダン）へ

「伝統・宗教・神・身分・村落共同体・自然」などを重視、前提とする時代や社会がかつて世界には広くありました。この時代は近代（モダン）に対して前近代（プレモダン）と呼ばれています。ところが、西欧で変革が始まります。「進歩（進歩主義）・科学・人間・個人・自由・平等・理性」を重視する時代や社会への転換、つまり近代への転換です。

ただし、その近代化という移行、変革も一度になされたのではなく、いくつものきっかけや波がありました。例えば、「ルネッサンス（十四〜十六世紀）」は、ヒューマニズムと古代ギリシャの学問リバイバルの波、「宗教改革（十六世紀）」はキリスト教会の権威を揺さぶる波、「科学革命（十六〜十七世紀）」は文字どおり科学による世界観・宇宙観の変革の波、「市民革命（十七〜十九世紀）」は、啓蒙主義による自由と平等と理性の波、「産業革命（十八〜二〇世紀）」は、本格的な資本主義の波をもたらしました。日本では、欧米をモデルにした明治維新以後が近代化の第一段階で、第二次世界大戦後がその第二段階と考えられます。

■近代の合理主義的なものの見方

また、近代以降、病気への考え方も転換します。発熱と悪寒で寝込んだ場合、前近代では〝もののけが憑(つ)いた〟などとみなされていましたが、近代以降では感染症ととらえます。さらに、病気の原因としての病原体をつきとめ、除去する薬・抗生物質を投与するようになります。このように近代以降では物

▼村落共同体→p.121
▼進歩主義→p.118
▼個人→p.120
▼理性→p.18
▼近代→p.118
▼ヒューマニズム→p.119
▼科学革命→p.118
▼啓蒙主義→p.119
▼資本主義→p.118

体と物体の因果関係に注視する態度が理性的で、魔術的な世界観を未開で非理性的と見なします。これが近代の合理主義的な発想の典型です。

近代（モダン）から現代（ポストモダン）へ
—近代への反省と前近代の再評価—

さて、前近代（プレモダン）を乗り越えたはずの近代（モダン）を「理性中心主義」として批判し、この近代をさらに乗り越えようとするものが、ポストモダンと呼ばれる考え方です。つまり、前近代を単に遅れた封建社会、因習的な暗黒の社会とみなす近代の考え方を批判し、前近代の中にも再評価するべき価値があること、逆に近代の中にも環境問題を始めとして批判するべきものがあるという思想です。ただし、同様に近代を全否定してよいのかということを問う必要もあります。前近代にも無視できない価値があるように、近代がもたらしたものの中にも失ってはならない価値があるはずです。

▼合理主義→p.117
▼ポストモダン→p.156
▼因習→p.121

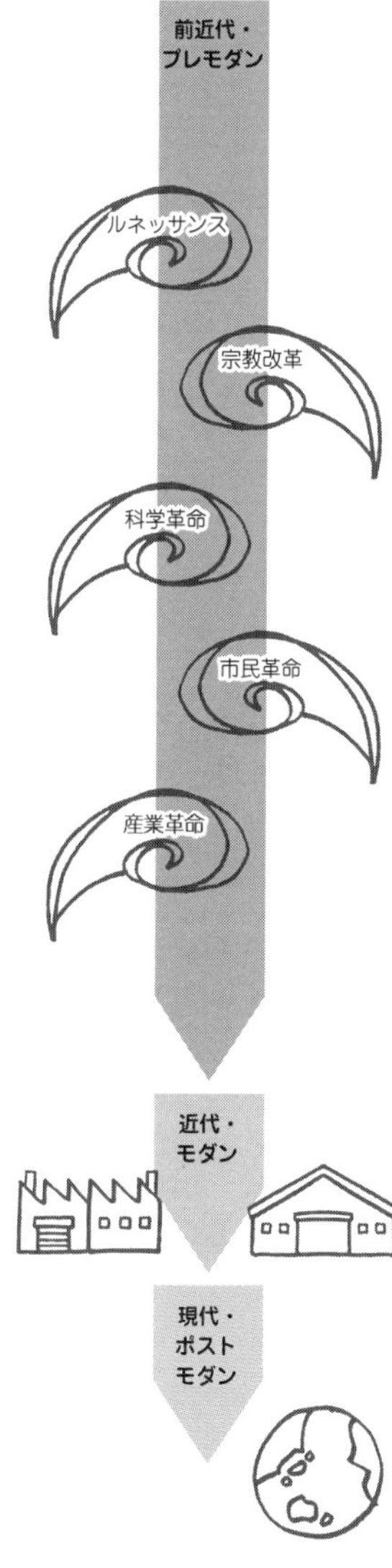

226

合理（ごうり）

理にかなうこと。

▼理性・理屈・論理・計算に合致すること。「**合理性**」という用法がある。

例 近代思想史は、理性とその**合理**性によって人間精神と人間社会を全面的に改造しようとする途方もない企ての歴史であった。（今村仁司『排除の構造』）

関 **合理化**（ごうりか）…無駄をなくして能率化、効率化すること。

関 **合理的**（ごうりてき）…①論証の方法や考え方が正しい道理にかなっているさま。②科学的認識に合致するさま。理性的。③行為が計画的で無駄のないさま。効率的。

227

非合理（ひごうり）

理屈や計算の枠に収まらないこと。

▼理性や形式論理に合わないこと。非効率なこと。「**非合理化**」「**非合理的**」「**非合理性**」という用法がある。

例 「疑う」ことをまず推奨するのは、合理と**非合理**が共に存在することを認識させるためである。（池内了『疑似科学入門』）

類 **不合理**（ふごうり）…道理に合わないこと。「非合理」よりも質的にオカシイという意味が強い。

類 **不条理**（ふじょうり）…事柄のつじつまや筋道が通らないこと。（→p.182）

関 **理非曲直**（りひきょくちょく）…理に沿ったものとそうでないもの。

（理性や論理の枠にきちっとはまること。）

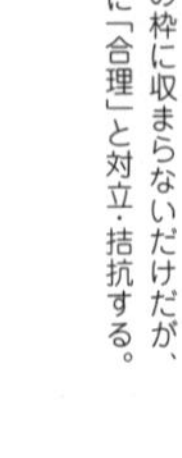

「非合理」は「合理」の枠に収まらないだけだが、「不合理」は積極的に「合理」と対立・拮抗する。

（理性や論理の枠に収まらないこと。はみ出すもの。）

確認問題

空らんA・Bに「合理」「非合理」のどちらかを入れなさい。

「疑う」中で、【A】的な形態や仕組みについて学び納得するとともに、【B】なものもわんさとあることを知ることができる。【A】的精神とは、不合理を発見して忌避する心のことでもあるのではないだろうか。（池内了『疑似科学入門』）

答▶ A合理　B非合理

228

合理主義（ごうりしゅぎ）

理性重視の考え方。

▼すべてを冷静で論理的な思考で割り切る考え方。「**合理主義的**」という用法がある。

参考 哲学では、感覚や実験に基づく経験主義に対して、思考の冷静な働きとしての理性を重視すること。

例 科学の発達も**合理主義**的な考え方を助長する。**合理主義**とは物と機能との関係の最短距離を志向する考え方である。

（原研哉『日本のデザイン』）

目的や真理に向かって理性的判断によって突き進む。その道理に合わないものはすべて排除する。
合理主義
理性的判断
矛盾
不採算
感情
不条理
不合理
非合理

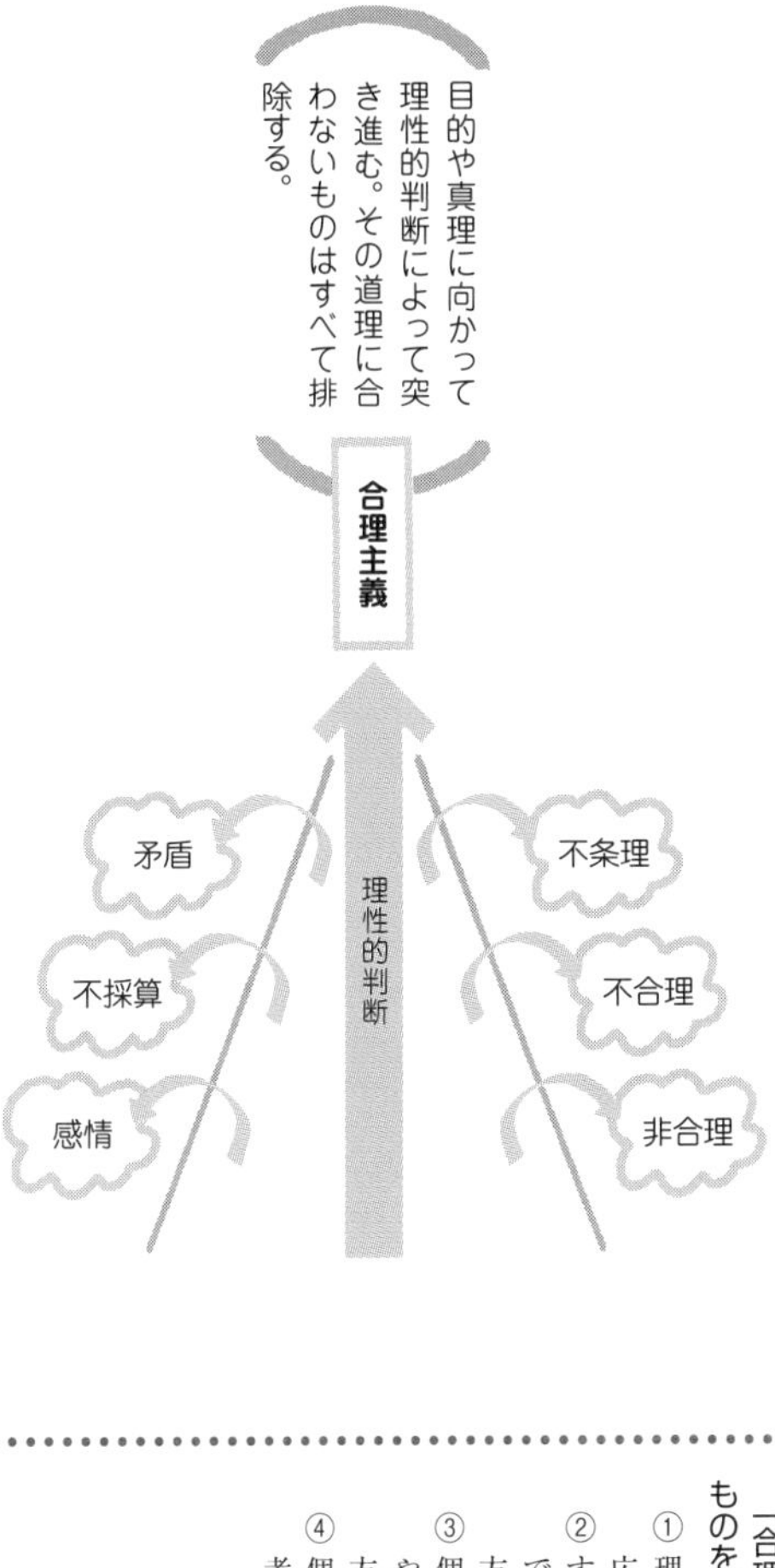

確認問題

「合理主義」の説明として適当なものを次から選びなさい。

① 理性的、科学的知識を市民に広げることを重視する考え方
② すべてを冷静で論理的な思考で割り切る、理性重視の考え方
③ 個人の自由や権利より、国家や社会の利益を優先する考え方
④ 個人の権利や自由を尊重する考え方

答▶②

229

近代（きんだい）

個人・自由・平等・理性・科学・進歩を重視する時代。

▼伝統的な村落共同体での集団・慣習・宗教などを重視する時代を批判する時代。

例 **近代**の初期、産業革命や市民革命を通して生き方を選択する自由が拡がり、個人も自由の意識を強く持つようになった。（山竹伸二『「認められたい」の正体』）

230

資本主義（しほんしゅぎ）

経済の自由主義。

▼富の私有を認め、自由に商品をつくり、市場での売買と競争を認める考え方。英語の**キャピタリズム**。

例 近代の**資本主義**は、社会を資本家階級と労働者階級といった、資本の有無の二項対立で分けた。（松本健一『泥の文明』）

回 **市場主義**（しじょうしゅぎ）・**自由主義**（じゆうしゅぎ）

対 **社会主義**（しゃかいしゅぎ）・**共産主義**（きょうさんしゅぎ）・**計画経済**（けいかくけいざい）…富の私有を排し、国家の一元的な管理の下での経済活動により、国民の平等を実現しようとする考え方。

231

科学革命（かがくかくめい）

科学学説の大きな転換。

▼狭義では、**天動説から地動説への転換など近代科学の成立**を意味する。

例 人類は、およそ四〇〇年前に**科学革命**を経験して現象と原理を結びつけて解釈し、自然には普遍的な法則が貫徹していることを知った。（池内了『科学と人間の不協和音』）

232

進歩主義（しんぽしゅぎ）

科学技術による自然の開発と経済の発展をよしとする思想。

▼近代以前の伝統を受け継ぐ生活を、停滞とみなす考え方。

例 全体主義のような明瞭な対立相手ではないものの、保守主義が次に「懐疑的」とならざるをえないのは、啓蒙主義やその申し子である**進歩主義**、社会改良主義、そして民主主義である。（佐伯啓思『国家についての考察』）

233

大きな物語（おおきなものがたり）

近代に生まれた、広く信じられてきた向かうべき方向、理想。

参考 例えば「人類の進歩」のように向かうべき理想として信じられた物語。

例 その一方で、がんばって勉強をして大学に行き、都会に出て仕事をすれば、貧しい生活から脱し、欧米(特にアメリカ)並みの生活を手に入れることができる、という「**大きな物語**」も信じられていた。（山竹伸二『「認められたい」の正体』）

234

ヒューマニズム

humanism 英

人道主義。人文主義。

▼暴力・奴隷労働・貧困などに対して、人間の価値や尊厳を重視する考え方。

例 **ヒューマニズム**というのは、人間性を尊重し、人間的なものを拡大する近代思想の有力なひとつであります。

（西川富雄『環境哲学への招待』）

235

啓蒙（けいもう）

人に新しい知識を与えること。啓発。

▼無知・因習・偏見にとらわれている人に、正しい知識を与えること。

例 **啓蒙**とは、人間精神を野蛮と神話状態から解放し、社会関係を合理化することである。

（今村仁司『排除の構造』）

関 **啓蒙主義**（けいもうしゅぎ）…理性的、科学的知識を市民に広げることを重視する考え方。

236

世俗化（せぞくか）

合理的な考えをもつにいたること。宗教色がなくなること。

▼物事の決定権が神聖とされる人たちの世界から庶民の世界のものになること。

例 「進歩」という理念が生まれてくるための成立要件の一つは、「**世俗化**」という現象である。

（村上陽一郎「歴史としての科学」）

237

心身二元論（しんしんにげんろん）

精神と肉体は根本的に違う原理に基づくと考える思想。

例 ヨーロッパではデカルトの**心身二元論**に端的に示されているように心と体のあいだにはある種の断絶がある。

（野内良三『レトリックと認識』）

対 **心身一元論**（しんしんいちげんろん）…心と体を一つの原理で説明できると考える思想。

確認問題

1 次の空らんに適当な語を後の①～⑤から選びなさい。

A 民衆に正しい知識を与え［　］する。

B 政教分離で政治が［　］されている。

① 個人化　② 伝達　③ 啓蒙　④ 進歩　⑤ 世俗化

2 次の説明に適当なものを後の①～④から選びなさい。

A 富の私有を認め、市場での売買と競争を認める考え方。

B 科学技術による自然の開発と経済の発展をよしとする思想。

① 功利主義　② 資本主義　③ 啓蒙主義　④ 進歩主義

3 次の説明で、あっているものには○、間違っているものには×をつけなさい。

A ヒューマニズムとは、神の次に人間が優れているとする思想で、人道主義と訳される。

B 心身二元論とは、精神と肉体は根本的に違う原理に基づいていると考える思想のことである。

C 科学学説においての大きな転換を科学革命と呼び、天動説から地動説への転換もその一つである。

D 近代は、教会の力が強く、封建的な時代であった。

答▶ **1** A③　B⑤　**2** A②　B④　**3** A×　B○　C○　D×

238

ナショナリズム
nationalism 英

民族や国家の特性を意識し、一体感を重視すること。

▼「**国家主義**」「**民族主義**」と訳される。ときに排他的な傾向をもつ。

例 国家権力と国民意識が結びつく場面は確かに多く、政治統合の手段として**ナショナリズム**に頼る政府は少なくない。（藤原帰一『戦争を記憶する』）

類 **エスノセントリズム**…自民族中心主義。

類 **エスニシティ**…文化や言語の共通性による仲間意識。

関 **レイシズム**…人種による差別や偏見。

239

ファシズム
fascism 英

個人の自由や権利を制限する、独裁的な全体主義。

▼「ファッショ」には集団や結束という意味がある。

例 保守主義が最も明瞭に対立するのは、社会主義にせよ**ファシズム**にせよ、社会全体を管理できるとする全体主義にほかならない。（佐伯啓思『国家についての考察』）

240

民主主義（みんしゅしゅぎ）

国民による統治をよしとする考え方。デモクラシー。

▼君主や貴族ではなく主権者を国民とする思想。政治での近代化。

注意 本来は多数決と同義ではなく、国民やその代表による議論を重視すること。

例 **民主主義**の精神は、人間が、主体的に考え、みずからの手で、ものごとをつくる精神にある。（渡辺洋三『法とは何か』）

241

ポピュリズム
populism 英

大衆迎合（げいごう）主義。人気取り政治。

▼民主主義の堕落形態で、既得権益や特権をもつとされる階層を敵視して、大衆の熱狂的支持を得ようとする政治手法。

例 **ポピュリズム**とは伝統的な右派や左派に分類できるものではなく、むしろ「下」に属する運動である（水島治郎『ポピュリズムとは何か』）

類 **衆愚政治**（しゅうぐせいじ）…自覚のない無知な大衆による政治。

242

個人（こじん）

思考や行動の最小の単位。

▼英語の**インディビジュアル**に当たる。公人に対する私人。

例 西欧の倫理哲学では基本的に**個人**を孤立的にとらえ、個々ばらばらに自立した**個人**の集まりが社会になると考える。（末木文美士『仏教vs.倫理』）

243

個人主義（こじんしゅぎ）

個人の権利や自由を尊重する考え方。

▼集団よりも個人を重視する近代の思想。英語のインディビジュアリズム。

注意 「個人主義」は**「エゴイズム」**（利己主義→p.181）や**「ミーイズム」**（私生活主義・他者や社会への関心が薄い）と混同されがちだが、意味は異なる。

例 西洋の**個人主義**はこのような個室で組み立てられた家に住んできたからこそ生まれたというのはよくわかる話である。（長谷川櫂『和の思想』）

対 **全体主義**（ぜんたいしゅぎ）…個人の権利より国家の利益を優先する考え方。

244

共同体（きょうどうたい）

人間相互の結びつきが強い集団。

▼**「社会」の類義語**だが、「社会」と比べて関係がより強いもの。

例 個人が「国民」として帰属する「国家」という理念的な**共同体**と、家族、地域社会、企業など個人が「市民」として帰属するもろもろの**共同体**とは、異なる**共同体**である。（鷲田清一『〈ひと〉の現象学』）

関 **地域共同体**（ちいききょうどうたい）…身近で顔の見える人間関係。コミュニティ。

関 **村落共同体**（そんらくきょうどうたい）…伝統的なムラ社会。相互の助け合いと同時に伝統の縛りがある。

245

因習・因襲（いんしゅう・いんしゅう）

古くからのしきたりや決まり。

▼伝統的な村落共同体に見られる、人間の行動への縛り。

例 哲学者は、みずから真理であると信ずることを、常識や**因習**や権威に屈伏することなく、そのまま語らねばならないということだ。（中島義道『エゴイスト入門』）

関 **旧弊**（きゅうへい）…古い制度や習慣の害悪。

確認問題

1 次の説明に適当なものを後の①～⑥から選びなさい。

A 民族や国家の特性を意識し、一体感を重視すること。

B 個人の自由や権利を制限する、独裁的な全体主義。

① リアリズム　② フェティシズム　③ ナショナリズム
④ ファシズム　⑤ ポピュリズム　⑥ ヒューマニズム

2 空らんA・Bに「個人」「共同体」のどちらかを入れなさい。

【A】が【B】へ高度に組み込まれた伝統的社会では、その生涯は【B】の歴史に吸収され、その一部となるだろう。（加藤周一『日本文化における時間と空間』）

3 次の空らんに適当な語句を後の①～⑥から選びなさい。

A □とは、集団よりも個人を重視する思想である。

B □とは、主権者を国民とする思想のことである。

① ファシズム　② 個人主義　③ ポピュリズム
④ 啓蒙主義　⑤ 自由主義　⑥ 民主主義

答▶ **1** A③　B④　**2** A個人　B共同体　**3** A②　B⑥

2-2

練習問題⑥―近代

古代のローマ文化は他地域から憧れられて、取り入れられ普及してローマ文明になった。古代の中国文化は周辺の他地域から憧れられて受容され、普及して中国文明になった。文化が他地域に普及する遠心力をもったとき、その文化は文明になる。

文化の求心力とは他地域から憧れられること、文化の遠心力とは他地域に影響を与えることである。求心力が働けば中心性を、遠心力が働けば普遍性を獲得する。ある文化が中心性と普遍性を備えると、人々はその文化を「文明」とよぶようになる。それゆえ、「文明とは、他地域から憧れられて、広まっていく文化である」と定義することができるであろう。再言すれば、文明の基礎には文化がある。

近代文明(A)は資本主義(B)として勃興(ぼっこう)した。つまり経済を軸にした文明である。それゆえ資本主義の勃興については経済的説明がなされることが多い。しかし、西洋資本主義の出生の秘密をたどれば、アジア地域の文化への憧れがもとになっていることが知られる。すなわち、文明はアジアにあった。

その点に触れる前に、西洋資本主義の勃興が西洋域内の非経済的・非合理的要因(C)の宗教を核とする文化と分かちがたく結びついていたことを、手短に説明しておこう。

宗教革命(D)で起こったプロテスタンティズムは資本主義と密接な関係がある。魂の救済を求めるプロテスタントたちの宗教心は禁欲的な生活態度を生みだした。その結果、かれらの貯蓄が増えた。貯蓄の増加は、プロテスタントの心情レベルでは神に奉仕する禁欲的生活の証(あか)しだが、その証しを強めるためにに貯蓄はさらに増えた。それは浪費されない。浪費されずに貯蓄を増やすた

1 傍線部Aを表現した言葉として最も適当なものを次の中から選びなさい。

① ヒューマニズム ② モダン
③ ポストモダン ④ プレモダン

2 傍線部Bと意味の近い語として最も適当なものを次の中から選びなさい。

① 多文化主義 ② 市場主義
③ 民主主義 ④ 保守主義

3 傍線部Cについて、一般に近代は、理性的説明のできない「非合理」なものを排除し、社会や文化・文明の進歩を信じてきた時代といえる。では、こうした合理主義、進歩主義への信頼を表現したものとして最も適当なものを次の中から選びなさい。

① 三段論法 ② 寓話(ぐうわ)
③ 大きな物語 ④ 詭弁(きべん)

4 傍線部Dとともに近代を特徴づけるものとして、天体物理学によって宇宙観や世界観を一変させたことを何というか、最も適当なものを次の中から選びなさい。

① 市民革命 ② 技術革新
③ IT革命 ④ 科学革命

5 傍線部Eについて説明したものとして

めに活用され、貯蓄がさらに増えた。

　貯蓄の増加は神への奉仕という目的にとっては手段である。だが、あるとき手段が目的に転じればどうなるか。事実、転じたのだ。それは富の蓄積を目的にする投資行動になった。蓄積のための蓄積、それは資本主義の本質である。マックス・ウェーバーは資本主義の成立に先だつプロテスタントの宗教心の役割を強調した。

　一方、人々が貯蓄と投資に励んでも、作った物は売れるとはかぎらない。美しい陶磁器に甘い砂糖をたっぷりいれた異国の飲み物にいれあげ、豪華に飾ったサロンで異性と恋愛を楽しむ贅沢(ぜいたく)の流行が資本主義の勃興した地域で観察できる。ヴェルナー・ゾムバルトはその点を強調し、恋愛と贅沢が資本主義の起源だという大胆な主張をした。

　西洋の資本主義の起源について、宗教的禁欲に求めるか、E世俗的贅沢に求めるかについては激しい論争があるが、ともに非経済的・文化的要因を強調している点では共通しているのである。

（川勝平太『「美の文明」をつくる』）

最も適当なものを次の中から選びなさい。

① 非宗教的な世間の生活習慣に関わること
② 宗教的な神聖さや神秘さを求めること
③ 世間の考え方を見下すこと
④ 古代の文化や芸術を復興すること

6 本文の内容に合致するものを次の中から選びなさい。

① 西洋資本主義はアジア地域の文化や文明への反発とその乗り越えから始まった。
② 経済を軸にした西洋資本主義も、その始まりは非経済的で非合理的な要因をもっていた。
③ 宗教革命による西洋での非宗教化の流れと、アジアの文明への憧れが資本主義の出発点であった。
④ 宗教革命とプロテスタンティズムは、神への奉仕という考え方により資本主義の暴走を防いだ。

答▶ **1**② **2**② **3**③ **4**④ **5**① **6**②

文化・異文化理解―テーマ解説

■ネイチャーからカルチャーへ

文化（カルチャー）は、自然（ネイチャー）と区別される、人間固有の営みです。農業を英語でアグリカルチャーというように、土を耕すこと(cultivate)が文化の始まりです。自然の木の実を採って、すべて食べてしまわずに、種（たね）を植える。そして、秋の大きな収穫のために世話をする。これがネイチャーからカルチャーへの転換です。まだそこにない未来のために今は耕す。ここには驚くべき想像力が媒介しています。

■文化は多彩

数百万年前、アフリカの一角で生まれた私たち人類の祖先は、世界中に生活圏を求めて広がりました。その際、環境に合わせ、また歴史の積み重ねの中で、人類はさまざまな文化を花咲かせたといえます。

衣食住やそれらをめぐるタブー・不文律（ふぶんりつ）も文化なら、宗教・呪術・言語・芸術・教育、大人になるための通過儀礼も文化で、それぞれ多様です。また宗教では一神教と多神教の違いもあれば、偶像を認める・認めないの差異もあります。民族や国境を越える広域なものとごく限定された地域の宗教という差異もあります。

さらに、文化は歴史の中で変化したり、他の文化と混じり合って新しい文化を産んだりする一方で、文化人類学によれば、数千年ほぼ変化していないとみられる「歴史をもたない」文化もあるということです。

▼文化→p.130
▼媒介→p.83
▼タブー→p.172
▼不文律→p.131
▼呪術→p.131
▼通過儀礼→p.135
▼一神教→p.126
▼偶像→p.127
▼文化人類学→p.130

日本文化の特徴と自己発見の驚きとしてのカルチャーショック

自然との連続性を重視する点が日本文化の特徴だと指摘されることがあります。自然物にも人工物にも魂が宿ると考えるアニミズムの思想がその例です。そのため、儚（はかな）く移ろいゆく無常やわび・さびのような枯れた味わい、幽玄（ゆうげん）のようなそこはかとない美に敏感ともいえるでしょう。

多様性を認めようとする現代において、「異文化理解」はキーワードの一つです。異文化と出合う際には、カルチャーショックを受けることがよくあります。これは単に、自分たちとは異なる習慣や価値観に出合ってその異質ぶりに驚くことという理解では不十分です。本当のカルチャーショックは自己発見の驚きを含んでいるからです。つまり当たり前と思っていた自文化のあり方が当たり前ではなかったということに気づく驚きです。現代は、異文化を許容し理解するとともに、それを「鏡」として自分自身についての理解を深めうる時代でもあります。

▼アニミズム→p.127
▼無常→p.132
▼わび→p.133
▼さび→p.133
▼幽玄→p.133
▼価値観→p.31

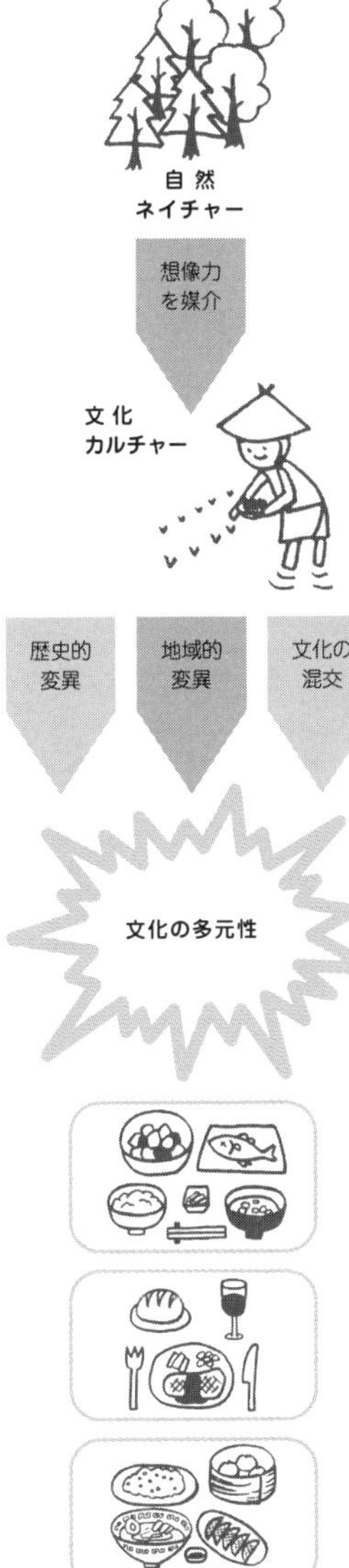

246 一神教（いっしんきょう）

唯一絶対の神を信仰する宗教。

▼キリスト教・イスラム教のように、一つの超越的存在だけを信仰する宗教。

例 キリスト教のような**一神教**においては、この世界も世界の真実も、ともに神によって与えられているものである。（池田清彦『科学はどこまでいくのか』）

対 **多神教**（たしんきょう）…多くの神々を同時に信仰する宗教。

247 汎神論（はんしんろん）

すべての存在は神の現れと考える宗教思想。

▼万物に神が宿るという考え方。「**アニミズム**」（→p.127）もその一つ。

例 原則を簡単にいえば、日本とはパンティズム（**汎神論**）の世界であり、西欧とはモノティズム（一神論）の世界である。（山本七平『日本人と組織』）

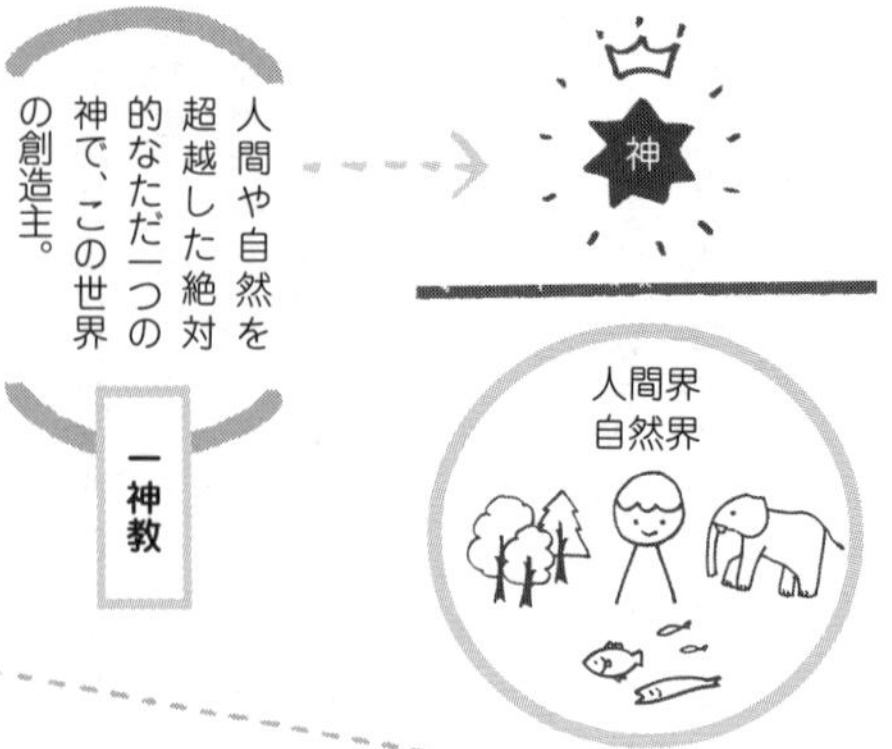

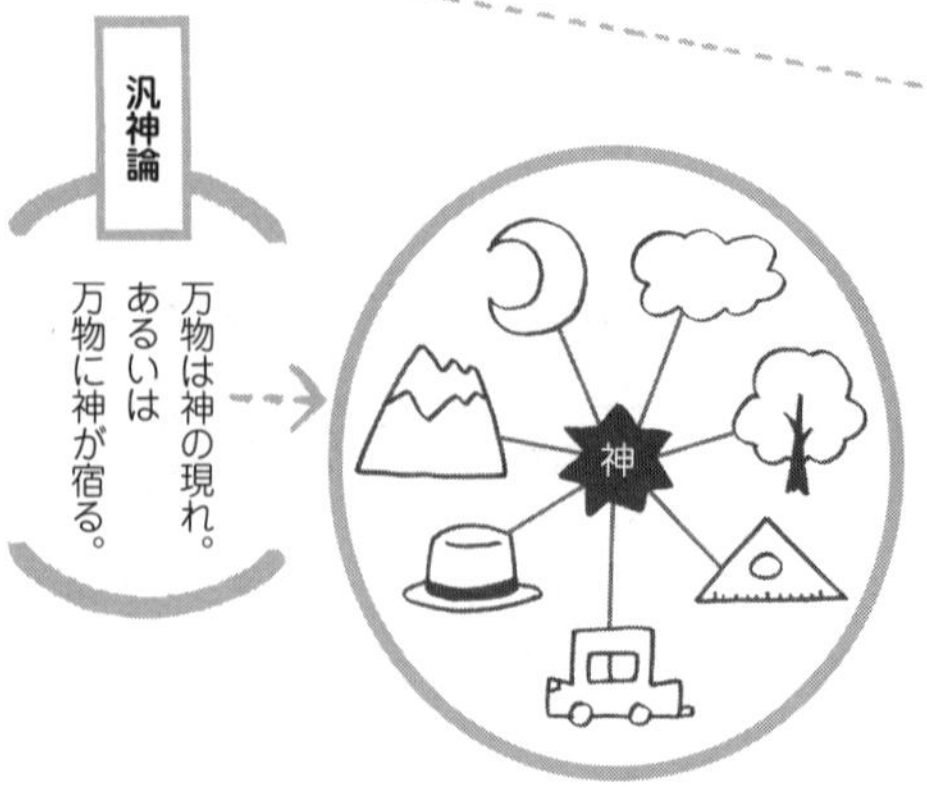

一神教

人間や自然を超越した絶対的なただ一つの神で、この世界の創造主。

人間界
自然界

神

汎神論

万物は神の現れ。あるいは万物に神が宿る。

神

確認問題

空らんA・Bに「一神教」「汎神論」のどちらかを入れなさい。

キリスト教・イスラム教のように唯一絶対の神を信仰する宗教を【A】という。それに対して、万物に神が宿るという考え方を【B】という。

答▶ A一神教　B汎神論

248

アニミズム

animism 英

すべてのものに魂があるとする考え方。

▼自然界の木や山や河、石ころにも魂（アニマ）を感じる考え方。

例 **アニミズム**は最も原始的な人間の信仰のかたちであるといわれてきました。自然界のあらゆるものに霊魂や精霊が宿り、何らかの意思をもたらしていると考えるのです。（五木寛之『人間の覚悟』）

類 **八百万の神**（やおよろずのかみ）…きわめて多くの神々のこと。日本の神道（しんとう）などにみられる考え方。

249

偶像（ぐうぞう）

神や仏をかたどった像。

▼仏像・マリア像・キリスト像など。アイドルに偶像という意味もある。

「**偶像崇拝**」という用法もある。

例 欧米では、**偶像**を嫌うとか、人をつくれるのは神だけと考える宗教的な基盤が理由となって、人型ロボットは評判が悪く、研究が本気では行われていない。（養老孟司『いちばん大事なこと』）

類 **イコン・アイコン**…聖人の絵や像など。

確認問題

次の空らんに「アニミズム」「偶像」のどちらかを入れなさい。

A □ 崇拝を徹底的に禁止している宗教もある。

B □ というのは、自然界のあらゆるものに魂があるとする考え方である。

答▶ A偶像　Bアニミズム

250

文化相対主義（ぶんかそうたいしゅぎ）

それぞれの文化を大切にする考え方。

▼それぞれの文化の固有の価値を認め、序列や優劣をつけない思想。

例 **文化相対主義**は前世紀の人類学に始まり、民族文化の価値を平等視する思想として誕生した。（山崎正和『時代批評としての文化論』）

関 **相対主義**（そうたいしゅぎ）…完全な真理や絶対的に正しいものはないという考え方。いわば「それぞれ」主義。

251

多文化主義（たぶんかしゅぎ）

世界には多彩な文化があってよいという考え方。

▼一つの国や社会の内部に複数の文化が共存することを認める考え方。一つの強大な文化への統合、一本化を否定する思想。

参考 例えば、EUは通貨統合をしたが、言語の統一を目指していない。

例 国民国家の限界を乗り越えるひとつの可能性として提示されている**多文化主義**にしても、依然として個々の文化の全体性を前提としている限りにおいて、やはり縮小再生産の一段階であることをまぬがれないであろう。（石井洋二郎『マイカルチャー・ショック』）

252

クレオール

creole 仏

混合してできた言語や文化。

▼西欧とそれらが植民地化した地域との混合によって生まれ、伝承された言語や文化。

例 複数文化や**クレオール**という言葉が少し前から流行し、アメリカ合衆国やオーストラリアをモデルとする多民族主義や多文化主義が称揚されている。（小坂井敏晶『常識を見直す難しさ』）

類 **ピジン語**…異言語間での通商で生まれた、混合と簡略を特徴とする言語。「ピジン」は「ビジネス」の訛（なま）りといわれる。

関 **クレオール語**…混合言語が定着したもの。

文化相対主義

文化は多彩でそれぞれの価値がある。特徴の違いはあっても優劣の差はない。

文化A

文化B

文化C

文化D

クレオール

ヨーロッパの言語
英語・フランス語
スペイン語など

植民地化した
現地の言語

融合言語
クレオール語

多文化主義

一つの国や社会の内部に複数の文化が共存することを認める。

例）スイスには、四つの言語文化圏があり、四つの言葉が公用語になっている。

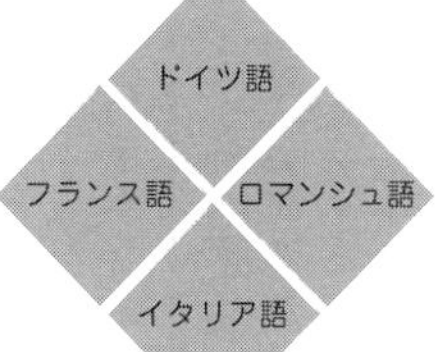

約 6000 ある言語文化は、19、20 世紀の植民地化と各地の有力言語への吸収でその数は半減したといわれる。現在はグローバリゼーションのなかで少数の有力言語への一本化傾向が強まっている。食、服飾、景観などの世界的な均質化傾向もある。こうした背景に抵抗する形で多文化主義が唱えられている。

確認問題

A「文化相対主義」、B「多文化主義」、C「クレオール」の説明として適当なものを次からそれぞれ選びなさい。

① 民族や国家の特性を意識し、一体感を重視する考え方
② 一つの国や社会の内部に複数の文化が共存することを認める考え方
③ それぞれの文化の固有の価値を認め、序列や優劣をつけない考え方
④ 高級で正統な伝統文化
⑤ 混合してできた言語や文化
⑥ 世界全体を視野に入れる考え方
⑦ 正統的ではない新興の文化
⑧ すべてを冷静で論理的な思考で割り切る考え方

答▶ A③　B②　C⑤

253 文化（ぶんか）

ある部族や社会がもつ習俗や生活様式など。

▼自然（ネイチャー）に対して人間が生み出したもの。英語の**カルチャー**。

例 **文化**とは、芸術・芸能・哲学・思想・道徳・宗教・祭祀（さいし）など人間の精神的活動の所産のことで、当然科学も**文化**の一つである。（池内了『科学の限界』）

254 文明（ぶんめい）

生活を便利で豊かにする物質的基盤。

▼文化と同様に人間が生んだものだが、「**精神文化**」「**物質文明**」として区別されうる。英語の**シビリゼーション**。

例 社会の基幹部を成す産業構造が**文明**の形態を特徴づけるのだが、その基礎的な部分を構成するのが技術である。（池内了『科学と人間の不協和音』）

関 **文明の利器**（ぶんめいのりき）…技術文明が生んだ便利な道具。

255 文化人類学（ぶんかじんるいがく）

未開地域の文化を研究する学問。

▼ひるがえって欧米先進国の文化をとらえ直す学問。最近では、先進国内での市民層への聞き込み、フィールドワークを伴う研究も指す。

例 人間は社会によっていちじるしく違う生活様式、つまり、文化をもっている。そのことを近年の**文化人類学**はわれわれにつぶさに教えてくれた。（外山滋比古『ことわざの論理』）

256 民俗学（みんぞくがく）

民衆文化・民間伝承を研究する学問。

▼名もなき一般民衆の文化を研究する学問。

例 幸い考古学や**民俗学**は、無名の人間の生活にかかわる資料が多い分野で、生活史に関しては豊富な知見が期待できる。（原田信男『日本人はなにを食べてきたか』）

同 **フォークロア**

類 **民族学**（みんぞくがく）…民族単位で受け継がれてきた文化を研究する学問。エスノロジー。

257 言霊（ことだま）

言葉に宿る神秘的な霊力。

例 それを言葉そのものの霊妙な力、いわゆる**言霊**などとは考えない。（日野啓三『流砂の声』）

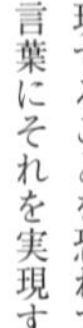

関 **言忌み**（こといみ）…実現することを恐れて不吉な言葉をひかえること。

関 **言霊信仰**（ことだましんこう）…言葉にそれを実現するような神秘的な力があると信じること。

258

呪術（じゅじゅつ）

まじない。祈り。

▼神仏に祈ったり、超自然的な現象を起こさせたりする術。神秘的な技法。「**呪術的**」という用法がある。

例 彼女はマラリア治療薬による処置よりも、**呪術**による治療を選んだのである。（湯本貴和『ふたつの説明原理』）

類 **加持祈禱**（かじきとう）…仏による加護を求めて祈ること。

関 **シャーマニズム**…シャーマン（呪術師）が精霊などと交信する原始宗教。

259

不文律（ふぶんりつ）

文書はなくても、皆が守る規律。

▼文書化、明文化されていないのに共有されている決まり。

例 地域共同体の尊重からは、郷党意識や土俗的な信仰が生まれ、他の思想ほど体系性はもたないが、村八分など、共同体の意志に背くものを制裁する力をもつ**不文律**や習慣への忠誠が善とされる。（高橋和巳『孤立無援の思想』）

同 **暗黙の了解**（あんもくのりょうかい）

類 **慣習法**（かんしゅうほう）…法律と同様の効力をもつ慣習。コモンロー。

確認問題

1 次の空らんに適当な語を後の①～⑥から選びなさい。

A 言葉には魔術的で［　］的な力があると信じられていた。

B 日本は「［　］の幸（さきわ）う国」と万葉集に詠まれている。

① 社会　② 言霊　③ 精霊　④ 衆生　⑤ 呪術　⑥ 個人

2 「不文律」の意味として適当なものを次から選びなさい。

① 占いで決められたこと　② 明文化された規則

③ 文書はなくても守る規律　④ 非日常的な事件

3 次の説明で、あっているものには○、間違っているものには×をつけなさい。

A 文化人類学は遺跡などから人類の過去の生活や文化を研究する学問だ。

B 文化人類学は主に未開地域の文化を、聞き込みを通じて研究する学問だ。

C 民俗学はもっぱら宗教の教義や信仰の実践について研究する学問だ。

D 民俗学は民衆文化や民間伝承を主な研究領域にしている学問だ。

4 空らんA・Bに「文化」「文明」のどちらかを入れなさい。

西洋では、学問・宗教・芸術など精神的生活に関わるものを「【A】」、生産過程・経済行動・流通や移動方法など人間の物質的所産に関わるものを「【B】」と呼ぶのが普通のようである。（池内了『科学と人間の不協和音』）

答▶ **1** A⑤　B②　**2**③　**3** A×　B○　C×　D○　**4** A文化　B文明

260
超越的（ちょうえつてき）
通常の枠組みを超えていること。
▼常識的な考え方や存在の仕方をはるかに超えていること。
例 神は**超越的**存在であるから、いつでもどこにでも存在し、個人を見守っている。
（菅原健介『羞恥心はどこへ消えた？』）

261
衆生（しゅじょう）
生きとし生けるもの。
▼仏教語で、生命のあるすべてのもの。特に人間を意味することが多い。
例 **衆生**とは人間のことだけではなく、生きとし生けるものすべてを指している。
（立松和平『人生いたるところにブッダあり』）

262
彼岸（ひがん）
あの世。死後の世界。
▼河の向こう側。理想や悟りの世界。涅槃（ねはん）の境地。
例 死ぬと、日本人は、此岸から**彼岸**へ移るのかどうか。
（加藤周一『日本社会・文化の基本的特徴』）
対 **此岸**（しがん）…この世。現実世界。河のこちら側。悩み多き世界。

263
輪廻（りんね）
生死を繰り返すこと。
▼車輪が回転するように魂が転々と生まれ変わりつつ、迷いの世界を巡ること。
例 死んだ者の魂は、場合によってはこの世に蘇（よみがえ）って何らかの生命に生まれ変（かわ）ると信じてもいたからである。いわゆる**輪廻**転生の考え方である。
（山折哲雄『近代日本人の宗教意識』）
関 **永劫回帰**（えいごうかいき）…永遠に同じことを繰り返すこと。

264
無常（むじょう）
すべては移ろい、変化すること。
▼もとは仏教思想で、永遠不滅、永遠不変なものはないこと。諸行無常。
例 かつて十一世紀の日本の貴族社会は、すべての物が移りゆくという**無常**を前に「もののあはれ」という美学を説いた。
（四方田犬彦『「かわいい」論』）
類 **生々流転**（しょうじょうるてん）…万物が絶えず生まれ変わり、変化すること。せいせいるてん。
関 **無常観**（むじょうかん）…すべては移ろい、同じものはないとする、物の見方。

265

わび

簡素で静かな味わい。

▼俳諧や茶道の美学の一つ。俗世間から離れて静かに暮らすこと。

例 「さび」が孤独に徹し、寂寥を美にまで高めようとするものであるに対して、「**わび**」は、貧しさ、簡素さに徹した美しさを目指している。（大野晋『日本語の年輪』）

類 **枯淡**…世俗の名声や欲から離れた、枯れた味わいのこと。

類 **さび**…物静かで古びた、渋い味わいのあること。

関 **幽玄**…直接には表現しない深みのある美や余情。

266

粋

あかぬけて、おしゃれであること。

▼容姿や振る舞い、言葉が洗練されていること。江戸の町人の理想。

例 何が野暮だといって、**粋**についてしゃべり立てることほど野暮なことはないだろう。そういう人を野暮天という。（山崎正和『「粋」とは何か』）

対 **野暮**…人情がわからず、洗練されていないこと。

類 **通**…人情を解し、人柄がさばけていること。

類 **洒脱・瀟洒**…俗っぽさがなく、さっぱりした様子。

関 **半可通**…いいかげんな知識しかないこと。通人ぶること。

関 **粋人**…粋な人。豊かな趣味をもつ風流人。

確認問題

1 次の空らんに適当な語を後の①～⑤から選びなさい。

A 神とは、人間を超える□な存在である。

B □を悟りへ導くために修行をする。

① 天然　② 異文化　③ 呪術的　④ 衆生　⑤ 超越的

2 次のA～Cの意味として適当なものを後の①～⑥から選びなさい。

A 粋　B わび　C 無常

① 簡素で静かな味わい

② 物静かで古びた、渋い味わい

③ 人情がわからず、洗練されていないこと

④ すべては移ろい、変化すること

⑤ あかぬけて、おしゃれであること

⑥ 世俗から離れた宗教色を帯びていること

3 「彼岸」の対義語を次から選びなさい。

① 沿岸　② 対岸　③ 接岸　④ 此岸

4 「輪廻」の意味として適当なものを次から選びなさい。

① ある原因からある結果が生じること

② 生死を繰り返すこと

③ 大きなものが回転すること

④ 仏法が広まること

答▶ **1** A⑤　B④　**2** A⑤　B①　C④　**3** ④　**4** ②

267

以心伝心（いしんでんしん）

言葉によらずに、相手と心が通じ合うこと。

参考 もともと、仏教の中でも禅宗の理想で、心から心へ仏の真理を伝えることを指した。

例 言うべきことも暗示的に遠回しに伝える。**以心伝心**が重んじられ、腹芸が幅をきかす。（外山滋比古『日本語の個性』）

類 **腹芸**（はらげい）…論理的な説得ではなく、人脈を通じた根回しで目的を実現すること。

類 **阿吽の呼吸**（あうんのこきゅう）…二人以上で一緒に何かをするときの、互いの微妙な気持ちが一致すること。

268

和魂洋才（わこんようさい）

心は日本、技術は西洋。

▼日本の伝統的精神は維持しつつ、西洋の進んだ技術や知識を取り入れること。

参考 明治維新での日本の方針を表現したもの。かつては**「和魂漢才（わこんかんさい）」**で、「漢」とは中国のことを指す。

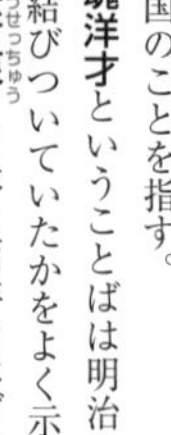

例 **和魂洋才**ということばは明治の文明開化の思想が富国強兵の理想といかに密接に結びついていたかをよく示している。（加藤周一『雑種文化』）

類 **和洋折衷**（わようせっちゅう）…日本と西洋をほどよく混ぜ合わせること。

269

オリエンタリズム

Orientalism 英

西洋人による西洋以外への好奇心。東方趣味。

▼ヨーロッパ中心主義的思想の一つ。オリエント（東洋もしくは西洋以外）の未開社会を見物、観光地として楽しむ思想や態度。

例 ジャポニスムとして**オリエンタリズム**を超えた決定的な衝撃を与えたのは、何といっても日本の美術や装飾工芸品であろう。（三井秀樹『かたちの日本美』）

270

周縁（しゅうえん）

中心から遠い辺境。

▼空間的隔たりだけでなく、価値の序列も中心より低いところ。

例 古代以来、日本は圧倒的に優位な中国文明の**周縁**部に位置し、「グローバリゼーション」の圧迫にさらされてきた。（加藤典洋『グッバイ・ゴジラ、ハロー・キティ』）

対 **中心**（ちゅうしん）…真ん中。物事の集中するところ。

271

多元（たげん）

中心が複数あること。

▼統一的な原理に収まらず、中心が複数あり分散していること。「多元的」「**多元化**」「**多元性**」という用法がある。

例 ところがアジアの自然はずっと複雑であり、風土も人間観も、宗教も社会観も、ヨーロッパとは比較にならないくらい**多元**的である。

（内山節『自然論』）

272

コスモロジー

cosmology 英

宇宙観。世界観。

▼この世界をどのようなものとして意味づけているのかを表現するもの。

例 子どもたちに目先の関心を変えさせ、次から次へと飽きさせることもまたこの商業主義の**コスモロジー**の特徴である。

（栗原彬『かんけりの政治学』）

273

通過儀礼（つうかぎれい）

人生の段階（ステージ）ごとに行われる儀式。

▼七五三・成人式・結婚式・葬式などが典型例。英語の**イニシエーション**。

例 いつも途上にあるものとして、生涯自分をまるで**通過儀礼**中の存在であるかのように感じるという、奇妙な時代になった。

（鷲田清一『わかりやすいはわかりにくい？』）

確認問題

1 次の空らんに適当な語を後の①〜⑥から選びなさい。

A 歴史を一元的な見方ではなく、［　］的な見方でとらえることが重要だ。

B 江戸の町では、町の中心に城があり、その［　］で民衆は生活していた。

① 正統　② 周縁　③ 地方　④ 地域　⑤ 次元　⑥ 多元

2 「通過儀礼」の意味として適当なものを次から選びなさい。

① 時間をかけて形式が整えられてきた礼法

② 未開地域で古くから行われている儀式

③ 超自然的な現象を起こさせるためのまじない

④ 人生の段階ごとに行われる儀式

3 次の説明で、あっているものには○、間違っているものには×をつけなさい。

A オリエンタリズムとは、異国趣味と訳され、外国の人物や風物を織り込み、表現効果を高めることである。

B 言葉によらず、相手と心が通じ合うことを以心伝心という。

C 和魂洋才とは、日本と西洋をほどよく混ぜ合わせることである。

4 「コスモロジー」と意味的に対応する最も適当な語を次から選びなさい。

① 無常観　② 国際的　③ 宇宙観　④ 先入観

答▶ **1** A⑥　B②　**2**④　**3** A×　B○　C×　**4**③

2-3

練習問題⑦―文化・異文化理解

文化は英語の culture、ないし独語の Kultur の訳語である。独語の Kultur には物質文明に対する精神文化という意味合いがある。一方、英語のカルチャーは人々の生活様式(way of life)と定義される。ひらたく言えば暮らしのたて方である。日本語で文化というときには両方の意味が混在しているが、英語圏の文化の定義は文化人類学(民族学)で広範に使用され、国際的な普及度が高い。

近代文明と経済発展とは一体のものとみなされているが、文化と経済とは対立的に考えられがちだ。しかし、その考えは浅薄である。

メセナ活動への理解がすすみ、両者を両立させる動きはあるが、メセナ活動は企業による芸術活動への援助なので、経済は富を生み、文化は富を使うという理解をもっている人がいる。「文化は金食い虫」と言ってはばからない向きもある。また、数式は文化論には適用しにくいが、経済学には活用できるから、文化は非合理的だが、経済は合理的だという人もいる。

ことはそう単純ではない。経済は生産と消費、供給と需要、販売と購入からなる。しかし、いかに生産の合理化を追求し、供給ルートを押さえ、販売に力を入れても、人々が消費せず、需要がなく、購入しなければ、経済活動にならない。消費とは経済活動であり、同時に生きる行為である。消費なくして暮らしはない。

暮らしにはスタイルがある。ライフスタイルである。ライフスタイルは個性であり、人間のアイデンティティにかかわる。どのような物をどのように消費・需要・購入するかは一律ではない。性別、年齢、社会的地位、用途、人格、好みなどさまざまな要因に左右される。これらは量に還元できない。

1 傍線部Aの中には、自然界の万物に生命が宿ると考える思想もある。こうした精神文化を何というか、最も適当なものを次の中から選びなさい。

① コスモロジー ② 輪廻(りんね)
③ アニミズム ④ 言霊(ことだま)

2 傍線部Bに関連し、精神文化は日本のままで物質文明は西洋から取り入れるという明治時代に見られた考え方を何というか、最も適当なものを次の中から選びなさい。

① 和魂漢才 ② 和魂洋才
③ 和洋折衷 ④ 富国強兵

3 傍線部Cに関連し、民間に伝承されてきた風俗や習慣や伝説などを研究する学問を何というか、最も適当なものを次の中から選びなさい。

① 民俗学 ② 倫理学
③ 言語学 ④ 心理学

4 傍線部Dに関連して、中心が一つではなく数多くあることを何というか、最も適当なものを次の中から選びなさい。

① 二元 ② 一元
③ 多元 ④ 還元

人生の質にかかわる。

海外で物を売るには、その地域の暮らし（文化）に合った物を売らねばならない。それゆえ市場調査が不可欠になる。古い例では、海外向け輸出車は、イギリス向けは日本と同じ右ハンドル、アメリカ向けは左ハンドルにしたり、地域で仕様を分けた。市場調査とは消費性向、需要動向、購入意欲を調べるものであり、文化調査といってもよい。

生産は消費のためにあり、供給は需要を生むためにあり、販売は購入に支えられる。その点からすれば、生産・供給・販売は消費・需要・購入に従属するとすらいえる。言いかえれば、経済は文化に従属する。あるいは経済は文化のしもべであり、文化の発展に奉仕する活動といってもよいだろう。

文化は衣食住のように目に見えるものと、価値観・制度などのように目に見えないものとからなる。アメリカ文化とはアメリカン・ウェイ・オブ・ライフのことだ。ウェイ・オブ・ライフは前述のように「生活様式」と訳すのが慣例だが、個人レベルに即してもっと単純に訳せば「生き方」である。ライフスタイルと同義である。日本人一人ひとりの生き方（ライフスタイル）の集合が日本文化（ジャパニーズ・ウェイ・オブ・ライフ）である。

日本では、人々の暮らしや一人ひとりの生き方に花を添える芸術・芸能・学問のみを文化あつかいしている。それは誤りではないが、いかにも狭義の文化理解であり、いわば文化の花の部分だけを見ているのである。花を支えている土壌・根・茎・葉にも目配りがいる。生活文化を視野にいれなければならない。日本人の生活様式ないし暮らしのたて方が日本文化なのだから。

（川勝平太『「美の文明」をつくる』）

5 傍線部Eに関連して、文化には絶対的な価値基準はなく、それぞれ固有の価値があるという考え方を何というか、最も適当なものを次の中から選びなさい。

① クレオール
② 汎神論（はんしんろん）
③ オリエンタリズム
④ 文化相対主義

6 本文の内容に合致するものを次の中から選びなさい。

① 文化は非合理的で経済は合理的であるゆえ、文化は経済に従属する。
② 生産などの経済活動は消費などの文化を前提とし、そこに従属する。
③ 近代文明と生産に関わる経済は両立するが、文化と経済は対立する。
④ 暮らしの個性、ライフスタイルは精神文化ではなく物質文明に属する。

答▶ 1③　2②　3①　4③　5④　6②

■文字記号の魔力

十九世紀くらいまでヨーロッパでは、本を夢中になって読む姿は、ある種異様なものと考えられ、何かにとりつかれたかのように、あるいは魂が抜けてどこかにいってしまったかのように見られていたそうです。

写真や映像ではない文字という記号のもつ力は、魔力のような神秘的魅力があるととらえられていたのですね。日本でも、言葉に宿る不思議な威力や霊力(言霊)を認める考え方があります。『万葉集』に「日本は言霊の幸う(栄えるという意味)国」という表現が出てくるくらいです。

■言葉を通じて世界を見ている

また、言葉は単に意味を運ぶ〝器〟ではなく、思考そのものの原動力という特徴をもちます。つまり、言葉なしには考えることができないともいえます。人間はありのままの世界を見ているというよりは言葉を通して世界を見ているのではないでしょうか。例えば、藍色・群青色・紺色の区別がつく、蝶と蛾の区別がつく(フランス語ではどちらもパピヨン)のはそうした言葉があるからです。また、日本語では雪景色を見て「一面真っ白」とか「白銀の世界」と表現しますが、北極圏に暮らすイヌイットたちは雪の白さを表す言葉を多数もつそうです。つまり、私たち人間は、それ自体は果てしもない漠然とした世界を言葉によって分節化しカテゴリー化することで、とらえることができているのです。

▼記号→p.140
▼言霊→p.130
▼分節→p.53
▼カテゴリー→p.89

言語によるつくりもの（虚構・フィクション・文学）・想像力と共感力

言語にはそれ自体に不思議な力があります。そのうえ、私たち人間は正確なロジックや明示的なものだけでなく、暗示的な技巧技術やレトリック、表面上の意味とは異なる意味を表現するアイロニーまでも自在に操ります。またウソをつくことは倫理上よくないこととされますが、ある種のウソ、虚構、フィクションで書かれた文学は、芸術の一つとして高く評価されています。

このように言語や文学は、人間の想像力から生まれ、また改めて人間の想像力を刺激するものです。さらに、テクストとして言語学や文学の研究対象にもなります。言語により、私たち人間は今ここではないどこかの人に、いや実在しない人物の心理にさえ共感することができます。リアリズムの文学だけでなく、ファンタジーであっても人間の共感力は発揮されます。言語によって世界をつくれることは、人間の驚くべき能力といえるでしょう。

▼明示→p.144
▼暗示→p.144
▼レトリック→p.144
▼アイロニー→p.145
▼倫理→p.170
▼虚構→p.142
▼テクスト→p.148
▼リアリズム→p.142

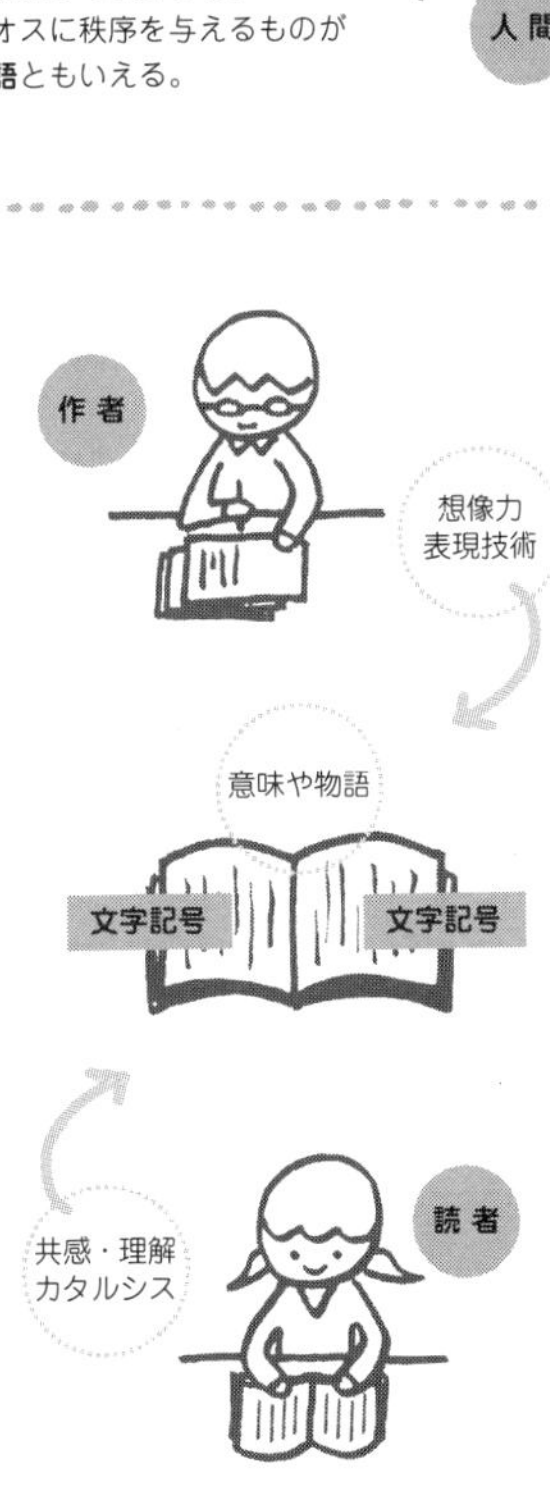

それ自体は漠然とした**世界**を人間は**言語**を通して分節化して理解する。カオスに秩序を与えるものが**言語**ともいえる。

274

記号（きごう）

一定の約束に基づいて、意味をもったしるし。

▼意味をもつ図像や図形、音声はすべて記号だが、**記号の代表的なものは文字である。**

参考 言語学や記号学では、**意味を担うカタチである、字画や音声**を**「シニフィアン」**（能記）、**意味内容**を**「シニフィエ」**（所記）という。例えば「神」という字と「カミ」という発音が「シニフィアン」で、「人間を超えた絶対的存在」という意味が「シニフィエ」である。信号機でいうと「赤」が「シニフィアン」、「止まれ」が「シニフィエ」である。

例 文字は、たんなる**記号**ではない。文字の誕生に即して言えば、音声言語との対応関係が成立した時点で、それは一般の**記号**とは異なる性質を獲得する。

（齋藤希史『漢字世界の地平』）

275

コード

code 英

意味を理解するうえでの共通の約束ごと。

▼もともとは法典のこと。暗号解読のカギ。

入試 言語論は入試によく出るテーマで、**「コード」**はこの分野の重要単語。

注意 電線やケーブルを意味する「コード(cord)」とは別物。

例 文法というものは元来言語にかかわる概念ですが、言語以外のもののコード性をあらわすのにもつい文法というような言い方をします。

（佐藤信夫『レトリックの記号論』）

276

ロゴス

logos ギ

理性。言葉。物事の本質。

▼言葉・法則・理性・思考能力・論理・思想・学問などを意味する。

参考 「ロジック」（論理）の語源。また、「サイコロジー」（心理学）のような「〜ロジー」（「学問・〜学」を意味する）の起源。

例 理性ともことばとも訳される**ロゴス**（ギリシア語）とは、もともと「集め（選び）」、「比較し」、「秩序立てる」働きのことである。

（中村雄二郎『哲学の現在』）

対 **パトス**…情熱。情念。（↓p.184）

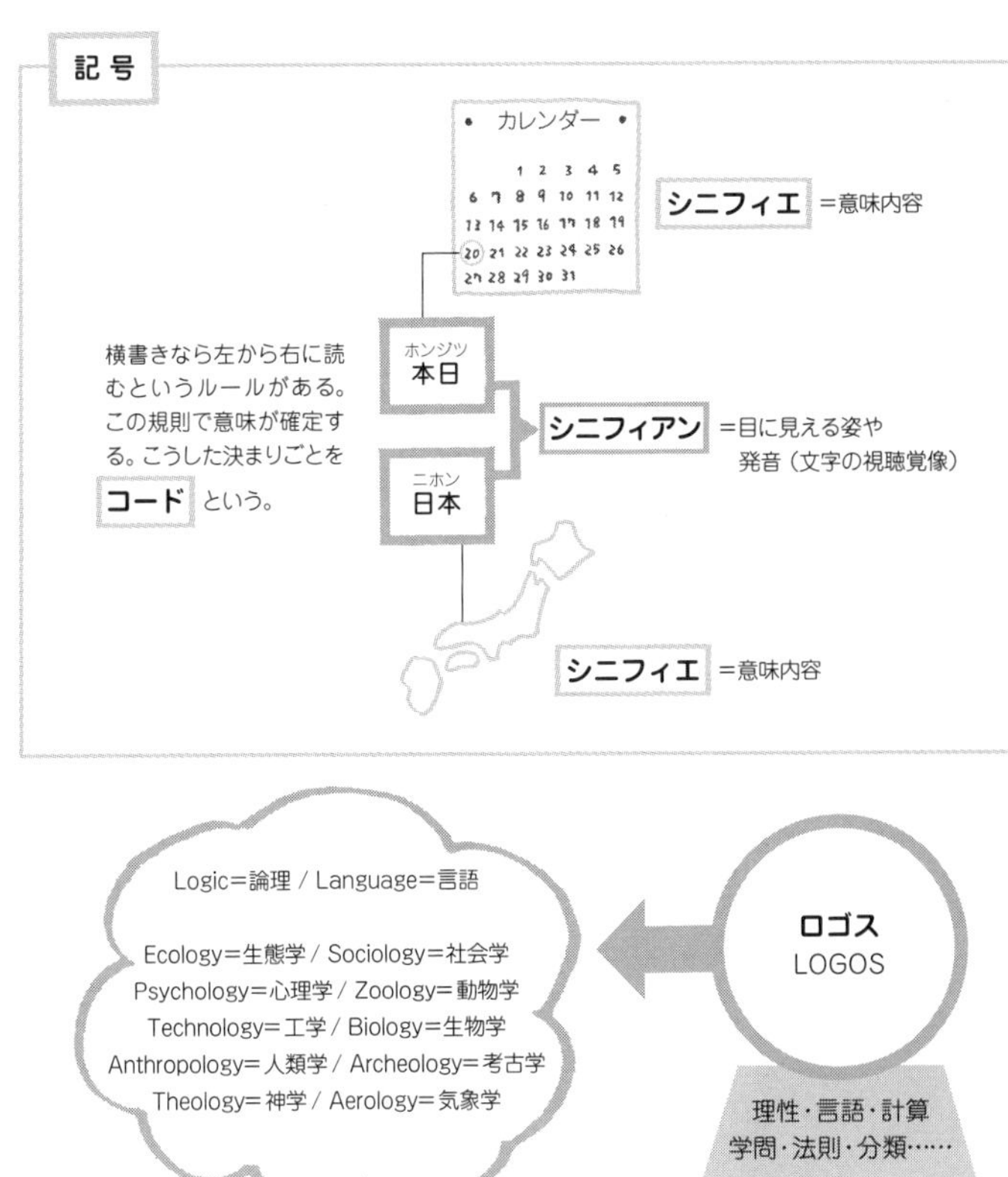

確認問題

1 次の「記号」「コード」の説明で、あっているものには○、間違っているものには×をつけなさい。

A 文字など、一定の約束に基づいて意味をもつ図形や音声を「記号」という。

B 文字以外の図形のデザインに、一定の意味を付けたものを「記号」という。

C 文字などの記号が意味をもつための約束に当たるのが「コード」である。

D 新しい文字記号を創造するための発想法に当たるのが「コード」である。

2 「ロゴス」の意味として適当なものを次からすべて選びなさい。

① 理性　② 言葉　③ 情熱
④ 論理　⑤ 情念　⑥ 感情

答▶ **1** A○　B×　C○　D×　**2** ①・②・④

277

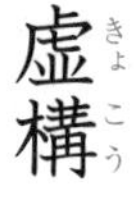

虚構（きょこう）

つくりもの。

▼想像力によって組み立てられた物語。

注意 小説も虚構の一つであり、**必ずしも否定的に使われるとは限らない。**

例 物語を語るとは、**虚構**の世界と事件と人物を語りによって作りだすことである。（尼ヶ崎彬「簡潔と詠嘆」）

同 **フィクション・仮構（かこう）・擬制（ぎせい）**

関 **虚像（きょぞう）**…「実像」の対義語で、つくられた偽のイメージとして否定的に使われる。

278

リアリズム

realism 英

現実主義。写実主義。

▼主観を交えず、事物をありのままに表現あるいは伝達しようとする態度。

注意 単なる写実ではなく心に響く、迫真的なリアルさを意味することがある。

例 言語が整備されて、《あるがまま》を表現する**リアリズム**が尊重されるようになると、直観的で雑駁（ざっぱく）なところをもっている比喩（ひゆ）が敬遠されるようになる。（外山滋比古『知的創造のヒント』）

虚構

現実ではなく、作家が想像力でつくり出した世界を描こうとする。

リアリズム

空想は入れずに現実世界を題材にし、リアルに描こうとする。

確認問題

次の空らんに「虚構」「リアリズム」のどちらかを入れなさい。

A □とは、小説など想像力によって組み立てられた物語、つくりもののことだが、必ずしも否定的な意味では使われない。

B 二葉亭四迷（ふたばていしめい）、坪内逍遙（つぼうちしょうよう）の提唱した「写実主義」とは、□の訳であり、主観を交えず、事物をありのままに表現しようとする態度のことである。

答▶ A虚構　Bリアリズム

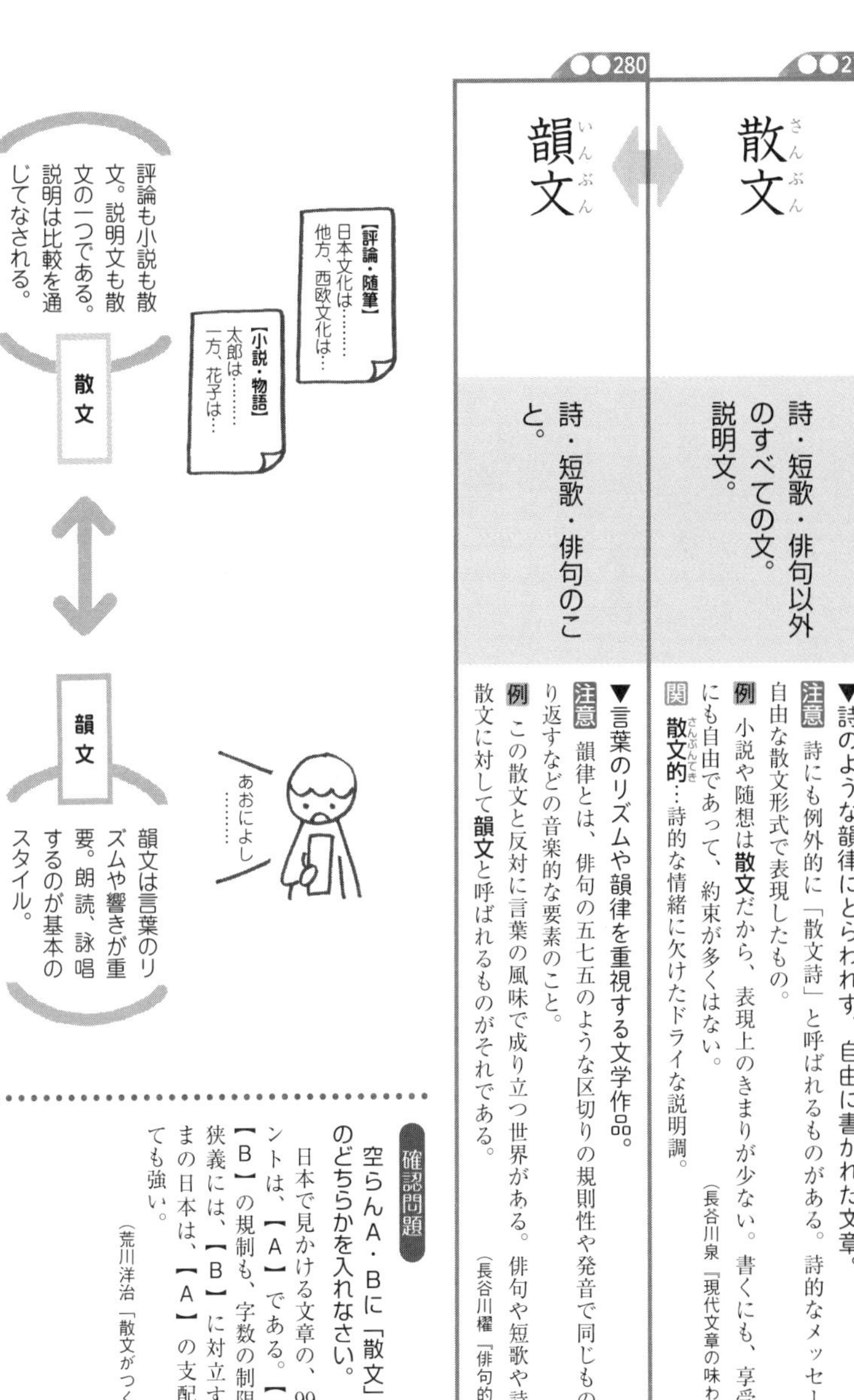

●●279

散文（さんぶん）

詩・短歌・俳句以外のすべての文。説明文。

▼詩のような韻律（いんりつ）にとらわれず、自由に書かれた文章。

注意 詩にも例外的に「散文詩」と呼ばれるものがある。詩的なメッセージを自由な散文形式で表現したもの。

例 小説や随想は**散文**だから、表現上のきまりが少ない。書くにも、享受するにも自由であって、約束が多くはない。（長谷川泉『現代文章の味わい方』）

関 **散文的**（さんぶんてき）…詩的な情緒に欠けたドライな説明調。

●●280

韻文（いんぶん）

詩・短歌・俳句のこと。

▼言葉のリズムや韻律を重視する文学作品。

注意 韻律とは、俳句の五七五のような区切りの規則性や発音で同じものを繰り返すなどの音楽的な要素のこと。

例 この散文と反対に言葉の風味で成り立つ世界がある。俳句や短歌や詩など、散文に対して**韻文**と呼ばれるものがそれである。（長谷川櫂『俳句的生活』）

【評論・随筆】
日本文化は………
他方、西欧文化は…
【小説・物語】
太郎は………
一方、花子は…
評論も小説も散文。説明文も散文の一つである。説明は比較を通じてなされる。
散文
韻文
あおによし………
韻文は言葉のリズムや響きが重要。朗読、詠唱するのが基本のスタイル。

確認問題

空らんA・Bに「散文」「韻文」のどちらかを入れなさい。

日本で見かける文章の、99パーセントは、【A】である。【A】は、【B】の規制も、字数の制限もない。狭義には、【B】に対立する。いまの日本は、【A】の支配力がとても強い。

（荒川洋治「散文がつくる世界」）

答▶ A散文　B韻文

281
レトリック
rhetoric 英

美しく効果的な表現テクニック。

▼「修辞(法)」と訳される。比喩(ひゆ)表現などが代表的なもの。

例 レトリックは世界をどう「表現する」かに関わるだけでなく、世界をどう「読む」かに関わる営みである。（野内良三『レトリックと認識』）

対 ロジック・論理(ろんり)…思考や言葉が従う形式や規則。

282
明示(めいじ)

はっきりとクリアな表現で示すこと。

▼含みをもたせず、クリアに表現すること。「明示的」という用法がある。

例 対象の本質を明示的に記述することはまったくたやすいことではない。（福岡伸一『生物と無生物のあいだ』）

283
暗示(あんじ)

含みをもたせた表現で示すこと。

▼部分的手がかりや断片のみでそれとなく表現すること。ほのめかすこと。「暗示的」という用法がある。

例 「古池や」の暗示する静寂と、「蛙飛びこむ水の音」の動と音の世界とが、「切れ字」で結ばれているのである。（外山滋比古『修辞的残像の問題』）

関 暗示(あんじ)にかける…直接表現はしなくても相手の気持ちを誘導すること。

284
詭弁(きべん)

ごまかし。こじつけ。たぶらかすこと。

▼人を欺くための巧みな言い回しで、正当でないことを正当であるかのように言うこと。

例 不安がかえって人間を安心させるというようなことは一種の詭弁でしかない。（松浪信三郎『「哲学そのもの」でない哲学』）

285
二律背反(にりつはいはん)

相反する理屈。二つのものや意見が同時には成り立たないこと。

▼矛盾（↓p.53）の一種。互いに矛盾するものが同じ権利をもって主張される状態。

例 効率性を増やせば不安定化し、安定性を求めると非効率的になるという具合に、効率性と安定性とは二律背反の関係にあるというのです。（岩井克人『基軸通貨ドルが退位する日』）

同 アンチノミー

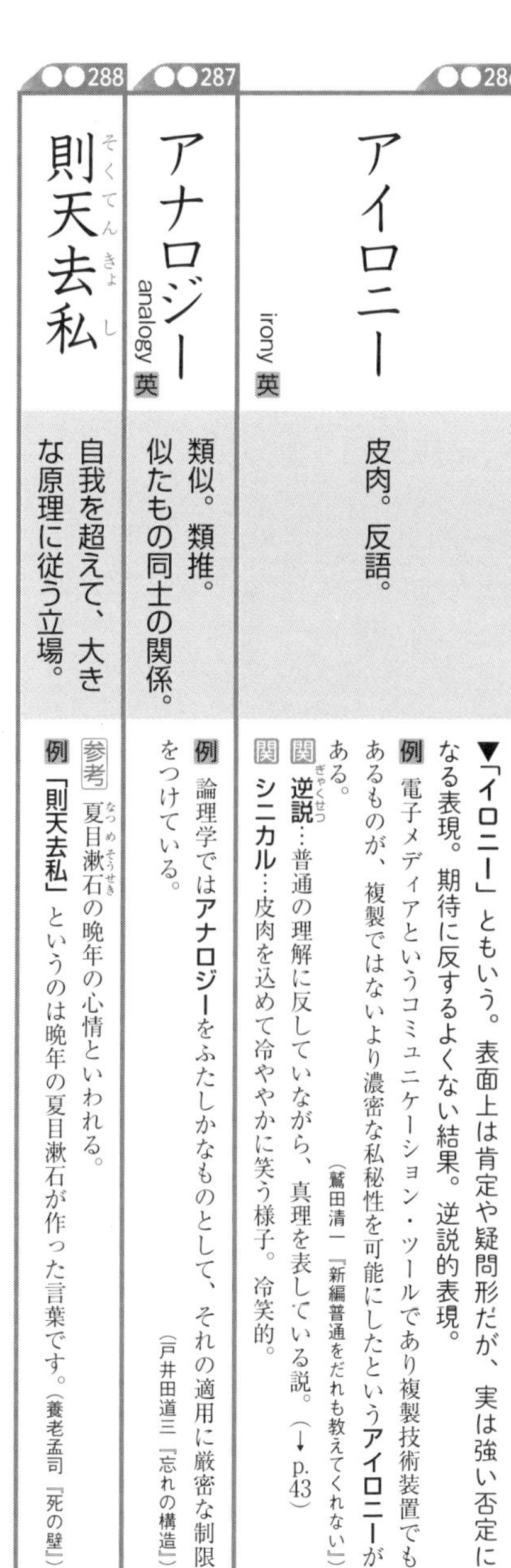

●●286

アイロニー

irony 英

皮肉。反語。

▼「イロニー」ともいう。表面上は肯定や疑問形だが、実は強い否定になる表現。期待に反するよくない結果。逆説的表現。

例 電子メディアというコミュニケーション・ツールであり複製技術装置でもあるものが、複製ではないより濃密な私秘性を可能にしたというアイロニーがある。（鷲田清一『新編普通をだれも教えてくれない』）

関 逆説（ぎゃくせつ）…普通の理解に反していながら、真理を表している説。（↓p.43）

関 シニカル…皮肉を込めて冷ややかに笑う様子。冷笑的。

●●287

アナロジー

analogy 英

類似。類推。似たもの同士の関係。

例 論理学ではアナロジーをふたしかなものとして、それの適用に厳密な制限をつけている。（戸井田道三『忘れの構造』）

●●288

則天去私（そくてんきょし）

自我を超えて、大きな原理に従う立場。

参考 夏目漱石（なつめそうせき）の晩年の心情といわれる。

例「則天去私」というのは晩年の夏目漱石が作った言葉です。（養老孟司『死の壁』）

確認問題

1 A「レトリック」、B「アナロジー」、C「アイロニー」と意味的に対応する最も適当な語を次からそれぞれ選びなさい。

① 擬人法　② 寓意　③ 類推　④ 虚構　⑤ 韻文
⑥ 修辞法　⑦ 葛藤　⑧ 散文　⑨ 倒置法　⑩ 皮肉

2「詭弁」の意味として適当なものを次から選びなさい。

① 不必要な意見　② 批判的な言説
③ 長い弁論　④ こじつけの議論

3「則天去私」の意味として適当なものを次から選びなさい。

① 自我を超えて、大きな原理に従う立場
② 来世を考えること
③ 公共性がないこと
④ 自分の思うままに心静かに過ごすこと

4「二律背反」の説明として適当なものを次から選びなさい。

① 一般的な理解とは反対のところに真実があること
② 二つのものや意見が同時には成り立たないこと
③ 正当でないことを正当であるかのようにいうこと
④ 遠回しに真意を表現すること

5 空らんA・Bに「明示」「暗示」のどちらかを入れなさい。

十三世紀の歌人は、あえて感情を【A】せず、【B】に富んだ表現に徹することを「幽玄」と呼んだ。（四方田犬彦『「かわいい」論』）

答▶ **1** A⑥　B③　C⑩　**2**④　**3**①　**4**②　**5** A明示　B暗示

289

カタルシス（katharsis ギ）

浄化。すっきり。

▼悲劇などの文芸作品を見て心が洗われた気持ちになるのが本来の意味。

例 机の前にしばりつけられている勉強家よりも、スポーツマンの方がかえっておもしろい仕事をしたり、いい成績をあげたりすることがあるのも、汗を流して運動するのが、**カタルシス**としてすぐれていることを物語っている。（外山滋比古『知的創造のヒント』）

290

抒情（じょじょう）・叙情（じょじょう）

自分の感情を表現すること。

▼自分の感情を記し、相手の心、感情にも訴えるように表現すること。「**抒情的（叙情的）**」という用法がある。

例 日本人は**抒情**を好みますし、自らも**抒情的**であろうとします。（辻邦生『言葉が輝くとき』）

対 **叙事**（じょじ）…事実を伝えること。

291

アナクロニズム（anachronism 英）

時代遅れ。時代錯誤。

例 フロイト、つづいてG・ローハイムも言ったように、人間は本質的に**アナクロニズム**（時代錯誤）の存在である。そして、**アナクロニズム**の存在であるがゆえに、時間を発明したのである。（岸田秀『ものぐさ精神分析』）

対 **シンクロナイズ**…同調。同期。

292

諧謔（かいぎゃく）

おもしろみのある、しゃれた表現。ユーモア。

▼ひねったところがあって、笑いやおもしろみを感じさせること。

例 **諧謔**は常識のもとでのみ可能となる。だが、常識の中では不可能である。私には、**諧謔**こそ、神話との戯れにおける最大の武器であるように思われる。（野矢茂樹『哲学・航海日誌Ⅱ』）

類 **滑稽**（こっけい）…笑いを誘う様子。

293

機知（きち）

場に応じて適切なことを言える才能。

▼機転がきくこと。

例 ユーモアと**機知**の本質的な相違は、**機知**が常に意図的であるのに対して、ユーモアは常に非意図的なことである。（河盛好蔵『エスプリとユーモア』）

同 **ウイット**（↓p.194）・**エスプリ**（↓p.194）

294
擬人法（ぎじんほう）

人間ではないものを人間のように表現する技法。

▼比喩（ひゆ）表現の一種。自然現象や動植物を**擬人化**することが多い。

例 桜の花の心というふうな**擬人法**も、どぎつくは目立たず、感情移入もスムーズで、ものういような春の情緒を傍観的にうたって、程よくとらえている。
（久保田正文『百人一首の世界』）

295
寓意（ぐうい）

遠回しに真意を表現すること。

▼比喩表現の一種。例えば狐やヘビがずる賢さを表現するように、あるもので他のある意味をほのめかすこと。

例 ことわざは、写実ではなく、小なりとは言え、**寓意**である。
（外山滋比古『ことわざのこころ』）

同 アレゴリー

関 **寓話（ぐうわ）**…擬人化した動物などで教訓や風刺を表した物語。（→p.198）

確認問題

1 次の空らんに適当な語を後の①～⑥から選びなさい。

A 彼女の詩は［　］的で感情が伝わってくる。
B 彼の文章は［　］に富んでユーモアがあふれている。

① 機知　② 批判　③ 叙事　④ 抒情　⑤ 論理　⑥ 虚構

2 次の説明に合致する表現技法を後からそれぞれ選びなさい。

A ハゲタカが利益に群がる者、アリがまじめな働き者を表現すること。
B 「朝顔の花がほほえんだ」など人間でないものを人間のように表現すること。

① 倒置法　② 寓意　③ 直喩　④ 擬人法

3 「アナクロニズム」の意味として適当なものを次から選びなさい。

① 勧善懲悪　② 杓子定規　③ 時代錯誤　④ 無味乾燥

4 「カタルシス」の意味として適当なものを次から選びなさい。

① 同化　② 浄化　③ 昇華　④ 深化

5 傍線部とほぼ同じ意味をもつ語を、文中から二つ抜き出して答えなさい。（成城大・改）

単に童謡は諧謔的なものと思惟している人がある。また何らかそういう要素を含んでいなければ童謡でないとして、ことさらに作為する作家がある。もっとも真の無邪な滑稽体は時として童謡には必要である。何となればその種の流露は児童の天真そのものから来る。しかし児童生活のすべて、本質としての童謡のすべてがそうであると思うのは誤っている。

童謡におけるユーモアということについては、常に無邪で摯実でしかも極めて自然な流露を私は願っている。でなければ諧謔の諧謔で終わる成人の機智が児童本来の性情を傷つけるのみだからである。
（北原白秋『童謡私観』）

答▶ **1** A④　B①　**2** A②　B④　**3** ③　**4** ②　**5** 滑稽・ユーモア

296
テクスト
text 英

研究対象となる文。原文。

▼英語表記は同じでも「テキスト」の場合は、教科書や教材を意味する。
参考 織物（おりもの）を意味するtextileと語源は同じ。
例 文学**テクスト**は、それ自体曖昧さをもった**テクスト**で、さまざまな解釈の可能性をはらんでいます。（前田愛『文学テクスト入門』）

297
コンテクスト
context 英

文脈。背景になるもの。

▼文章の前後関係や脈絡。
例 英語だと「ライフ」のひとことですんでしまうことを、日本語では、**コンテクスト**にしたがってそのつど適切なことばを充てなければならない。（西谷修『理性の探求』）

298
トートロジー
tautology 英

同じ言葉の繰り返し。同語反復。

▼「人間とは人間だ」のように、同じ言葉の繰り返しになり、十分な説明になっていないこと。無意味なこと。
例 教師が「仲間だから仲良くしよう」と言っても、もはや**トートロジー**を越えることがない。生徒は「仲間じゃないから仲良くしないよ」と思いながら黙っているだけだ。（宮台真司『郊外化』と『近代の成熟』）

299
謂（い）・謂（い）い

言葉の意味内容。いわれ。

▼語源的には、言葉が抱え込んでしっかり保持しているものという意味。
例 故郷はそこを「離れる」ことによってこそ成り立つものだが、鉄道はその「故郷」を醸成する開かれた装置の**謂い**でもあった。（小関和弘『鉄道の文学誌』）

300
言説（げんせつ）

言葉による説明。

▼言語表現。言語化の対象になること。説明の対象になること。「**言説化**」という用法がある。
例 勉強すると頭がおかしくなるかのような**言説**をまき散らす人がいるが、基本的にそういうことはない。（齋藤孝『教育力』）
類 **ディスクール**…書かれたものや言われたもの。言語表現全般。英語の**ディスクリプション**。

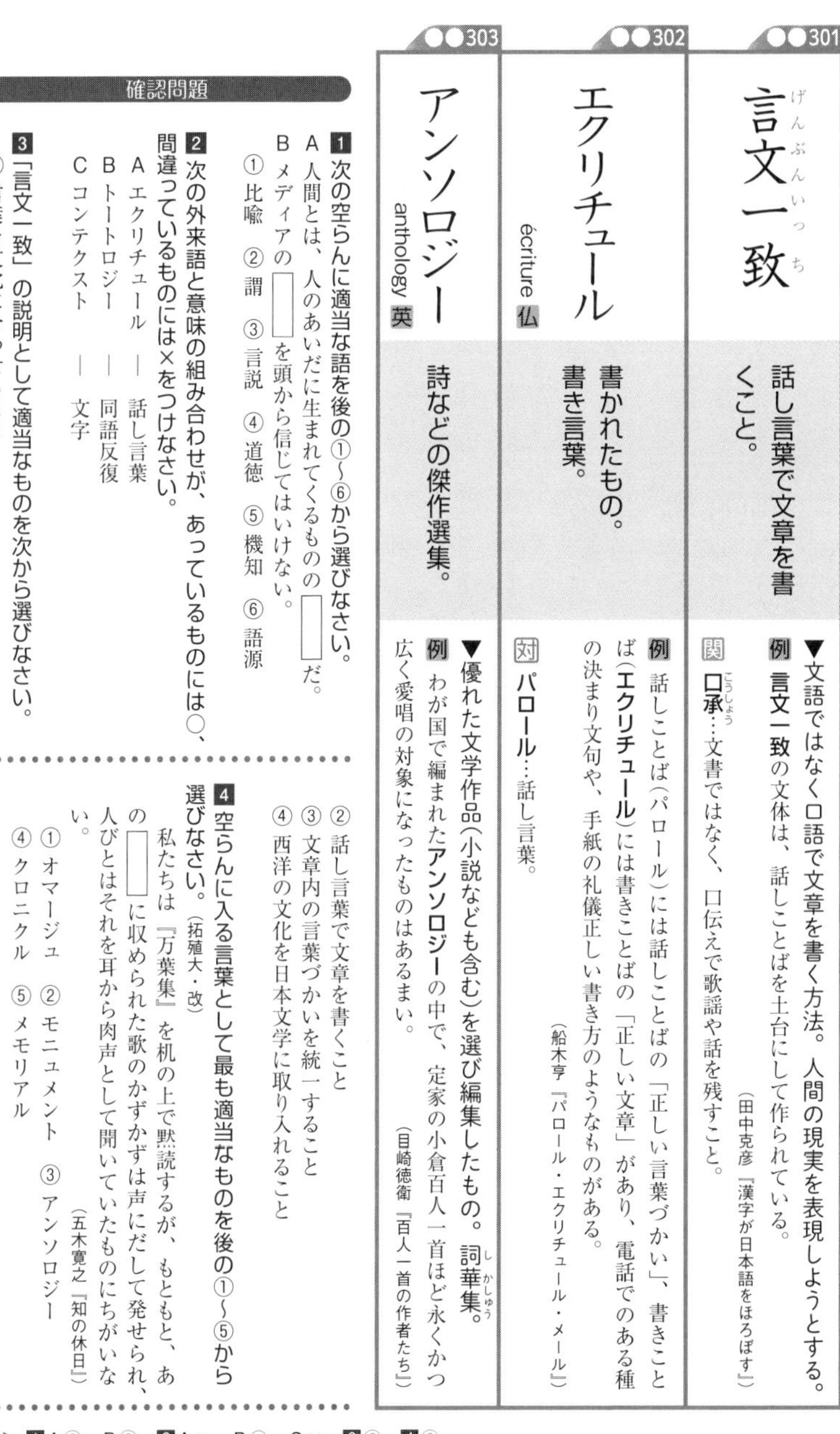

301

言文一致（げんぶんいっち）

話し言葉で文章を書くこと。

▼文語ではなく口語で文章を書く方法。人間の現実を表現しようとする。

例 言文一致の文体は、話しことばを土台にして作られている。（田中克彦『漢字が日本語をほろぼす』）

関 口承（こうしょう）…文書ではなく、口伝えで歌謡や話を残すこと。

302

エクリチュール

écriture 仏

書かれたもの。書き言葉。

例 話しことば（パロール）には話しことばの「正しい言葉づかい」、書きことば（エクリチュール）には書きことばの「正しい文章」があり、電話でのある種の決まり文句や、手紙の礼儀正しい書き方のようなものがある。（船木亨『パロール・エクリチュール・メール』）

対 パロール…話し言葉。

303

アンソロジー

anthology 英

詩などの傑作選集。

▼優れた文学作品（小説なども含む）を選び編集したもの。詞華集（しかしゅう）。

例 わが国で編まれたアンソロジーの中で、定家の小倉百人一首ほど永くかつ広く愛唱の対象になったものはあるまい。（目崎徳衛『百人一首の作者たち』）

確認問題

1 次の空らんに適当な語を後の①～⑥から選びなさい。

A 人間とは、人のあいだに生まれてくるものの［　］だ。

B メディアの［　］を頭から信じてはいけない。

① 比喩　② 謂　③ 言説　④ 道徳　⑤ 機知　⑥ 語源

2 次の外来語と意味の組み合わせが、あっているものには○、間違っているものには×をつけなさい。

A エクリチュール ― 話し言葉

B トートロジー ― 同語反復

C コンテクスト ― 文字

3 「言文一致」の説明として適当なものを次から選びなさい。

① 言葉を文化に合わせること

② 話し言葉で文章を書くこと

③ 文章内の言葉づかいを統一すること

④ 西洋の文化を日本文学に取り入れること

4 空らんに入る言葉として最も適当なものを後の①～⑤から選びなさい。（拓殖大・改）

私たちは『万葉集』を机の上で黙読するが、もともと、あの［　］に収められた歌のかずかずは声にだして発せられ、人びとはそれを耳から肉声として聞いていたものにちがいない。（五木寛之『知の休日』）

① オマージュ　② モニュメント　③ アンソロジー　④ クロニクル　⑤ メモリアル

答▶ 1 A② B③　2 A× B○ C×　3 ②　4 ③

2-4

練習問題⑧ 言語・文学

そもそもロゴスというギリシア語は、言葉、議論、計算、比例、尺度、理法、理性、根拠などという複雑多様な意味をもっていた。そこでハイデガーは、ロゴスが何であるかを推定するためにこの語の動詞にあたる〈レゲイン〉に注目する(『ロゴス・モイラ・アレーテイア』参照)。レゲインとは、「述べる、言う、物語る」であるとともに「読む」ことでもあるが、そこに共通する基本的な意味は、「とり集めて目の前に置く」ことであるという。

もちろん、「とり集める」といっても、ただ乱雑な集積をつくるのではなく、一定の尺度に従って多種多様な異物を一つのカテゴリーに括(くく)ることであるのだから、それは〈秩序化〉と〈統一〉をも含む概念と言えるだろう。現在でも使われるカタログ(←カタロゴス=整理のための目録)という語がもつ、分類と整頓の概念を考えてみればわかりやすい。ここに、万物を支配する〈法則〉、ものごとの〈根拠〉、世界の〈理法〉、ひいてはのちのキリスト教的な唯一、絶対神の概念が導き出されるもとがあった。「太初(はじめ)に言(ことば)(ロゴス)ありき。言は神と偕(とも)にあり、言は神なりき」という『ヨハネ伝福音書』の冒頭の文言が、ヘレニズムの正統的遺産であることは想像にかたくない。

ところで、ハイデガーはその思想家としての一生のごく初期から言葉と存在の関連に思いをめぐらしていた。(中略)

彼の考えでは、森羅万象をカテゴリー化して意味あるものと見ることができるのは人間だけであり、これはアニマル・シンボリクム(象徴を操る動物)としての人間が有する言葉の力によるものにほかならない。つまり、人間のもつ言葉こそ、「とり集めて目の前に置く」ロゴス(←レゲイン)であったのだ。

そうしてみると、ロゴスとしての言葉は、すでに分節され秩序化されてい

1 傍線部Aを言い換えたものとして不適当なものを次の中から選びなさい。

① 理性　② 言葉
③ 混沌(こんとん)　④ 論理

2 傍線部Bを言い換えたものとして最も適当なものを次の中から選びなさい。

① 集合　② 範疇(はんちゅう)
③ 記号　④ 具体

3 傍線部Cは、言葉のことを指しているが、通常、「象徴」はどのような意味か、最も適当なものを次の中から選びなさい。

① 抽象的なものを具体的なもので示すこと
② 人間ではないものを人間のようにたとえること
③ 中間のほどよい意見を採用すること
④ 物事を大きくとらえ全体を見ること

4 傍線部Dのような比喩表現などの技法を何というか、最も適当なものを次の中から選びなさい。

① アイロニー
② レトリック
③ アンソロジー
④ エクリチュール

る事物にラベルを貼りつけるだけのものではなく、その正反対に、名づけることによって異なるものを一つのカテゴリーにとり集め、世界を有意味化する根源的な存在喚起力としてとらえられていたことになる。くだいて言えば、私の「頭」と魚の「頭」、私の「脚」とテーブルの「脚」は、それぞれ「頭」と「脚」という言葉によって同じカテゴリーに括られていくのである。

（中略）

また、その名を口にすると危険な動物が出て来て害をなすことを恐れるあまり、熊のことを「蜂蜜」（スラブ語）とか「褐色のもの」（古代高地ドイツ語）という仮の名で呼んだ慣習も珍しくない。これはすべて「名が対象と同じ力をもつ、もしくは対象を出現させる」という言霊思考であり、アッカド語では「存在する」と「命名する」とはシノニムなのである。

（中略）

幼児にとって対象物というものは、それが名前をもった時にはじめて知られ、存在する。そうしてみると、ロゴスとしての〈名＝言葉〉があってはじめて世界は［E］され、実質的なもろもろの差異が構造的同一性で括られることによって存在を開始するのであるから、ロゴスが生み出したカテゴリーこそが、一見自存的実体と思われていた〈指向対象〉だと言わねばならない。〈語る〉ことは真の意味で〈名づける〉ことであり、言葉による外界の解釈であり、差異化である。そして世界が差異化されると同時に、私たちの身と意識の方も差異化されるという相互作用を見逃してはなるまい。

（丸山圭三郎「言葉と無意識」）

5 空らんEには「細分化して説明する」という意味の語が入る。最も適当なものを次の中から選びなさい。

① 総合　② 表出
③ 分節　④ 抽象

6 本文の内容に合致するものを次の中から選びなさい。

① 言葉・ロゴスの神秘的な力に人間は支配され、世界のものの見方を制限されている。
② 言葉・ロゴス以前に世界はそれ自体の秩序をもつため、言葉はそのラベルでしかない。
③ 言葉・ロゴスによって、人は世界を秩序付け、意味あるものとして認識している。
④ 言葉・ロゴスによって、秩序あるものが未整理の混沌の状態に引き戻される。

答▶ 1③　2②　3①　4②　5③　6③

現代社会・情報 ―テーマ解説

グローバリズム、反グローバリズム

人類は、歴史的に大航海時代や欧米列強による植民地化という帝国主義の時代など、ある種のグローバリゼーションを経験してきましたが、現代もまたグローバリゼーションの時代と呼ばれます。

今日のグローバリズムは、国際社会を一つの市場と見る巨大企業によって世界の均質化を進めてきました。例えば、世界中どの都市でも同じ味と同じ店舗デザインに出合います。これを「ファストフード(風土)化」などと呼ぶ社会学者もいます。一方で、ローカリズムやナショナリズムなどといった反グローバリズムの動きもあります。スローフードや地産地消といった動きはその一例です。

グローバリゼーションは、感染症の世界的拡大＝パンデミックのリスクを高めます。その一方で、ワクチン開発や普及での国際協力の進展といったよい面も併せ持っています。また、世界の中で自己を理解する機会と他者の多様性を知り認め合う機会を増やしてもくれます。

消費社会、情報(化)社会からソサエティ5.0へ

現代は、「フォーディズム」(自動車王「フォード」は大量生産の代名詞)と呼ばれる大量の規格品を生産していた時代から、「ポスト・フォーディズム」と呼ばれる少量多品種生産の時代へ変わってきました。商品が機能で売れるのではなくイメージで売れる消費社会になってきています。

また、現代は情報(化)社会とも言われます。紙の印刷物を柱とする「グーテンベルク時代」(「グーテンベルク」は活版印刷の発明者)からデジタルなネットワークを柱とする「ポスト・グーテンベルク時代」

▼グローバリゼーション ↓p.154
▼グローバリズム↓p.154
▼ローカリズム ↓p.157
▼ナショナリズム ↓p.120
▼スローフード ↓p.156
▼地産地消 ↓p.156
▼消費社会 ↓p.158
▼情報(化)社会 ↓p.159
▼デジタル ↓p.155

への移行とも表現されます。そしてさらに、ITの浸透で人々の生活をよりよくするデジタルトランスフォーメーション（DX）により、経済発展と社会的課題の解決を両立するソサエティ5.0を目指していこうとしています。

メディアリテラシー

グローバルICT企業のサービスが世界を覆い、情報が瞬時に世界中を駆け巡る現代は、国家の役割は相対的に小さくなったように見えます。しかし、サイバー攻撃などインターネットを介して企業や国家にダメージを与えようとする動きもあり、国家レベルで個人や企業の情報を守る必要がでてきています。

また、誰もが情報を広範囲に発信できることにより、誤った情報を発信したり、自分に都合の悪い情報をフェイクだと攻撃したりすることも可能になりました。個人レベルで情報の信憑性を確かめる必要があり、人間の教養として高度なメディアリテラシーが求められてきています。

▼デジタルトランスフォーメーション
→p.162
▼ソサエティ5.0
→p.163
▼ICT
→p.163
▼メディアリテラシー
→p.160

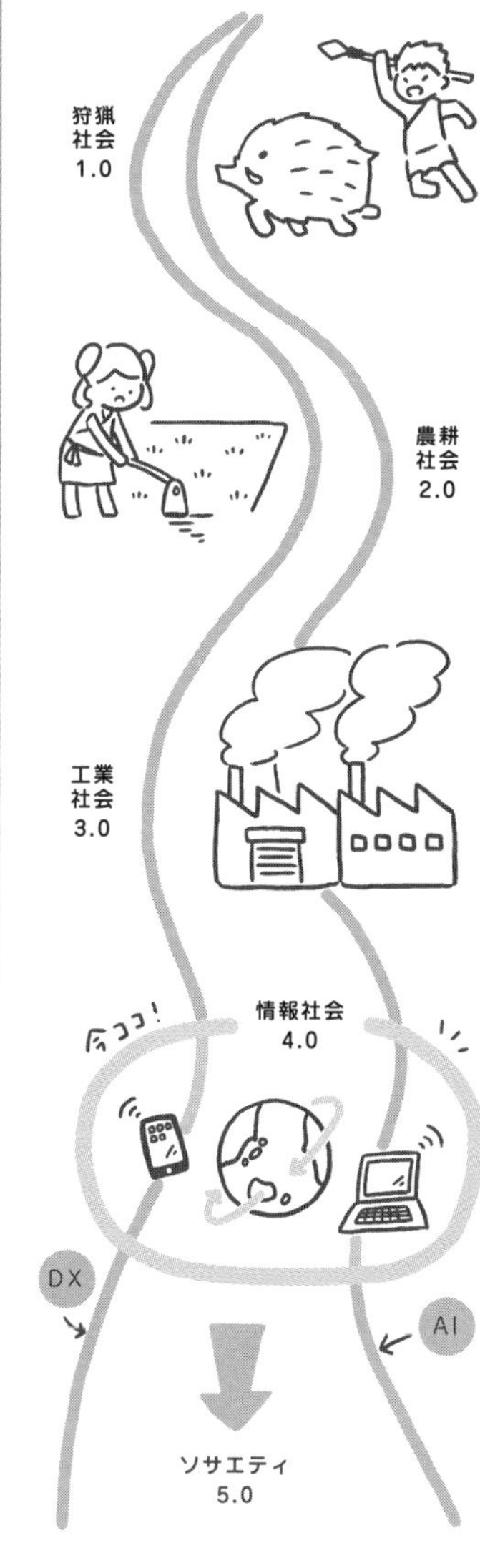

304

グローバリズム

globalism 英

世界全体を視野に入れる考え方。
全地球的思考。

▼政治・経済・文化・環境などの問題を地球規模でとらえる考え方。

注意 野球のグローブは、手袋を意味する「glove」であり、つづりが異なる。

例 グローバリズムが支配する二十一世紀は、世界が標準化され、均質化していく時代である。（茂木健一郎『疾走する精神』）

類 **インターナショナル**…国際的。一国を超えた国家間のこと。

類 **ボーダーレス**…国境などの境界がないということ。

類 **トランスボーダー**…境界や差異はあるがそれを越えて活動すること。

関 **グローブ**（globe）…球体。地球。

関 **グローバリゼーション**…国際化。全世界化。人・金・物・情報の交流が地球規模化すること。特に、市場取引が世界に拡大すること。

関 **フェアトレード**…不公正な搾取（さくしゅ）とならないよう途上国の生産物を適正な値段で取引すること。公正貿易。

国境を越えて、グローブ（地球）を人・金・物・情報が行き交う。地球全体を視野に入れて思考し、活動する。

グローバリズム

確認問題

「グローバリズム」の説明として適当なものを次から選びなさい。

① 個人の自由や権利より、国家や社会の利益を優先する考え方
② 他者を押しのけても自己の利益を最大化しようとする考え方
③ すべてを冷静で論理的な思考で割り切る、理性重視の考え方
④ 世界全体を視野に入れる考え方

答▶④

305

アナログ

analog 英

時計の針のような直接的表現。

▼数値を連続する物質的数量や物体そのもので表現するもの。**「古いもの」**の意味でも使われる。

例 現在のクール・ジャパンの主役はマンガ、アニメ、ゲームやデザイン、ファッションまで、考えてみると、すべて伝統的な和のデザイン感覚が息づく**アナログ**的感性の賜（たまもの）なのである。

（三井秀樹『かたちの日本美』）

⟷

306

デジタル

digital 英

物の量や変化を記号や数値で表現すること。

▼特に、二進法的な記号やデータに置き換えて表現すること。**「新しいもの」**の意味でも使われる。

例 マルチメディア技術、すなわち〈あらゆる情報の電子テキスト化〉は、文字のみならず、音、写真などの質料的差異を乗り越えて、すべてを0と1との**デジタル**情報に還元しえた。

（黒崎政男『大変動するコミュニケーション形態』）

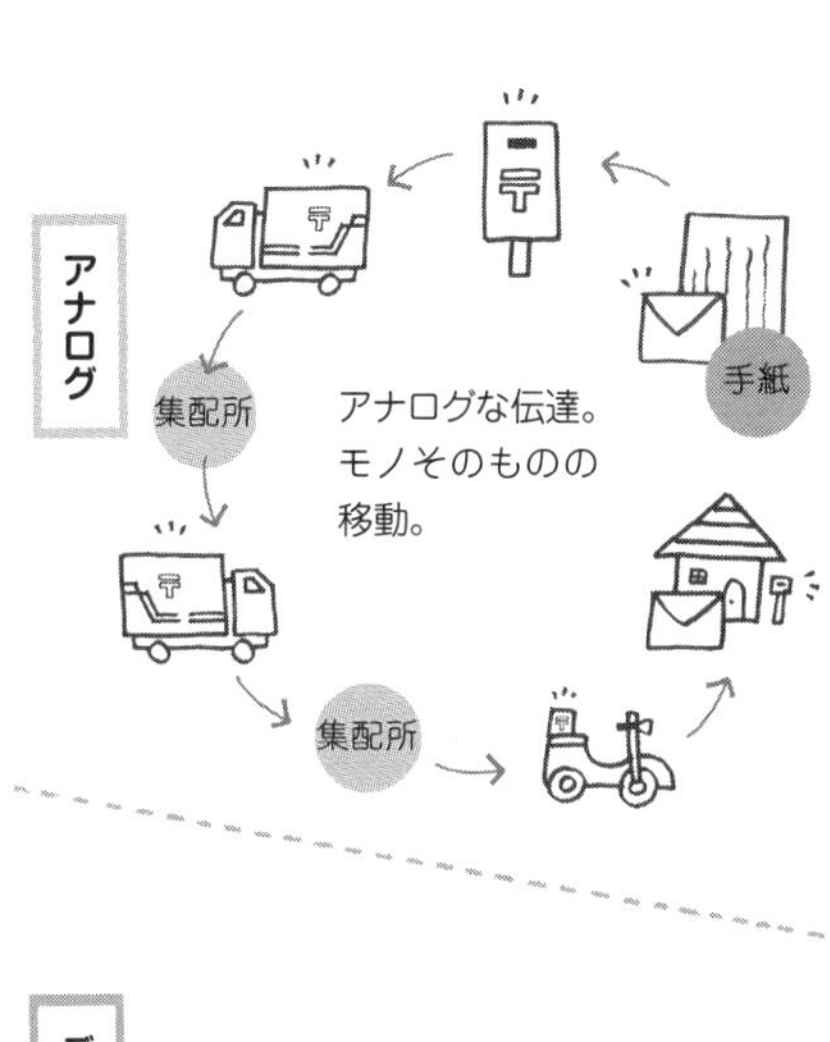

デジタル

デジタルな伝達。
文字も絵も写真も音声も 2 進法もしくは 16 進法のデジタル信号に変換されて伝達される。

010101011001100110011…

確認問題

空らんA・Bに「アナログ」「デジタル」のどちらかを入れなさい。

【A】時計だと現在の時刻しか表示されないから、あらかじめ決められている時刻を示す数値とのあいだで引き算をしなくてはならない。【B】時計の場合だと、二本の針によってそのつど作られる扇形の空間的な形状とその変化から、この「まだどれだけ」と「もうどれだけ」とを、いわば直観的に見てとることができる。

（木村敏『時間と自己』）

答▶ Aデジタル　Bアナログ

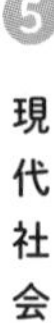

307

コミュニケーション

communication 英

意思疎通。互いの思いを伝達し、受け取ること。

例 **コミュニケーション**という言葉は、本来違う価値観を持っていた人間同士が、価値観の違いをまず認識し、それを共有するというところに語源がある。（永田和宏『知の体力』）

対 **ディスコミュニケーション**…意思疎通の欠如やズレ。

関 **オーラル・コミュニケーション**…おしゃべり・口頭での意思伝達。

308

モダニズム

modernism 英

近代主義。

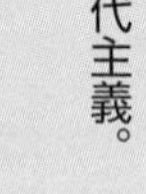

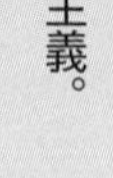

▼人間中心主義や理性中心主義、科学信仰などの意味をつけられることが多い。文学・哲学・美術などで、伝統からの脱却を目指す傾向を指す。

例 **モダニズム**とは、物が複雑からシンプルに脱皮するプロセスそのものである。（原研哉『日本のデザイン』）

309

ポストモダン

postmodern 英

近代の乗り越え。

▼近代の理性中心主義を否定し、近代を乗り越えようとする考え方。

参考 「**プレモダン＝前近代**→**モダン＝近代**→**ポストモダン＝現代**」という流れのため、**ポストモダン**はときに**プレモダン**を高く評価する復古的側面ももつ。

注意 「**ポスト〜**」は、「**〜の後・後継**」を意味するラテン語。

例 高度情報化社会とも**ポスト・モダン**ともいわれる現代に特徴的なのは、あらゆるもののデザイン化である。（三浦雅士『疑問の網状組織へ』）

310

スローフード

slow food 英

手間暇（てまひま）かけて作り、時間をかけて味わう料理。

▼主にグローバルチェーン店による安く速く提供され速く食べるファストフード（fast food）に対するもの。

例 **スローフード**運動は、ファーストフードやファーストライフ（効率やスピードを最優先する生活）の象徴である米国も含め、国境を越えた広がりを見せた。（渡辺靖『〈文化〉を捉え直す』）

関 **ソウルフード**…本来はソウルミュージックと同様にアメリカ南部の黒人の生んだ料理。現在では特定地域で親しまれている料理を意味することがある。

関 **地産地消**（ちさんちしょう）…特定の地域で生産されるものをその地域内で消費すること。

●●311

ローカル

local 英

地方的。局所的。

▼地方限定、その土地に特有のもの。郷土色のあるもの。

参考 世界を視野に入れつつ地に足が着いた行動をする、**グローバルに考えてローカルに行動すること**を「**グローカル**」という。

例 **ローカル**という言葉はもともとは地域を意味していた。だが今日用いられている**ローカル**という言葉は、地域を地域たらしめている重層的な関係の方に向いている。

（内山節『新・幸福論』）

対 **セントラル**…中央。国の中心。

対 **グローバル**…国際。

●●312

ローカリズム

localism 英

地方重視の思想。

▼地元や郷土への愛情。悪くいうと土着性、地方根性。

例 二十一世紀は**ローカリズム**の時代でなければならない。各国、各民族、各地方に美しく咲いた文化や伝統、そして言語を世界の人々が尊重し一緒に育てる、という時代である。

（藤原正彦『この国のけじめ』）

対 **グローバリズム**…世界全体を視野に入れる考え方。（↓p.154）

確認問題

1 次の説明に適当なものを後の①～⑥から選びなさい。

A 人間がお互いの意思や感情・思考などを伝達し、受け取ること。

B 地元や郷土への愛情を抱き、地方を重視する思想。

① フェミニズム　② フェティシズム
③ ローカリズム　④ コミュニケーション
⑤ グローバリゼーション　⑥ アニミズム

2 「ローカル」と意味的に対応する最も適当な語を次から選びなさい。

① 伝統的　② 地方的　③ 保守的　④ 時代錯誤的

3 次の説明で、あっているものには○、間違っているものには×をつけなさい。

A ポストモダンとは、現代の考え方を否定し、乗り越えようとする考え方である。

B モダニズムは、近代主義のことで、科学信仰などの意味をつけられることが多い。

C 素早く提供される料理に対し、時間をかけて作り味わう料理のことをスローフードという。

答▶ **1** A④　B③　**2**②　**3** A×　B○　C○

313

サブカルチャー
subculture 英

下位文化。正統的ではない新興の文化。好奇心の対象。

▼高級で正統的な伝統文化などのハイカルチャーではなく、大衆的な若者文化や都市文化など。

例 一九九〇年代の後半以降、日本発の**サブカルチャー**を震源とした文化的産物が、「かわいい(cute)」をキー・ワードに、欧米、アジア、東欧、ラテンアメリカで広く受容されるようになった。（加藤典洋『グッバイ・ゴジラ、ハロー・キティ』）

類 **カウンターカルチャー**…対抗文化。伝統や権威に対抗する文化。

314

消費社会（しょうひしゃかい）

商品そのものというよりも、イメージを消費する現代の社会。

▼商品自体の機能よりも、消費者の欲望やイメージで物が売れるあり方。

例 **消費社会**を動かしているのは、所詮、成り上がり欲望であり、成り上がる欲望を最大限にもっているのは、「中間階級」である。（今村仁司『近代の労働観』）

関 **産業社会**（さんぎょうしゃかい）…工業における製造業を中心とする社会のこと。工業(化)社会。

関 **欲望の三角形**（よくぼうのさんかくけい）…商品そのものへの欲望ではなく、他者が欲しがるもの、他者にうらやましがられるものを自分が欲望すること(ルネ＝ジラールの言葉)。

315

コト消費

体験や教養など無形のものにお金を使うこと。

▼具体的な商品を所有する「**モノ消費**」に対し、内面的な充実感や人間関係作りに価値を置く消費行動。

例 サービス提供サイドが、こうした「**コト消費**」に照準を合わせて施設計画や運営をしてしまうと、本来的な図書館の目的や機能が阻害されてしまう。（嶋田学「図書館と『ものがたり』」）

316

リスク社会

多様で複雑なリスクがある社会。

▼科学技術の発展に伴い、原発事故や地球温暖化などの、社会生活に重大な影響を及ぼすリスクが増えている社会。

例 現代の**リスク社会**においては、これら新しい事態に対応するための社会的原則をリスクの生産と分配という視点から確立する必要があるのである。（野家啓一『科学哲学への招待』）

関 **リスク・マネジメント**…危機に対処する管理体制。

317

情報(化)社会

情報に価値を見いだす現代の社会。

▼経済の三要素「人・金・物」に「情報」が加わり、情報が売買されたり情報が人を動かしたりする社会。

例 **情報化社会**になって、膨大な情報がネットワークを流通するようになった。（茂木健一郎『生きて死ぬ私』）

318

迎合

気に入られるようにすること。

▼力や権力ある相手に調子を合わせてすり寄ること。

例 科学の商業化の風潮が強まるにつれ、科学者が社会に**迎合**する方向に靡いている。（池内了『科学の限界』）

同 **付和雷同**…相手の意見にすぐ同調すること。

319

格差社会

所得などに大きな格差のある社会。

▼親の所得格差が子ども世代にも連鎖し、階層が固定化しつつある社会。

参考 普通の資本（お金）だけでなく、文化資本（教養・人脈・趣味・経験）も世代連鎖するといわれており、問題視されている。

例 **格差社会**だ、非正規雇用の増加だ、世代間格差だ、と言われているにもかかわらず、当の若者たちは今を『幸せ』と感じている。（斎藤環『承認をめぐる病』）

確認問題

1 「迎合」の意味として適当なものを次から選びなさい。

① 相手に大きな期待を持たせること
② 相手に歓迎されること
③ 相手を自分の思い通りに動かすこと
④ 相手に気に入られるようにすること

2 「コト消費」の意味として適当なものを次から選びなさい。

① 体験や教養など無形のものにお金を使うこと。
② 衣服や家電など有形のものにお金を使うこと。
③ 伝統的で文化的なものにお金を使うこと。
④ イメージのよい商品にお金を使うこと。

3 次の説明で、あっているものには○、間違っているものには×をつけなさい。

A サブカルチャーとは、大衆的な若者文化や都市文化など、正統的ではない新興の文化を指す。
B 商品の機能を重視する現代の社会を消費社会という。
C 男女の性差の大きな社会を格差社会と呼ぶ。
D 情報化社会とは、情報に価値を見いだす現代の社会のことである。

答▶ **1**④　**2**①　**3**A○　B×　C×　D○

320
セキュリティ
security 英

安全。保安。防犯。防犯装置。

▼人・住居・国家・資産などを保護すること。IT分野では、コンピュータシステムの安全性やデータの機密性を保つ対策のこと。

例 全世界のユーザーの顔写真が管理される世の中は、高度な**セキュリティ**体制が世界中の空港に配備される世の中でもある。（港千尋『インフラグラム』）

関 **セキュリティ化社会**…監視と処罰を強化する社会の傾向。

321
リテラシー
literacy 英

基礎能力。

▼本来は、文字が読み書きできる能力を指す。近年、特定の分野における基礎的な知識や能力の意味で用いられるようになった。

例 明らかに意識的にパクっているのだけれども、受け取る側の**リテラシー**の低さゆえに、オリジナルとして流通してしまう、ということもしばしば起こっている。（佐々木敦『未知との遭遇』）

322
メディア
media 英

情報伝達を媒介するもの。媒体。

▼情報をのせる皿のイメージ。伝えられる内容を「**コンテンツ**」という。

例 ラジオやテレビといった従来型の**メディア**においては、「選択の自由」はそれほど多くなかった。（茂木健一郎『疾走する精神』）

類 **マスメディア**…大衆に向けて大量に情報を伝達する手段。テレビ・新聞・雑誌・ラジオなど。

関 **ソーシャルメディア**…インターネットを利用した情報交流サービス。SNS、ブログ、動画共有サービスなど。

323
メディアリテラシー
media literacy 英

情報を取捨選択したり吟味したりする力。

▼文字に限らず、映像も含め毎日接する情報に的確に対応する能力。

例 情報教育という視点からも、改めてメディアの現実構成の文法を了解し使い分けていく「**メディア・リテラシー**」を身体化させる実践的なメディア経験の重要性を提起したい。（加藤晴明『メディア文化の社会学』）

類 **インテリジェンス**…知性・知能。不確かで雑多な情報（インフォメーション）を確証された情報に高めること。

324

ヴァーチャル

virtual 英

現実とは別の仮想的なもの。

▼仮想的。疑似的。人工的。

例 商取引から恋愛まで、すべてはインターネット上の**ヴァーチャル**な体験に置き換えられ、一歩も自分の部屋を出なくとも生活が何不自由なくできるという時代が来るのも夢ではない。（沼野充義『W文学の世紀へ』）

関 **ヴァーチャル・リアリティ**…仮想現実。疑似現実。コンピュータ技術で現実そっくりにつくられた世界。「VR」と略される。

325

シミュレーション

simulation 英

仮想実験。模擬的な訓練。

▼想定されるモデルによって実験や分析をすること。

注意 かつて「シュミレーション」と記述されたが、現代では**より本来の発音に近い「シミュレーション」**と記されるので注意。

例 地球温暖化の問題は、繰り返し実験が不可能であり、せいぜいコンピューター上の**シミュレーション**での＜予想＞として取り扱うしかない。（黒崎政男『ゆらぐ科学のリアリティ』）

確認問題

1 「セキュリティ」の意味として適当なものを次から選びなさい。

① 制限をかけること　② 専門性を高めること
③ 安全を確保すること　④ 整理整頓すること

2 「ヴァーチャル」の意味として適当なものを次から選びなさい。

① 現実とは別の仮想的なもの
② 現実とは別の無価値なもの
③ 予想とは別の現実的なもの
④ 予想とは別の本質的なもの

3 次の説明で、あっているものには○、間違っているものには×をつけなさい。

A メディアリテラシーとは、情報を取捨選択したり吟味したりする力のことである。

B 想定外のことに対応することをシミュレーションという。

4 A「リテラシー」、B「メディア」と意味的に対応する最も適当な語を次からそれぞれ選びなさい。

① 趣味　② 提供　③ 基礎能力　④ 活字
⑤ 文字　⑥ 学習　⑦ 大衆文化　⑧ 媒体

答▶ **1**③　**2**①　**3**A○　B×　**4**A③　B⑧

326
AI（エーアイ）

人工知能。

▼人間の知的能力や問題解決能力などをコンピュータで実現するためのプログラムやシステム。英語の「artificial intelligence」の略。

例 二〇一〇年代に最も広く世界の人々の注目を集めた科学技術は、人工知能（AI）とその関連技術だろう。（佐藤靖『科学技術の現代史』）

関 ディープラーニング（deep learning）…深層学習。AIが自動的に大規模なデータの積層から必要なパターンや特徴を抽出すること。

327
ビッグデータ
big data 英

分析によって価値が見込まれる膨大な情報の蓄積。

▼コンピュータでなければ扱えないような大規模（volume）で高速で増え続ける（velocity）雑多な（variety）データ。

例 ビッグデータの統計学的解析は、それ自体イノベーションの大きな源泉となったが、AIを用いることでより高度な判断や知見を導くことができる。（佐藤靖『科学技術の現代史』）

328
イノベーション
innovation 英

新たな価値の創造。技術革新。

▼理系分野に限定されがちだが、本来は斬新な発想など広い意味をもつ。

例 資本主義は自らが生み出したイノベーションによって自らの命を失うのである。（佐伯啓思『経済成長主義への訣別』）

329
デジタルネイティブ
digital native 英

幼少期から情報通信環境になじんでいる世代。

▼日本ではおおむね一九九〇年代以降の生まれとされる。

例 サーチエンジンから入ったデジタルネイティブにとって大型書店は、店内の端末からアドレスをたどって行きつく、一般開放の倉庫のようにみえているかもしれない。（柴野京子「誰のための書店」）

330
デジタルトランスフォーメーション
digital transformation 英

デジタル改革。

▼ITが人々の生活をよりよくさせるという概念。「DX」と略される。

例 デジタル・トランスフォーメーションは、デジタル技術の活用による新たな商品・サービスの提供、新たなビジネスモデルの開発を通して、社会制度や組織文化なども変革していくような取組を指す概念である。（総務省「情報通信白書」）

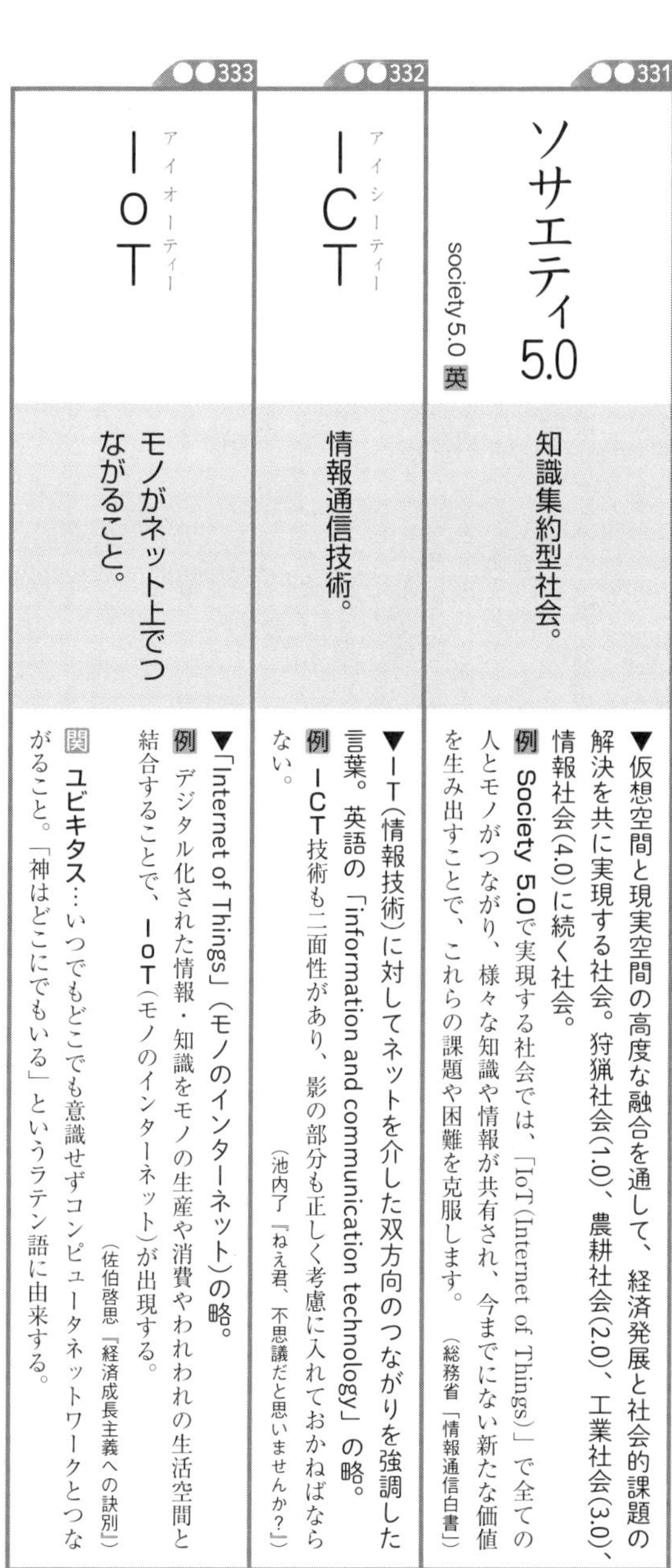

331
ソサエティ5.0
society5.0 英

知識集約型社会。

▼仮想空間と現実空間の高度な融合を通して、経済発展と社会的課題の解決を共に実現する社会。狩猟社会(1.0)、農耕社会(2.0)、工業社会(3.0)、情報社会(4.0)に続く社会。

例 **Society 5.0**で実現する社会では、「IoT(Internet of Things)」で全ての人とモノがつながり、様々な知識や情報が共有され、今までにない新たな価値を生み出すことで、これらの課題や困難を克服します。（総務省「情報通信白書」）

332
ICT（アイシーティー）

情報通信技術。

▼IT(情報技術)に対してネットを介した双方向のつながりを強調した言葉。英語の「information and communication technology」の略。

例 **ICT**技術も二面性があり、影の部分も正しく考慮に入れておかねばならない。（池内了『ねえ君、不思議だと思いませんか?』）

333
IoT（アイオーティー）

モノがネット上でつながること。

▼「Internet of Things」(モノのインターネット)の略。

例 デジタル化された情報・知識をモノの生産や消費やわれわれの生活空間と結合することで、**IoT**(モノのインターネット)が出現する。（佐伯啓思『経済成長主義への訣別』）

関 **ユビキタス**…いつでもどこでも意識せずコンピュータネットワークとつながること。「神はどこにでもいる」というラテン語に由来する。

確認問題

1 「ソサエティ5.0」の意味として適当なものを次から選びなさい。

① 情報社会　② 工業社会　③ 知識集約型社会　④ 農耕社会

2 A「AI」、B「ICT」、C「IoT」と意味的に対応する最も適切な語を次からそれぞれ選びなさい。

① モノのインターネット　② 情報通信技術
③ 人工知能　④ 情報技術

3 次の説明に適当なものを後の①～④から選びなさい。

A AIが扱う大規模情報。
B デジタル化による仕事や生活の変革。
C 幼少期から情報通信環境になじんでいる世代。
D 新しい価値の創造。

① デジタルネイティブ　② ソサエティ5.0
③ デジタルトランスフォーメーション　④ イノベーション
⑤ ビッグデータ

答▶ **1**③　**2**A③　B②　C①　**3**A⑤　B③　C①　D④

2-5 練習問題⑨ 現代社会・情報

この二十年ほどの[A]情報化社会の目まぐるしい変化は、情報と知識、思考をめぐる人間の位置を大きく変えてしまった。かつて文盲という言葉があったように、[B]メディアに対しても[C]解読能力の有無が問われるようになった。それが単純に世代を形成するというほどに人間は単純ではないが、年齢に関係なくこの変化を諸手(もろて)を挙げて歓迎する者とそうでない者、あるいは不承不承にそれに従わざるをえない者といった区分が生まれてきたことは否定できない。いうまでもなくわたしは、生活の手段としてコンピュータに向かいはするものの、こうした変化を懐疑的に受け止めてきた側に属している。

情報化社会とそれにともなって襲いかかったグローバリゼーションの状況は、何よりも速度と効率に最高の価値を置いている。あらゆる声は速度を携えているがゆえに表層として扱われ、責任を欠落させた匿名性の海のなかで戯れに耽(ふけ)る。この基準に同調しない者は否応なく排除され、居場所を失い、その声を聞き届けることが他者には困難となってゆく。今日進行している事態とは、情報の公共性をめぐって一見平板な地平を準備しているように見えながら、実のところ新しいアウトカーストの創生のために機能している社会体制にほかならない。コンピュータが差し出す、耐えられないまでに軽い速度を受け入れようとしない者は次々と脱落し、人々はますます速度の奴隷と化してゆくか、でなければ特権的に準備された贅沢(ぜいたく)な「スローフード」の消費者の道を選ぶしかない。これは世代に還元してすむ話ではない。年長者にも、年少者にも、例外なく排除の原則は残酷に適用されてゆく。また仮にこうした新現象を謳歌(おうか)しそこに新しい哲学の可能性を見出す者がいたとしても、その者もやはり速度の魔に犯されてしまい、長い命数を保つことはできまい。

1 傍線部Aについて、ここでの「情報」は主にコンピュータを使ったデジタル情報として制作、流通するものである。では、「デジタル」の対義語になる表現は何か、最も適当なものを次の中から選びなさい。

① ダイナミック　② アナログ
③ マイノリティ　④ アナーキー

2 傍線部Bを言い換えたものとして最も適当なものを次の中から選びなさい。

① 情報媒体　② 情報分析
③ 情報処理　④ 情報伝達

3 傍線部Cについて、情報化社会で求められる、情報を取捨選択し吟味できる力を何というか、最も適当なものを次の中から選びなさい。

① シミュレーション
② サブカルチャー
③ セキュリティ
④ メディアリテラシー

4 傍線部Dについて、そうした情報通信技術によって広がった世界を「仮想現実」や「虚構現実」と呼ぶことがあるが、これを言い換えたものとして最も適当なものを次の中から選びなさい。

次なる新手がより速い速度のもとに到来するからである。

酷(ひど)いことになってるなあというのが、わたしの印象である。情報を手にした者はもうそれだけで安心してしまい、その内容を探索しようとしない。その代わりに情報処理に血道をあげる。分析には熟練した思考が必要だが、情報処理にはそれが要求されないからだ。しかも情報は、それを入手できるという潜在的可能性を確認しておけばそれですむ。いつでもインターネットで検索できると思えば、誰もわざわざ急いでその作業に取り掛からなくともよく、しばらくするうちに情報は更新されて役に立たなくなってしまう。

こうした状況から立ち上がってくるのは、いうまでもなく稚拙なシニシズムである。ニヒリズムではない。ニヒリズムを積極的に維持するには精神の強度と弛(たる)まぬ思考が必要とされるが、それを情報の洪水のなかで保ち続けることは並大抵のことではない。大半の者たちは安全地帯に身を寄せ合って傍観者を気取り、シニシズムの楽な意匠を纏(まと)う側を選ぶ。もしわたしに世代というものが与えられるとすれば、それはかろうじてこのシニシズムの不幸な誘惑を免れえた世代だということだろう。だが周囲を見回してみても、同年齢の多くの者たちがこの疫病に感染し、シニシズムに速度社会からの隠遁所(アジール)を見出して安堵(あんど)しているさまを発見してしまう。これは世代をも越えた、より深刻な疫病ではないかという考えを、わたしは抱いている。

（四方田犬彦「世代について」）

① ポストモダン
② デジタルトランスフォーメーション
③ メディアリテラシー
④ ヴァーチャル・リアリティ

5 本文の内容に合致するものを次の中から選びなさい。

① 情報化とグローバリゼーションの進む現代では、速度と効率を重視し、その対応力で人間を分類する傾向をもつ。
② 速度と効率を重視する情報化とグローバリゼーションにおいては、それらへの反発としてすべての人をスローフードに向かわせている。
③ 情報化とグローバリゼーションの進む現代では、速度と効率の重視についていける世代とついていけない世代の格差を生み出してしまった。
④ 速度と効率を重視する情報化とグローバリゼーションは、情報の読解能力のない人間を速度の礼賛者に変えてしまう傾向をもつ。

答▶**1**② **2**① **3**④ **4**④ **5**①

■そもそも「倫理」とは

倫理の「倫」に「ニンベン」が付くように、「倫理」とは、人としてなすべきこと、なしてはならぬ規範を考えるものです（「論理」なら言葉が守るべきルールを考えます）。英語のモラル（moral）やエシックス（ethics＝行動様式の「エートス」が語源）に当てはまります。

■他人に迷惑をかけなければ何をしてもよいのか

倫理の大きな潮流の一つにリバタリアニズムがあります。「直接他者に危害を加えてはならないが、そうでなければすべて個人の選択の自由」という考え方です。「他者危害原則」とも言います。くだいていうと「他人に迷惑をかけなければ何をしてもいい」という発想で、直接の他者危害は犯罪で取り締まるが、犯罪でさえなければ何をしてもいいという原則です。

この徹底した自由主義は、大きな権力による私生活への介入や通俗的道徳によるお節介、パターナリズムに抵抗するものです。個人の自由を守ろうとする点で、意義があります。例えば、ＱＯＬと呼ばれる生活の質、その人らしい生き方は本人にしかわかりません。医療で延命措置を望むのか、尊厳死を望むのかなどです。

一方で、「自分の命」「自分の体」だからなんでも自由となると、自傷行為（他者危害ではない）も臓器売買も自由ということになりかねません。生命それ自体の尊厳・ＳＯＬが蔑（ないがし）ろにされる恐れもあります。

また、徹底した自由主義は、環境問題を改善していく上では不都合な考え方です。まず、人間ではない

▼倫理→p.170
▼規範→p.170
▼リバタリアニズム→p.168
▼パターナリズム→p.168
▼ＱＯＬ→p.169
▼ＳＯＬ→p.169

生態系や今はここにいない「未来世代の人間」への危害を考慮していません。さらに、「わが国のCO_2で地球温暖化や気候変動や海水面上昇が起きている明確な証拠がない以上、経済活動は自由」ということにもなりかねません。

■現代の応用倫理・SDGs

そこで生態系や未来世代にまで視野を広げて、人間の責任を考え始めたものが、現代の応用倫理です。持続可能な社会を目指すSDGsの目標もその流れに沿ったものと言えるでしょう。その中では、性別に関する格差（ジェンダー）やLGBTQなどの性的マイノリティの人たちへの差別の解消を目指す「ジェンダー平等を実現しよう」などといった十七の目標が設定されています。

多様性（ダイバーシティ）にも配慮し、地球上の誰一人取り残さず、よりよい社会の実現に向けて、一人一人が取り組んでいきたいものです。

▼生態系→p.172
▼SDGs→p.173
▼ジェンダー→p.174
▼LGBTQ→p.174
▼マイノリティ→p.174
▼ダイバーシティ→p.174

権力
逮捕
拘束
今日の前にいる他者
直接危害
私

従来の**倫理学**：
直接他者危害でなければ
なにをするのも自由

応用倫理学：
他者への間接的な影響
生態系への影響
未来世代への影響

334

パターナリズム

paternalism 英

上から目線の優しさ。父権的温情主義。

▼「パター」はラテン語で「父」。権威的、圧力的な指導と保護。

例 この**パターナリズム**を医療の場に持ち込んだ場合、子である患者とその家族が医師(父)にすべてをお任せしますという形となり、医療のすべてを医師に任せきるという、いわば医師の一方的指示と判断に終始する医療事情となる。（中山愈『生命倫理』）

類 **マターナリズム**…上からの優しさだが、パターナリズムよりは権威的ではなく相手を包み込む優しさ。「マター」はラテン語で「母」。

335

リバタリアニズム

libertarianism 英

徹底した自由主義。

参考 イギリスの哲学者、J・S・ミルの思想に由来する。他人に迷惑をかけなければ権力の介入や制限を受けず、何をしてもよいという考え方。**「他者危害原則」**ともいう。

例 人々はそれぞれの自由な意志に基づいて活動を行うべきであるという「**リバタリアニズム**」の立場は、そう簡単には揺るがすことのできない強固な基盤を持ち、今後も無視できない力を持つと予想される。（茂木健一郎『疾走する精神』）

パターナリズム

上からの権威的な優しさ。政府や医師がパパで、市民や患者を子ども扱いする。「だまってオレについて来い」という態度。

リバタリアニズム

【その1】
権力による自由の縛りは、明快な他者危害（犯罪）のときだけに限定される。
他人に直接クリアな危害を加えなければ何をするのも自由と考える。

【その2】
間接的な他者へ影響や巡り巡っての影響は考えない。あたかも無限空間にポツンと個人が浮かんでいるような世界を想定している。

確認問題

A「パターナリズム」、B「リバタリアニズム」の説明として適当なものを次からそれぞれ選びなさい。

① 権威的、圧力的な指導と保護
② 女性の権利保護、権利拡張の思想
③ 徹底した自由主義
④ 利己主義
⑤ 経済の自由主義
⑥ 目に見える幸福追求の考え方

答▶ A① B③

336

QOL（キューオーエル）

クオリティ・オブ・ライフ。生活の質。

▼個々人によって異なる、それぞれの人生や生活の質。英語の「quality of life」の略。

参考 他者からはその人らしい生き方はわからないため、自己決定権を重視する考え方と結びつきやすい。

例 あなたの人生のQOL、クオリティー・オブ・ライフは、あなた自身が自分自身の「生きる意味」をどこに定めるかで決まってくるものだ。

（上田紀行『生きる意味』）

337

SOL（エスオーエル）

サンクティティ・オブ・ライフ。生命の尊厳。

▼自己決定権以上に、命や身体にはそれ自体を尊重すべき価値があるという考え方。英語の「sanctity of life」の略。

例 生命の神聖性（サンクティティ・オブ・ライフ）を略してSOLという。このSOLという原理には、いつでも、どこでも、だれにでも同じに適用できるという強みがある。

（加藤尚武『二十一世紀のエチカ』）

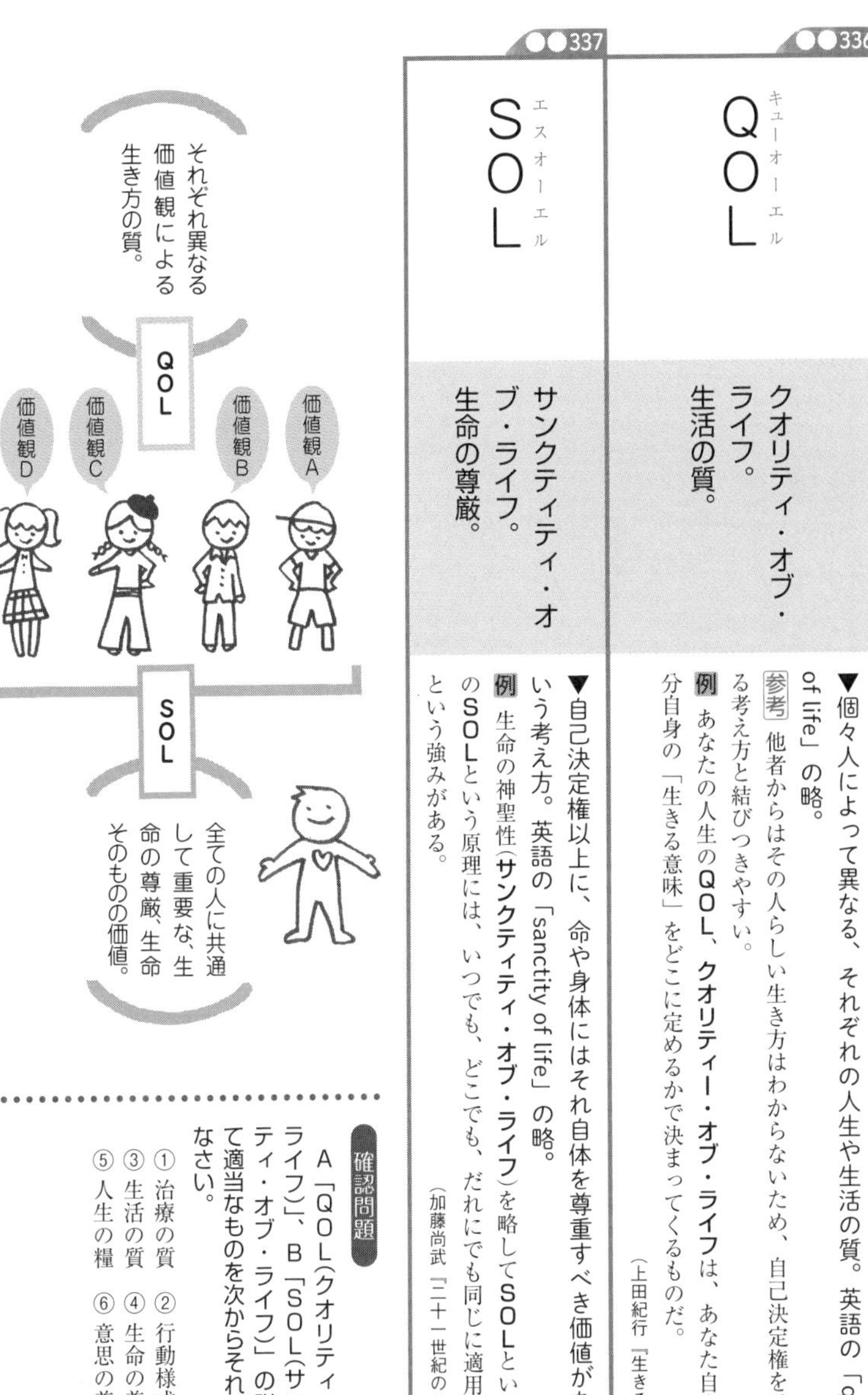

それぞれ異なる価値観による生き方の質。
QOL
価値観A
価値観B
価値観C
価値観D
SOL
全ての人に共通して重要な、生命の尊厳、生命そのものの価値。

確認問題

A「QOL（クオリティ・オブ・ライフ）」、B「SOL（サンクティティ・オブ・ライフ）」の説明として適当なものを次からそれぞれ選びなさい。

① 治療の質　② 行動様式
③ 生活の質　④ 生命の尊厳
⑤ 人生の糧　⑥ 意思の尊重

答▶ A③　B④

338

倫理（りんり）

人間の従うべきルールや行動のモデル。モラル。

参考 守るべき行動規範の根拠をつきつめる学問を「倫理学」（道徳哲学・エシックス）という。

例 **倫理**とは行為についての知であり、どのように行為すれば良いのか、あるいは、いけないのか、を我々に教えるはずのものである。（鬼界彰夫『生き方と哲学』）

339

エートス

ēthos ギ

行動様式。行動パターン。

▼社会的習慣になっている道徳。持続的な心の状態。「エシックス」の語源。

例 もとどおりにするという復元力が伝統を支える価値意識であり、他方ではそれを社会的な**エートス**ともいうことができる。（今村仁司『近代性の構造』）

対 **パトス**…情熱。情念。一時的な心の状態。（↓p.184）

340

規範（きはん）・軌範（きはん）

ルール。

▼人間の判断・行為の基準や手本となるもの。モデル。

例 罪悪感は、宗教や道徳などの外部からの**規範**として意識を責めるのではなく、自己意識の運動そのもののなかから生成されるのである。（吉岡洋『〈思想〉の現在形』）

341

遵守（じゅんしゅ）・順守（じゅんしゅ）

きちんと守ること。

▼特に、目上の人から言われたことや法令などをしっかり守ること。

注意 新聞では「順守」と書かれるが、もともとは「遵守」が正しい。

例 道徳を人間関係のなかで身につけていくのではなく、技術力によって**遵守**させようとするのだ。（池内了『疑似科学入門』）

関 **法令遵守**（ほうれいじゅんしゅ）…企業などが法律を守って営利活動をすること。コンプライアンス。

342

EBM（イービーエム）

エビデンス・ベースト・メディシン。根拠に基づく医療。

▼統計データの分析に基づいて進める医療。英語の「evidence-based medicine」の略。

例 現代医療を席巻している**エビデンス・ベイスト・メディスン**（**EBM**）は、一般に「科学的な根拠」に基づく医療実践を提唱するムーブメントであると理解されている。（斎藤清二『ナラティブ・ベイスト・メディスンの実践』）

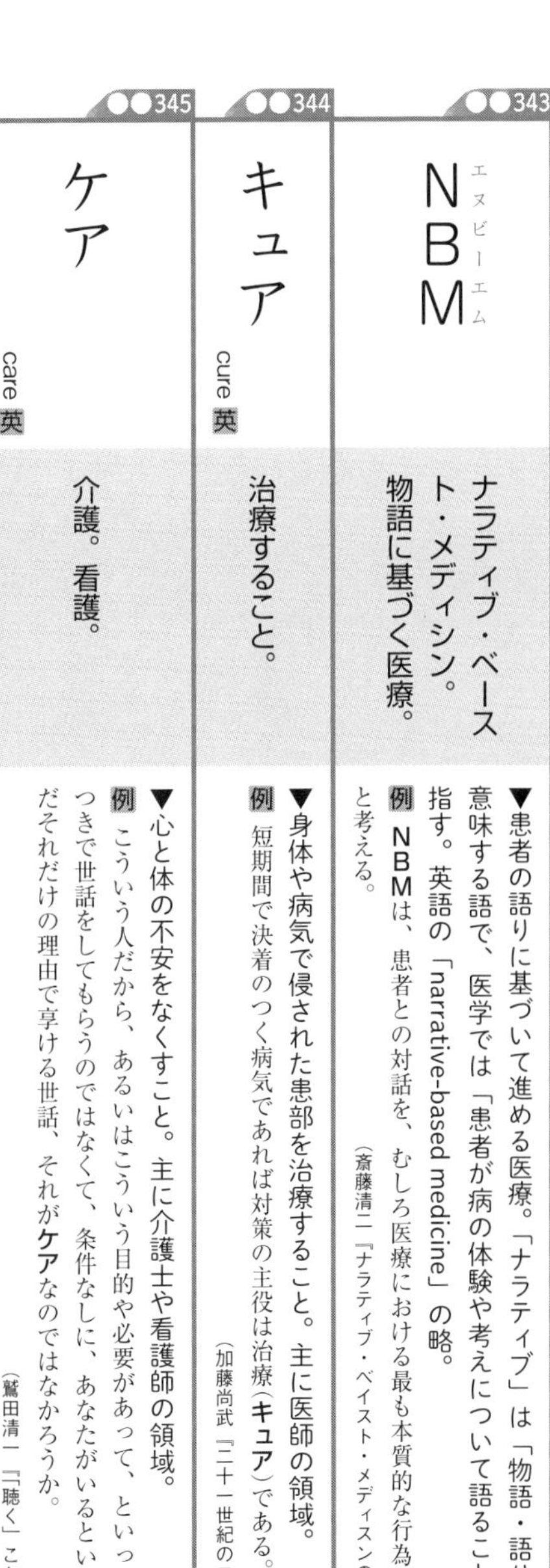

343

NBM（エヌビーエム）

ナラティブ・ベースト・メディシン。物語に基づく医療。

▼患者の語りに基づいて進める医療。「ナラティブ」は「物語・語り」を意味する語で、医学では「患者が病の体験や考えについて語ること」を指す。英語の「narrative-based medicine」の略。

例 NBMは、患者との対話を、むしろ医療における最も本質的な行為であると考える。（斎藤清二『ナラティブ・ベイスト・メディスンの実践』）

344

キュア

cure 英

治療すること。

▼身体や病気で侵された患部を治療すること。主に医師の領域。

例 短期間で決着のつく病気であれば対策の主役は治療（**キュア**）である。（加藤尚武『二十一世紀のエチカ』）

345

ケア

care 英

介護。看護。

▼心と体の不安をなくすこと。主に介護士や看護師の領域。

例 こういう人だから、あるいはこういう目的や必要があって、といった条件つきで世話をしてもらうのではなくて、条件なしに、あなたがいるという、ただそれだけの理由で享ける世話、それが**ケア**なのではなかろうか。（鷲田清一『「聴く」ことの力』）

確認問題

1 次の空らんに適当な語を後の①～⑥から選びなさい。

A 法律は社会生活を送るための［　］である。

B 日常生活の規律を［　］することは重要である。

① 常識　② 道徳　③ 守旧　④ 規範　⑤ 範囲　⑥ 遵守

2 次の説明で、あっているものには○、間違っているものには×をつけなさい。

A EBMとは、エビデンス・ベースト・メディシンの略で、根拠に基づく医療を指す。

B NBMとは、ナラティブ・ベースト・メディシンの略で、患者の習慣に基づいて進める医療を指す。

3 次の説明に適当なものを後の①～⑧から選びなさい。

A 人間の従うべきルールや行動のモデル。モラル。

B 行動様式。行動パターン。

① 摂理　② エビデンス　③ 倫理　④ エッセンス
⑤ 習慣　⑥ 啓蒙　⑦ アクション　⑧ エートス

4 空らんA・Bに「キュア」「ケア」のどちらかを入れなさい。

医学が進歩し、長寿社会になった現代では、病気を治療する【A】だけでなく、心と体の不安をなくすような【B】が重要だと言われるようになっている。

答▶ **1** A④　B⑥　**2** A○　B×　**3** A③　B⑧　**4** Aキュア　Bケア

346 **実存**（じつぞん）

この「私」のあり方。

▼現実存在。抽象的な「人間」ではなく、実在する個々の人間のあり方。

例 科学とは人間の営みであり人間の一つの在り方である。ただし、科学は人間の**実存**ではない。（山下勲『世界と人間』）

347 **偽善**（ぎぜん）

善人ぶること。とりつくろった善行や善意。

▼見せかけだけの善。「**偽善的**」「**偽善者**」という用法がある。

例 日頃から動物愛護の運動に、何となく**偽善的**でインチキ臭いものを感じている人などは、その「残酷だ」からという理由に渋い顔をするかもしれない。（平野啓一郎『文明の憂鬱』）

348 **敬虔**（けいけん）

熱心な信仰心をもつこと。

例 王族や貴族にたいする挨拶（あいさつ）が忠誠心と尊敬の気持ちをあらわすのにたいして、神にたいする挨拶は、**敬虔**な祈りと感謝の気持ちを捧げることである。（山折哲雄『坐の文化論』）

349 **タブー** taboo 英

ある集団内で慣習的に避けている事柄。

例 どんな自明の理でも疑ってかかることを特性とする哲学の世界でも、「人間」の価値を疑うことは長い間**タブー**であった。（仲正昌樹『「不自由」論』）

同 **禁忌**（きんき）

類 **忌避**（きひ）…嫌って強く避けること。

350 **頽廃・退廃**（たいはい・たいはい）

精神がすさんでしまうこと。

▼デカダンス。「**頽廃的（退廃的）**」という用法がある。

例 人生のなかの死や悪や争いを直視せず、楽しみのみをみるのは、むしろ精神の**頽廃**の証拠ではないか。（梅原猛『地獄の思想』）

351 **生態系**（せいたいけい）

生き物の生活圏。

▼英語の**エコシステム**。ある地域内の生物と環境のつながり。

例 **生態系**とは、大気、鉱物などの無機化合物と、生命体やその死骸や排泄物など炭素を含んだ有機化合物とのやりとりのシステムを意味する。（藤原辰史『分解の哲学』）

関 **エコロジー**…生態学。人間の生活と自然環境との協調、共生を考える思想。

352

宇宙船地球号（うちゅうせんちきゅうごう）

地球の有限性を表現した言葉。

参考 地球生態系のことや使える資源が有限で、廃棄空間としても閉じた世界であることを表現したもの。アメリカのケネス＝ボールディングやリチャード＝バックミンスター＝フラーが提唱した。

例 既に一九七二年にローマクラブが「**宇宙船地球号**」というキャッチフレーズで地球の有限性を指摘したことがあった。地下資源は無限ではなく有限であり、地球の環境容量も有限であることに気づかせようとしたのだ。

（池内了『科学と人間の不協和音』）

関 **共有地の悲劇**（きょうゆうちのひげき）…有限な共有地では、自由な欲求充足の行動は共有地の荒廃を招く、ということ。アメリカのギャレット＝ハーディンが提唱した。

353

SDGs（エスディージーズ）

持続可能な開発目標。

▼二〇一五年に国連で採択された二〇三〇年までの「持続可能な開発目標（Sustainable Development Goals）」の指針。十七の世界的目標、一六九の達成基準、二三二の指標から成る。

例 国連が掲げ、各国政府も大企業も推進する「**SDGs**」なら地球全体の環境を変えていくことができるだろうか。

（斎藤幸平『人新世の「資本論」』）

関 **グリーン・ニューディール**…環境対策に大規模投資を行う政策。

関 **カーボン・ニュートラル**…二酸化炭素の排出量と吸収量を同じにする環境対策。

確認問題

1 次の空らんに適当な語を後の①～⑥から選びなさい。

A 彼は、□なキリスト教徒として知られている。

B 彼は不健全で□的な生活を送っている。

C 真のボランティアは□ではない。

① 頽廃　② 無常　③ 敬虔　④ 楽観　⑤ 生態系　⑥ 偽善

2 「タブー」の意味として適当なものを次から選びなさい。

① 神秘　② 秘密　③ 禁忌　④ 厳守

3 次の説明で、あっているものには○、間違っているものには×をつけなさい。

A 宇宙船地球号とは、地球を資源が無限にある宇宙船にたとえたものである。

B 抽象的な「人間」ではなく、実際に生きている個々の人間のあり方を、実存という。

C 世界で取り組むべき持続可能な開発目標をSDGsという。

D 生態系とは、ある地域内の生物と環境のつながりを指す。

答▶ **1** A③　B①　C⑥　**2**③　**3** A×　B○　C○　D○

354

ジェンダー

gender 英

歴史や社会が形成した、男女の性差。

▼「男らしさ」や「女らしさ」の文化的・社会的区別。

例 ファッションは、年齢や社会階層、**ジェンダー**、地域などの差異を際立たせる。（河野哲也『境界の現象学』）

対 **セックス**…生物上の男女差。

関 **セクシャリティ**…狭義では性的好み。広義では性に関わる全般のこと。

関 **ジェンダーフリー**…性による文化的・社会的区別にとらわれないこと。

355

フェミニズム

feminism 英

女性の権利保護、権利拡張の思想。

▼歴史・社会の中で軽視されがちだった女性に焦点をあてる研究姿勢。

例 アメリカ女性の職場進出は、**フェミニズム**思想の浸透と言うよりも、経済停滞に対する戦略的適応という側面が強い。（山田昌弘『パラサイト・シングルの時代』）

関 **フェミニスト**…女性の権利保護や権利拡張を主張する人。

356

マイノリティ

minority 英

少数。少数勢力。

▼数量が少ない意味だが、価値が小さいと勘違いされがちなものを指す。

例 実際、**マイノリティ**に属する市民、例えば、女性、少数民族、同性愛者、障害者、少数派の宗教を信仰する人たちのアイデンティティやニーズは、周辺化されて、軽視されてきた。（河野哲也『意識は実在しない』）

関 **LGBT・LGBTQ**…同性愛者などの性的マイノリティの人たち。

357

マジョリティ

majority 英

多数。多数勢力。

▼数量が多い意味だが、価値が大きいと勘違いされがちなものを指す。

例 都市富裕層から庶民層へ、男性から女性へ、社会的・文化的**マジョリティ**からマイノリティへ、宗主国から植民地へ、「健常」者から障害や疾病を被った人びとへと、人権は拡張的に適用されていった。（河野哲也『道徳を問いなおす』）

358

ダイバーシティ

diversity 英

多様性。

▼社会あるいは企業で差別なく多様な人を受け入れること。多様な働き方を意味することもある。

例 日本の企業も**ダイバーシティ**の重要性を認識し、積極的に取り組むようになっています。（村木真紀『虹色チェンジメーカー』）

●●359

ノーマライゼーション

normalization 英

社会のノーマル化。

▼多様な人間が一緒に暮らせるように、制度面や意識面など社会生活上の障害をなくすこと。

例 **ノーマライゼーション**を目指す福祉の価値観は、われわれの持つ古い障害者(児)観を反省しなければ見えてこない。

（忍博次『偏見とノーマライゼーション』）

関 **バリアフリー**…建物などの段差をなくすこと。

●●360

マンスプレイニング

mansplaining 英

男性が物知り顔で女性に教えを垂れること。

▼「男(man)」と「説明(explain)」を掛け合わせて作られた造語。広く女性を見下す態度としても使われる。

例 この本の邦題は『説教したがる男たち』で、**マンスプレイニング**という言葉を世に広めた。

（福岡伸一『生命海流』）

関 **マチズモ(マチスモ)**…男らしさの強調。男性優位主義。

●●361

モラルハラスメント

moral harassment 英

道徳に反するいやがらせ。言葉や態度による精神的虐待。

例 **モラル・ハラスメント**は、個人間の人間関係の問題にすぎないのではなく、個人を対象にしている集団的な暴力の発現なのである。

（マリー＝フランス・イルゴイエンヌ『モラル・ハラスメント』）

関 **モラルハザード**…道徳の欠如。本来果たすべき注意や義務を怠ること。

確認問題

1 A「マイノリティ」、B「マジョリティ」と意味的に対応する最も適当な語句を次からそれぞれ選びなさい。

①多数　②中心　③国際化　④下位文化
⑤周縁　⑥精神的　⑦少数　⑧上位文化

2「ジェンダー」の説明として適当なものを次から選びなさい。

①生物学上の男女差　②社会的につくられた男女差
③社会のノーマル化　④女性の権利保護

3 次の説明に適当なものを後の①～⑤から選びなさい。

A 女性の権利保護の思想。
B 多様性。
C 男性が女性を見下す態度。
D 道徳的ないやがらせ。
E 社会生活上の障害をなくすこと。

①フェミニズム　②ダイバーシティ
③ノーマライゼーション　④マンスプレイニング
⑤モラルハラスメント

答▶ **1** A⑦　B①　**2**②　**3** A①　B②　C④　D⑤　E③

2-6 練習問題⑩ 倫理・SDGs

世代間倫理[A]の観点と地球生態系の有限性という観点を掛け合わせれば、有限な埋蔵資源に依存するような生存条件、例えばエネルギー戦略は、未来世代の生存可能性を破壊するという結論になる。倫理的に許容可能な形態は、太陽エネルギーを用いた資源の循環的な使用ということになる。もしも世界の人口が定常化するという未来像が正しいとするなら、定常化時代の文化は資源の循環的使用という構造的な特色をもたざるをえないだろう。進歩から循環へと歴史の構造が変わるはずである。

しかし人々はなかなかこの歴史像を認めたがらない。もっともっと進歩と成長の時代が続くと予言してくれなければ困るという。成長にブレーキをかけない範囲で環境対策をやれなどと言う。現代の人間は生態系の有限性[B]という観念に耐えられない。

宇宙船地球号[C]という言葉がある。地球は有限で完結したものだということをはっきり示している。しかし、この言葉の意味をイメージすることはたやすいが、私たちの観念の内部に巣くっている「無限空間」という概念を追放することは決して楽な仕事ではない。

宇宙船地球号という概念を内側から骨抜きにするような観念的な仕組みがたくさんあって、入り組んでいる。自由も進歩も、無限空間という観念と手を結んでわれわれの文化のなかに定着していったのである。それは「事実上は有限だけど当面は無限とみなして差し支えない」という空間の概念である。どうして、そういう奇妙な概念に近代文化が依存することになったのだろうか。

（中略）

無限空間という想定は個人と個人との責任の概念にも影響をもっている。

1 傍線部Aの説明として最も適当なものを次の中から選びなさい。

① 今の世代を超えて自由主義の思想を広げていこうとする道徳哲学
② 今の世代のなかだけで行為の影響と責任を考えていこうとする道徳哲学
③ 今の世代だけでなく未来世代の生存可能性をも視野に入れた道徳哲学
④ 今の世代が築いた財産を次の世代にも受け継ごうとする道徳哲学

2 傍線部Bについて、自然環境と人間との共生や協調を考える思想を何というか、最も適当なものを次の中から選びなさい。

① タブー　② QOL
③ エコロジー　④ エートス

3 傍線部Cの説明として最も適当なものを次の中から選びなさい。

① 地球は、埋蔵資源も有限で、廃棄空間も有限であるという考え方
② 地球は、本当は有限だが、当面は無限とみなしてよいとの考え方
③ 地球は、宇宙という無限空間を自由に進む宇宙船とみなす考え方
④ 地球は、その世代ごとに独立に生活

個人と個人との関係には、まず物を交換することがある。他人の物を盗んだり、破壊したりしてはいけないとか、他人の身体を傷つけてはいけないとかいう関係もある。これは物体と物体の関係によく似ている。それぞれが独立に規定される剛体と剛体の機械的な関係によく似た、個体と個体との目に見える関係だと解釈されていた。だから責任と因果は同じ機械論のモデルで解釈された。外国の火力発電所の煙に含まれるガスで自国の森林が荒廃するとか、個人のごく少量の大気汚染が特定の土地を水没させてしまうとかいう関係は、考えられていなかった。因果関係が機械論的に理解されていたのと同じように、責任関係も機械論的に考えることができる範囲で考えられた。

D個人は自分の行為が影響する一定の範囲で責任を取ればいいので、後は原始林のように自由な領域である。個人の行為は一つの個体・アトムである。アトムは無限の空間のなかに浮かんでいる。ところが環境倫理のモデルでは、行為と環境とは図柄と地柄の関係になる。個体の行為と環境は図柄と地柄の関係になる。私が一枚の紙の一部を塗ったとすれば、残りの部分は私の塗った分から独立に存在するのではなくて、私の塗った分の形を切り抜いた残りの形である。こういう関係をゲシュタルト(図柄)関係という。そこでは、単独の行為は同時に世界の一部の形だから、単独の行為は必ず世界の全体を変える。私が一本の草を摘めば、他人はもう同じ草を摘むことができなくなる。他者と関わりをもたない行為はない。

自由主義は無限の空間が存在しないと成り立たない。だから地球環境問題によって、近代から始まる産業と商業を中心とする文化全体を見直す必要が出てきたのである。「無限の空間のなかで自由に資源を消費し、自由に廃棄する」という意味での自由は制限されざるをえない。

(加藤尚武『環境倫理学のすすめ』)

する宇宙船とみなす考え方

4 傍線部Dのような、直接他者に危害を加えなければ何をするのも自由という考え方を何というか、最も適当なものを次の中から選びなさい。

① リバタリアニズム　② 利他主義
③ パターナリズム　④ 利己主義

5 本文の内容に合致するものを次の中から選びなさい。

① 「宇宙船地球号」という考え方もまた、「無限空間」の観念を前提としている。
② 世代間倫理の観点や地球環境問題を考える視点は、「無限空間」を前提としている。
③ 近代の自由主義や個人間の責任の問題は、「無限空間」を前提としている。
④ 「宇宙船地球号」の発想は、地球をゲシュタルト関係でとらえる見方と相反する。

答▶ 1③　2③　3①　4①　5③

心理 テーマ解説

■アイデンティティをめぐる誤解

アイデンティティは「私らしさ」「私が私であること」という意味の言葉ですが、血液型で個性が決まるとかDNAで「私らしさ」が設計されているということではありません。他者によって認証された「私」がアイデンティティです。身分証のことを「IDカード(アイデンティフィケーション・カード)」といいます。学生証、社員証、医師免許証などです。高校生なら入学試験、会社員なら入社試験、ドクターなら医師国家試験にパスしないといけませんね。言い換えると、自分ではない誰かが作った公式試験に合格しないといけません。つまりアイデンティティには自分とは異質な他者、社会から認められるというプロセスが不可欠なのです。

■エゴイズムをめぐる誤解

「所詮、人間は一皮むけば利己的で、人間の本性はエゴイズムだ」といわれますが、脳科学者の茂木健一郎によれば、人間は脳神経系レベルでは実は利他的だそうです。その根拠として、他者の行動を鏡のようにトレースして反応する脳神経、ミラーニューロンの発見があげられ、人間には、他者への共感の力がそなわっているのだそうです。また他人を助けて、感謝されると、脳内の報酬系が働き、快楽物質ドーパミンを分泌します。人間は進化の過程で、こうした他者への共感力を獲得したと考えられます。利己的でいるより利他的であることで、人間は幾多の環境変化に対応し生き残ってきたのです。

▼アイデンティティ→p.180
▼他者→p.82
▼エゴイズム→p.181

悩み多き人間

さて、人間は「理性的な動物」と呼ばれています。ヒトの学名は「ホモ・サピエンス」であり、これは知性ある人を意味します。ところが、私たちの心はそれほど明確に理知的ではなく、さまざまな葛藤が渦巻いています。人間関係で板挟みのジレンマを味わったり、人生で不条理な苦痛を体験したり、フラストレーションを爆発させたりします。さらに、自覚的な意識や意志的な行為だけではなく、無意識が私を突き動かしていることもあります。無意識とは意識がないのではなく、本人が自覚していない、表にあらわれていないだけの深層の意識のことです。このように私たちは私自身についてもよくわかっていないのが実状で、心理学はもちろん、すべての学問が人間理解、自己理解のための探究につながるのかもしれません。

▼葛藤→p.181
▼ジレンマ→p.182
▼不条理→p.182
▼フラストレーション→p.182
▼無意識→p.183

理性の枠には収まらないものが
実は人間を支えている。
人間＝理性的動物
無意識
非理性的な感情
葛藤
そうした人間から成る社会もまた
理性だけで片付かない
不条理な要素をもつ。
社会

●●362

アイデンティティ

identity 英

他者から認められた自己像。自己同一性。

▼昨日の自分も今日の自分も自分であるという認識。ただし、他者による認証を得てはじめてクリアになる自己像。

例 **アイデンティティ**ということばがある。「じぶんがじぶんである根拠」とか「自己同一性」、さらには「独自性」などとも訳されることばだ。（鷲田清一『じぶん・この不思議な存在』）

●●363

モラトリアム

moratorium 英

大人へと踏み出そうとしない状態。

▼支払い猶予のこと。成人の義務や責任を果たすことを待ってもらっている状態。

例 アイデンティティ追求の猶予である「**モラトリアム**」も得難くなって、それは無期限の「ひきこもり」になったかに見える。（中井久夫『樹をみつめて』）

類 **ピーターパン・シンドローム**…大人になりたくない病。

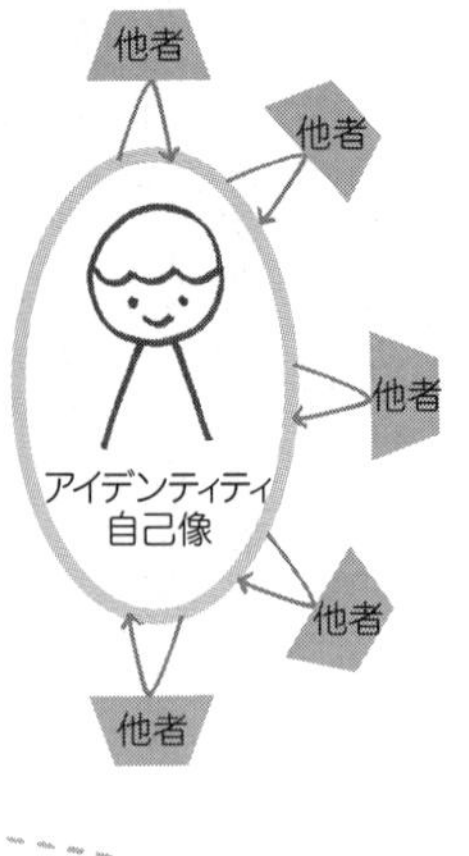

アイデンティティ

自分の主観的な思い込みではなく、鏡のように機能する他者(見る見られる関係)を通じて自己像をクリアに理解する。これがアイデンティティの構造。

大人の世界

子どもの世界

モラトリアム

青年期＝大人の世界に踏み出す前の猶予期間＝子どもと大人の境界

確認問題

空らんA・Bに「アイデンティティ」「モラトリアム」のどちらかを入れなさい。

他者から認められた自己像、自己同一性のことを【A】という。青年期には【A】を獲得するのに苦労し、もがいたり立ち止まったりするため、心も行動も不安定になる。こうした青年期の模索する期間、大人へと踏み出そうとしない状態のことを【B】という。

答▶ Aアイデンティティ　Bモラトリアム

●●364

エゴイズム

egoism 英

利己主義。自己中心主義。自分本位。

▼他者を押しのけてでも、自己の利益を最大化しようとする考え方。

例 「社会」というのは、自己の所有物を確保しようとする各人の**エゴイズム**の産物であり、そのために掟（おきて）がある。（仲正昌樹『「不自由」論』）

関 **エゴ**…自己意識。自我。自分自身の内面や自己の存在へ向ける意識。

●●365

葛藤（かっとう）

もつれ。いざこざ。争い。

▼心の中に相反する方向の力があって、その選択に迷う状態。また、他者との間で対立すること。

例 **葛藤**。それは、諦めと願いの**葛藤**であり、失意と希望の**葛藤**であり、疲労と祈りとの**葛藤**である。そういう両価感情（アンビヴァレンツ）のなかにとどまりつづけることである。（鷲田清一『「待つ」ということ』）

エゴイズム・利己主義

他者を踏みにじってでも自己利益を追求する。

利他主義

他者貢献、他者に利益を与えることを喜びとする考え。

ミーイズム・私生活主義

他者に無関心で、他者から関心をもたれることも好まない。「自己領域化」「カプセル化」ともいわれる。

葛藤

【その1】

異なる方向の欲求や感情があって、どっちにするか悩み、心が引き裂かれる状態。

【その2】

他者とのいさかい、対立。

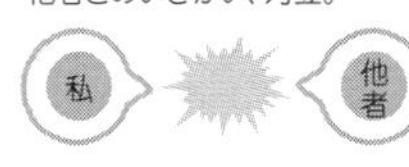

確認問題

空らんA・Bに「エゴイズム」「葛藤」のどちらかを入れなさい。

芥川龍之介の『羅生門』には、善悪の【A】、生への執着などの心理描写とともに、生きるための悪という人間の【B】が描かれているといわれている。

答▶ A葛藤　Bエゴイズム

366

ジレンマ
dilemma 英

板ばさみ。

▼「ディレンマ」ともいう。二つのものの間で決めかねる状態。

参考 三つの中で決めかねる状態となると、「トリレンマ」という。

例 要するに生きるか死ぬかというジレンマに彼女はいたわけになるが、漱石(そうせき)は彼女に代(かわ)ってこれを解決してやろうとはしなかった。（土居建郎『「甘え」の思想』）

367

不条理(ふじょうり)

事柄のつじつまや筋道が通らないこと。不合理。

例 戦争とは国家権力によって強制される不条理な暴力と死だ、そう考えれば、戦争経験はナショナリズムを加速するよりは、むしろそれを解体する方向に向かうだろう。（藤原帰一『戦争を記憶する』）

類 非合理(ひごうり)…理屈や計算の枠に収まらないこと。（→p.116）

類 背理(はいり)…道理や論理に反すること。

368

フラストレーション
frustration 英

積もり積もった欲求不満。

▼欲求の充足が阻まれている状態。ストレス。鬱憤(うっぷん)。

例 結局、科学者にとって法廷の場というのは、フラストレーションのたまる場所以外のなにものでもない、ということがあまりにも多すぎるようです。（村上陽一郎『人間にとって科学とは何か』）

関 PTSD…心的外傷後ストレス障害。心の傷（トラウマ）となるようなショックを受け、その後も恐怖感など心の不調に悩むこと。

関 強迫観念(きょうはくかんねん)…何度打ち消しても浮かんでくる不安。

369

自律(じりつ)

自分で立てたルールに従うこと。

▼他からの支配ではなく、自らの規律に自ら従うこと。

例 科学はあくまで自律性を持ったものであり、決して簡単に人間社会の要求にそのまま言いなりになってくれるものではない。（加藤尚武『進歩の思想 成熟の思想』）

関 自立(じりつ)…独力で物事を成すこと。独り立ち。

370

⇔ 他律(たりつ)

他からの命令によって行動すること。

▼自らの意思ではなく他からの支配や影響に従うこと。

例 ほしいままとは、欲求という自然に流された、他律的な行為に他ならない。（内海健『さまよえる自己』）

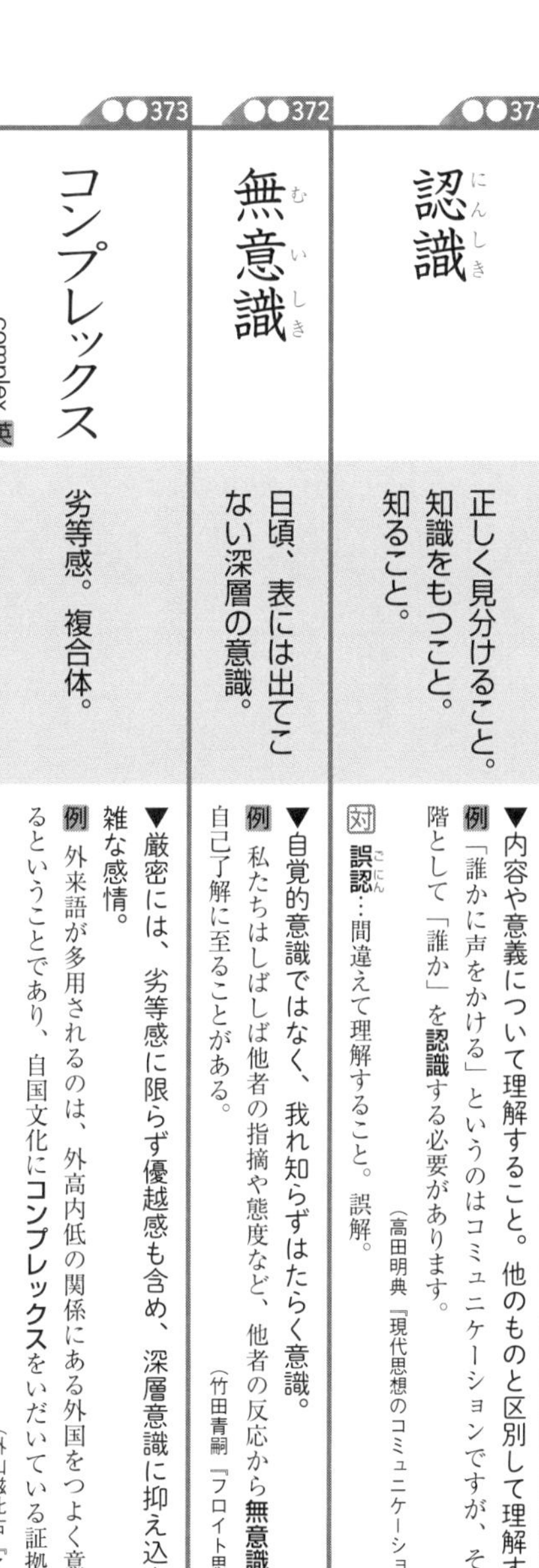

371

認識（にんしき）

正しく見分けること。知識をもつこと。知ること。

▼内容や意義について理解すること。他のものと区別して理解すること。

例「誰かに声をかける」というのはコミュニケーションですが、その前の段階として「誰か」を**認識**する必要があります。
（高田明典『現代思想のコミュニケーション的転回』）

対 **誤認**（ごにん）…間違えて理解すること。誤解。

372

無意識（むいしき）

日頃、表には出てこない深層の意識。

▼自覚的意識ではなく、我れ知らずはたらく意識。

例 私たちはしばしば他者の指摘や態度など、他者の反応から**無意識**を確信し、自己了解に至ることがある。
（竹田青嗣『フロイト思想を読む』）

373

コンプレックス

complex 英

劣等感。複合体。

▼厳密には、劣等感に限らず優越感も含め、深層意識に抑え込まれた複雑な感情。

例 外来語が多用されるのは、外高内低の関係にある外国をつよく意識しているということであり、自国文化に**コンプレックス**をいだいている証拠にもなる。
（外山滋比古『ことばの力』）

確認問題

1 次の空らんに適当な語を後の①～⑤から選びなさい。

A 正確な情報を入手して、物事を正しく［　］する。

B 彼は［　］のうちに、走り出していた。

① 常識　② 認識　③ 自意識　④ 誤解　⑤ 無意識

2 A「フラストレーション」、B「コンプレックス」と意味的に対応する最も適当な語を次からそれぞれ選びなさい。

① 優越感　② 焦燥感　③ 被害妄想　④ 揶揄
⑤ 葛藤　⑥ 劣等感　⑦ 欲求不満　⑧ 逆説

3「不条理」の意味として適当なものを次から選びなさい。

① 困難なこと　② 筋道が通らないこと
③ 満足できないこと　④ 条件に合わないこと

4「ジレンマ」の意味として適当なものを次から選びなさい。

① こじつけ　② 攻撃
③ 逆説　④ 板ばさみ

5 空らんA・Bに「自律」「他律」のどちらかを入れなさい。

子どもたちは、最初は学校などで定められたルールに従って行動するが、そうした【A】的な行為から、少しずつ【B】的な行為へと移行していくことが望ましい。

答▶ **1** A② B⑤ **2** A⑦ B⑥ **3** ② **4** ④ **5** A他律 B自律

374
パトス
pathos ギ

情熱。情念。

▼情感や激情のような一時的な心の状態。本来は「受動」や「受難」の意味。英語のパッション。

例 また、科学の知が冷ややかなまなざしの、視覚の知であるのに対して、パトスの知は身体的、体性感覚的な知であるということができる。（中村雄二郎『術語集』）

対 **ロゴス**…理性。言葉。物事の本質。（↓p.140）

対 **エートス**…行動様式。行動パターン。（↓p.170）

375
感傷（かんしょう）

涙もろいこと。

▼英語の**センチメンタル**。もの思いや悲哀の感情。特に、悲しみなどを感じやすくなっていること。「**感傷的**」という用法がある。

例 愛も**感傷**になることができるし憎しみも**感傷**になることができる。簡単にいうと、**感傷**は情念の普遍的な形式である。（三木清『人生論ノート』）

376
帰依（きえ）

信仰心をもつこと。

▼神仏あるいは優れた者に服従し、すがること。

例 芭蕉（ばしょう）とても迷いなく俳諧一筋に生きたのではない。仕官しての出世や仏門への**帰依**に揺れたこともある。（竹西寛子『詞華断章』）

377
内省（ないせい）

心の内面を見つめること。

▼自己の内面、心を冷静にふりかえること。自己省察。

例 哲学は「**内省**」からはじまる。ということは、自己対話からはじまるということである。（柄谷行人『探求Ⅰ』）

378
内発的（ないはつてき）

自発的。

▼外からの刺激ではなく、内面からの欲求や衝動によって起こるさま。

例 多くの若者たちにとって、純粋な自分とは、言葉にはできない**内発的**な衝動や直感のなかにこそ宿るものと感じられている。（土井隆義『友だち地獄』）

379
昇華（しょうか）

良いものへの転換。

▼欲望の発露を社会的に認められるものへ変換すること。

例 幾重もの異本をくぐりぬけることによって、作品は、童話化をつきぬけて典型へ向かって洗練、**昇華**すると想像される。（外山滋比古『古典論』）

380

呪縛（じゅばく）

心理的な縛り。

▼人の自由を奪う心の縛り。精神的な拘束。

例 価値観を共有できる仲間たちと相互に承認しあうこと、それは親の承認という**呪縛**から逃れる上で、とても大きな意味を持っていた。

（山竹伸二『「認められたい」の正体』）

381

ストイック

stoic 英

禁欲的。

▼欲望に流されずに自分を厳しく律する様子。

参考 古代ギリシャのストア派の哲学者から由来した言葉。

例 たとえば、それに続いた鎌倉幕府の時には、**ストイック**な全体主義的な武士中心の社会が成立して、女性は政略のために結婚させられる、という習慣があった。

（伊藤整『文学入門』）

関 **ストイシズム**…禁欲主義。

類 **克己心**（こっきしん）…意志の力で、自分の欲望や邪念に打ち勝つこと。

関 **抑圧**（よくあつ）…自由を圧迫すること。

確認問題

1 次の空らんに適当な語を後の①～⑧から選びなさい。

A ひとり暮らしによって、親の［　］から自由になった。

B 過去の経験を思い出しては、常に［　］する。

C 昔の写真を見て、［　］に浸る。

D お金や地位などのご褒美につられない、［　］な動機づけを育てたい。

① 内省　② 内発的　③ 情趣　④ 感傷
⑤ 陥穽　⑥ 想像　⑦ 他律的　⑧ 呪縛

2「帰依」の意味として適当なものを次から選びなさい。

① 信仰心をもつこと　② 執着心をもつこと
③ 独立心をもつこと　④ 自尊心をもつこと

3「昇華」の意味として適当なものを次から選びなさい。

① よく理解して自分のものにすること
② 良いものへ転換すること
③ より華やかなものへと変化すること
④ 長年の疑問が解決すること

4 A「パトス」、B「ストイック」と意味的に対応する最も適当な語を次からそれぞれ選びなさい。

① 蓄積　② 自発的　③ 自律　④ 情熱
⑤ 禁欲的　⑥ 理性的　⑦ 情緒　⑧ 昇華

答▶ **1** A⑧　B①　C④　D②　**2**①　**3**②　**4** A④　B⑤

382

原風景（げんふうけい）

原初の風景。故郷の風景。

▼幼少時代の体験を想起させるイメージで、風景のかたちをとっているもの。

例 **原風景**は、つねに自己のものであり、他者のものではない。それは、かけがえのない風景である。

（桑子敏雄『感性の哲学』）

383

ノスタルジー nostalgia 英

故郷や昔のことを懐かしむこと。郷愁。

▼「**ノスタルジア**」ともいう。故郷や昔にあこがれて帰りたいと思う心。

例 伝統ということばにはつねに幾分か理想主義的な憧れと**ノスタルジー**がこめられている。

（高階秀爾『日本近代の美意識』）

384

回顧（かいこ）

過去を思い出すこと。

参考 「**回顧録**」「**回顧展**」といった用法のように「**懐古**」**より公的なレベル**。

入試 「**懐古（懐古趣味）**」は、「**回顧**」と過去を振り返る点では共通だが、個人レベルで感傷的、感情的に昔を懐かしむ（レトロスペクティブ）意味が強い。漢字や空らん補充問題でもこの区別が重要。

例 『源氏物語』では、光源氏亡き後の続編の世界でも、この「光る君」という呼び方で主人公が**回顧**され、続編の中心人物である薫（かおる）と比較される（匂宮巻（におうのみや））。

（河添房江『源氏物語と東アジア世界』）

類 **追憶**（ついおく）…過去を思い出して懐かしむこと。

385

ペシミズム pessimism 英

悲観主義。厭世（えんせい）主義。

▼人生や世界の本質を不合理や不幸とみる。そこから逃避あるいは覚悟する考え方。

例 正宗白鳥（まさむねはくちょう）氏の**厭世主義**は武者小路実篤（むしゃのこうじさねあつ）氏の楽天主義と好箇（こうこ）の対照を作っている。

（芥川龍之介『文芸的な、余りに文芸的な』）

386

オプティミズム optimism 英

楽観主義。楽天主義。

▼この世は存在しうる世界の中で最もよい世界である、と考える思想。

例 **オプティミズム**は性格の問題ではない。オプティミスティックであるためには明晰（めいせき）な知としての勇気が要る。

（山城むつみ『転形期と思考』）

●●387

ニヒリズム

nihilism 英

虚無(きょむ)主義。

▼人間は真実を認識することはできない、何も信じることができない、という考え方。既成のものを否定する考え方。

例 第二次世界大戦後、全体主義の価値観・社会規範を受け入れていた敗戦国の人々は、信じていた価値観の崩壊によって、再び深刻な**ニヒリズム**に陥った。（山竹伸二『「認められたい」の正体』）

関 **シニシズム**…冷笑主義。他者をさげすむ態度。

●●388

フェティシズム

fetishism 英

特定の物を、とりつかれたように大事にすること。

▼呪物(じゅぶつ)崇拝。物神(ぶっしん)崇拝。

例 自己の記録に拘泥する日記の向こう側に透けて見えてくるのは、近代以降の社会に生きるわれわれに宿命的な**フェティシズム**にほかならない。（富永茂樹『都市の憂鬱』）

●●389

ナルシシズム

narcissism 英

自己愛。自己陶酔。

▼ギリシャ神話の、自分の美しさに見惚(みほ)れたナルキッソスという人物に由来。

例 暴力というものが、しばしば**ナルシシズム**と結び付いていることは、多くの人がすぐに気が付くところだ。（茂木健一郎『欲望する脳』）

確認問題

1 次の説明に適当なものを後の①～⑥から選びなさい。

A 虚無主義と訳され、人間は真実を認識することはできない、何も信じることができない、という考え方。

B 厭世主義・悲観主義と訳され、人生や世界の本質を不合理や不幸とみる。そこから逃避あるいは覚悟する考え方。

C 特定の物を、とりつかれたように大事にすること。

① フェティシズム　② ニヒリズム　③ エゴイズム
④ ペシミズム　⑤ リアリズム　⑥ フェミニズム

2 「ノスタルジー」の意味として適当なものを次から選びなさい。

① 後悔　② 展望　③ 郷愁　④ 情緒

3 「回顧」の意味として適当なものを次から選びなさい。

① 過去を反省すること　② 過去に執着すること
③ 過去を忘却すること　④ 過去を思い出すこと

4 「原風景」の意味として適当なものを次から選びなさい。

① 原初の風景　② 歴史的な風景
③ 異国の風景　④ 情趣あふれる風景

5 A「ナルシシズム」、B「オプティミズム」と意味的に対応する最も適当な語句を次からそれぞれ選びなさい。

① 自意識過剰　② 楽観主義　③ 利己主義
④ 自己同一性　⑤ 浪漫主義　⑥ 自己陶酔

答▶ 1 A② B④ C① 2 ③ 3 ④ 4 ① 5 A⑥ B②

2-7 練習問題⑪ 心理

A本来、自らの個性を見極めるためには、他者との比較が必要不可欠のはずである。他者とは異なった部分を自覚できてはじめて、そこに独自性の認識も生まれうる。したがって、自分と異なった他者が存在しなければ、個性の意識も成立しようがない。すなわち、個性とは、原理的にいって社会的に構築されるものである。個性に対するこのような本来の感受性のあり方を、現代の若者の個性感覚と区別するために、ここではあえて社会的個性志向と呼んでおこう。

（中略）

しかし、現代の若者たちが実際に感じている個性とは、他者との比較のなかで自らの独自性に気づき、その人間関係のなかで培っていくものではない。あたかも実体のように自己の深淵に発見され、大切に研磨されるべきダイヤの原石のようなものとして感受されている。その原石こそが「本当の自分」というわけである。

「星のおかげで自分らしさを見つけた」という天文好きのある少女は、自らの可能性を銀河にたとえて、「未知の世界がきっと自分の中にも広がっている」と語る。宇宙には無数の銀河がある、でも肉眼で見ることができるのは三つしかない、彼女はそう話す。「自分らしさ」も、その潜在的な可能性も、宇宙の銀河と同じようなもので、すでに無数に存在しているはずである、でも、たやすく目に見えるものではないので、まだ発見されていないだけだ、そう言いたいのであろう。

したがって、このような個性の意識の成立には、他者の存在が前提とされていない。本源的に自己に備わった実体の発現過程として個性化を捉えるこ

1 傍線部Aのように、他者を通じて明らかになる自己像のことを何というか、最も適当なものを次の中から選びなさい。

① アイディア
② エゴイズム
③ アイデンティティ
④ イデア

2 傍線部Bについて、このように自分を劣った存在と考える心理を何というか、最も適当なものを次の中から選びなさい。

① ジレンマ
② ストイシズム
③ パトス
④ コンプレックス

3 傍線部Cを説明したものとして最も適当なものを次の中から選びなさい。

① 自らが立てた規律やルールに従うこと
② 自分以外のものからの命令に従うこと
③ 禁欲的で自己の欲望に打ち勝つこと
④ 欲望を社会的に認められるものに変換すること

4 傍線部Cの対義語として最も適当なも

のような感受性のあり方を、ここでは内閉的個性志向と呼んでおこう。

（中略）

自分と異なった他者が存在しなければ、個性に対する強い意識は生まれない。したがって、実質的には他者が成立していない若者たちの「感覚の共同体」においては、本来ならば個性への強い志向もまた成立しえないはずである。にもかかわらず、そこに個性への強い志向性が生まれているのは、個性が社会的に構築されるものとしてではなく、自己の深淵に本源的に備わった実体であるかのように感受されるようになっているからである。

ところが、このような自己イメージは、きわめて脆弱（ぜいじゃく）で、実際の困難に直面したとき、いとも簡単に打ち砕かれてしまう。バイヤーになりたくて百貨店の就職試験を受け、数社に落ちてしまったというある大学生は、早々と自分の夢を諦めてこう語った。「『私ってダメなのかしら』と思うようになり、だんだん『本当にバイヤーになりたかったんだろうか』と分からなくなってしまったんです。」彼女は、社会的な価値基準をジャイロスコープとして内在化していない。だから、そもそも自分自身が下したはずの判断でさえ、果たして自分の本心だったのだろうかと疑いはじめてしまう。彼女の判断の根拠は、そう思った瞬間にいだいた自分の直感にしかないからである。

他者の不在は自己の自律化を意味しない。むしろ、異質な他者の存在こそが、自己が自律化するための大前提である。かつて、デュルケムが、機械的連帯から有機的連帯へという人びとの結合様式の歴史的な移行のなかに見出したように、諸個人の輪郭は、他者との対話や葛藤のなかで、その対比のなかで明確化され、境界線が画定されていく。そうして初めて、自己の自律性を獲得することができるのである。

（土井隆義『〈非行少年〉の消滅』一部省略があります）

のを次の中から選びなさい。

① 他者　② 他律
③ 自立　④ 無意識

5 傍線部Dを言い換えたものとして最も適当なものを次の中から選びなさい。

① フラストレーション
② 昇華
③ モラトリアム
④ もつれや争い

6 本文の内容に合致するものを次の中から選びなさい。

① 異質な他者によらない、自己の直感や自己イメージによる個性は脆（もろ）い。
② 他者との対話によってではなく、自己の直感によって自律化するべきだ。
③ 個性を自己の深淵に存在するものと考えることが大事である。
④ 個性への強い志向を捨てることによって、かえって自己の自律化が進む。

答▶ 1③　2④　3①　4②　5④　6①

芸術・文芸―テーマ解説

さまざまな「芸術論」

芸術論は、入試現代文で非常によく出題されるテーマです。絵画論・彫刻論・写真論・映画論・建築論・音楽論などの分野別の考察がなされることもあれば、科学など他領域との比較考察がなされることもあれば、芸術を通して、各国各地域の文化比較がなされることもあります。それほど、芸術論は一つの大きなジャンルを形成しています。このように現代で芸術がよくテーマになる背景には、近代以降の合理主義・理性中心主義への反省があると思われます。

「美とは何か」を考える感性の学問、美学

さて、「美とは何か」という問題について、主として美術・芸術を中心に考える、美学という学問があり、英語ではエステティックスといいます（エステティックスはギリシャ語で感性の学問を意味します）。人間は、数学や論理学や自然科学に代表されるような理性的な分野で身体や五感を使って活動してきたのみならず、感性の分野でも身体や五感を使って活動してきました。理性的な分野で普遍的なものを作り出す一方、感性的に美しいものを生み出し、それらについても、優れた芸術作品は多くの人々の胸を打つと考えてきました。また、優れた芸術作品は他者とも分かち合えると私たちは思っています。つまり、美について、また美を生み出す技法について、教えたり教えられたりしうるということです。

▼近代→p.118
▼合理主義→p.117
▼理性→p.18
▼感性→p.18
▼普遍→p.16

■芸術作品と批評の言葉

芸術作品は鑑賞され、批評されることになります。また芸術作品を批評するためにたくさんの言葉がつくられました。アヴァンギャルド、シュールレアリスム、エキゾティシズム、ロマンティシズム……。ちょうどこのテーマに収録されている語句の多くがそれにあたります。「あるがままに見よ、あるがままに聞け」といわれても人間の目や耳はビデオカメラでも録音装置でもありません。素直に鑑賞しようとしてもかえって難しいものですし、受け止め方によって作品の真価が発揮されるということもあります。その受け止め方に関わるのが、芸術の歴史の知識や批評の言葉です。芸術の歴史の知識や批評の言葉を知ることを、先入観だ、見方を狭めているなどと思う人がいるかもしれません。しかし、実は好き嫌いの単純な評価を超えて作品の見方を広げてくれる可能性をもっていると考えることもできるのです。

▼アヴァンギャルド →p.192
▼シュールレアリスム →p.193
▼エキゾティシズム→p.194
▼ロマンティシズム →p.194
▼先入観 →p.31

390

アヴァンギャルド

avant-garde 仏

前衛。反伝統。

▼過去の考えや流派を否定し、新しいものを建設しようとする思想。

参考 芸術では、前衛的な（過去の考えを否定して、新しいものを建設しようとする）芸術、またはその立場をとる芸術家たちを指す。美術・映画・音楽・演劇・舞踏・文学などの分野にアヴァンギャルドと呼ばれるものがある。主にシュールレアリスム・抽象主義・キュビスム・ダダイズムなどを指したが、現在ではその時代の先端的な芸術の一般的呼称となっている。

例 **アヴァンギャルド**なファッションはいつも伝統的な価値の破壊からことをはじめるから、世間が眉をひそめるようなみすぼらしい格好となる。（鷲田清一『てつがくを着て、まちを歩こう』）

伝統
突破
伝統 固定化
突破
伝統 固定化
突破

アヴァンギャルド

古く魅力のなくなった伝統を突破して、新しいものを建設する前衛的な芸術運動。しかし、やがてそれも形ばかりの伝統として固定化してしまう。ゆえにそれを新たに突破しようとする動きも出てくる。したがって、前衛は果てしない運動である。

確認問題

「アヴァンギャルド」の説明として適当なものを次から選びなさい。

① 自由な空想や感情の表現を重視する思想
② 過去の考えや流派を否定し、新しいものを建設しようとする思想
③ 時代感覚が古いこと
④ 主観を交えず、事物をありのままに表現あるいは伝達しようとする態度

答▶ ②

391

シュールレアリスム

surréalisme 仏

超現実主義。

▼「シュルレアリスム」とも書く。

参考 一九二〇年代、フランスに起こった芸術運動。不合理や非現実の世界、あるいは、現実よりもより現実的な世界、ときに夢や幻想など無意識の世界を探求した。

例 **シュルレアリスム**は夢を重視し、夢をそのまま覚醒の生活にもち込むことを考えているようだが、それを共同化する他者を前提とせずにそのようなことはできないであろう。

（岸田秀『ものぐさ精神分析』）

392

芸術至上主義（げいじゅつしじょうしゅぎ）

芸術は通俗道徳に優先するとの思想。

▼芸術は、芸術自身を目的とし、美に仕える独自の存在だとする考え方。

例 西洋美術の変遷においては、美術や芸術の精神性を重んじ、**芸術至上主義**が強い存在感をもったのに対し、日本では、芸術とは身近な日常生活に密着した存在でありました。

（三井秀樹『琳派のデザイン学』）

関 **唯美主義**（ゆいびしゅぎ）…美を最高価値とする思想。芸術の目的はただ美を求めることにあるという考え方。耽美（たんび）主義。

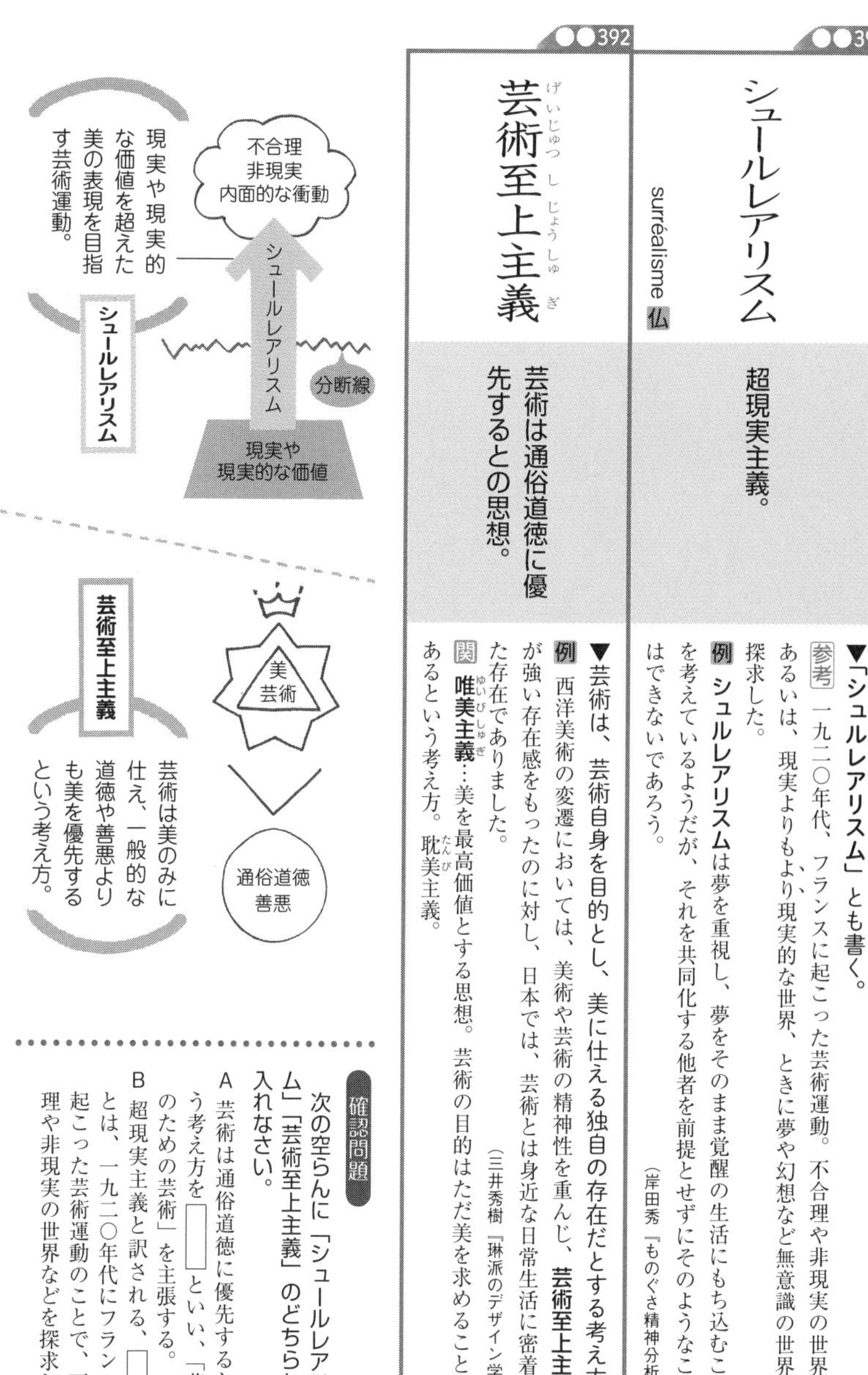

確認問題

次の空らんに「シュールレアリスム」「芸術至上主義」のどちらかを入れなさい。

A 芸術は通俗道徳に優先するという考え方を［　］といい、「芸術のための芸術」を主張する。

B 超現実主義と訳される、［　］とは、一九二〇年代にフランスに起こった芸術運動のことで、不合理や非現実の世界などを探求した。

答▶ A芸術至上主義　Bシュールレアリスム

393

エキゾティシズム

exoticism 英

異国情緒。異国趣味。

▼「**エキゾティズム**」ともいう。芸術作品に外国の人物や風物を織り込み、表現効果を高めようとする考え方。

例 シノワズリとは、**エキゾチズム**に富んだ中国趣味をいう。これは西洋人にとって憧れのオリエンタリズム(東洋に対する異国趣味)を指す。(三井秀樹『かたちの日本美』)

394

ロマンティシズム

romanticism 英

浪漫(ろうまん)主義。自由な空想や感情の表現を重視する考え方。

▼理性的で教育的、教訓的なものよりも神秘的イメージ重視の思想。

例 封建社会の厳しい枠から逃げだしたり、それを壊したりして、自由な生活を築こうとする人間の衝動は、文学では一般に**ロマンティシズム**と呼ばれる作品の中で描かれた。(伊藤整『文学入門』)

395

ウイット

wit 英

機知。機智。機転。

▼とっさに気の利いたことが言える才知。ちらっと見える知性。

例 連句は、さまざまな解釈の余地のある**ウィット**に富んだ短句が、多くの場合三十六句連なって作りだす集団制作の詩形式である。(大岡信『現代詩歌と芭蕉』)

396

エスプリ

esprit 仏

精神。特に柔軟で才知ある心。

▼機知。才知。英語のウイットに近い。やや皮肉を含んだ才気。

例 **エスプリ**もユーモアも目的とするところは同じである。どちらも滑稽(こっけい)を狙っている。社会を不愉快にする、ある種のくそ真面目な、いかめしい、気取った形式の「空気を抜いたり」、それを茶化したりするのが使命である。(河盛好蔵『エスプリとユーモア』)

397

ニュアンス

nuance 仏

微妙な意味合い。

▼色彩・音響・感情などのごく微妙な差異。

例 「道路」というのと「道」というのとではその意味が異なり、「通り」「街路」「街道」といえば、**ニュアンス**は多彩に展開する。(桑子敏雄『風景のなかの環境哲学』)

類 **機微**(きび)…微妙な味わい。(↓p.47)

398

プリミティブ

primitive 英

原始的で素朴な様子。

▼語源的には、原初、始まりを意味する。

例 複雑な形を作り得ない状況での単純さは、シンプルというよりプリミティブ、すなわち原始的、原初的と呼ぶべきである。（原研哉『日本のデザイン』）

類 **アルカイック**…古くて素朴。古拙（こせつ）。技巧的には原始的だが味わい深さがある様子。

関 **無骨（ぶこつ）**…荒削りでスマートではない様子。

関 **アーケオロジー**…考古学。

399

アウラ

aura ラ

独特の雰囲気。

▼にじみでるような威厳。英語の**オーラ**。

例 現代という複製技術の全盛時代においても、「私」が体験する世界の中には、確かに一回限りの様々な**アウラ**が満ちている。（茂木健一郎『脳のなかの文学』）

400

ペダンティック

pedantic 英

学識あるように見せること。ひけらかし。衒学的（げんがくてき）。

▼不必要なほど難しい学問的知識を見せ、難解な専門用語を使う態度。

例 まちがった書き方だけでなく、自分はこんなにむずかしい漢字やことばを知っているのだぞとばかりに無駄な知識をひけらかす**ペダンティック**な者がいても、その周辺にはたちどころにやっかいな事態が発生することになる。（阿辻哲次『「名前」の漢字学』）

確認問題

1 次の説明に適当なものを後の①～⑥から選びなさい。

A 学識があるように見せること、知識をひけらかすこと。

B 自由な空想や感情の表現を重視する考え方。

① リアリズム　② オリエンタリズム　③ ペダンティック　④ レトリック　⑤ ロマンティシズム　⑥ アカデミック

2 「エキゾティシズム」の意味として適当なものを次から選びなさい。

① 東方趣味　② 耽美主義　③ 懐古趣味　④ 異国趣味

3 A「ニュアンス」、B「ウイット」と意味的に対応する最も適当な語を次からそれぞれ選びなさい。

① 揶揄　② 機知　③ たとえ　④ ひけらかし　⑤ 好事家　⑥ あてこすり　⑦ 強調　⑧ 微妙な意味合い

4 次の説明で、あっているものには○、間違っているものには×をつけなさい。

A アウラとは、超自然的な現象を起こさせたりする、神秘的な技法のことである。

B 精神、特に柔軟で才知ある心のことを、エスプリという。

答▶ **1** A③　B⑤　**2** ④　**3** A⑧　B②　**4** A×　B○

401
プロローグ
prologue 英

序章。まえがき。

▼小説や演劇の始まりの場面。前口上（まえこうじょう）。序曲。

例 彼の文章の極致を示す『博物誌』の**プロローグ**が「イメージの狩人」と題されている。（阿部昭『短編小説礼讃』）

対 **エピローグ**…終章。あとがき。

402
カタストロフ
catastrophe 仏

最終場面。大詰め。

▼「**カタストロフィ**」ともいう。自然の大災害や演劇の悲劇的な結末を意味する。ただし、破局以外に大団円（だいだんえん）という意味もある。

例 存在の別の可能性への移行は現在のじぶんの崩壊を意味する。その**カタストロフィー**の感覚に没入しかけるからだろう。（鷲田清一『京都の平熱』）

403
意匠（いしょう）

デザイン。趣向。

▼作品制作に趣向をこらすこと。またそうした創意工夫による造形美。

例 「ジャポニスム」は、七〇年代以降、**意匠**や文様の様式の名称ではなく、衣服の構成原理の名称となった。（鷲田清一『悲鳴をあげる身体』）

関 **工業意匠**（こうぎょういしょう）…インダストリアル・デザイン。工業製品のデザイン。

404
デフォルメ
déformer 仏

強調。誇張。変形。

▼絵画や彫刻で、意図的に試みられた誇張表現。「**デフォルマシオン**」ともいう。

例 **デフォルメ**のきく絵は、本来ならそこにあるはずの「余分な道」をすべて消し去って、「必要な一本の道」だけを提示してくれる。（橋本治『「わからない」という方法』）

405
隠喩（いんゆ）

たとえ。暗喩。メタファー。

▼「（まるで）〜のように」という明示がない比喩（ひゆ）表現。

例 **隠喩**とは「喩（たと）えが見えない、隠されている」という意をふくんでいる。暗示とか含意が働くぶん、**隠喩**のほうがインパクトが強い。（野内良三『レトリックのすすめ』）

対 **直喩**（ちょくゆ）…明喩。「（まるで）〜のように」のように明示された比喩表現。

関 **象徴**（しょうちょう）…形あるもので、形ないものを表現すること。シンボル。（↓p.32）

406

エッセンス
essence 仏

物事の本質。

例 膨大な情報を必要最小限の**エッセンス**に圧縮し、抽象化したものが象徴（シンボル）である。
（今井むつみ『学びとは何か』）

同 **精髄**（せいずい）

407

伏線（ふくせん）

後から述べることを、事前にほのめかすこと。

▼物語の展開上、必要なことを先んじて示しておくこと。

例 物語中のすべてのエピソードは結末に結びつくための**伏線**なのである。
（谷本奈穂『恋愛の社会学』）

類 **布石**（ふせき）…将来への備え。

関 **プロット**…物語中での因果関係となるもの。

関 **伏線**（ふくせん）**を張る**（は）…後で物事がうまくいくように、前もって準備しておく。

408

モチーフ
motif 仏

芸術の題材。テーマ。主題。創作動機。

▼素材。芸術などの創作のきっかけ。

例 時代の変化を受けて、高級なホテルやリゾートの内装においても、自然との共生という**モチーフ**を前面に押し出すことは必要不可欠な配慮となってきている。
（茂木健一郎『欲望する脳』）

確認問題

1 次の説明に適当なものを後の①～⑧から選びなさい。

A 絵画や彫刻で、意図的に試みられた誇張や変形表現。

B 最終場面のことで、自然の大災害や演劇の悲劇的な結末を意味する。

C 後から述べることを、事前にほのめかすこと。

① エスプリ　② 表象　③ デフォルメ　④ 伏線

⑤ カタストロフ　⑥ 直喩　⑦ レトリック　⑧ 寓意

2 「意匠」の意味として適当なものを次から選びなさい。

① 命題　② 強調　③ 動機　④ 趣向

3 A「プロローグ」、B「モチーフ」と意味的に対応する最も適当な語を次からそれぞれ選びなさい。

① 主題　② 前編　③ 強調　④ 終章　⑤ 逸話　⑥ 序章

4 「隠喩」で表された文を次から選びなさい。（愛知大・改）

① 彼女はバラのように美しい。

② 彼女はバラみたいだ。

③ 彼女はバラだ。

④ 彼女の美しさはバラに喩えられる。

⑤ 彼女はバラのようだ。

答▶ **1** A③　B⑤　C④　**2** ④　**3** A⑥　B①　**4** ③

409

雅語（がご）

古典文学にみられる清く正しく美しい言葉。

▼古代や中世に詩歌や物語などで用いられた和語。

例 森鷗外（もりおうがい）の言文一致体は、漢語、**雅語**、さらには外国語にわたる驚くべき分量の語彙（ごい）を、自在に収めることのできる器であった。（野口武彦『小説の言語』）

同 **雅言**（がげん）

対 **俗語**（ぞくご）…日常的な表現。卑俗な言葉。

410

寓話（ぐうわ）

擬人化した動物などで教訓や風刺を表した物語。

参考 イソップ童話などを「寓話」という。

例 たとえば「働く者は富み、遊ぶ者は零落する」という抽象的な図式から「アリとキリギリス」という**寓話**を作ることができる。（尼ヶ崎彬「簡潔と詠嘆」）

関 **寓意**（ぐうい）**・アレゴリー**…遠回しに真意を表現すること。（↓p.147）

411

風刺（ふうし）・諷刺（ふうし）

間接的な批判。あてこすり。

▼社会や時代、人物について、直接的ではなく、間接的に批判する表現。

例 スイフトの『ガリバー旅行記』は十八世紀の作品である。もともとは当代の政治情況に対するきびしい**諷刺**であった。（外山滋比古『思考の整理学』）

関 **風刺画**（ふうしが）**・諷刺画**（ふうしが）…社会や人物を間接的に批判した絵画。カリカチュア。

類 **アイロニー**…皮肉。（↓p.145）

412

アフォリズム

aphorism 英

簡潔に事の本質をつく表現。

▼圧縮された形で表明された人生・社会・文化などに関する見解。

例 「文は人なり」というアフォリズムがあるけれども、文章では、とてもこうは行かないであろう。文章は肉声の言葉づかいほどには個性をあらわすことができにくい。（外山滋比古『ものの見方』）

同 **箴言**（しんげん）**・警句**（けいく）**・金言**（きんげん）

413

珠玉（しゅぎょく）

美しく優れたもの。

▼真珠や宝石のように価値ある優れたもののたとえ。特に芸術作品を指す。

例 『伊曾保（いそほ）物語』の卓越した所は、**珠玉**の教訓を動物たちを主人公にした物語の形で語ったことです。（山口仲美『日本語の古典』）

414

エピゴーネン

Epigonen 独

追従者。模倣者。亜流。

▼すでにある流派や手法を真似するだけで独創性のないこと。

例 彼ら「スナップの名人」、「巨匠」の系譜は、多くの**エピゴーネン**（模倣者）によって受け継がれ、枝分かれしながら、写真表現の歴史を華やかに彩ってきた。（飯沢耕太郎『写真的思考』）

415

翻案（ほんあん）

アレンジすること。

▼古典や前作の大筋はそのままに時代設定などを改変すること。

例 日本近代小説の黎明期（れいめいき）、西洋語をよく読んだ日本の小説家にとって、**翻案**、翻訳、創作という三つの行為はつながっていてあたりまえであった。（水村美苗『日本語が亡びるとき』）

同 **換骨奪胎**（かんこつだったい）

416

私小説（わたくししょうせつ／ししょうせつ）

自分を語るリアリズム小説。

▼作者自身の生活や身近に起こったことを素材にして書いた小説。

例 西洋人は、神のまえに自己を「ザンゲ」した。それにたいして、日本人は**私小説**というかたちを発明し、同時代の世俗人のまえに自己をさらけ出すことをこころみた。（加藤秀俊『暮しの思想』）

確認問題

1 次の説明に適当なものを後の①～⑩から選びなさい。

A 古典や前作の大筋はそのままに時代設定などを改変、アレンジすること。
B 作者自身の生活や身近に起こったことを素材にして書いた小説。
C 古典文学に見られる清く正しく美しい言葉。
D 美しく優れたもののこと。

① 季語　② 私小説　③ 珠玉　④ 母語　⑤ 純文学
⑥ 翻案　⑦ 青春小説　⑧ 模倣　⑨ 雅語　⑩ 翻訳

2「諷刺」の意味として適当なものを次から選びなさい。

① あてこすり　② こじつけ　③ 黙殺　④ ほのめかし

3「寓話」の意味として適当なものを次から選びなさい。

① 美しく優れた作品
② 子ども向けのおとぎ話
③ 擬人化した動物などで人間などを風刺する物語
④ 根拠なく信じられてきた昔話

4 A「アフォリズム」、B「エピゴーネン」と意味的に対応する最も適当な語を次からそれぞれ選びなさい。

① 革新　② 短編集　③ 総集編　④ 亜流　⑤ 逸話
⑥ 教訓　⑦ 迎合　⑧ 警句　⑨ 正統　⑩ 俗語

答▶ **1** A⑥　B②　C⑨　D③　**2**①　**3**③　**4** A⑧　B④

2-8

練習問題⑫―芸術・文芸

余白を空白スペースとみなさない、見ない視覚が日本にはあった。白い面は余白や二次的「背景」などではない。「図」が提示されていようとも日本人の視覚は「図」に殺到せず、その視力を大幅に「地」へ供給する。いいかえれば、「図」に意味を見出し、「地」に意味を見出さない絵画的な視覚解釈を逆転させるかのように、無意味の領域であるはずの「地」に価値を見出すのである。（中略）

日本人の視覚はその白の平面を「模様」としてみていた。無のような白を「模様」と見てしまう視力。これが極東の島国の眼（め）の特質のひとつだと思える。（中略）

「み渡せば花ももみぢもなかりけり　浦の苫屋（とまや）の秋の夕ぐれ」について、「〝花ももみぢもなかりけり〟というのは純粋に言語の魔法であって、現実の風景にはまさに荒涼たる灰色しかないのに、言語は存在しないものの表象にすらやはり存在を前提とするから、この荒涼たるべき歌に、否応なしに絢爛（けんらん）たる花や紅葉が出現してしまうのである」。こうした言葉の遣い方じたいに、われわれは驚かなければならず、この歌にたいして俗にいう「上の句と下の句の対照の美」などという解釈を信用してはならないと三島はいっているのである。このような言葉遣いをする民族の美術は、この三島のエッセイの題がいうような和歌の領域の「存在しないものの美学」に通ずる美学として、空白を「模様」とみる視覚を徹底させているのではないか。

「人工的に精密に模様化された風景……新古今の叙景歌には、風景という「物」は何もない。確固とした手にふれる対象は何もない」。何もない、何も見えない表面としての世界。それが絢爛の表象のいっさいの契機なのだ。

1 傍線部Aを説明したものとして最も適当なものを次の中から選びなさい。

① 後から本格的に述べることを前もってほのめかしておくこと
② 真珠や宝石のように高い価値を皆から認められた芸術作品
③ 作品として表現されたものやそれを通して頭に思い浮かべたもの
④ 古典など先立つ優れた作品を巧みにアレンジして表現すること

2 傍線部Bを言い換えたものとして最も適当なものを次の中から選びなさい。

① 対象の独特の雰囲気
② 芸術の題材やテーマ
③ 異国情緒
④ 比喩（ひゆ）表現

3 傍線部Cを説明したものとして最も適当なものを次の中から選びなさい。

① デザインのため創意工夫すること
② アフォリズムで簡潔に物事の本質をつくこと
③ オムニバスや総集編をつくること
④ ペーソスなど悲哀や哀愁を表現すること

装飾美術は表面を産む美術であり、徹底して表面に留まろうとする美術である。そこには多くの場合「文様」や「模様」とよばれる造形が配置される。文様や模様には、花や鳥や水や雲など自然のなかに通じるものもあれば、直線や渦巻、丸、四角など現実の自然にはないものもある。そしてこれら装飾のモチーフが姿(形象)を現わすにおいて、そこには厳守されるべき鉄則がある。

それは、ものの姿は様式化・意匠化されて現われなければならないということだ。逆にいえば、事物のかたちを表現するとき、その事物の非現実的な姿が追求されなければならないということである。鳥の文様は現実の鳥の姿を裏切り、ありえない鳥の姿で現われる。水の模様は自然の水が作らないかたちをとうとうと流し出す。丸や四角の組み合わせは無制限の反復によって時空を越えていく。自然を軽々と越えてしまうそうした造形の乱射は、眼の前にある自然や事物とあらかじめ訣別(けつべつ)している。いわばそれは、人間が世界のまことらしさを、まことらしく描写すること(つかみとること)の不可能性を、人間の美術的営為が生まれたと同時に宣言してしまった美術である。いいかえるなら、これは、(西洋で卓越して成熟した)絵画・彫刻や、近代写真の使命にあったような、客観的写像の構築へ向かった美術と対極に立った美術の思想であるだろう。

(鶴岡真弓『装飾する魂』)

4 傍線部Dはもともとの自然物のかたちを変形し強調することともいえる。こうした変形や強調を何というか、最も適当なものを次の中から選びなさい。

① ファンタジー
② リアリズム
③ デフォルメ
④ トートロジー

5 本文の内容に合致するものを次の中から選びなさい。

① 装飾美術は対象の細部にまでいたる客観的な再現を目的にしている。
② 装飾美術の鉄則として自然物そのものの再現であってはならない。
③ 装飾美術は自然物のかたちを離れて作家の自由な創作に任されている。
④ 装飾美術以外のすべての芸術は、対象の客観的な再現を目指すものである。

答▶ **1**③　**2**②　**3**①　**4**③　**5**②

column 2

本の街

私が学生時代を過ごした東京の中でも「神田の古書店街」には格別の思い入れがあります。静岡県の田舎（その名も森町）から上京して真っ先に行きました。多くの初心者がやってしまうJR神田駅に降り立つという失敗も経験済みです。実際には神田駅から少し離れた神田神保町に古書店が集中していて、古本屋街としては世界最大規模だそうです。古書店ばかりでなく、新刊の大型書店も出版社も多数あり、本の街です。個性的な喫茶店も多く、出版社の編集者と文筆業の方が打ち合わせをしている姿は日常的な風景です。もっとも、今ではスポーツ用品店、楽器店、カレー屋さんもひしめき合う、それから大学も予備校もたくさんある、ともあれ特徴的な街です。

この本の街の中でも私の関心の中心であり続けるのが、三省堂書店神保町本店です。私の学生時代、売り場面積九二〇坪で日本最大の新刊書店でした。大きなビルまるごと一棟が本屋であるのに感動したことに加えて、『岩波文庫解説目録』にまつわる思い出があります。

新潮文庫、角川文庫などどの文庫にも解説付きの目録、つまりカタログがあります。一方、岩波文庫は流行の作家の作品ではなく国内外の名著や古典のみ収録しています。各解説部分はその分野の研究者や作家が書いており、最良の読書案内であり同時に、文学史の参考書にもなります。

こんな優れものの『岩波文庫解説目録』ですが、カタログなのにもらうことができない書店もあります。ある大型書店のレジで、「あの、岩波文庫の解説目録、いただけるものはありますでしょうか」と卑屈なくらい低姿勢で尋ねたところ「お客様に差し上げられるものはございません」との回答をもらったことがあります。この書店での冷徹な謝絶にほとんどマゾヒスティックな快感さえ覚えて、何度も尋ね、何度も断られています。

そんなある日、三省堂書店神保町本店のレジにて所望したところ、「一冊でよろしいのですか」との天使のごとき申し出があり、私はすかさず「三冊ください」と欲張ってしまいました。

このような思い出のある書店の棚に、現在では本書をはじめ私の著書がならんでいます。それを見て、感動のあまり落涙しかけたこともあります。

本書が、皆さんの日本語語彙力を確かなものとし、本を読む楽しみや書店に行く楽しみの一助となることを願っています。

第三章

小説・エッセイ語編

入試小説・エッセイに頻出の語です。「心情」「態度」「状況」「その他」の４つのジャンルに分け、関連のあるグループごとにまとめました。イラストや下段の「確認問題」を利用して、小説・エッセイを読み解くための語句の理解を深めましょう。

417 頭(あたま)が下(さ)がる

尊敬する。感心する。

▼相手を尊敬する心から、こちらがかしこまり、敬服すること。

関 **頭(あたま)が上(あ)がらない**…相手に引け目、負い目、コンプレックスを感じて、対等に振る舞えない。

関 **腰(こし)が低(ひく)い**…物腰が丁寧で謙虚な様子。(↓p.233)

418 琴線(きんせん)に触(ふ)れる

心に響く。感動する。

▼相手に共鳴して、心の奥底がふるえるイメージ。

419 舌(した)を巻(ま)く

ひどく感心して驚く。

▼相手のすごさに圧倒され、絶句するイメージ。

注意 「**巻き舌**」は、勢いよくしゃべること。

関 **舌(した)を出(だ)す**…①陰で人をばかにする。②失敗したときの照れ隠しのしぐさ。

420 脱帽(だつぼう)

感服すること。おそれいること。

▼相手にかなわないと降参すること。

参考 「**シャッポを脱ぐ**」ともいう。「シャッポ」はフランス語で帽子。

確認問題

次の傍線部の意味を後から選びなさい。

1 一つの長所を尊敬し、そして自分の不足をいつまでも補って行こうとする真理探究者のあの謙虚な態度に**頭が下がった**のであった。

(山本実彦『十五年』)

① 心配した ② 軽蔑した
③ 感心した ④ 後悔した

2 これは川端康成『雪国』の冒頭である。ここには日本語の本質がよく示されている。だからこそ日本人の**琴線に触れ**、人口に膾炙(かいしゃ)したのだろう。

(野内良三「偶然を生きる思想」)

① 怒りをかい ② 心に響き
③ 心を楽しませ ④ 失笑をかい

3 ただ、内容をぼんやりとしか覚えていない連中は、その博覧強記ぶりを目のあたりにして、**舌を巻いた**ものである。

(外山滋比古『日本語の素顔』)

① 無視した ② ひどくあきれた
③ 非常に驚いた ④ うんざりした

4 未来の時間軸はそれよりうんと短く、五年先のことも考えにくい。SFや未来小説の作家の構想力には**脱帽だ**。

(鷲田清一『京都の平熱』)

① 反対する ② あきらめる
③ 感服する ④ 傍観する

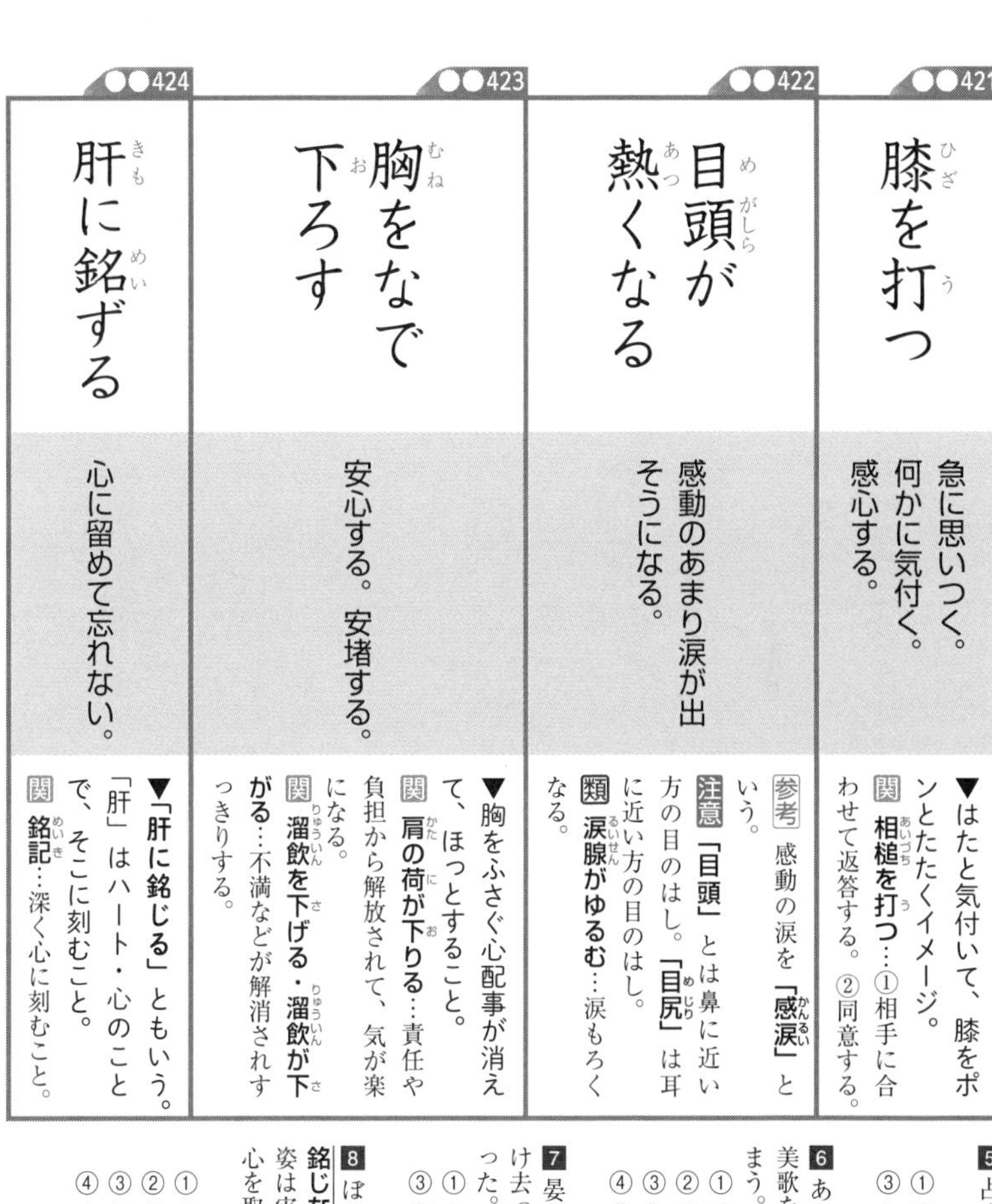

421
膝(ひざ)を打(う)つ
急に思いつく。何かに気付く。感心する。

▼はたと気付いて、膝をポンとたたくイメージ。

関 **相槌(あいづち)を打(う)つ**…①相手に合わせて返答する。②同意する。

422
目頭(めがしら)が熱(あつ)くなる
感動のあまり涙が出そうになる。

参考 感動の涙を「**感涙(かんるい)**」という。

注意 「**目頭**」とは鼻に近い方の目のはし。「**目尻(めじり)**」は耳に近い方の目のはし。

類 **涙腺(るいせん)がゆるむ**…涙もろくなる。

423
胸(むね)をなで下(お)ろす
安心する。安堵する。

▼胸をふさぐ心配事が消えて、ほっとすること。

関 **肩(かた)の荷(に)が下(お)りる**…責任や負担から解放されて、気が楽になる。

関 **溜飲(りゅういん)を下(さ)げる・溜飲(りゅういん)が下(さ)がる**…不満などが解消されすっきりする。

424
肝(きも)に銘(めい)ずる
心に留めて忘れない。

▼「**肝に銘じる**」ともいう。「肝」はハート・心のことで、そこに刻むこと。

関 **銘記(めいき)**…深く心に刻むこと。

5 占めたと、紀昌は**膝を打ち**、表へ出る。（中島敦「名人伝」）

① 残念がり ② 安心して
③ あきれて ④ 思いついて

6 あれから十五年たったいまもなお、この讃美歌をうたう時、わたしは**目頭が熱くなって**しまう。（三浦綾子「道ありき」）

① 感動のあまり涙が出そうになって
② 退屈で眠たくなって
③ うんざりして目をつむって
④ 悲しくて涙が出て

7 晏弱はほっと**胸をなでおろした**感じで、駆け去ってゆく馬車をながめてから、旅館にもどった。（宮城谷昌光『晏子』）

① あきらめた ② あきれた
③ 安心した ④ 軽蔑した

8 ぼくはいまの社会を作り直すうえで、**肝に銘じなければ**いけないのは、人間が生きていく姿は実はとても、みっともないんだという羞恥心を取り戻すことだろうと思う。（阿久悠「晩節学のすすめ」）

① 気合いを入れなければ
② 無理に暗記しなければ
③ 気持ちを合わせて行わなければ
④ 心に留めて忘れないようにしなければ

答▶ 1③ 2② 3③ 4③ 5④ 6① 7③ 8④

425 腕(うで)に覚(おぼ)えがある

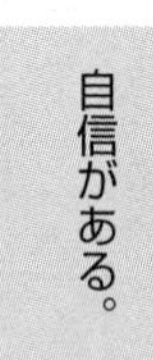

自信がある。

▼自分の腕力や技量に誇れるほどの強みがあること。この「腕」は「腕前」を表す。

関 **腕(うで)によりをかける**…得意とする能力を発揮しようと張りきる。

426 悦(えつ)に入(い)る

喜ぶ。

▼自分の思いどおりになって、しめしめと喜ぶこと。

関 **享楽(きょうらく)**…欲望を満たし、楽しむこと。

427 目(め)がない

好きである。

▼目による識別や判断力がなくなるほど夢中であること。

関 **恍惚(こうこつ)**…我を忘れてうっとりすること。

関 **喉(のど)から手(て)が出(で)る**…とてもほしい。

関 **垂涎(すいぜん)**…よだれが出るほど強くほしいこと。

428 身(み)を焦(こ)がす

恋にもだえ苦しむ。

▼苦しむほど相手に恋い焦がれること。

類 **胸(むね)を焦(こ)がす**…恋い慕う。ハートが熱くなるほど相手に夢中になる。

確認問題

次の傍線部の意味を後から選びなさい。

1 村民すべて**腕に覚えがある**から、相手の強さが身にしみて分(わか)るのである。（坂口安吾「花咲ける石」）

① 疑問がある ② 自信がある
③ 心配がある ④ 不安がある

2 そうして共通の、または似通った語感のものを発見しては、ひとり**悦に入って**いた。（出久根達郎「いつのまにやら本の虫」）

① 喜んで ② 悲しんで
③ 苦しんで ④ 怒って

3 この酋長(しゅうちょう)には、一人の息子がありました。そんな強い酋長でも、この一人息子のことになると、**目がありませんでした**。（宇野浩二「春を告げる鳥」）

① 見るだけではなく、話し合っていました
② なかなか目が行き届きませんでした
③ あまりよく見ていませんでした
④ 判断力がなくなるほど夢中でした

4 おそらく**身を焦がす**ような大恋愛の末のことに違いない。（米原万里『嘘つきアーニャの真っ赤な真実』）

① 激しく焦る
② 非常に尊敬する
③ 苦しむほど恋い焦がれる

429 馬が合う

気持ちがしっくり合う。

▼気が合って、意気投合すること。

参考 もともとは乗馬の言葉で、馬と騎手の息がぴったりと合うことから。

同 そりが合う

430 気が置けない

遠慮や気遣いがいらない。

▼気楽で肩肘張らない間柄のこと。「気の置けない」ともいう。

注意 「油断ならず気が休まらない」という意味で使うのは間違い。

同 昵懇

類 肝胆相照…心の奥底から親しい関係。「かんたんあいてらす」とも読む。

431 気概

くじけない強い心。

同 気骨

関 意気地…物事をやりとおそうとする気力。

432 本意

本当の気持ちや真意。

▼本来の望みや本来の意図のこと。

対 不本意…望みどおりでないこと。

④ すべてを忘れる

5 この二人は日ごろから**馬が合った**とみえて、よく一緒にいるところを見かけたものです。（浅田次郎『壬生義士伝』）

① 年齢がちょうどよかった
② 気持ちがしっくり合った
③ 故郷が同じだった
④ お互い尊敬し合った

6 初対面の人だけに母の印象は殊に深かったように見えた。**気の置けない**、いたって行き届いた人らしいといって賞めていた。（夏目漱石「彼岸過迄」）

① 気分を害さず対応できる
② 遠慮しないで気楽につきあえる
③ 気を遣ってくつろぐことのない
④ 注意をめぐらし気配りのある

7 そういう事なら親父でも何でも遣り込めるぐらいな**気概**がなければ……（牧野信一「地球儀」）

① 大局的にものを見る精神
② 相手を上回る周到さ
③ 物事への思慮深さ
④ くじけない強い意志

8 二、三日のうちに、飼主が名乗ってくるような気もしたし、もう一度妻に厄介をかけるのは**本意**ではなく、私は生返事で通した。（永井龍男『谷戸からの通信』）

① 真意　② 意外　③ 期待　④ 満足

答▶ 1② 2① 3④ 4③ 5② 6② 7④ 8①

433
業を煮やす
順調にいかず、怒る。
▼はかどらず、腹を立てること。この「業」は理性的ではない激情の意味で、これが沸騰すること。

434
色をなす
怒り出す。
▼怒りで顔色が一変すること。
参考「色」は、顔色や表情のこと。
類 **いきりたつ**…すさまじく怒る。
関 **色を失う**…驚きや恐怖で顔色が悪くなる。

435
腹に据えかねる
怒りが抑えられない。
▼腹が立つこと。おさまりがつかず我慢できないこと。
参考「〜かねる」は「〜できない」という意味。
関 **腹癒せ**…怒りや恨みをはらすこと。

436
地団駄を踏む
悔しがる。
参考 足で踏んで風を送るしかけである地踏鞴・踏鞴に由来する。
関 **駄々をこねる**…子どもなどが聞き分けなくわがままを言う様子。

確認問題
次の傍線部の意味を後から選びなさい。

1 多くは男の子の挑戦に発して起るいさかいなので、私は**業を煮やして**いた。（幸田文『ごみ』）
①どうなるか心配して ②遠くから見て ③順調にいかず怒って ④待ち望んで

2 この私に諏訪原城へ忍び込めというのですかと猪土井正兼は**色をなした**。（新田次郎『武田勝頼』）
①怒り出した ②言葉を失った ③がっかりした ④緊張した

3 それを、**腹にすえかねた**中年の男が「君いっ！」と怒鳴ったもののようです。（中島義道『哲学の教科書』）
①非常に驚いた ②怒りを抑えられなかった ③残念に感じた ④理由を理解できなかった

4 老人は、苛立たしげに**地団駄を踏んで**脅かしたが、ビニールの草履がぱふぱふという音を立てながらわずかな土埃を舞い上げたにすぎなかった。（三浦哲郎『なわばり』）
①ためらって ②おもしろがって

437
首をひねる
疑問に思う。
▼「**すぐに理解できず考え込む**」という意味もある。
同 **首を傾げる**
関 **首を横に振る**…賛成しない。NOの仕草。
関 **首を縦に振る**…賛成する。YESの仕草。
関 **肯う**…同意する。要求を受け入れる。

438
怪訝
疑わしそうにする。
類 **訝る・訝しむ**…怪しいと不審に思う。

439
合点がいかない
納得できない。
▼「合点」は、承知すること・納得すること。
関 **早合点**…早飲み込みで、勘違いすること。

440
腑に落ちない
納得できない。
▼「腑」は、内臓のことで、心の奥底も意味する。
関 **腑甲斐ない**…意気地がない。「**不甲斐ない**」とも書く。
関 **五臓六腑**…体内の全域。

③ 焦って　④ 悔しがって

5 どうしてこんなことをことごとしく書きつけたりしたのかと**首をひねる**。
（外山滋比古「思考の整理学」）
① 残念に思う　② 疑問に思う
③ 不安に思う　④ 気の毒に思う

6 私は悲痛な声をあげて、真下の川面を指差した。その声で、男は**怪訝な**面持ちで指差す地点を窺い、やっとそこに浮かんでいる子供の姿を認めた。
（宮本輝『寝台車』）
① 落ち着かないというような
② 恐怖でおびえているような
③ 興味が持てないというような
④ 疑わしいというような

7 昌作には、そんなことを何故に彼女がひた隠しにしてるのか、**合点がいかなかった**。
（豊島与志雄「野ざらし」）
① 納得できなかった　② 関心がなかった
③ 憂鬱になった　④ 気味が悪かった

8 時々**腑に落ちない**所が出てくると、私は女に向って短い質問を掛けた。
（夏目漱石「硝子戸の中」）
① 気にくわない　② 納得できない
③ 安心できる　④ 驚きあきれる

答▶ 1③　2①　3②　4④　5②　6④　7①　8②

441

疎(うと)ましい

好ましくない。いやである。

▼いやで相手と距離を置きたいこと。

関 **煩(わずら)わしい**…厄介(やっかい)で面倒だ。億劫(おっくう)。

442

歯(は)が浮(う)く

お世辞やきどった表現に不快になる。

▼**「きざな態度を見聞きして、いやな気分」**という意味もある。

関 **歯(は)がゆい**…うまくはかどらず、じれったい。

関 **歯(は)の根(ね)が合(あ)わない**…恐怖や寒さでふるえて、歯ががちがち鳴る様子。

443

鼻(はな)につく

あきあきしていやになる。うっとうしい。

▼**「においが取れず不快になる」**という意味もある。

444

鼻持(はなも)ちならない

相手の言動がいやみで我慢ならない。

参考 「鼻持ち」とは臭(くさ)いことを我慢すること。つまり、臭いことを我慢できない、ということから、気に食わない、ということを表す。

関 **鼻白(はなじろ)む**…がっかり興ざめした顔をする。（→p.239）

関 **鼻(はな)つまみ**…人からひどく嫌われること。

確認問題

次の傍線部の意味を後から選びなさい。

1 ありふれた質問も相手が穏香なら**疎ましく**は感じなかった。（松村栄子「僕はかぐや姫」）

① いやだと　② しつこく
③ 不思議に　④ 悔しく

2 北村が大きな声で資本家、政治家、労働者などというのを聞いていると、**歯が浮く**気持(きもち)だった。（新田次郎『孤高の人』）

① 悪口に落ちこむ
② 評価にうれしくなる
③ きどった表現に不快になる
④ 期待に胸おどる

3 私は書きかけてはみたものの、大して気が進まなかったし、そろそろ自分の文章が**鼻についてきて**もいた。（阿部昭「猫」）

① 調子よくて楽しくなって
② あきあきしていやになって
③ 退屈でうんざりして
④ 納得できずいらいらして

4 利口があやまって小鳥を飼うと、**鼻持ちのならぬ**話をし出すので閉口する。（内田百閒『続阿房の鳥飼』）

① 形だけ立派な
② 悔しくてたまらない

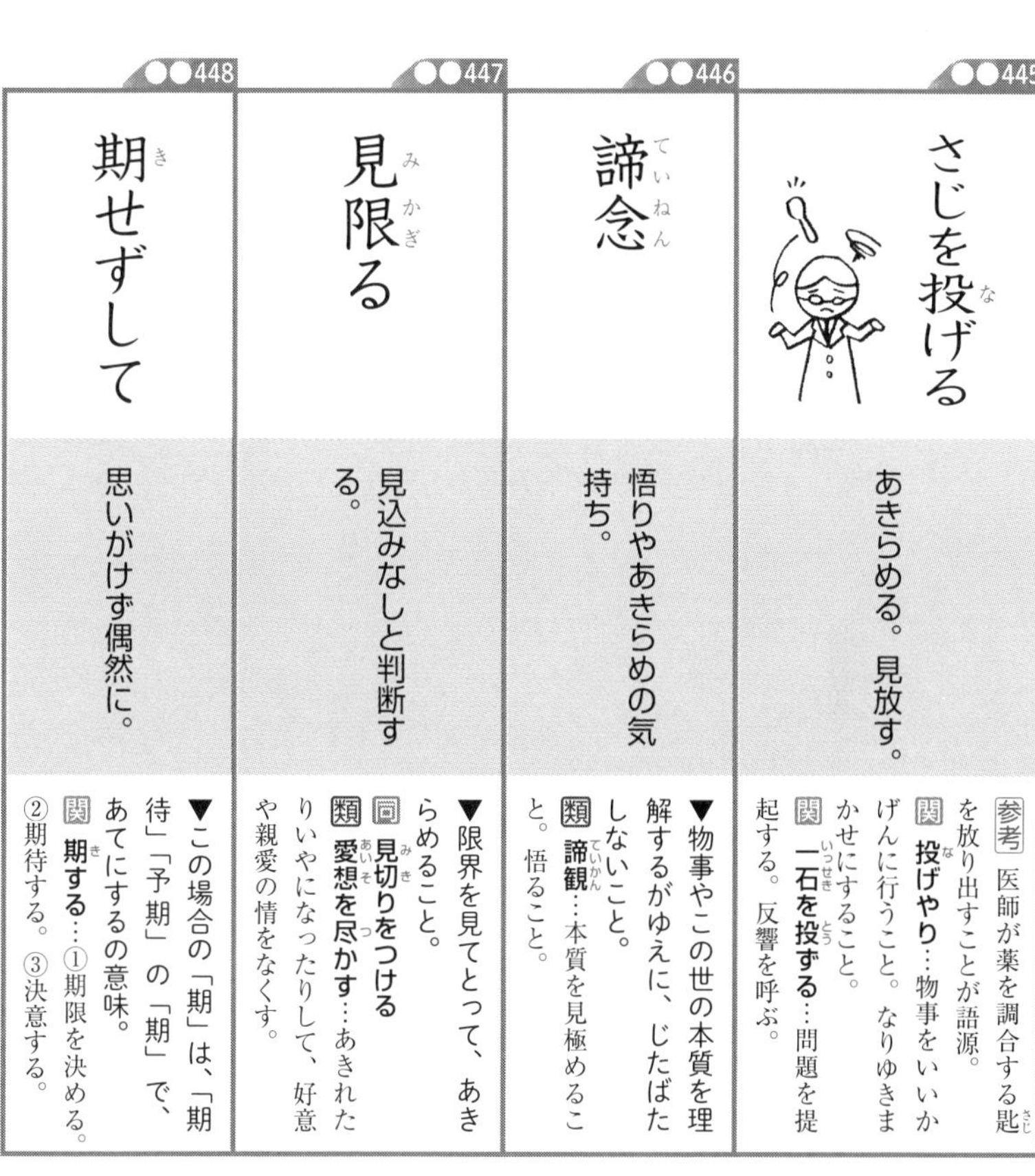

445

さじを投げる

あきらめる。見放す。

参考 医師が薬を調合する匙（さじ）を放り出すことが語源。

関 **投げやり**…物事をいいかげんに行うこと。なりゆきまかせにすること。

関 **一石を投ずる**…問題を提起する。反響を呼ぶ。

446

諦念（ていねん）

悟りやあきらめの気持ち。

▼物事やこの世の本質を理解するがゆえに、じたばたしないこと。

類 **諦観**（ていかん）…本質を見極めること。悟ること。

447

見限る（みかぎる）

見込みなしと判断する。

▼限界を見てとって、あきらめること。

同 **見切り**（みき）**をつける**

類 **愛想**（あいそ）**を尽かす**…あきれたりいやになったりして、好意や親愛の情をなくす。

448

期（き）せずして

思いがけず偶然に。

▼この場合の「期」は、「期待」「予期」の「期」で、あてにするの意味。

関 **期する**…①期限を決める。②期待する。③決意する。

③ いやみで我慢できない　④ 古くからよく語られる

5 どんな医者に診せてもこれという治療法はなく、**匙を投げられて**いると言ってもよかった。（福永武彦「忘却の河」）

① 見下されて　② 見放されて
③ 見守られて　④ 驚かれて

6 より大きな絶望と**諦念**が彼女の心を満たしていたからである。（北杜夫『楡家の人びと』）

① 期待　② 不安
③ 意気込み　④ あきらめ

7 ドジなタレントがテレビに出演して失敗すると「奴はドジだ」と**見限られる**が、同じ失敗を三回続けると、「奴は面白いタレントだ」と評価が変わる。（阿久悠「晩節学のすすめ」）

① 非難される
② ばかにされる
③ 激しく怒られる
④ 見込みなしと判断される

8 塵芥（じんかい）を燃やしおえると二人は**期せずして**積みあげてあったガラクタに手を出した。（加賀乙彦「雨の庭」）

① 思いがけず　② あっという間に
③ とっさに　④ 長い期間

答▶ 1① 2③ 3② 4③ 5② 6④ 7④ 8①

449

固唾(かたず)をのむ

物事のなりゆきを緊張して見守る。

▼息を止めて心配すること。

参考 「固唾」とは、緊張した時に口の中にたまる、つばのこと。

関 **息(いき)をこらす**…呼吸を抑えてじっとしている。

450

気(き)をもむ

心配してやきもきする。

▼気を遣い、少しいらだつこと。

関 **気(き)に病(や)む**…心配する。悩む。くよくよする。

451

臍(ほぞ)を噛(か)む

後悔する。悔しい思いをする。

▼「臍」は、へそのことで、心の奥底を意味することがある。

関 **臍(ほぞ)を固(かた)める**…覚悟を決める。

関 **臍曲(へそま)がり**…性格が素直ではなく、ひねくれていること。

452

身(み)につまされる

他人事でなく感じられる。

▼他人の不幸やつらさがよくわかること。

関 **身(み)に染(し)みる**…心や体に深く強く感じられる。

関 **身(み)を入(い)れる**…熱心にする。

確認問題

次の傍線部の意味を後から選びなさい。

1 信雄も喜一も慌てて二、三歩とびのくと、**固唾を呑んで**導火線を見つめた。（宮本輝『泥の河』）

① 期待して ② 気を落ち着かせて
③ 驚きあきれて ④ 緊張して見守って

2 おれはもう隠居だなんて言いながら、そうあなたのように**気をもむ**からいけない。（島崎藤村『夜明け前』）

① わくわくする ② やきもきする
③ くよくよする ④ あたふたする

3 「ああ、明日からこの会議が始まるのだったら、完璧な通訳がつとまるのに」と私どもが**臍をかむ**のは、いつも会議の最終日である。（米原万里『不実な美女か貞淑な醜女か』）

① 悔しく思う ② 安心する
③ うんざりする ④ 困惑する

4 私はなんだかひどく**身につまされて**、観終(みお)わったあとその主人公の父親のように泣きぬれていた。（阿部昭「自転車」）

① あたたかい気持ちになって
② 腹が立ってきて
③ 明日が心配で
④ 他人事でなく感じられて

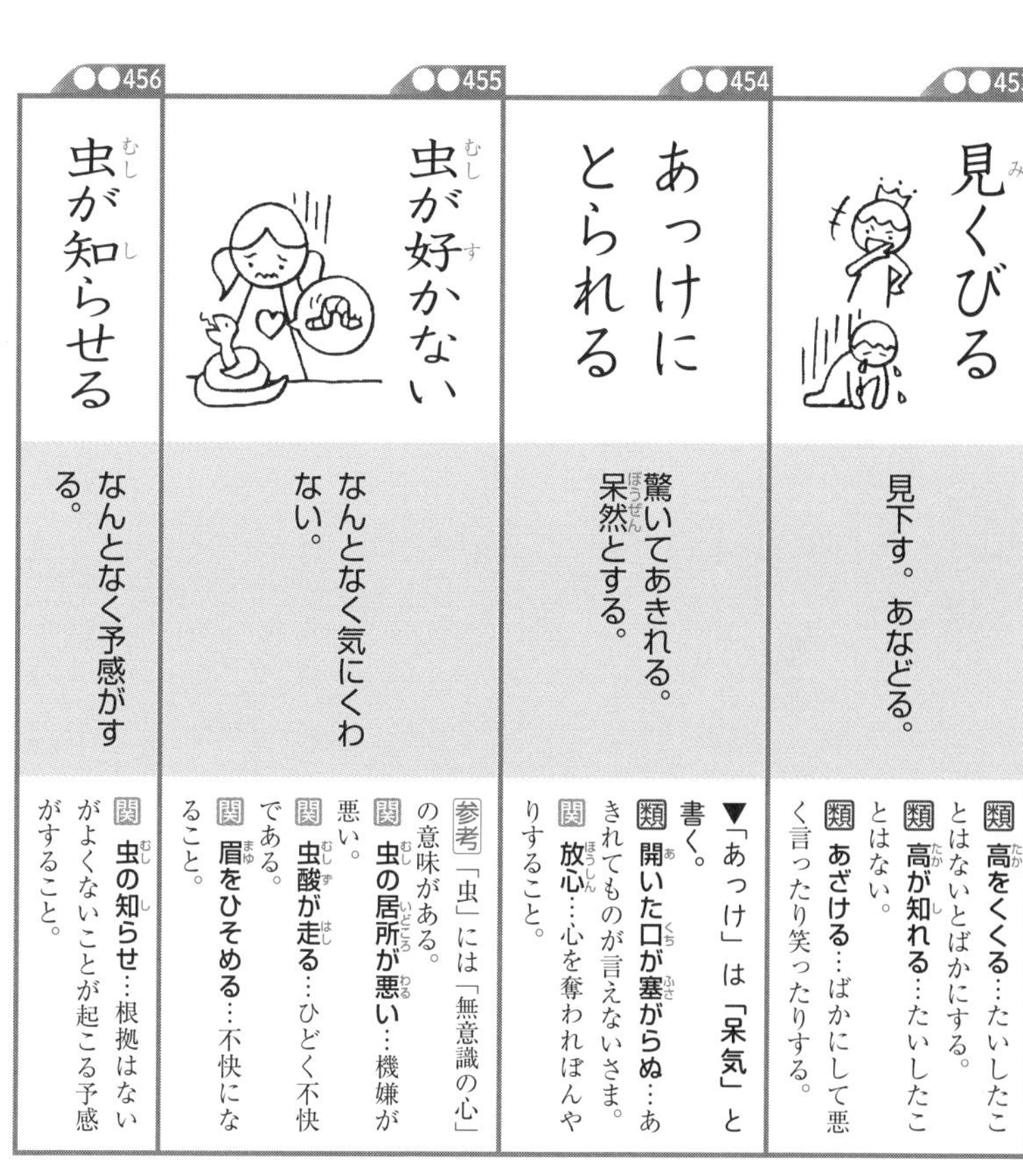

●●453

見くびる

見下す。あなどる。

類 高をくくる…たいしたことはないとばかにする。

類 高が知れる…たいしたことはない。

類 あざける…ばかにして悪く言ったり笑ったりする。

●●454

あっけにとられる

驚いてあきれる。呆然とする。

▼「あっけ」は「呆気」と書く。

類 開いた口が塞がらぬ…あきれてものが言えないさま。

関 放心…心を奪われぼんやりすること。

●●455

虫が好かない

なんとなく気にくわない。

参考 「虫」には「無意識の心」の意味がある。

関 虫の居所が悪い…機嫌が悪い。

関 虫酸が走る…ひどく不快である。

関 眉をひそめる…不快になること。

●●456

虫が知らせる

なんとなく予感がする。

関 虫の知らせ…根拠はないがよくないことが起こる予感がすること。

5 いいかね、おやじさんに頼んだのは鮨につかう上等の米だよ。これがつかえるかい。あんまり**みくびって**もらいたくないもんだ。（野呂邦暢「白桃」）

①取り乱して ②悔しがって
③見下して ④緊張して

6 当の相手も、**あっけにとられた**ようにその場に突っ立ったままであった。（北杜夫『楡家の人びと』）

①困り果てた ②感動におそわれた
③驚きあきれた ④尊敬の念が浮かんだ

7 うちの初子、塚本さんとこの上田さんに気があるらしいんだけど、あたしはどうも上田さんてひと、**虫が好かなくて**ねえ。（幸田文「台所のおと」）

①なんとなく怪しくて
②なんとなく怖くて
③なんとなく気にくわなくて
④なんとなく気味が悪くて

8 馬籠のお師匠さまも**虫が知らせた**と見えて、荒町の方からやっておいでなさる。（島崎藤村『夜明け前』）

①ひそかに連絡が行った
②大急ぎで呼びに行った
③予想どおりだった
④なんとなく予感がした

答▶ 1④　2②　3①　4④　5③　6③　7③　8④

457
面映ゆい（おもはゆい）
照れくさい。
きまりが悪い。
▼スポットを当てられ、恥ずかしいイメージ。

458
ばつが悪い（ばつがわるい）
きまりが悪い。
居心地が悪い。
▼場の雰囲気のため、その場にとどまっていられないこと。「ばつ」は「その場の具合や調子」の意味で、「罰」ではない。
類 **いたたまれない**…それ以上その場にとどまっていられない。それ以上我慢できない。
関 **忸怩**（じくじ）…赤面するほど恥ずかしく思うこと。

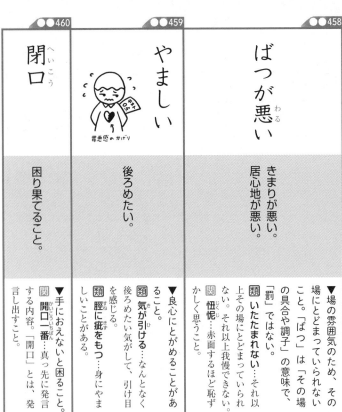

459
やましい
罪悪感のかげり

後ろめたい。
▼良心にとがめることがあること。
類 **気が引ける**（きがひける）…なんとなく後ろめたい気がして、引け目を感じる。
類 **脛に疵をもつ**（すねにきずをもつ）…身にやましいことがある。

460
閉口（へいこう）
困り果てること。
▼手におえないと困ること。
関 **開口一番**（かいこういちばん）…真っ先に発言する内容。「開口」とは、発言し出すこと。

確認問題
次の傍線部の意味を後から選びなさい。

1 おまけに愛ということばは外来語のようでいまひとつ肌に馴染まず、口に出して言うと**面映ゆい**ところがある。（向田邦子『父の詫び状』）
① 後ろめたい　② 照れくさい
③ 気にくわない　④ 気持ちが悪い

2 K氏は駅の改札口を抜けると、コートの襟を立てて顔を隠した。だれかに見られたら**バツがわるい**、と思った。（阿刀田高「ある蒸発」）
① 気持ちが悪い　② 意地が悪い
③ 調子が悪い　④ きまりが悪い

3 胸郭の奥から渇望が喉に上り、つい耐えられなくなって、背広の左ポケットに収めた嗅ぎたばこを**やましい**気分で取り出した。（リービ英雄「千々にくだけて」）
① 仕方がない
② 納得できない
③ 後ろめたい
④ うきうきした

4 例えばアメリカに行くと、多くのアメリカ人のあまりの自己主張の激しさに**閉口する**人が多い。（上田紀行『生きる意味』）
① 困り果てる　② 後悔する
③ なだめられる　④ ためらう

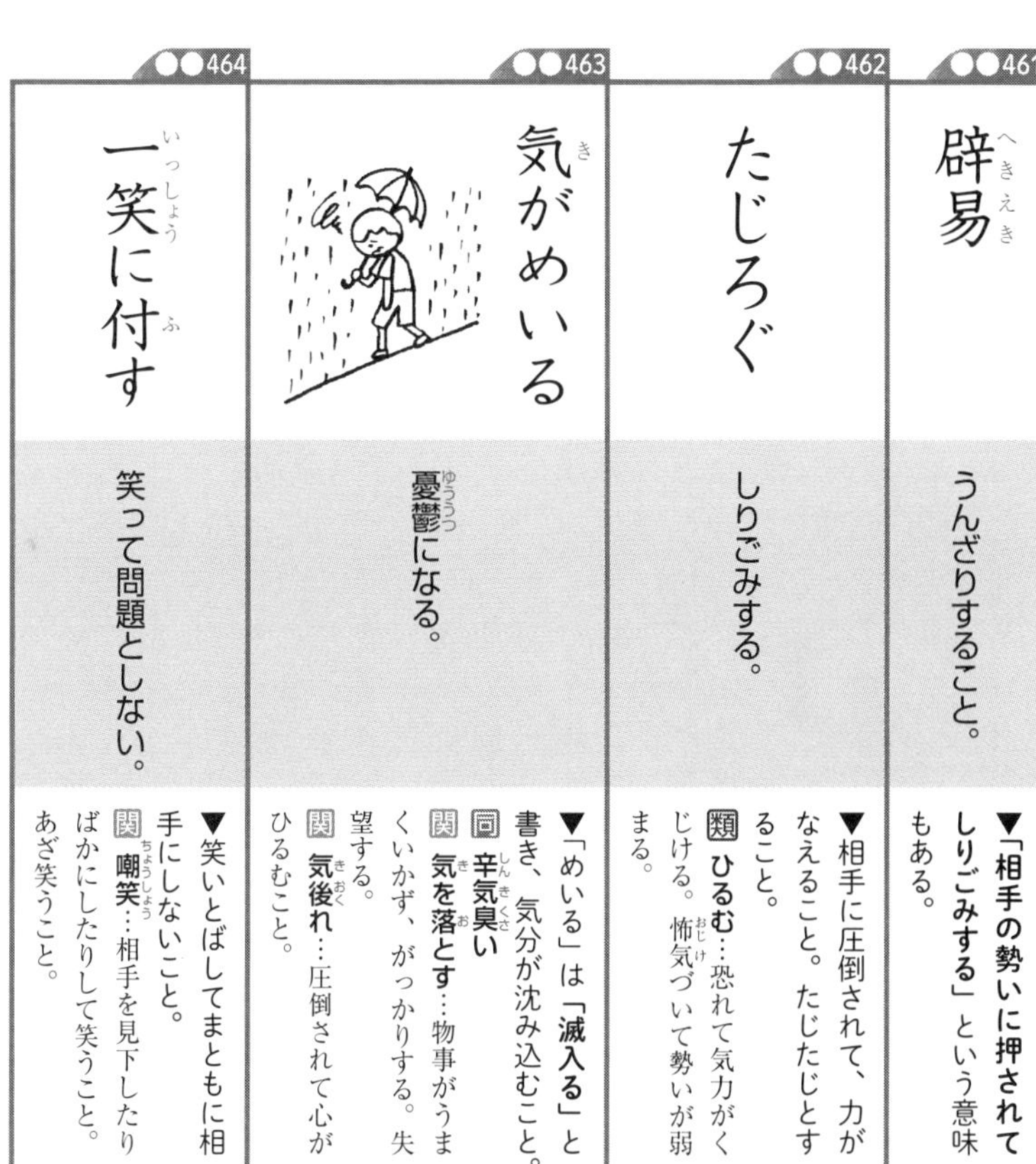

461
辟易（へきえき）
うんざりすること。
▼「**相手の勢いに押されてしりごみする**」という意味もある。

462
たじろぐ
しりごみする。
▼相手に圧倒されて、力がなえること。たじたじとすること。
類 **ひるむ**…恐れて気力がくじける。怖気（おじけ）づいて勢いが弱まる。

463
気（き）がめいる
憂鬱（ゆううつ）になる。
▼「めいる」は「**滅入る**」と書き、気分が沈み込むこと。
同 **辛気臭（しんきくさ）い**
関 **気（き）を落（お）とす**…物事がうまくいかず、がっかりする。失望する。
関 **気後（きおく）れ**…圧倒されて心がひるむこと。

464
一笑（いっしょう）に付（ふ）す
笑って問題としない。
▼笑いとばしてまともに相手にしないこと。
関 **嘲笑（ちょうしょう）**…相手を見下したりばかにしたりして笑うこと。あざ笑うこと。

5 次から次に他人の心を読む子供に母親はあきれ果てて、「この子は頭がいいけれど、全く人を疲れさせちゃうわね」と**辟易した**。（大庭みな子「山姥の微笑」）
①心配した ②うんざりした
③うれしく思った ④激しく怒った

6 ごめん下さい、とみほは男が出て来た右手奥の方へ声をかけた。はあい、と声がして、若い女が現（あら）われた。みほは思いがけない成りゆきに**たじろいだ**。（津村節子『土恋』）
①反発した ②喜んだ
③後悔した ④しりごみした

7 今夜は、父が、どうもこんなに電燈が暗くては、**気が滅入って**いけない、と申して、六畳間の電球を、五十燭（しょく）のあかるい電球と取りかえました。（太宰治「燈籠」）
①気の毒で ②憂鬱になって
③気味が悪くて ④退屈して

8 ただこの案を持って帰って同僚たちに話したら、**一笑に付されそう**に思われてならなかった。（新田次郎『孤高の人』）
①仕方がないと笑われそう
②笑って問題とされなさそう
③かげで笑われそう
④笑いのとれる人気者になれそう

答▶ 1② 2④ 3③ 4① 5② 6④ 7② 8②

465

卑下する

へりくだる。

▼自分を劣った存在としていやしめること。

注意 **「腰が低い」**（→p.233）は、物腰が丁寧で謙虚という意味で、意味が違う。

466

気がせく

焦る。

▼「せく」は漢字では「急く」と書き、気持ちばかり先走ること。

注意 **「気がさす」**は、罪悪感などでなんとなく後ろめたいこと。

関 **気ぜわしい**…急がずにはいられず、落ち着かないさま。

467

しびれを切らす

待ちきれなくなる。

▼長く待たされて我慢しきれない気持ち。

関 **堪忍袋の緒が切れる**…我慢できる限度を超えて、怒りが爆発する。

468

忖度

相手の気持ちをおしはかること。

類 **顔色をうかがう**…相手の機嫌を知ろうとする。

類 **斟酌**…相手の事情に配慮すること。

確認問題

次の傍線部の意味を後から選びなさい。

1 ごく普通にしゃべれば、それでいい。恥じたり、**卑下する**必要はない。おかしな点は、何もない。

（出久根達郎「いつのまにやら本の虫」）

① へりくだる　② 後悔する

③ 見下す　④ あきらめる

2 夜早くお勝手の立仕事を終らせて、燈の下で針を持とうと**気がせく**季節になった。

（青木玉『幸田文の箪笥の引き出し』）

① ためらう　② 憂鬱になる

③ 照れる　④ 焦る

3 米兵が現われる。我々は互いに銃を擬して立つ。彼は遂に私がいつまでも射たないのに**痺れを切らして**射つ。私は倒れる。

（大岡昇平『俘虜記』）

① 納得できなくて　② 待ちきれなくて

③ あきれはてて　④ 腹を立てて

4 日本では、いわゆる本音と建前の使い分けが著しいといわれる。場合によっては、両者の違いが感知できない人、相手の真意が**忖度**できない人間は、鈍感だと片づけられてしまう。

（白井健策「天声人語の七年」）

① おしはかること　② 心配すること

③ 疑問に思うこと　④ すぐわかること

469 断腸の思い（だんちょうのおもい）

強い悲しみや苦しみ。

▼内臓がひきちぎられるほどの悲しみや苦しみ。

参考 中国、晋（しん）の桓温（かんおん）が旅した時、従者が猿の子を捕まえた。母猿がこれを追ってきたが、息絶えてしまった。見ると、母猿の腸は悲しみのあまりずたずたにちぎれていたという『世説新語（せせつしんご）』の故事による。

類 **苦汁（くじゅう）をなめる**…ひどく苦しい思いをする。

関 **苦渋の表情（くじゅうのひょうじょう）**…苦悩に満ちた顔。

関 **慚愧（ざんき）**…自分の過ちを反省し、恥じ入ること。

470 案の定（あんのじょう）

思ったとおりに。

▼多くは、好ましくない予想どおりになることを指す。

471 はたして

思ったとおりに。

▼「だろうか」など、疑問と一緒に使うと、結果を危ぶむ気持ちを表す。

472 思いなしか（おもいなしか）

気のせいか。なんとなく。

▼「**思い做しか**」と書き、気分のみなし方、「そう思うせいか」といった意味。

5 みんながなにかしら**断腸の思い**をこの世に残して死んでいる。（阿刀田高『三角のあたま』）

① 大事な思い出　② 激しい後悔
③ 強い悲しみや苦しみ　④ 大きな疑問

6 見知らぬ子供がいる。一人でぼうっと歩いている。追い越そうとすると、並んできた。小学校に入るか入らぬかくらいの子供である。しばらく黙って並んだ後に、**案の定**話しかけてきた。（川上弘美「困ること」）

① 思いがけなく
② 人に聞いたとおり
③ いつもどおり
④ 思ったとおり

7 私はさんざん迷い悩んだ末、自分の志望についてまだ大石田に疎開している父に手紙を書いた。**はたして**父は反対した。（北杜夫『どくとるマンボウ青春記』）

① 思ったとおりに
② 予想外に
③ いつもどおり
④ 最終的には

8 **思いなしか**青年の顔がまっかになっているように思われた。（寺田寅彦「藤棚の陰から」）

① 思ったとおり　② 気のせいか
③ 思いのほか　④ 気の毒にも

答▶ 1① 2④ 3② 4① 5③ 6④ 7① 8②

3-1 練習問題⑬ ― 心情

吝嗇家(りんしょくか)の心理と生活に共鳴したりするのは、私に加わった知恵ではなく、齢四十にして、私もようやく物欲と常識の世界に落ちつつあるのではないかと思ってみる。実際、私などは現在、理想を追いつづけるか、物欲の世界に落ちるかの、重大な、危険な岐路に立つ年齢にあるのだから、私が吝嗇家に共鳴するのも、一種の危険を伴わないことはない。けれども、一方私はこの頃になって、謡曲「鉢の木」の精神など、ぴしぴしと身を以(もっ)て感ずることが出来、寒夜に鉢の梅の木を切って、客を饗応(きょうおう)した佐野源左衛門の心がよく判(わか)るようになったりしたので、私が吝嗇家に共鳴したりするのも、知恵の歯が一本生えたのではないかと、自惚(うぬぼ)れるのである。

数年前、故郷に在(あ)った頃、私は鶴おじという人と仲好しになった。鶴おじは、私の父より年上だから、その時六十二三であったろう。村でも一二を争う吝嗇家で通っていた。メリヤスのシャツなど着たことがなく、今でも電灯をつけず、洋灯とカンテラをつかっているということだ。(中略)その鶴おじと私とが仲良しになったのだった。

隣村の秋祭りに行って、親戚で御馳走(ごちそう)になってのかえり途(みち)だった。夜になって隣村の在所外れまでかえって来ると、別の途から蹌踉(そうろう)とかえって来る人がある。私の足音を聞きつけて、

「誰ぜえ?」と叫んだ。それが鶴おじだった。

「儂(わし)ぜえ、勇ぜえ。」と私は大きな声で答えた。

「ああ、勇さんか、えらい遠々しかったのう。」

近づいて来ると、鶴おじはそう久闊(きゅうかつ)を叙(じょ)した。二人とも酔っ払っていたので、肩を組み、月夜の中を、村まで帰って来た。親しく口を利いたのは、そ

1 傍線部Aのような心情を言い換えた表現として最も適当なものを次の中から選びなさい。

① 琴線に触れる　② 腕に覚えがある　③ 業を煮やす　④ 固唾(かたず)をのむ

2 傍線部Bにあるような意外だという心情を表現するものとして最も適当なものを次の中から選びなさい。

① 本意　② 閉口　③ 期せずして　④ 案の定

3 傍線部Cについて、このような関係を表現したものとして最も適当なものを次の中から選びなさい。

① 気がせく関係　② 気の置けない関係　③ 忖度(そんたく)する関係　④ 面映(おもは)ゆい関係

4 傍線部Dのような好きだという心情を表現したものとして最も適当なものを次の中から選びなさい。

① 鼻につく　② 膝(ひざ)を打つ　③ 目がない　④ 歯が浮く

の時が初めてであった。それ以来、私と鶴おじとは^C意気投じて、仲の良い飲み友達になった。祝言や棟上げなどの酒事に招かれて落ち合う度に、私と鶴おじとはいつも席を並べ、宴が果てた後まで居残って、盃（さかずき）を差しつ差されつ、箸拳（はしけん）を打ったり、草津節や小原節を歌ったりするのだった。鶴おじは青髭（あおひげ）が濃く、眉が太く、子供の時からの印象では、おっかない人に思われていたのに、一緒に酒を飲んでみると、大口開けてよく笑い、女子衆をからかったり、無邪気な老人であった。酒場の長いのでは定評があり、その鶴おじとつき合うので、私もまた長っ尻の定評を取ったものである。

「勇さん、もう東京へ行かんで、田舎へいたや。」と、何度も鶴おじは繰りかえした。

「そうじゃのう。田舎で呑気（のんき）に暮らしてもええが……」と私は煮えきらない笑いを浮かべながら、話を受けるのであった。

「儂や、^Dほかに何（な）んにも楽しみはない、仕事するばアの楽しみよえ。」とも鶴おじは言った。

「そう、仕事に越した楽しみがあるかえ。」

「儂ァ、人から悪口言われることもあるけんど、どう言われても、仕事が儂の病じゃけん、やめれないわえ。」

私は、酒脂でテラテラ光る鶴おじの額を眺めながら、相槌（あいづち）を打った。

^E「えらいもんじゃ、遣（や）り上げたのう。」と私が感心すると、

「財産というものは、仕事をして、金を使いさやせにゃ出来るもんよえ。」と鶴おじは鼻先で答えた。自信のほどもうかがえる。鶴おじは、五段（ごたん）百姓から、村でも指折の百姓になったのである。

（上林暁「不思議の国」）

5 傍線部Eのような心情を表現したものとして最も適当なものを次の中から選びなさい。

① 脱帽する　② 身を焦がす
③ いぶかる　④ やましい

6 この小説の表現上の特徴を説明したものとして最も適当なものを次の中から選びなさい。

① 人物の心情描写よりも背景となる自然や風景の客観的描写に力点が置かれている。
② 「私」と「鶴おじ」との関係の深まりが、簡潔な会話文により表現されている。
③ 吝嗇のあまり村人から相手にされない人物の堕落の過程を冷静な筆致で描いている。
④ 物欲を象徴する「鶴おじ」と、仕事の理想を求める「私」とを対比させる構成である。

答▶ 1①　2③　3②　4③　5①　6②

473 居丈高（いたけだか）

人を威圧するような態度。

参考 **「座ったときの背が高いこと」**がもともとの意味。そこから**「座ったまま身をぐっと反らせて大きく見せること」**を意味するようになり、**「上から目線で、圧力をかける様子」**を表すようになった。

類 **横柄（おうへい）**…人を見下したような無礼な態度。

474 慇懃（いんぎん）

礼儀正しく丁寧な態度。

注意 表面上は丁寧だが実は見下した態度を**「慇懃無礼（いんぎんぶれい）」**という。**「慇懃」と「慇懃無礼」では意味が逆になる。**

475 うやうやしい

相手を敬い、礼儀正しく丁寧な態度。

▼慎み深く、相手を敬う態度。漢字では**「恭しい」**で、「恭」は神にお供えをする態度。

476 うろんな

疑わしくて怪しい、信用できない様子。

▼漢字では**「胡乱な」**で「胡」はデタラメを意味する。**「確かでないこと・真実かどうか怪しいこと」**の意味もある。

類 **胡散臭い（うさんくさい）**…様子や態度がどことなく怪しい。疑わしい。

確認問題

次の傍線部の意味を後から選びなさい。

1 少年が鉄屑（てつくず）を盗もうとしていることに気づいた信雄は**居丈高に**叫んだ。（宮本輝『泥の河』）

①感情をおさえた威厳ある態度で
②横から割り込むような態度で
③他人の威を借りたいばった態度で
④威圧するようなきっぱりとした態度で

2 私は、いまこの井の頭公園の林の中で、一青年から頗る（すこぶる）**慇懃に**煙草（たばこ）の火を求められた。（太宰治「作家の手帖」）

①礼儀正しく　②親しみを込めて
③無礼にも　④敬意もなく

3 理事長は今度は連れの事務長とかいう中年紳士に「これだけの木は保存したいものだな」と言った。事務長は**うやうやしく**頭を下げた。（加賀乙彦『雨の庭』）

①緊張して　②黙って
③礼儀正しく　④親しげに

4 怠け者のようにぶらぶら歩く**胡乱な**者を呼びとめたら、一人は鉄道員で、もう一人は月給をもらいたての工場の事務員であった。（井伏鱒二「多甚古村」）

①元気いっぱいな　②疑わしくて怪しい
③頼りなさそうな　④にぎやかな

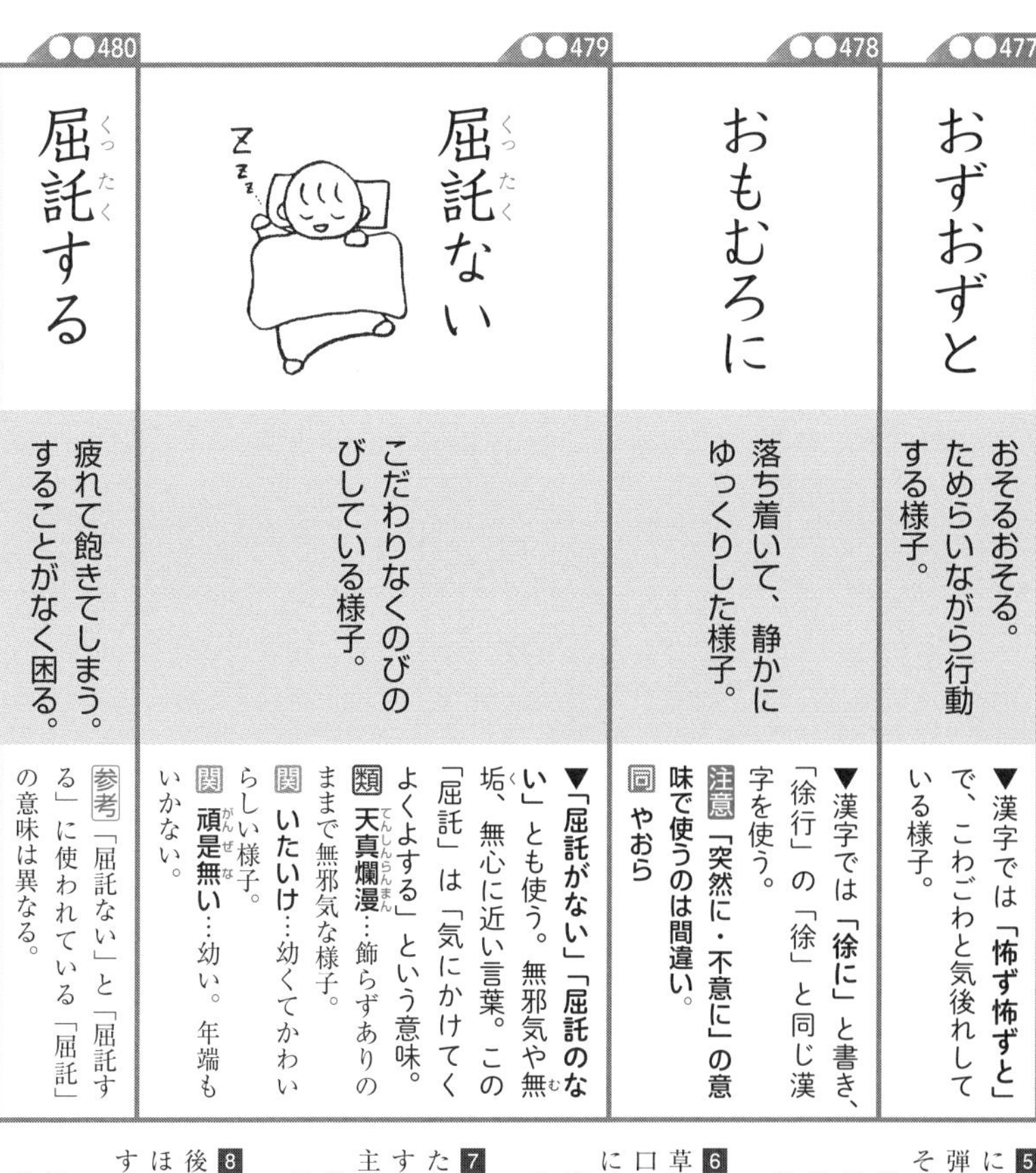

477
おずおずと
おそるおそる。ためらいながら行動する様子。

▼漢字では「**怖ず怖ずと**」で、こわごわと気後れしている様子。

478
おもむろに
落ち着いて、静かにゆっくりした様子。

▼漢字では「**徐に**」と書き、「徐行」の「徐」と同じ漢字を使う。

注意 **「突然に・不意に」の意味で使うのは間違い。**

同 **やおら**

479
屈託(くったく)ない
こだわりなくのびのびしている様子。

▼**「屈託がない」「屈託のない」**とも使う。無邪気や無垢(むく)、無心に近い言葉。この「屈託」は「気にかけてくよくよする」という意味。

類 **天真爛漫(てんしんらんまん)**…飾らずありのままで無邪気な様子。

関 **いたいけ**…幼くてかわいらしい様子。

関 **頑是無い(がんぜない)**…幼い。年端もいかない。

480
屈託(くったく)する
疲れて飽きてしまう。することがなく困る。

参考 「屈託ない」と「屈託する」に使われている「屈託」の意味は異なる。

5 ふたりは語り始めた。どちらも積極的に人に近づいていく性格ではなかったから、会話は弾まず、**おずおずとした**調子のもので、機会もそう多くはなかった。（松村栄子「僕はかぐや姫」）

① のびのびとした ② とげとげとした ③ おそるおそるとした ④ きびきびした

6 われはその金口の外国煙草からおのが安煙草に火をうつして、**おもむろに**立ちあがり、金口の煙草を力こめて地べたへ投げ捨て靴の裏でにくしみにくしみ踏みにじった。（太宰治「盗賊」）

① 突然に ② ためらいがちに ③ 思い出したように ④ ゆっくりと

7 ときに碧郎が**屈託なく**はしゃいで大笑いしたりすると、げんは母をはばかってびっくりとする。その点碧郎は何の心遣いもないのんき坊主だった。（幸田文『おとうと』）

① とても不作法に ② 何のこだわりもなく ③ ひどく乱暴に ④ 少しの思慮もなく

8 そう言ってさっさと廊下を歩いて行く兄の後姿を、道子は顔を上げてじっと見ていたが、ほーっと吐息をついて縫い物を畳の上に置いた。すると急に**屈托して**来て、大きな脊伸びをした。（岡本かの子「快走」）

① 飽きてしまって ② 興奮して ③ 心配になって ④ 眠くなって

答▶ 1④ 2① 3③ 4② 5③ 6④ 7② 8①

481

健気(けなげ)

感心なほど努力している様子。

▼特に弱い者ががんばっている様子。

同 殊勝(しゅしょう)

関 堅気(かたぎ)…地道でまじめなこと。

482

しおらしい

控(ひか)えめで弱々しい様子。

▼遠慮深く、奥ゆかしいという意味もある。

類 可憐(かれん)…はかなげでかわいらしい様子。

483

さかしら

利口ぶった、こざかしい様子。

▼漢字で「賢しら」で、自分は賢いのだという態度。

484

さめざめ

声を抑えて、静かに涙を流す様子。

▼声を上げる慟哭(どうこく)・号泣(ごうきゅう)ではなく、静かに泣き続けるさま。

類 しくしく…弱々しく静かに泣くさま。

類 めそめそ…声を立てないで弱々しく泣くさま。すぐに涙ぐむさま。

関 嗚咽(おえつ)…こらえきれずしゃくり上げて泣くこと。

関 おいおい…声を上げて泣くさま。

確認問題

次の傍線部の意味を後から選びなさい。

1 旅館のご主人と女将(おかみ)さんが、口を揃(そろ)えて「ほんとうによく働いてくれる、**けなげな**いい子です」とほめる。（俵万智『ひまわりの日々』）

① のんきな ② 感心な
③ 利口な ④ かわいげのある

2 まきには落着いた母性的の分別が備わって、姿形さえ優しく整うし、ひろ子にはまた、**しおらしく**健気な娘の性根が現われて来た。（岡本かの子「蔦の門」）

① 利口ぶってこざかしく
② 控えめで弱々しく
③ 服装が乱れだらしなく
④ 冷淡でそっけなく

3 **さかしらな**心を排し俗情を去って自然と相依相関に生きるとき、そこに自然とのつき合いの醍醐味(だいごみ)が生まれました。（藤原成一『風流の思想』）

① 逆さまの ② 利口ぶった
③ わがままな ④ 意地の悪い

4 二度とは着ないと思われる――そして実際着なかった――晴着を着て座を立った母上は内外の母親の眼(め)の前で**さめざめと**泣き崩れた。（有島武郎「小さき者へ」）

① 声を上げて悲しげに
② 声高く聞こえるように

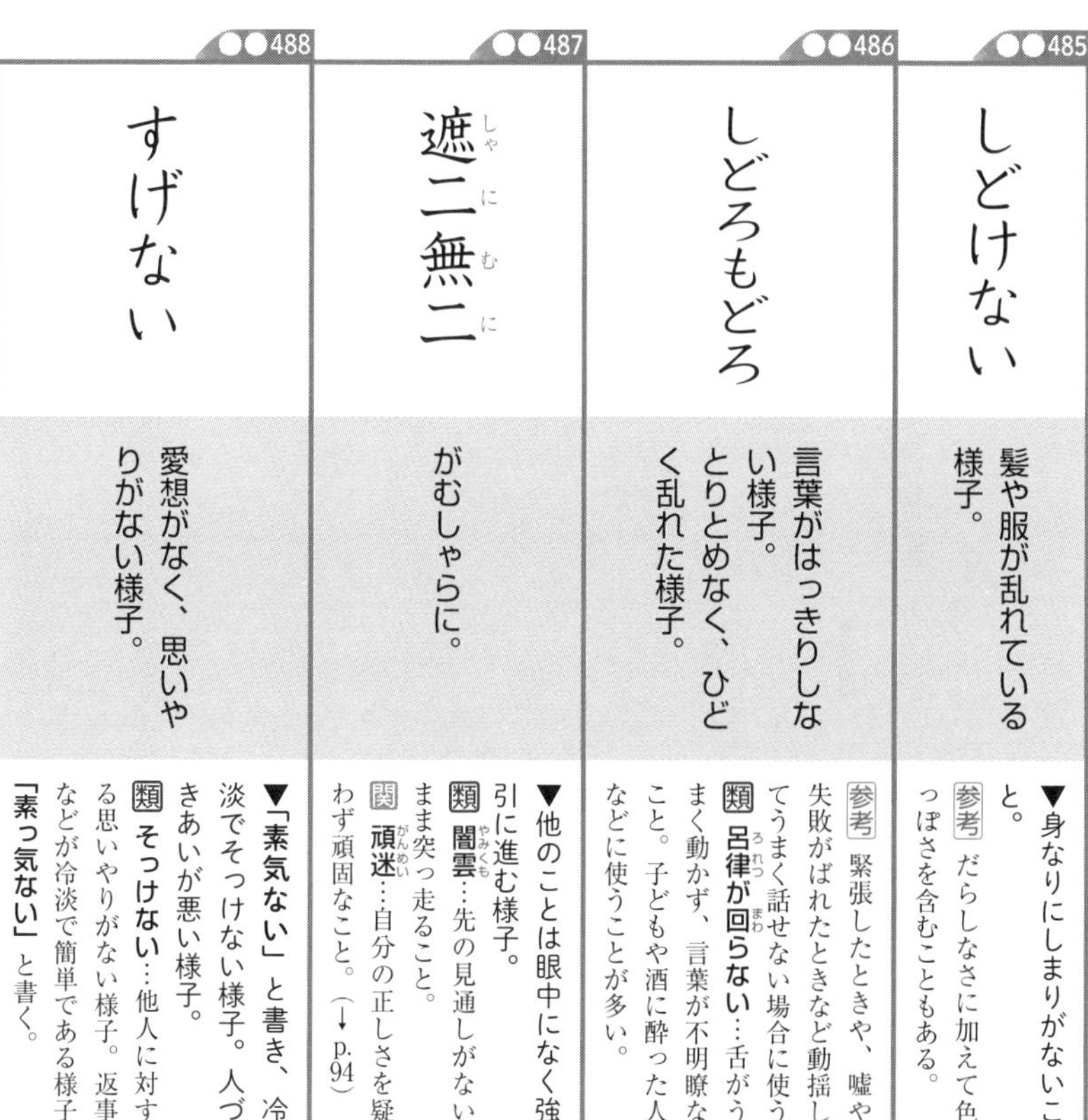

485 **しどけない**

髪や服が乱れている様子。

▼身なりにしまりがないこと。

参考 だらしなさに加えて色っぽさを含むこともある。

486 **しどろもどろ**

言葉がはっきりしない様子。とりとめなく、ひどく乱れた様子。

参考 緊張したときや、嘘や失敗がばれたときなど動揺してうまく話せない場合に使う。

類 **呂律が回らない**…舌がうまく動かず、言葉が不明瞭なこと。子どもや酒に酔った人などに使うことが多い。

487 **遮二無二**（しゃにむに）

がむしゃらに。

▼他のことは眼中になく強引に進む様子。

類 **闇雲**…先の見通しがないまま突っ走ること。

関 **頑迷**…自分の正しさを疑わず頑固なこと。（→p.94）

488 **すげない**

愛想がなく、思いやりがない様子。

▼「**素気ない**」と書き、冷淡でそっけない様子。人づきあいが悪い様子。

類 **そっけない**…他人に対する思いやりがない様子。返事などが冷淡で簡単である様子。「**素っ気ない**」と書く。

③ 声を抑えて静かに
④ 大きな声を出して激しく

5 濃いグリーンに細縞の唐桟の着物にえんじの半襟をのぞかせて帯は**しどけないほど**下めに、ざんぐりと締めていられた。（志村ふくみ『母なる色』）

① 若々しいくらい
② 洗練されているくらい
③ 個性的で独特なくらい
④ しまりなく乱れているくらい

6 そしてこの挨拶の**しどろもどろ**を取り直すつもりで、胸を張って出来るだけ尤もらしい顔付をして端坐した。（牧野信一「地球儀」）

① しつこい様子　② しらけた様子
③ ためらう様子　④ ひどく乱れた様子

7 僕は母の柔かい膝に**しゃにむに**顔を埋めてわびた。母の子になる、とあらんかぎりの声をあげた。（李恢成「砧をうつ女」）

① がむしゃらに　② こっそりと
③ あわてて　④ ゆっくりと

8 それだのに、この人に逢っていると又昔のように、向うで**すげなく**すればするほど、自分の痕を相手にぎゅうぎゅう捺しつけなくては気がすまなくなって来そうだ。（堀辰雄「菜穂子」）

① 愛想なく冷淡に　② 優しく一生懸命に
③ のんきに　④ しっかりまじめに

答▶ 1② 2② 3② 4③ 5④ 6④ 7① 8①

489
隅に置けない
あなどれない様子。油断できない様子。

▼思いのほか、知識や技量があって油断できないこと。「思いのほか」「意外」「案外」といったニュアンスを含む。
参考「隅」は中央から離れた端の方、目立たない所のこと。

490
すれっからし
世間ずれして悪賢い。

▼「擦れっ枯らし」と書き、さまざまな経験をして、世慣れてずる賢いこと。
類 世知に長ける…世渡りの知恵がある。
関 狡猾…悪賢くてずるいこと。

491
そつがない
無駄がない。

▼手落ちや手抜かりがないこと。
類 如才ない…雑な振る舞いや手抜かりがないこと。

492
ぞんざい
言動が荒っぽくて、丁寧でない様子。

▼乱暴で不作法な様子。「いいかげんな様子」という意味もある。
参考 人に対して、「ぞんざいな扱い」と使う場合は、「思いやりのない、冷淡な扱い」を表すことがある。

確認問題
次の傍線部の意味を後から選びなさい。

1 信子の義妹たちに取り入って、その家庭教師のような役を買って出て以来、鮎太は木原をも**隅に置けない**奴だと思っている。　（井上靖『あすなろ物語』）
①いいかげんでない　②弱気でない
③あなどれない　④地味ではない

2 あんな、**すれっからし**の女なんかあきらめろといったふうな表現で園子をこきおろしてやりたかった。　（新田次郎『孤高の人』）
①利口ぶって得意げな
②世間ずれして悪賢い
③厚かましくて勝手な
④しまりがなくてだらしない

3 顔をつき合せ、話のやりとりも**そつがない**のに、頭はまるで相手とかかわりない思考にとらわれている自分を、緒方は、惨酷な、冷たい奴と思う。　（尾崎一雄「痩せた雄鶏」）
①落ち着きがない　②こころがない
③だらしない　④無駄がない

4 汚れた割烹着の女が**ぞんざいに**親子丼をはこんできたので、とたんに食欲がなくなったのかもしれない。　（常盤新平「おふくろとアップル・パイ」）
①荒っぽく不作法に　②静かにゆっくりと

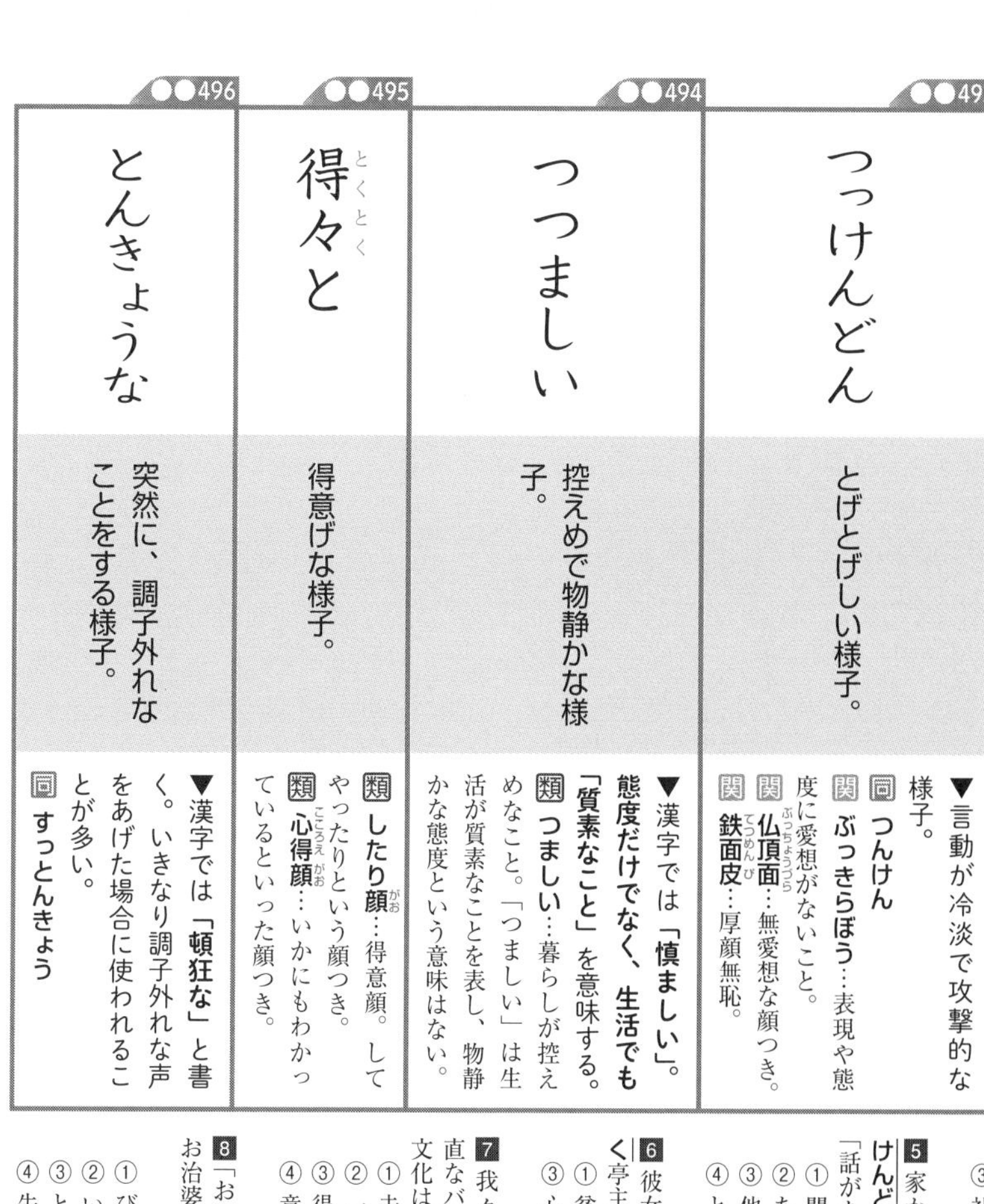

●●493

つっけんどん

とげとげしい様子。

▼言動が冷淡で攻撃的な様子。

同 つんけん

関 ぶっきらぼう…表現や態度に愛想がないこと。

関 仏頂面（ぶっちょうづら）…無愛想な顔つき。

関 鉄面皮（てつめんぴ）…厚顔無恥。

●●494

つつましい

控えめで物静かな様子。

▼漢字では「慎ましい」。態度だけでなく、生活でも「質素なこと」を意味する。

類 つましい…暮らしが控えめなこと。「つましい」は生活が質素なことを表し、物静かな態度という意味はない。

●●495

得々（とくとく）と

得意げな様子。

類 したり顔（がお）…得意顔。してやったりという顔つき。

類 心得顔（こころえがお）…いかにもわかっているといった顔つき。

●●496

とんきょうな

突然に、調子外れなことをする様子。

▼漢字では「頓狂な」と書く。いきなり調子外れな声をあげた場合に使われることが多い。

同 すっとんきょう

③ 礼儀正しく丁寧に　④ 控えめに愛想なく

5 家から三足とはなれないうち、つねは**突っけんどんに**いった。
「話があるんだよ」（野上弥生子「笛」）

① 関心なさそうに
② あきらめたように
③ 他人の威を借りて
④ とげとげしく

6 彼女はよそ行きの微笑を浮べて、**つつましく**亭主のうしろに立っていた。（福永武彦「海市」）

① 貧しげで惨めに　② 控えめで物静かに
③ 心配しながら　④ 礼儀正しく丁寧に

7 我々の生活が健康である限り、西洋風の安直なバラックを模倣して**得々としても**、我々の文化は健康だ。（坂口安吾「堕落論」）

① 未来に期待したとしても
② 一人で安心したとしても
③ 得意げになったとしても
④ 意欲満々になったとしても

8「おや、まあ」
お治婆さんは**頓狂な**声で叫んだ。（加藤幸子「海辺暮らし」）

① びっくりして気を失いそうな
② いきなり調子外れになった
③ とっさに怒りをごまかそうとした
④ 失望してうちひしがれたような

答▶ 1③　2②　3④　4①　5④　6②　7③　8②

497

躊躇（ちゅうちょ）

ためらうこと。決心がつかず、ぐずぐずすること。

参考「躊躇う」と書いて「ためらう」と読む。
類 二の足を踏む…ためらう。しりごみする。
類 優柔不断…ぐずぐずして、決断力に欠けること。
関 怯懦…臆病で意志の弱い様子。いくじなし。

498

みだりに

むやみやたらと。

▼しっかりした理由もなく好き勝手にということ。許しもないのに勝手にする様子。
類 恣に…自分の思うままに振る舞うこと。
類 野放図…勝手気まま。脱線ぎみであること。

499

身も世もない（み・よ）

深い悲しみで、取り乱す様子。

▼あまりの悲しさに自分のことも世間のことも、気にする余裕などない様子。
関 断腸の思い…強い悲しみや苦しみ。（↓p.217）

500

無造作（むぞうさ）

手間ひまかけないこと。

▼作りこまず、簡単にこなすこと。「無雑作」とも書く。
関 造作ない…たやすい。

確認問題

次の傍線部の意味を後から選びなさい。

1 「いえ信念さえあればだれでも悟れます」と宜道は**躊躇**もなく答えた。（夏目漱石「門」）
① 疑うこと ② 怒ること
③ ためらうこと ④ 悲しむこと

2 私にはきれいな花を罪もないのに**みだりに**鞭うつと同じような不快がそのうちにこもっていたのです。（夏目漱石「こころ」）
① 大量に ② むやみやたらと
③ あからさまに ④ いいかげんに

3 泣いているのはあき子であった。両の掌を顔に当て、肩を小さく波打たせながら、烈しく嗚咽していた。**身も世もなく**悲歎にくれているといった、泣き方だった。（井上靖『しろばんば』）
① 取り乱すように ② 一点に集中して
③ 落ちこむように ④ おじけづいて

4 丁度私たちの座席のそばにきて、そこで足をとめたのも、まあ乗り込んだだけで仕方がない、というように混雑に負けた顔をして、網棚を見上げるでもなく、**無造作に**袋や包みを下に置いた。（佐多稲子「三等車」）
① 先を越されないように素早く
② 仕方なくぐずぐずと
③ 慎重にやらず投げやりに

501

物々しい（ものものしい）

厳重でいかめしい様子。

▼大げさで、目に見えて厳重であるさま。

類 **仰々しい**（ぎょうぎょうしい）…いかにも立派そうに見せる様子。

502

ひたむき

一つのことだけに心を向ける様子。

▼一つのことに一生懸命になる様子。漢字では**「直向き」**で、脇目（わきめ）も振らず進むさま。

503

吝嗇（りんしょく）

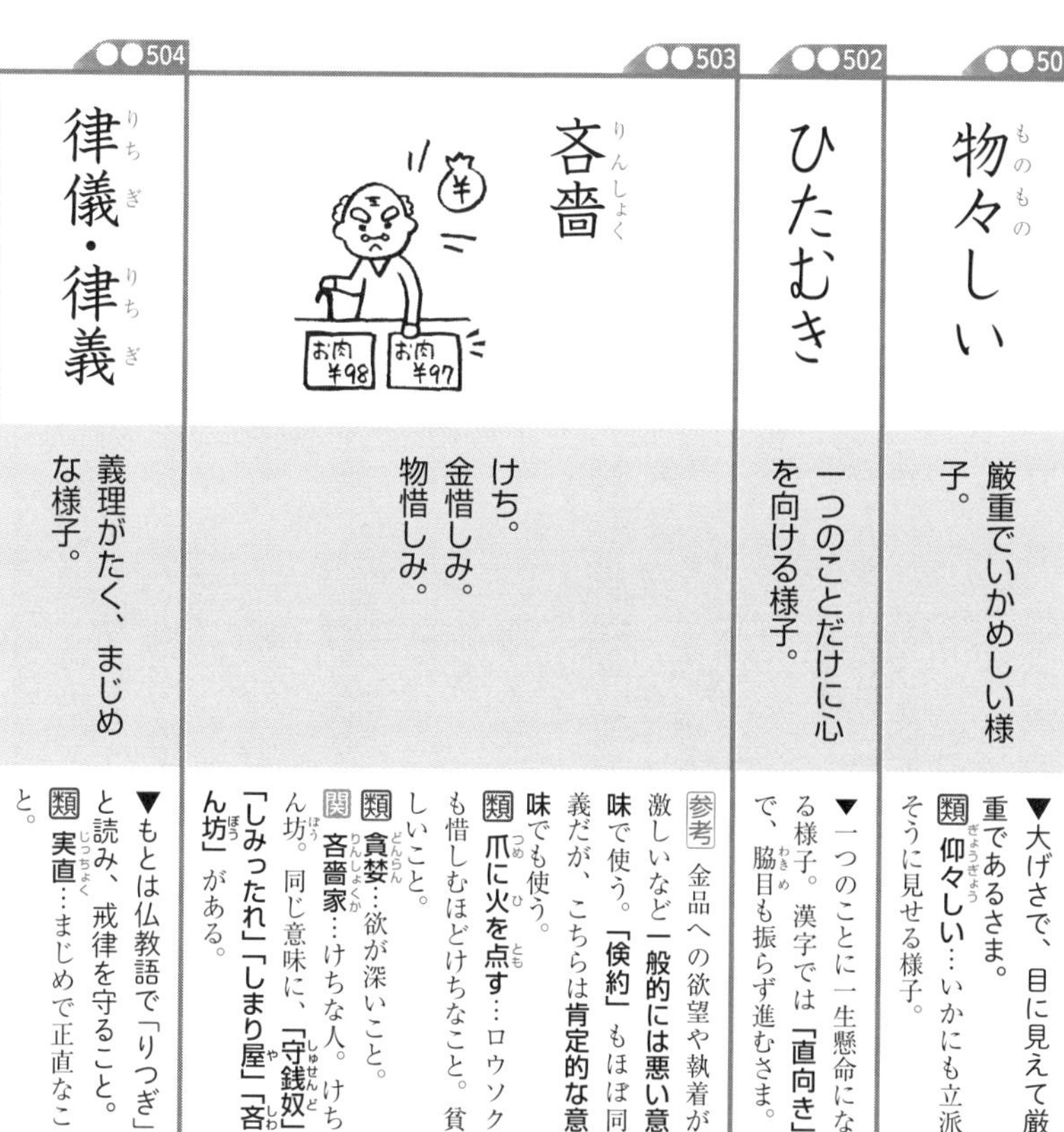

けち。金惜しみ。物惜しみ。

参考 金品への欲望や執着が激しいなど**一般的には悪い意味**で使う。**「倹約」**もほぼ同義だが、こちらは**肯定的な意味**でも使う。

類 **爪（つめ）に火（ひ）を点（とも）す**…ロウソクも惜しむほどけちなこと。貧しいこと。

類 **貪婪**（どんらん）…欲が深いこと。

関 **吝嗇家**（りんしょくか）…けちな人。けちん坊（ぼう）。同じ意味に、**「守銭奴（しゅせんど）」「しみったれ」「しまり屋（や）」「吝（しわ）ん坊（ぼう）」**がある。

504

律儀（りちぎ）・律義（りちぎ）

義理がたく、まじめな様子。

▼もとは仏教語で「りつぎ」と読み、戒律を守ること。

類 **実直**（じっちょく）…まじめで正直なこと。

---

④ いらだたしげに荒っぽく

5 年の暮で人の往来がかなりはげしかったが、**ものものしい**山支度をして、スキーを担いでいく加藤の姿は目立つらしく、物珍しそうにじろじろ見ていく人がいた。（新田次郎『孤高の人』）

① 無駄がない ② 大げさでいかめしい
③ 質素で情けない ④ 派手に飾り立てた

6 宗久や宗及に対するときは、商取り引きの打算を忘れなかった信長も、利休の純な、**ひたむきな**茶への燃えは、これはこれで愛した。（杉本苑子『利休』）

① 一つのことに一生懸命な
② 厚かましく勝手な
③ 礼儀正しく丁寧な
④ 利益を計算した

7 島田は**吝嗇な**男であった。妻のお常は島田よりもなお吝嗇であった。「爪に火を点すってえのは、あの事だね」（夏目漱石『道草』）

① 神経質な ② けちな
③ わがままな ④ 子どもっぽい

8 **律儀に**、精一杯、務める彼は、子供たちや父兄の信頼も厚く、いつのまにか、その塾に欠かせない人となっていました。（山田詠美『学問』）

① 謙虚に物静かに ② こざかしくいばって
③ 型にはまらずに ④ 義理がたくまじめに

答▶ 1③ 2② 3① 4③ 5② 6① 7② 8④

505
あくせく

目先のことに追われ、心に余裕のない様子。

▼漢字では「**齷齪**」と書き、ばたばた落ち着かない様子。

同 **せかせか**

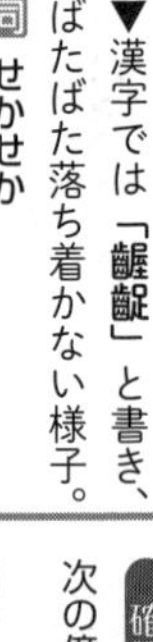

506
あぐらをかく

のんきに構える様子。

▼いい気になって努力もせず、のうのうとしている様子。

類 **安閑**（あんかん）…のんびり、ぼんやりしていること。

類 **悠長**（ゆうちょう）…落ち着いて気が長いこと。

関 **従容**（しょうよう）…普段のようにくつろぐこと。

507
あげつらう

あれこれ良い悪いを論じる。

▼漢字では「**論う**」。「**ささいなことを取り上げて、批判する**」という意味もある。

508
頭（あたま）ごなし

相手の言い分を聞かず、叱りつける様子。

▼最初から一方的に決めつけた態度をとる様子。

参考 「こなす」には「見下げる」という意味がある。

注意 「**頭ごし**」は「**まず働きかけるべき人をさしおいて、直接交渉すること**」で、意味が異なる。

確認問題

次の傍線部の意味を後から選びなさい。

1 都会に出て立身出世を求めて**あくせくしている**うちに、故郷は荒れはててしまっているではないか。（山折哲雄『日本人の宗教感覚』）

① 一生懸命に努力している
② のんきに構えている
③ どっしり構えている
④ 目先のことに追われている

2 私の感受性は優れているのだと**あぐらをかく**のではなくて、感受性を柔軟に働かせ、感受性を表す言葉に自分を乗せて表現する訓練です。（竹西寛子『言葉を恃む』）

① 人の真似をする　② 自分をほめる
③ のんきに構える　④ 宣伝して回る

3 作品の中に描かれた人生、それを**あげつらう**のには、熱心であるけれども、作品の文章には冷淡である。（吉川幸次郎『本居宣長』）

① 議論する　② 公表する
③ 指摘する　④ 賞賛する

4 案内もなく校長室に飛びこむや、折よくソファで対談中だった校長と教頭を、**頭ごなしに**怒鳴りつけたのだった。（浅田次郎『雛の花』）

① 自分の非をさしおいて
② その場だけの判断で

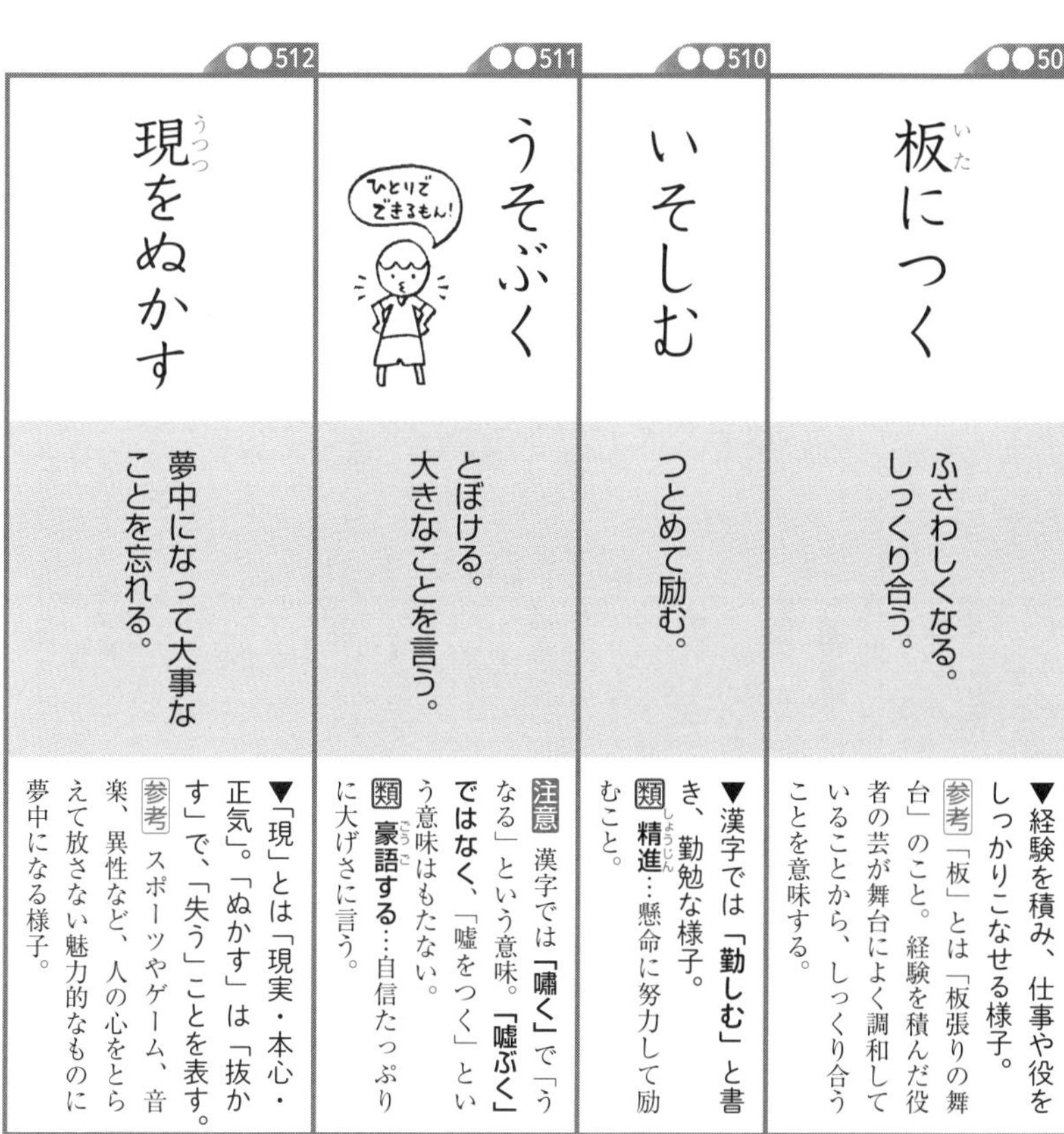

509
板にっく
ふさわしくなる。しっくり合う。

▼経験を積み、仕事や役をしっかりこなせる様子。

参考「板」とは「板張りの舞台」のこと。経験を積んだ役者の芸が舞台によく調和していることから、しっくり合うことを意味する。

510
いそしむ
つとめて励む。

▼漢字では「勤しむ」と書き、勤勉な様子。

類 精進…懸命に努力して励むこと。

511
うそぶく

とぼける。大きなことを言う。

注意 漢字では「嘯く」で「うなる」という意味。「嘘ぶく」ではなく、「嘘をつく」という意味はもたない。

類 豪語する…自信たっぷりに大げさに言う。

512
現をぬかす
夢中になって大事なことを忘れる。

▼「現」とは「現実・本心・正気」。「ぬかす」は「抜かす」で、「失う」ことを表す。

参考 スポーツやゲーム、音楽、異性など、人の心をとらえて放さない魅力的なものに夢中になる様子。

①相手の言い分を聞かず
③状況をよく見て

5 まり子はタバコの喫い方も**板についている**。（阿刀田高『花惑い』）
① 丁寧にしている ② しっくり合っている
③ 落ち着いている ④ 荒っぽい様子である

6 学業に**いそしむ**べき諸君の力を、お借りしなければならなくなった。（吉村昭「陸軍二等兵比嘉真一」）
① つとめて励む ② 急いで進む
③ 忙しくなる ④ 挑戦する

7 今や、日本文化は日本人しか分からないと**うそぶいている**時代は終わったのである。（梅原猛「日本とは何なのか」）
① 大声で言っている
② ひとり言を言っている
③ 大きなことを言っている
④ 嘘をついている

8 急須磨きの趣味は中学一年まで続いた。週に一度、鉱山の社宅から帰ってくる父は急須などに**うつつをぬかしている**長男を厳しくしかっていた。（南木佳士「急須」）
① 一生懸命に努力している
② 得意になって自慢している
③ 義理がたくまじめにしている
④ 夢中になって大事なことを忘れている

答▶ 1④ 2③ 3① 4③ 5② 6① 7③ 8④

●●513

倦むことがない

飽きずに集中する。退屈しない。

▼「倦む」は、飽きていやになること。

関 倦まずたゆまず…ずっと努力を続けるさま。

●●514

御座なり

その場しのぎで、いいかげんに物事を行う様子。

▼誠意がなく、その場をやりすごそうすること。

注意 「なおざり」も「いいかげんに放っておく様子」を表し、問題などを真剣に取り合わず、おろそかにしたり、放っておいたりする様子を表す。

類 姑息…その場しのぎ。

●●515

尾鰭をつける

大げさに言う。

▼事実ではないことが付け足され、話が大きくなること。

類 針小棒大…小さなことを、大げさに誇張して言うこと。

類 大風呂敷を広げる…できそうにない大げさなことを言ったり、計画したりする。

●●516

肩肘を張る

堅苦しい態度を取る。

▼「いかめしい態度でいばる」という意味もある。

関 肩で風を切る…いばった感じで自慢げに歩く。

確認問題

次の傍線部の意味を後から選びなさい。

1 文学座の研究生達や、大学の演劇部の学生たちに、彼の信念を、理想を説いて、**倦むことがなかった**。（芥川比呂志『決められた以外のせりふ』）

① ごまかさなかった ② あわてなかった ③ ためらわなかった ④ 退屈しなかった

2 オレはテレビのナイター中継を観ながら**おざなりな**相槌を打つだけで、親父もあまりしゃべらない。（重松清「かたつむり疾走」）

① その場しのぎでいいかげんな ② おそるおそるためらった ③ 落ち着いてのんびりとした ④ みんなが知っているような

3 おもしろい言い方をしているが、人間は噂に**尾ヒレをつける**くせをもっている。（外山滋比古『傷のあるリンゴ』）

① 深刻な内容をおもしろおかしく語る ② 批評や皮肉を込めて話す ③ 事実を別の事実にすり替える ④ 事実以外を付け加えて大げさに言う

4 わざと**肩肘を張る**のではないかと思えるほどの横柄な所作は、また荒っぽく無雑作に見えた。（岡本かの子「食魔」）

① 落ち着いた態度を取る

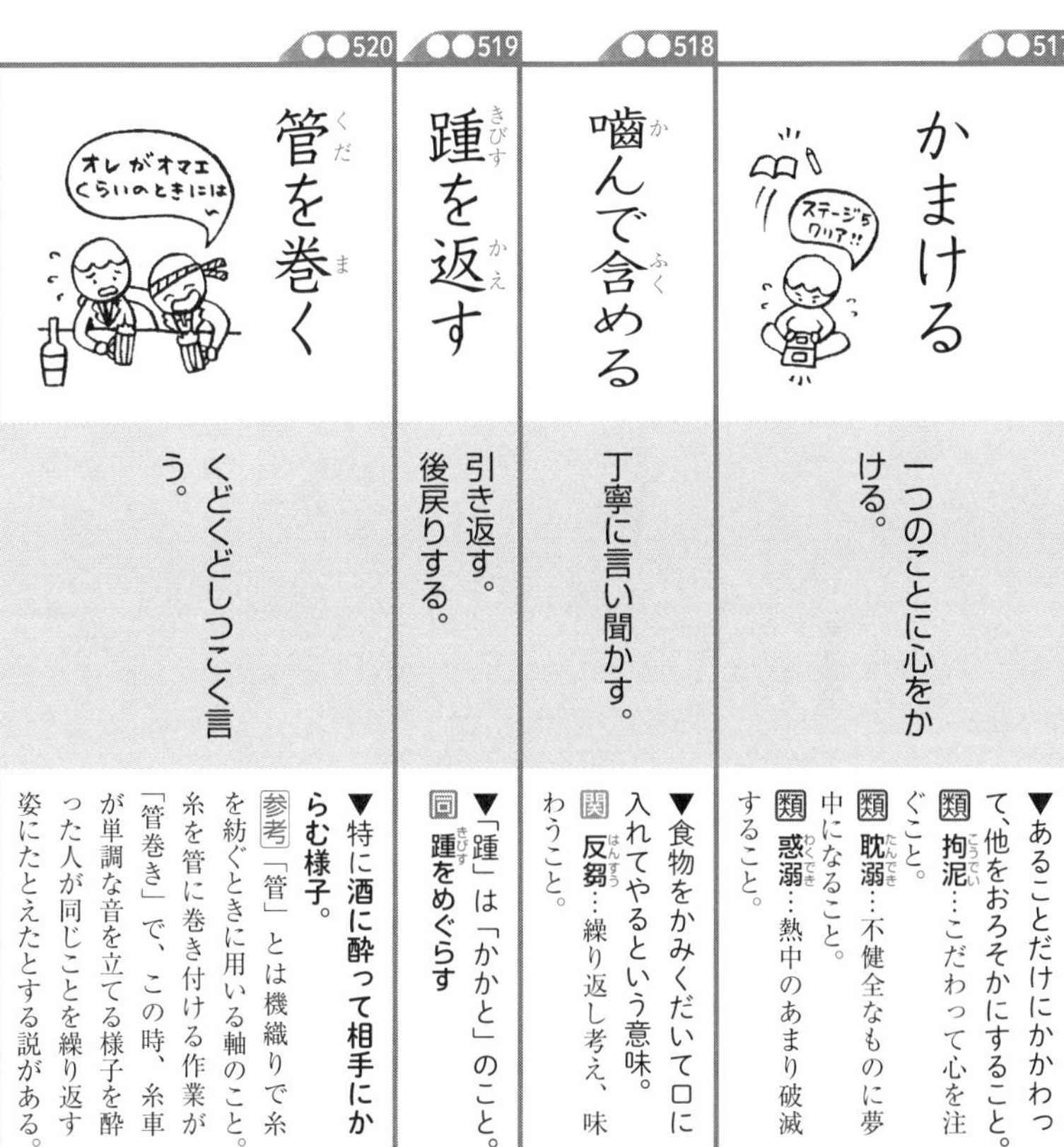

517 かまける

一つのことに心をかける。

▼あることだけにかかわって、他をおろそかにすること。

類 拘泥（こうでい）…こだわって心を注ぐこと。

類 耽溺（たんでき）…不健全なものに夢中になること。

類 惑溺（わくでき）…熱中のあまり破滅すること。

518 嚙（か）んで含（ふく）める

丁寧に言い聞かす。

▼食物をかみくだいて口に入れてやるという意味。

関 反芻（はんすう）…繰り返し考え、味わうこと。

519 踵（きびす）を返（かえ）す

引き返す。後戻りする。

▼「踵」は「かかと」のこと。

同 踵（きびす）をめぐらす

520 管（くだ）を巻（ま）く

くどくどしつこく言う。

▼特に酒に酔って相手にからむ様子。

参考 「管」とは機織りで糸を紡ぐときに用いる軸のこと。糸を管に巻き付ける作業が「管巻き」で、この時、糸車が単調な音を立てる様子を酔った人が同じことを繰り返す姿にたとえたとする説がある。

② 堅苦しい態度を取る
③ だらしがない態度を取る
④ 大げさな態度を取る

5 人なみになるために人なみに働かなければならない日本人は、私生活などに**かまけて**いられないのである。（森本哲郎『あしたへの旅』）

① 心をかけて　② 議論をして
③ 期待をして　④ 面倒をかけて

6 言葉や姿かたちではない、静かな、**嚙んで含める**ような老人の声調を聴いているうちに、彼はまるで夢から覚めたように直感したのだ。（山本周五郎「内蔵允留守」）

① 厳重に注意する　② 丁寧に言い聞かす
③ 遠回しに言う　④ 巧みな言葉を話す

7 農学者はだまって肩をすくめると**踵をかえし**、湖岸の土堤に待たせてあった自動車の方へ草むらを去っていった。（開高健「パニック」）

① 引き返し　② うなずき
③ 振り返り　④ ため息をつき

8 主人の無頓着（むとんちゃく）らしい顔には、富田がいくら**管を巻いても**やはり微笑の影が消えない。（森鷗外「独身」）

① ずけずけと物を言っても
② 丁寧に言い聞かせても
③ 偉そうに物を言っても
④ くどくどとうるさく言っても

答▶ 1④　2①　3④　4②　5①　6②　7①　8④

521
口車に乗る

巧みな言葉にだまされる。
おだてに乗る。

▼「口車」は口先だけの、上手な言い回しのこと。
類 巧言令色…うまい言葉とやわらかい表情で、相手の機嫌をとること。

522
口を切る

初めに発言する。
話し始める。

▼「切る」は「開く」の意味。
類 口火を切る…物事をし始める。話し始める。
関 口を割る…白状する。

523
言葉を濁す

はっきり言わず、曖昧に言う。

注意「濁す」は「濁らせること」を表す。「口を濁す」という言い方があるが、「濁す」のは「口」ではなく「言葉」で、「言葉を濁す」が本来の言い方とされる。
類 持って回る…遠回しに言う。

524
お茶を濁す

いいかげんなことを言ったりしたりして、その場をごまかす。

▼いいかげんにその場を取り繕うこと。
参考「言葉を濁す」は、言葉のみに用いるが、「お茶を濁す」は言動どちらにも用いる。

確認問題 次の傍線部の意味を後から選びなさい。

1 穏和というよりもむしろ無口な彼は、自分でそうと気がつかないうちに、彼に好意をもった夫人の**口車に乗せられて**、最も有利な方面から自分をみんなの前に説明していた。（夏目漱石「明暗」）
① 厚意に感謝して ② おだてに乗せられて
③ おどしを受けて ④ 脇道に外れて

2「何をそんなに考えているの？」私の背後から節子がとうとう**口を切った**。（堀辰雄「風立ちぬ」）
① 怒り始めた ② 返事をした
③ 話を始めた ④ 口答えをした

3 医者に、再発の心配がなさそうなら通院の必要はないでしょう、と迫ると、とりあえず、五年生存率が百パーセントではないわけだから、と**言葉を濁された**。（南木佳士「穂高山」）
① 汚い表現を使われた
② 声をひそめられた
③ 注意してさとされた
④ はっきり言わず、曖昧に言われた

4 そのときは叔母の家に生まれた仔猫を一匹、引き取ることで**お茶を濁した**のだ。（浅田次郎「永遠の緑」）
① その場の雰囲気を悪くした
② 不機嫌になった

525

寿（ことほ）ぐ

言葉で祝福する。祝いの言葉を述べる。

▼**「言祝ぐ」とも書く。**

参考 **「新年を寿ぐ」「初春を寿ぐ」**のように用いる。

526

腰（こし）が低（ひく）い

物腰が丁寧で謙虚な様子。

▼謙虚な態度のことで、**卑屈な態度とは異なる。**

注意 物腰がやわらかいということで、**腰の位置が低いわけでも自分をおとしめているわけでもない。**

対 **腰（こし）が高（たか）い**…人を見下した無礼な様子。横柄な態度。

527

糊（こ）塗（と）

うわべだけごまかすこと。

▼一時しのぎにごまかすこと。「糊」には、ぼやっとさせるという意味がある。

528

地（じ）でいく

理論や説明だけでなく、実際に行う。実践する。

▼**「ありのままに振る舞う」**という意味もある。

参考 仮想や空想の事柄を現実化することを指すことが多い。**「小説を地でいく」「恋愛映画を地でいく」**のように用いる。

③ いいかげんにごまかした
④ あっけにとられた

5 考えてみれば、都市の造営は一棟の建築を建てるときにすでに始まっていた。建築は場所を選び、その場所を**寿ぎ**、その場所への捧げ物として建てられるからである。（山崎正和『装飾とデザイン』）

① 祝福し　② きちんと整理し
③ 美しく清め　④ 安全を祈り

6 二人とも色の褪（あ）せた紺の制服みたいなもので身を固めていた。彼等はばかに**腰が低く**、口数がすくなかった。（阿部昭「司令の休暇」）

① 体つきが小さめで　② 動作が緩慢で
③ 振る舞いが丁寧で　④ 卑屈な態度で

7 やはりいちばんこたえるのは、母親一存の勝手な消費を子どものためだなどと**糊塗している**と云われた点だった。尽（つく）しすぎも衝かれたことばだった。（幸田文「雛」）

① 自慢している　② ごまかしている
③ 小さな声で語る　④ 無駄にしている

8 お世辞を真に受けてはいけない。「聡美は絵が上手」と思われるくらいは良くても、調子に乗って目立ちすぎると、出る杭（くい）は打たれるを**地でいく**ことになる。（村山由佳『星々の舟』）

① 実践する　② 地道に働く
③ 本性が出る　④ 支えとする

答▶ 1② 2③ 3④ 4③ 5① 6③ 7② 8①

529
常軌を逸する（じょうきをいっする）
常識外れなことをする。
▼「常軌」は、「普通のやり方や考え方」。人としての普通の分別を外れることを指す。

530
饒舌（じょうぜつ）
よくしゃべること。
▼口数が多く多弁な様子。
対 寡黙（かもく）…口数が少ないこと。
関 能弁（のうべん）…よどみなく上手に話すこと。
関 雄弁（ゆうべん）…説得力があること。
関 舌が回る（したがまわる）…よどみなくしゃべる。
関 立て板に水（たていたにみず）…よどみなくしゃべる様子。

531
触手を伸ばす（しょくしゅをのばす）
手に入れようと接近する。
▼何かを獲得しようと働きかける様子。
関 食指が動く（しょくしがうごく）…①食べたくなる。②何かをする気になる。

532
身上とする（しんじょうとする）
よい点とする。とりえとする。
参考「身上」は、「身に付けている本領・値打ち」のこと。「しんしょう」と読むときは、「財産・家柄」などを表す。

確認問題
次の傍線部の意味を後から選びなさい。

1 清が坊っちゃんを可愛がるその可愛がり方はいささか**常軌を逸している**。常軌を逸した可愛がり方が滑稽なまでに書かれている。
（三浦雅士『漱石』）
①いいかげんである　②理想を求めている
③常識外れである　④一生懸命である

2 相手が香月さんの言葉にきちんと応対できる年齢になっていたこともあったが、香月さんのほうも大助くんのなかのあきらかな旧友の面影になつかしさが募って、いつもより**饒舌**になっていたのかもしれない。
（堀江敏幸「緩斜面」）
①しつこく言うこと　②軽薄に話すこと
③よくしゃべること　④愚痴を言うこと

3 家康は遠江（とおとうみ）に**触手を伸ばした**ものの、三河（みかわ）の山家三方衆が武田に押さえられたので背後に敵を受けた形となり、苦しい戦いを強いられることになった。
（新田次郎『武田勝頼』）
①手に入れようと近づいた　②旅をした
③隠れて行動した　④誘いをかけた

4 フランスの片田舎で、親から伝わったぼろ家以外には何の財産もなく、教育もないが、ただ、つつましい心持ちだけを**身上として**生活している農夫の家庭にも、彼等の流儀というものがある。
（庄野潤三「あわれときびしさ」）

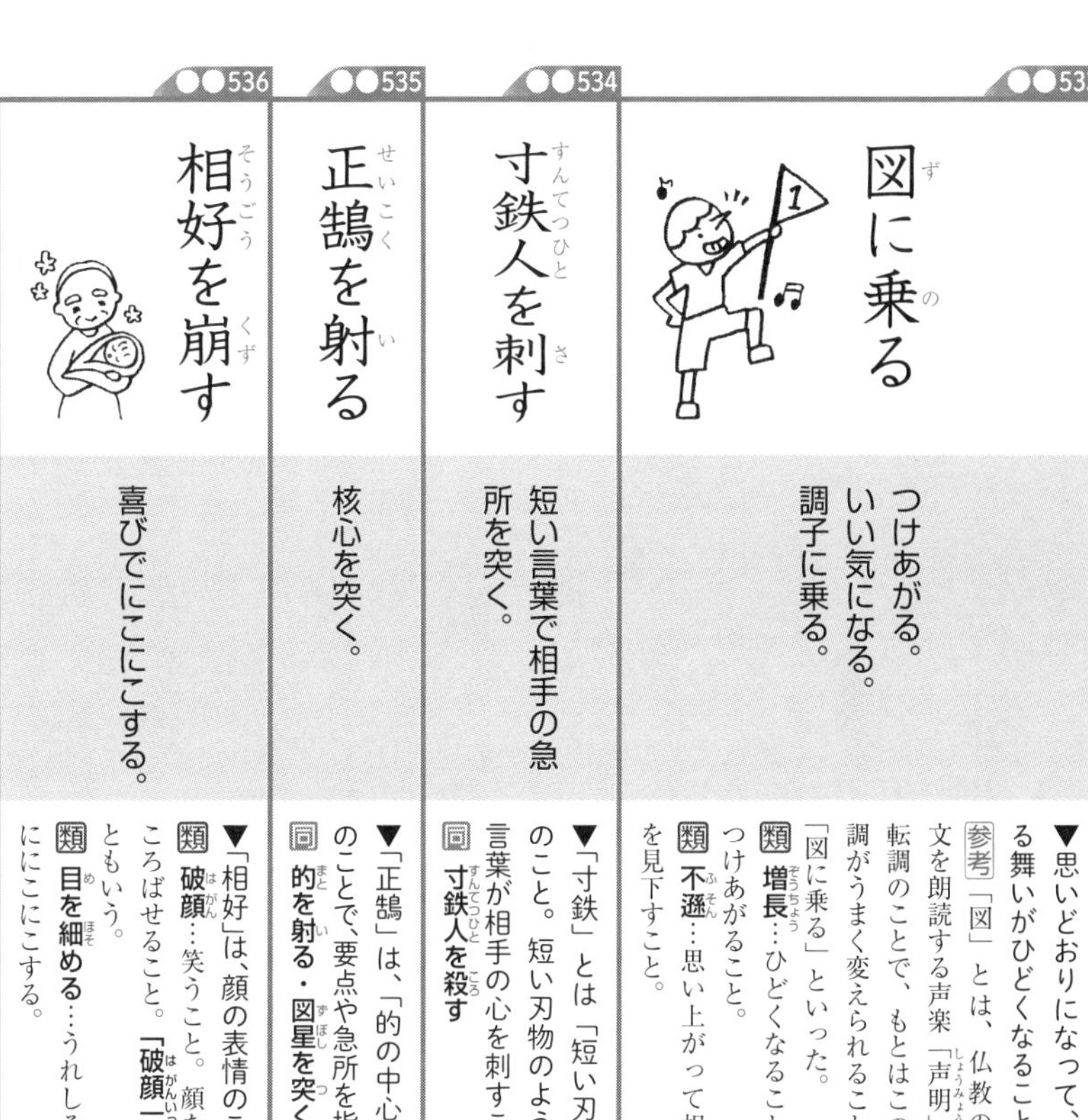

533

図（ず）に乗（の）る

つけあがる。
いい気になる。
調子に乗る。

▼思いどおりになって、振る舞いがひどくなること。

参考「図」とは、仏教の教文を朗読する声楽「声明（しょうみょう）」の転調のことで、もとはこの転調がうまく変えられることを「図に乗る」といった。

類 **増長（ぞうちょう）**…ひどくなること。つけあがること。

類 **不遜（ふそん）**…思い上がって相手を見下すこと。

534

寸鉄人（すんてつひと）を刺（さ）す

短い言葉で相手の急所を突く。

▼「寸鉄」とは「短い刃物」のこと。短い刃物のように言葉が相手の心を刺すこと。

同 **寸鉄人（すんてつひと）を殺（ころ）す**

535

正鵠（せいこく）を射（い）る

核心を突く。

▼「正鵠」は、「的の中心点」のことで、要点や急所を指す。

同 **的（まと）を射（い）る・図星（ずぼし）を突（つ）く**

536

相好（そうごう）を崩（くず）す

喜びでにこにこする。

▼「相好」は、顔の表情のこと。

類 **破顔（はがん）**…笑うこと。顔をほころばせること。**「破顔一笑（はがんいっしょう）」**ともいう。

類 **目（め）を細（ほそ）める**…うれしそうににこにこする。

---

①欠点として ②権利として
③後悔として ④とりえとして

5 そうして、一度踊り出したら、いつまでも**図にのって**、踊っている。（芥川龍之介「ひょっとこ」）

①熱心に ②いい気になって
③大喜びで ④夢中になって

6 エピグラム（箴言（しんげん））が、**寸鉄人を刺す**といわれ、諺（ことわざ）が簡潔であることを特徴とするように、短歌が短いということは、一つのこと、一つの状景を、一瞬のうちに、読む人の心に刻むのに有効なのである。（岡井隆『短歌の世界』）

①人を感動させる ②人をだます
③人に危害を与える ④人の急所を突く

7 「男のロマン」という冒険についての通俗的な表現は案外**正鵠を射ている**。冒険とは、日常性からの跳躍のパフォーマンスである。（平野啓一郎『文明の憂鬱』）

①夢を実現している ②すきを突いている
③核心を突いている ④性に合っている

8 「赤ちゃん、いかが。可愛くおなりでしょうね」「ええとても……」と彼は**相好を崩していた**。（高見順「午後」）

①顔をほころばせ喜んでいた
②緊張がほぐれ安心していた
③なれなれしく振る舞っていた
④親しみを感じくつろいでいた

答▶ 1③ 2③ 3① 4④ 5② 6④ 7③ 8①

537
立つ瀬(たつせ)がない
自分の立場や面目(めんぼく)がない。

▼「瀬」は置かれている立場のこと。
関 **やる瀬(せ)ない**…悲しみや寂しさを晴らせず、つらく切ない。
関 **浮(う)かぶ瀬(せ)**…苦境から抜け出るチャンス。

538
棚(たな)に上(あ)げる
自分の問題にはふれない。知らん顔して問題にしない。

参考 似た言葉の**「棚上げ」**は**「問題の解決などを延期して、今は取りかからないこと」**を表し、「棚に上げる」とは意味が異なる。
関 **俎上(そじょう)に載(の)せる**…「俎上」は「俎板(まないた)の上」のことで、問題として取り上げ、論じたり批評したりすること。

539
たしなめる
おだやかに注意する。

▼悪いところを直すようにさとすこと。
関 **戒(いまし)める**…注意してさとす。戒律など守るべきルールを厳守させる。

540
啖呵(たんか)を切(き)る
歯切れよく鋭い勢いで話す。

▼喧嘩(けんか)などで相手を圧倒するようにまくしたてる様子。

確認問題
次の傍線部の意味を後から選びなさい。

1 先輩には訪問を拒まれ、教会のある人からは道楽息子とまで言われては、彼も**立つ瀬がなかった**ことであろう。（三浦綾子「道ありき」）
① 将来がなかった ② 立場がなかった
③ 希望がなかった ④ 財産がなかった

2 自分のことを**棚に上げて**原因を探す姿勢を取ってみれば、政治家が悪いのであり、役人が悪いのであり、経営者が悪いのであった。（辻井喬『ユートピアの消滅』）
① 問題にしないで ② 解決して
③ 大事に扱って ④ 粗末に扱って

3「そりゃ、失礼だよ。」と私は低い声で言って妻を**たしなめました**。（太宰治「たずねびと」）
① 大げさに批判しました
② 強く怒りました
③ おだやかに注意しました
④ 長い時間叱りました

4 愛されるはずがないんだから、こっちだって愛してやるものかと、はじめから**啖呵を切っている**ようなものだ。（三浦雅士『漱石』）
① 見下している ② もてあそんでいる
③ とぼけている ④ 歯切れよく話している

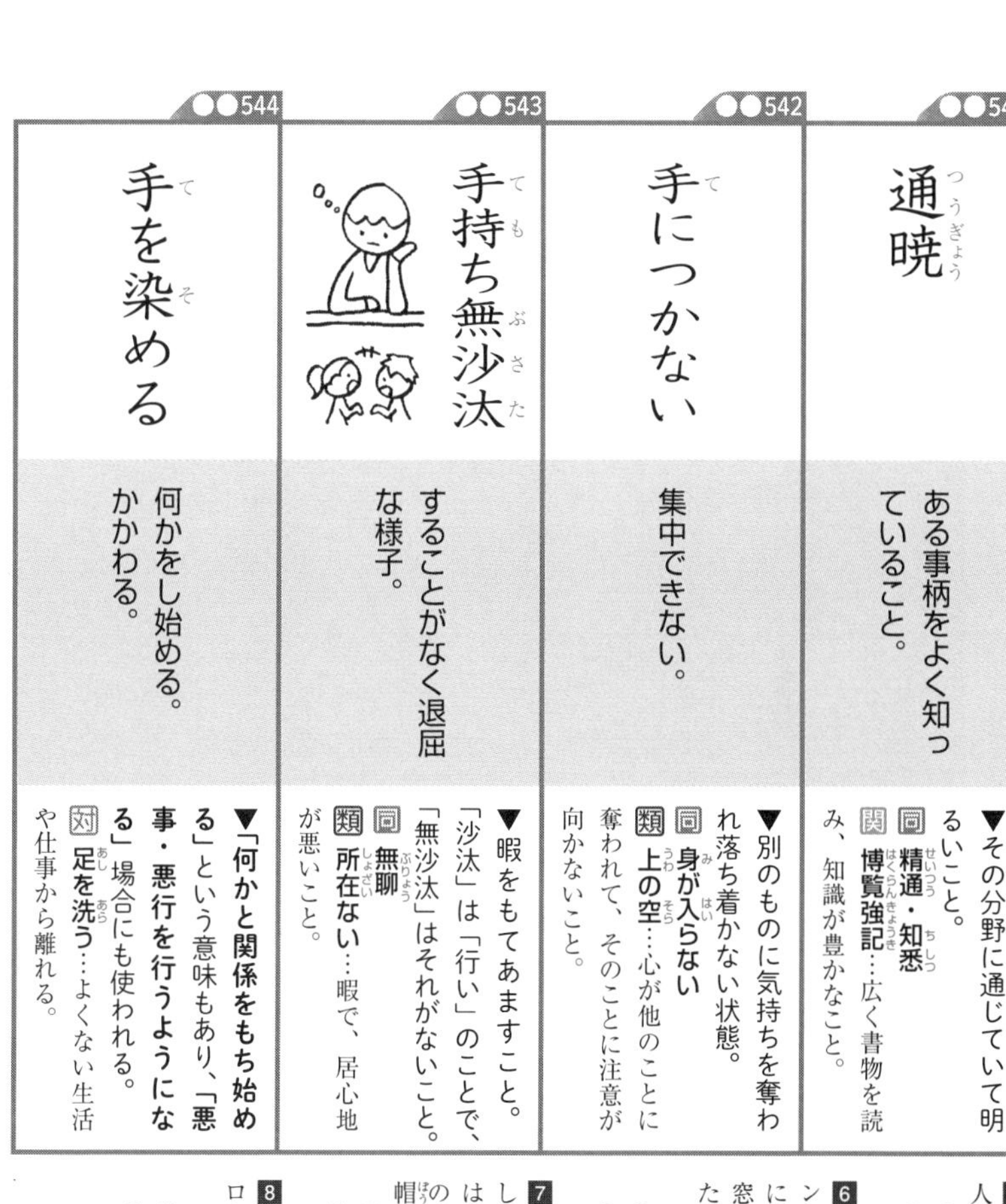

541
通暁（つうぎょう）
ある事柄をよく知っていること。

▼その分野に通じていて明るいこと。
同 精通（せいつう）・知悉（ちしつ）
関 博覧強記（はくらんきょうき）…広く書物を読み、知識が豊かなこと。

542
手（て）につかない
集中できない。

▼別のものに気持ちを奪われ落ち着かない状態。
同 身（み）が入（はい）らない
類 上（うわ）の空（そら）…心が他のことに奪われて、そのことに注意が向かないこと。

543
手持（ても）ち無沙汰（ぶさた）
することがなく退屈な様子。

▼暇をもてあますこと。「沙汰」は「行い」のことで、「無沙汰」はそれがないこと。
同 無聊（ぶりょう）
類 所在（しょざい）ない…暇で、居心地が悪いこと。

544
手（て）を染（そ）める
何かをし始める。かかわる。

▼「何かと関係をもち始める」という意味もあり、「悪事・悪行を行うようになる」場合にも使われる。
対 足（あし）を洗（あら）う…よくない生活や仕事から離れる。

5 京都の住人ほど人間の裏表に**通暁している**人たちはいない。（白洲正子『遊鬼』）
① 熱中している　② 興味がある
③ よく知っている　④ 徹夜をする

6 はじめ、そしらぬふりをして読んでいたマンガも、時間つぶしにやっていた宿題もしまいには全く**手につかなくなって**しまい、そのうち窓辺に立った私は、暗い窓の外を見降ろして、ただ、門を入ってくる哲生を待っていた。（吉本ばなな『哀しい予感』）
① 退屈して　② 夢中になって
③ 無駄になって　④ 集中できなくなって

7 二人の紳士はもう言うことがなくなったらしいが、痩せた方の人は発車の合図があるまではそこに立っているつもりと見えて、車室の床の上に目を落したまま、**手持無沙汰に**彼の麦稈（むぎわら）帽子（ぼうし）を弄んでいた。（佐藤春夫「蝗の大旅行」）
① することがなく退屈で　② いいかげんに
③ 義理がたくまじめに　④ ひどく熱心に

8 しかし家族四人のうちに、私だけはワープロというものに**手を染めて**いない。（古井由吉「『聖なるもの』の行方」）
① はげんで　② あわてふためいて
③ かかわって　④ くわしく知って

答▶ **1**② **2**① **3**③ **4**④ **5**③ **6**④ **7**① **8**③

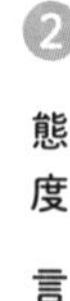

545
堂に入る（どうにいる）
習熟し、よく身に付いている。

▼特に、**学問や芸術、技術の到達度が高い様子。**
注意 「入る」は「いる」と読み、「はいる」ではない。

546
毒気を抜かれる（どくけをぬかれる）
相手の態度にびっくりさせられて、おとなしくなる。

▼もとの攻撃性や勢いをそがれて意気消沈する様子。どぎもを抜かれる。

547
ないまぜ
混ぜ合わせること。

▼色とりどりの糸をより合わせることが語源。
参考 「**ないまぜにする**」「**ないまぜになる**」と使い、「**ごちゃまぜにする**」「**ごちゃまぜになる**」という意味に近い。

548
二枚舌を使う（にまいじたをつかう）
前に言ったことと違うことを言う。嘘をつく。

▼矛盾したことを言う。「**二枚舌**」だけでも用いる。
参考 「**二言**（にごん）」も「**前に言ったことと違うことを言う**」ことを表すが、「**二言はない**」と**否定とセットになることが多い。**

確認問題
次の傍線部の意味を後から選びなさい。

1 その独特の処世術は、一種の芸といっていいほど**堂に入った**もので、地下人などのよくするところではない。（白洲正子『遊鬼』）
① 偉そうな ② 驚きあきれた
③ 身に付いた ④ ひそかに鍛えた

2 何かわけがあるに違いないが、それにしても、突飛な振舞いをするものだ、と、いわば**毒気を抜かれた**かたちであった。（尾崎一雄「痩せた雄鶏」）
① 漠然とした悪意をもった
② ひどく驚いて呆然（ぼうぜん）とした
③ 悪意をもたずに対応をした
④ 理解できない様子を見せられた

3 夢とうつつとが**ないまぜになった**頭の中で、もしこれが夢ではないのなら、とんでもないところまで乗り過ごしてしまったのだと思った。（浅田次郎「花や今宵」）
① 混ぜ合わされた ② わからなくなった
③ 整理された ④ 強調された

4 思わせぶりなブンガク・ムードを漂わせたりしてもぐもぐと**二枚舌を使ったり**しないところが爽やかなのである。（開高健「最後の晩餐」）
① 美しい言葉ばかりを使ったり

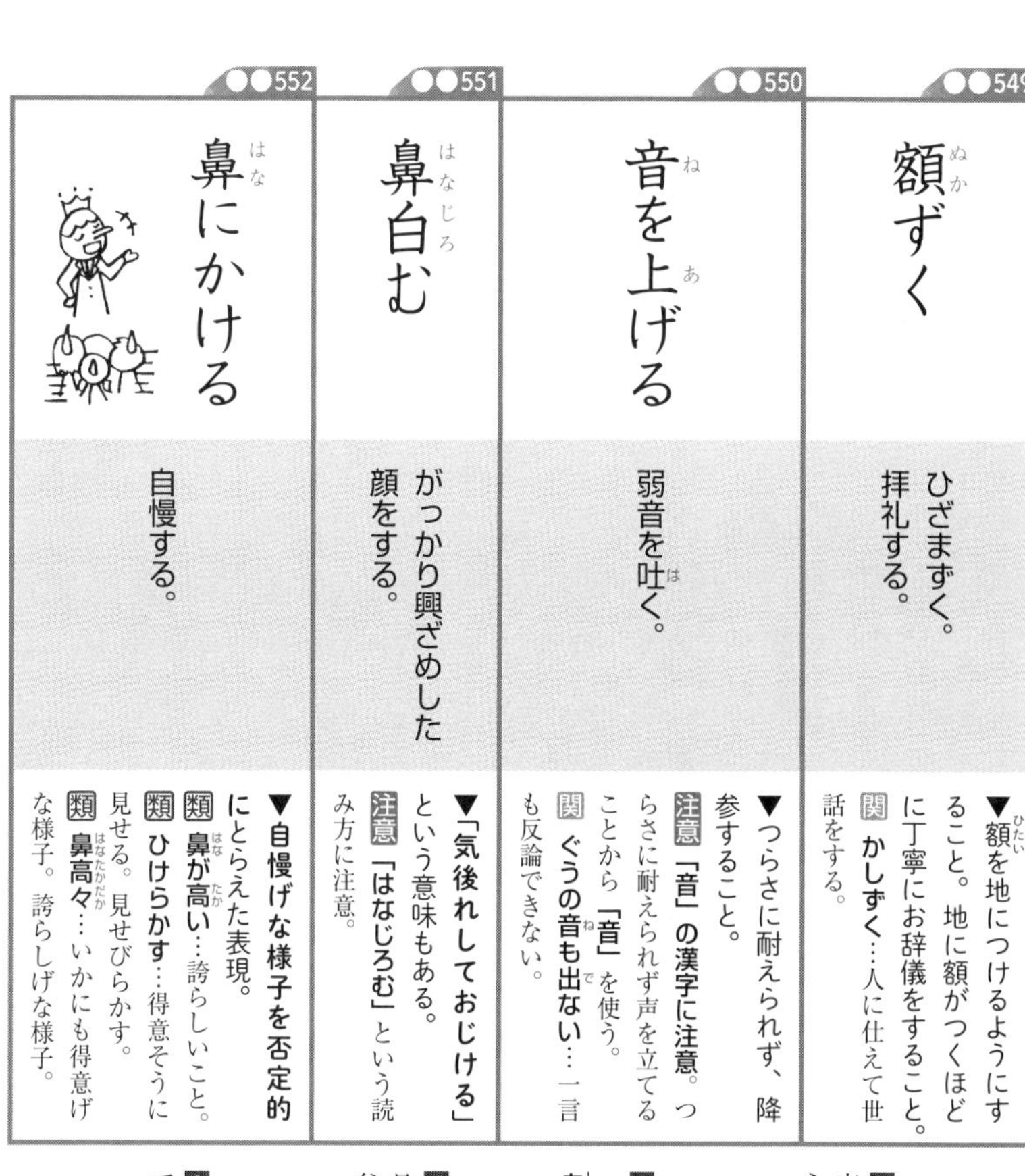

549
額ずく
ひざまずく。
拝礼する。

▼額を地につけるようにすること。地に額がつくほどに丁寧にお辞儀をすること。
関 **かしずく**…人に仕えて世話をする。

550
音を上げる
弱音を吐く。

▼つらさに耐えられず、降参すること。
注意 **「音」の漢字に注意。**つらさに耐えられず声を立てることから「音」を使う。
関 **ぐうの音も出ない**…一言も反論できない。

551
鼻白む
がっかり興ざめした顔をする。

▼**「気後れしておじける」**という意味もある。
注意 **「はなじろむ」**という読み方に注意。

552
鼻にかける
自慢する。

▼**自慢げな様子を否定的にとらえた表現。**
類 **鼻が高い**…誇らしいこと。
類 **ひけらかす**…得意そうに見せる。見せびらかす。
類 **鼻高々**…いかにも得意げな様子。誇らしげな様子。

②前に言ったことと違うことを言ったり
③丁寧に言い聞かせたり
④とぼけて大げさに言ったり

5 関白として盛大な法会を営んだ頼通も、深夜、阿弥陀如来像の前にひとり**額ずいた**であろう頼通も、むろん別人であるはずがない。
（竹西寛子「京の寺　奈良の寺」）
①ひざまずいた　②うなずいた
③ひそかに訪れた　④念仏を唱えた

6「待ってよう」
ぼくの足を追い切れず、はるか後ろで弟が**音を上げた**。
（井上ひさし『あくる朝の蝉』）
①大声で言った　②他人のせいにした
③弱音を吐いた　④静かに泣いた

7「なんだよ、恵子は。せっかくエイジの誕生日なのに」
父は**鼻白んだ**様子でウイスキーを一口啜った。
（重松清『エイジ』）
①あきらめた　②興ざめした
③腹立たしい　④悔しがる

8 彼女は己が美貌を**鼻にかけて**、年頃になっても嫁に行こうとしなかった。
（井上靖『おろしや国酔夢譚』）
①いいかげんに扱って　②無駄にして
③心配して　④自慢して

答▶ 1③　2②　3①　4②　5①　6③　7②　8④

553
歯に衣着せぬ

ずけずけものを言う。

▼遠慮せず率直に発言する様子。
注意「衣」は衣服のこと。「絹」ではない。
類 辛辣…批評が手厳しい。
関 奥歯に物が挟まったよう…思ったことをはっきり言わないで、ごまかしている様子。

554
羽を伸ばす

のびのびと振る舞う。

▼何らかの縛りから解放されて気楽なさま。

555
はばかる

遠慮する。ためらう。

▼「憎まれっ子、世にはばかる」の例のように、「えらそうにのさばる・いばる」という意味もある。
類 気兼ねする…他人を気遣い、遠慮する。
関 人目をはばかる…人に見られるのを避ける。（→p.256）

556
幅を利かせる

思いのまま勢力を張る。いばる。

▼「幅」は、「羽振り・威勢」のことで、それを広げること。
関 大きな顔をする…実力もないのに、いばる。

確認問題
次の傍線部の意味を後から選びなさい。

1 そこを糞真面目な男が見たら、「なんだ、友達の死を楽しんでいやアがる。怪しからん奴だ」と怒号するかも知れず、**歯に衣をきせぬ**女だったら、「いやアねえ、いい年齢をして、思い出し笑いなんかして。みっともないわよ」と冷笑を浴びせることだろう。（里見弴「私の一日」）
① くどくどうるさく言う　② 遠回しに言う
③ ずけずけものを言う　④ すらすら話す

2 しかしあなただってたまには**羽を伸ばしたって**いいでしょう、と伊能は言った。（福永武彦「忘却の河」）
① のびのびと振る舞ったって
② 急いで行動したって
③ だらしなく振る舞ったって
④ 一生懸命に努力したって

3 老人は、ただひたすら泣いていた。私は声をかけることも**はばかられて**、そのまま耳を傾けていた。（宮本輝「寝台車」）
① 見過ごされて　② ためらわれて
③ 取り繕われて　④ 拒否されて

4 時代によって、そのような標語は変化するもので、かつては「滅私奉公」などというのが**幅をきかせて**いたが、今は評判がよくない。

557 膝を交える

打ち解けて話し合う。

▼同席すること。親密に話す場をつくること。

関 **膝をつき合わせる**…互いの膝が触れ合うほど近くに向かい合って座る。じっくり話をする。

関 **膝を乗り出す**…興味をひかれて、乗り気になる。

558 額に汗する

一生懸命に働く。

関 **手に汗を握る**…危険な場面や緊迫した場面を見て、興奮したり緊張したりする。

関 **冷や汗をかく**…はらはらする。気が気でない。

559 一筋縄ではいかない

普通の手段ではうまくいかない。

参考「一筋縄」は「一本の縄」の意味。「縄」には、「基準・標準」という意味がある。そこから、普通の方法、という意味で使われるようになった。

560 火を付ける

きっかけをつくる。刺激する。

▼特に、**騒ぎや事件のきっかけをつくる際**に用いる。

関 **火が付く**…あることが原因で騒ぎや事件が起きる。

関 **火の消えたよう**…急に活気がなくなり、寂しくなる様子。

（河合隼雄『こころの処方箋』）

① ぴったりして　② いいかげんに扱って
③ 勢力を張って　④ 周りを気づかって

5 小作人たちと自分とが、本当に人間らしい気持ちで互いに**膝を交える**ことができようとは、夢にも彼は望み得なかったのだ。（有島武郎「親子」）

① 打ち解けて話し合う　② 乗り気になる
③ 裏で取り引きする　④ 協力する

6 おれは田畑をふやすために働きはしなかったし、いまも**額に汗して**働いている人間ではない。（藤沢周平『一茶』）

① 将来を心配して　② 希望をもって
③ 一生懸命に　④ 金銭に困って

7 不作でも困るが、採れすぎても値崩れしたりして、現実というものは**一筋縄ではいかない**。（森毅『ええかげん社交術』）

① 少ない経験ではうまくいかない
② 一人の力ではうまくいかない
③ 一回限りではうまくいかない
④ 普通の方法ではうまくいかない

8 画策したように事が運べば、天下の動乱に**火をつける**ことになる。（藤沢周平『回天の門』）

① 動揺を誘う　② きっかけをつくる
③ 勢力を伸ばす　④ 責任転嫁する

答▶ 1③　2①　3②　4③　5①　6③　7④　8②

561
不覚を取る
油断してしくじる。

▼「覚」には、学んではっきり見えるという意味がある。
関 不覚にも…油断して失敗する様子。思わず。
関 前後不覚…物事のあとさきもわからないほど正常な意識を失うこと。

562
物色
適当なものを探すこと。

▼多くの中から、適当な人物や事物を探し出すこと。
類 渉猟…①あちこち歩き回って探すこと。②多くの書物を読むこと。

563
船を漕ぐ
居眠りをする。

参考 体を前後に揺らしてうつらうつら居眠りをする様子が、船を漕ぐ様子に似ているところから。

564
棒に振る
無駄にする。

▼それまで積み重ねてきた努力や成果を無にすること。
参考 「棒を振る」は、演奏の指揮をすること。
同 水泡に帰す…努力したものが無駄になる。水の泡。

確認問題
次の傍線部の意味を後から選びなさい。

1 酔いどれたならば足がふらつき思わぬ**不覚をとる**こともあろう。（太宰治「ロマネスク」）
①あっけにとられる ②つらい目にあう ③油断してしくじる ④調子に乗る

2 最初の三十分は名刺をまきながら相手を**物色し**、やがてそれらしい組み合わせが自然にできあがると、喧噪は静まった。（浅田次郎「地下鉄に乗って」）
①適当なものがないか探し ②冷淡に見下し ③いいかげんに扱い ④熱心に話しかけて

3 だから、午後のスケジュールがはじまって、会議に出ても、もう難しい議論にはついていけない。いつのまにかコックリコックリ**船をこいでいる**。（山折哲雄『日本の息吹』）
①下を向いている ②居眠りをしている ③よそ見している ④のんきに構えている

4 こんなしょうもない腰の病気で、また一年間を**棒に振ったり**出来んよ。来年は滑り止めに、S大の医学部も受けることにした。

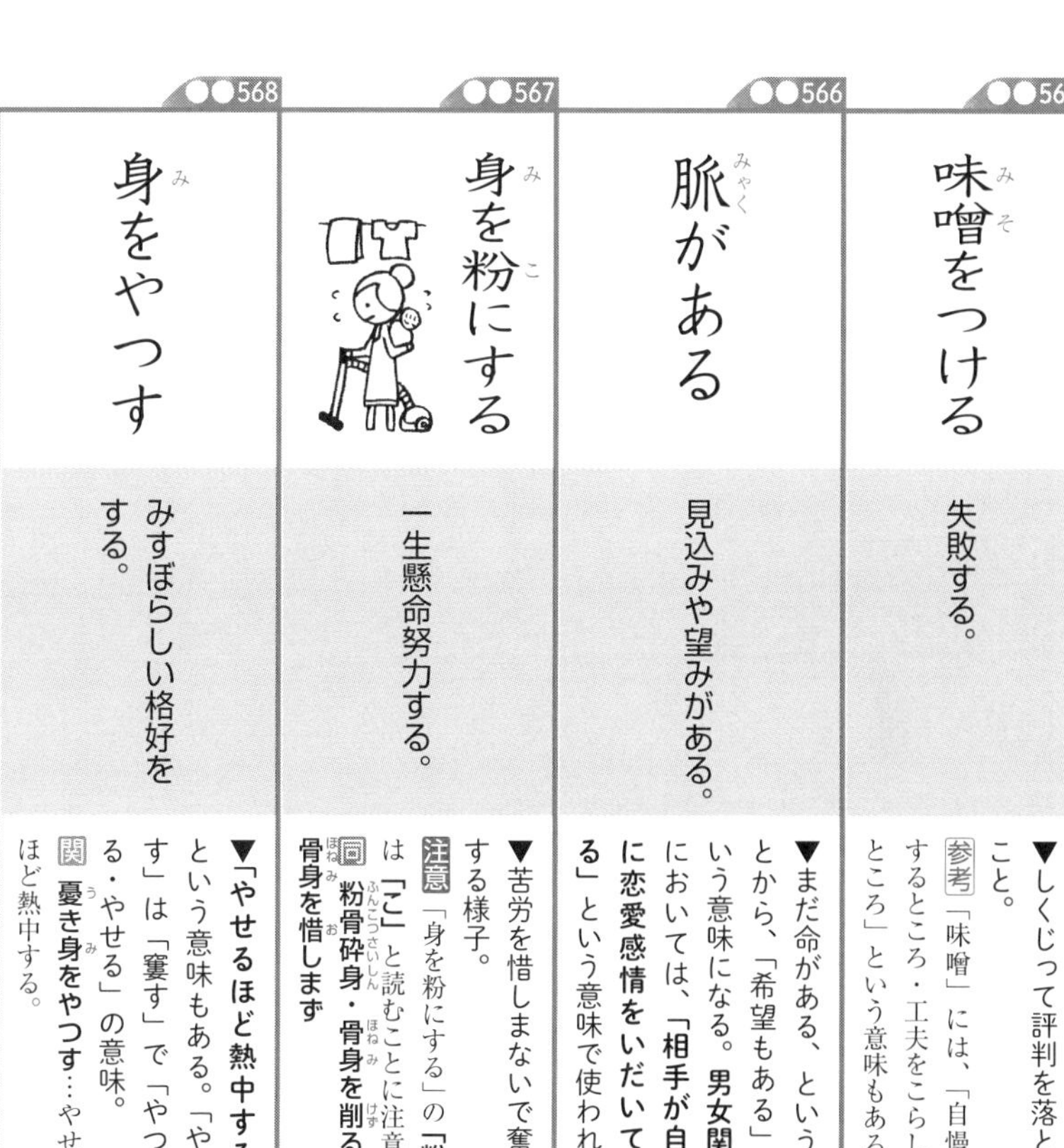

565

味噌(みそ)をつける

失敗する。

▼しくじって評判を落とすこと。

参考「味噌」には、「自慢とするところ・工夫をこらしたところ」という意味もある。

566

脈(みゃく)がある

見込みや望みがある。

▼まだ命がある、ということから、「希望もある」という意味になる。**男女関係においては、「相手が自分に恋愛感情をいだいている」**という意味で使われる。

567

身(み)を粉(こ)にする

一生懸命努力する。

▼苦労を惜しまないで奮闘する様子。

注意「身を粉にする」の「**粉**」は「**こ**」と読むことに注意。

同 **粉骨砕身(ふんこつさいしん)・骨身(ほねみ)を削(けず)る・骨身(ほねみ)を惜(お)しまず**

568

身(み)をやつす

みすぼらしい格好をする。

▼「**やせるほど熱中する**」という意味もある。「やつす」は「窶す」で「やつれる・やせる」の意味。

関 **憂(う)き身(み)をやつす**…やせるほど熱中する。

(宮本輝「星々の悲しみ」)

① もてあましたり　② 努力したり
③ ごまかしたり　④ 無駄にしたり

5 しかし、今年の五年生もそれで台なしだな。しょっぱなから、しかも新入生に対して**味噌をつけた**んでは。

(下村湖人『次郎物語』)

① 自慢した　② ごまかした
③ 失敗した　④ 邪魔をした

6 彼は内心で〝それは無理だな〟と思っていても**脈がある**ような返事をする。

(阿刀田高『まじめ半分』)

① 見込みがある　② やる気がある
③ 関心がある　④ 損得がある

7 私は、きっと立派にやる。**身を粉にして**つとめる。

(太宰治「女生徒」)

① 自分の利益を期待にして
② 油断をせずに
③ 身体を粉まみれにして
④ 苦労を惜しまずに

8 しかも武家姿さえ許されずに、江戸商人に**身をやつして**諸国をくぐり抜けてきている。

(藤沢周平『回天の門』)

① 身も心も奪われて
② 身分を捨てて
③ 姿をみすぼらしく変えて
④ 身柄をあずかってもらって

答▶ 1③　2①　3②　4④　5③　6①　7④　8③

569

ものおじ

びくびくして怖がること。

▼臆病(おくびょう)で、物事を怖がること。「**物怖じ**」と書く。

参考 「**ものおじする**」「**ものおじしない**」と使う。「**ものおじしない**」と使われる場合は、「**物事を怖がらず、しりごみしないこと・大胆不敵な様子**」を指す。

570

躍起(やっき)になる

焦ってむきになる。

▼気持ちだけ先行する様子。自分の意志や希望などを通そうとして、必死になる様子。

注意 「**やけを起こす**」(＝自暴自棄になる)」と混同しないように。

571

槍玉(やりだま)にあげる

攻撃や非難の対象にする。

▼槍で一つの目標(玉)を鋭く突く様子。

572

要領(ようりょう)を得(え)ない

大事な点がはっきりしない。

▼この「要領」は「要点・肝心な点」を意味する。

類 **不得要領(ふとくようりょう)**…要領を得ないこと。要点がはっきりしないこと。

確認問題

次の傍線部の意味を後から選びなさい。

1 突然老人の表情は変わった。今までの行い済ました好々爺(こうこうや)の隠者の顔は一瞬にして**物怖じ**した醜い老人の顔になった。急にしわと白い毛がふえたかと思われる。(三浦朱門『冥府山水図』)

① びくびくして怖がった ② 興ざめした ③ まじめでいいかげんでない ④ 他人を見くびった

2 「そればかりじゃありませんよ」梶氏は**躍起になって**言った。(加藤幸子「海辺暮らし」)

① 気持ちが大きくなって ② 威圧するように ③ あきれたように ④ むきになって

3 しかし親しげに近づけば追い払われ、礼儀正しく接すれば無視され、目立たないようにしていると、何かあらさがしをされ**槍玉にあげられた**。(角田光代「このバスはどこへ」)

① 非難の対象とされた ② 見本にされた ③ 自慢された ④ 礼賛された

4 赤シャツの談話はいつでも**要領を得ない**。要領は得なくっても用事はこれですんだ。(夏目漱石「坊っちゃん」)

① 大げさなことを言う

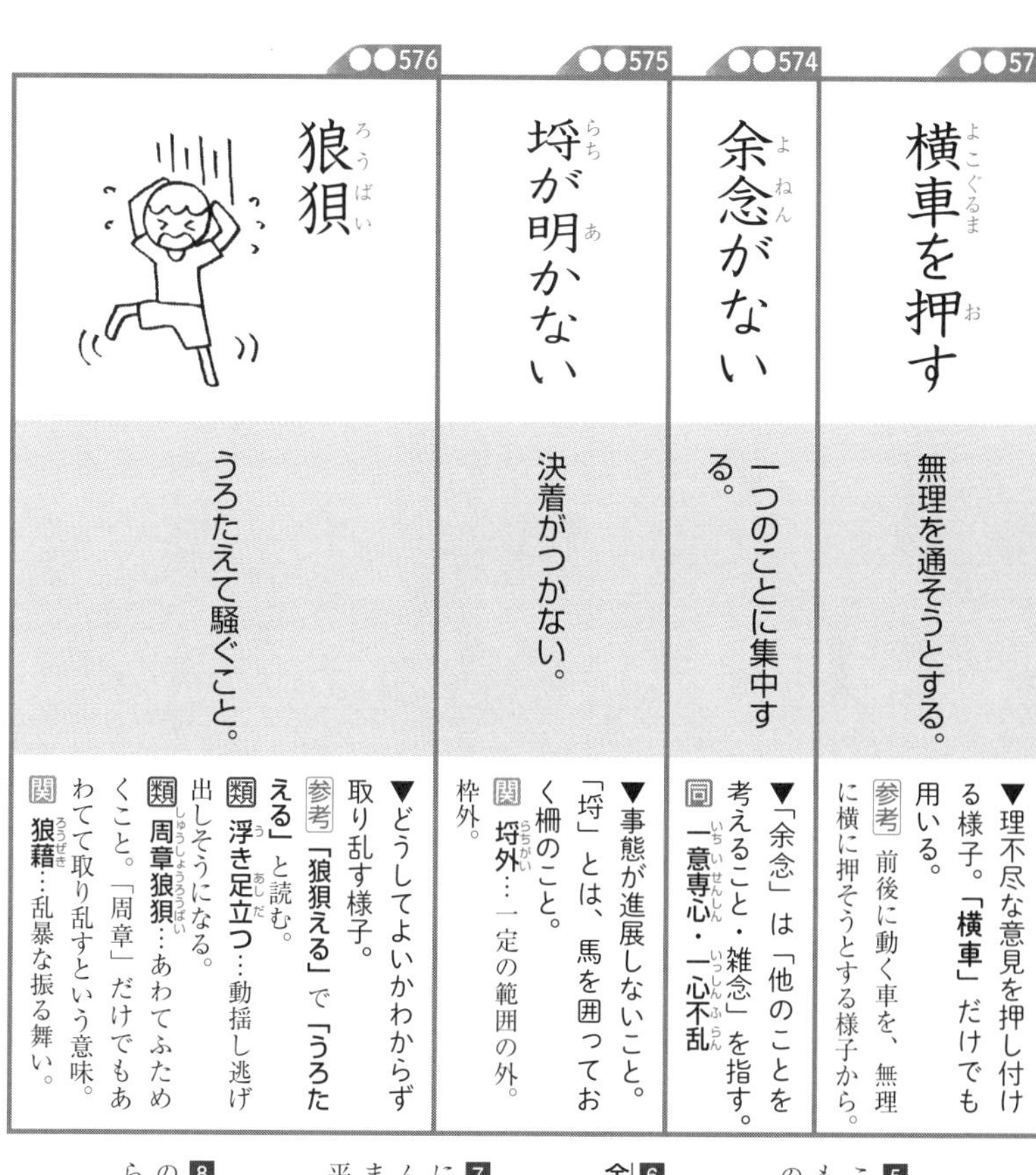

573
横車（よこぐるま）を押（お）す
無理を通そうとする。

▼理不尽な意見を押し付ける様子。**「横車」**だけでも用いる。

参考 前後に動く車を、無理に横に押そうとする様子から。

574
余念（よねん）がない
一つのことに集中する。

▼「余念」は「他のことを考えること・雑念」を指す。

同 **一意専心（いちいせんしん）・一心不乱（いっしんふらん）**

575
埒（らち）が明（あ）かない
決着がつかない。

▼事態が進展しないこと。「埒」とは、馬を囲っておく柵のこと。

関 **埒外（らちがい）**…一定の範囲の外。枠外。

576
狼狽（ろうばい）
うろたえて騒ぐこと。

▼どうしてよいかわからず取り乱す様子。

参考 **「狼狽える」**で**「うろたえる」**と読む。

類 **浮き足立つ（うきあしだつ）**…動揺し逃げ出しそうになる。

類 **周章狼狽（しゅうしょうろうばい）**…あわてふためくこと。「周章」だけでもあわてて取り乱すという意味。

関 **狼藉（ろうぜき）**…乱暴な振る舞い。

② 普通の手段ではうまくいかない
③ 大事な点がはっきりしない
④ あっけにとられる

5 何でも彼でも**横車を押す**というのではなく、ことの決定まではあれこれ思案し、はたの意向も参酌するが、決定したとなると、もう動かぬのだ。（尾崎一雄「暢気眼鏡」）

① 邪魔をする ② 軽く扱う
③ ごまかす ④ 無理を通そうとする

6 その父に会いたさに、夏枝は旅行の準備に**余念がなかった**。（三浦綾子『氷点』）

① 余力がなかった ② 気をとられていた
③ 集中していた ④ むきになっていた

7 年の若いだけ、すべてに性急な小六は、兄に頼めば今日明日にも方がつくものと、思い込んでいたのに、何日までも**埒が明かない**のみか、まだ先方へ出かけてもくれないので、だいぶ不平になったのである。（夏目漱石「門」）

① 仕方がない ② 時間がない
③ 立場がない ④ 決着がつかない

8 私は**狼狽した**。せっかく、電報まで打ったのに迎えにも来ないで、と父はぷりぷりしながら電車のホームへ渡ったかも知れない。（木山捷平『枯木の花』）

① 大声で叫んだ ② うろたえた
③ あっけにとられた ④ ひどく落ちこんだ

答▶ 1① 2④ 3① 4③ 5④ 6③ 7④ 8②

577
目が利く

物事を見分ける力がある。

▼物事の価値やよしあしを識別する力があること。
関 目利き…物のよしあしがわかる人。
関 目が肥える…良いものを見慣れて、よしあしを見分ける力が増す。
関 目が高い…良いものを見分ける能力が優れている。

578
目くじらを立てる

ささいな欠点をとやかく言う。

▼「目くじら」は目尻のことで、これをつりあげている様子。海にいる「クジラ」とは関係はない。

579
目くばせ

目つきで知らせること。

▼目で合図を送るアイコンタクト。ウィンクもその一種。
関 目配り…見落としがないかよく注意すること。気配り。

580
目に余る

見過ごせないほど、ひどい様子。

▼あまりにひどく黙認できないこと。
関 目も当てられない…あまりにもひどくて見ていられない。

確認問題
次の傍線部の意味を後から選びなさい。

1 「中川」の女将さんは目が利くから、ウッカリしたものは作れねえやな。
（斎藤隆介『職人衆昔ばなし』）
① 長い時間、見ていられる力がある
② よしあしを識別する力がある
③ 暗くてもよく見える力がある
④ いいかげんなことを許さない性格である

2 もちろん、仕事の上で使うのは確かに便利だろうと思うからそんなことにまで**目くじらを立てる**つもりはないよ。
（粟津則雄『あなたへの手紙』）
① ささいなことをとやかく言う
② 周りにわかるように怒る
③ にこにこして言う
④ 理由をしつこく問いただす

3 通路ももう窮屈になっている間を割り込んで行き、ひとつの窓ぎわの席にいた男に**目くばせした**。
（佐多稲子「三等車」）
① 目つきで頼み込んだ　② 目つきで制した
③ 目つきですごんだ　④ 目つきで合図した

4 「先生の服装の乱れが**目に余る**」と、市長が教師の制服の導入を提案し、市長・教育委員会と教師たちとのあいだで起こったこの論争、一方が服装の乱れを言い、他方が服装の自由を言っていた。
（鷲田清一『じぶん・この不思議な存在』）

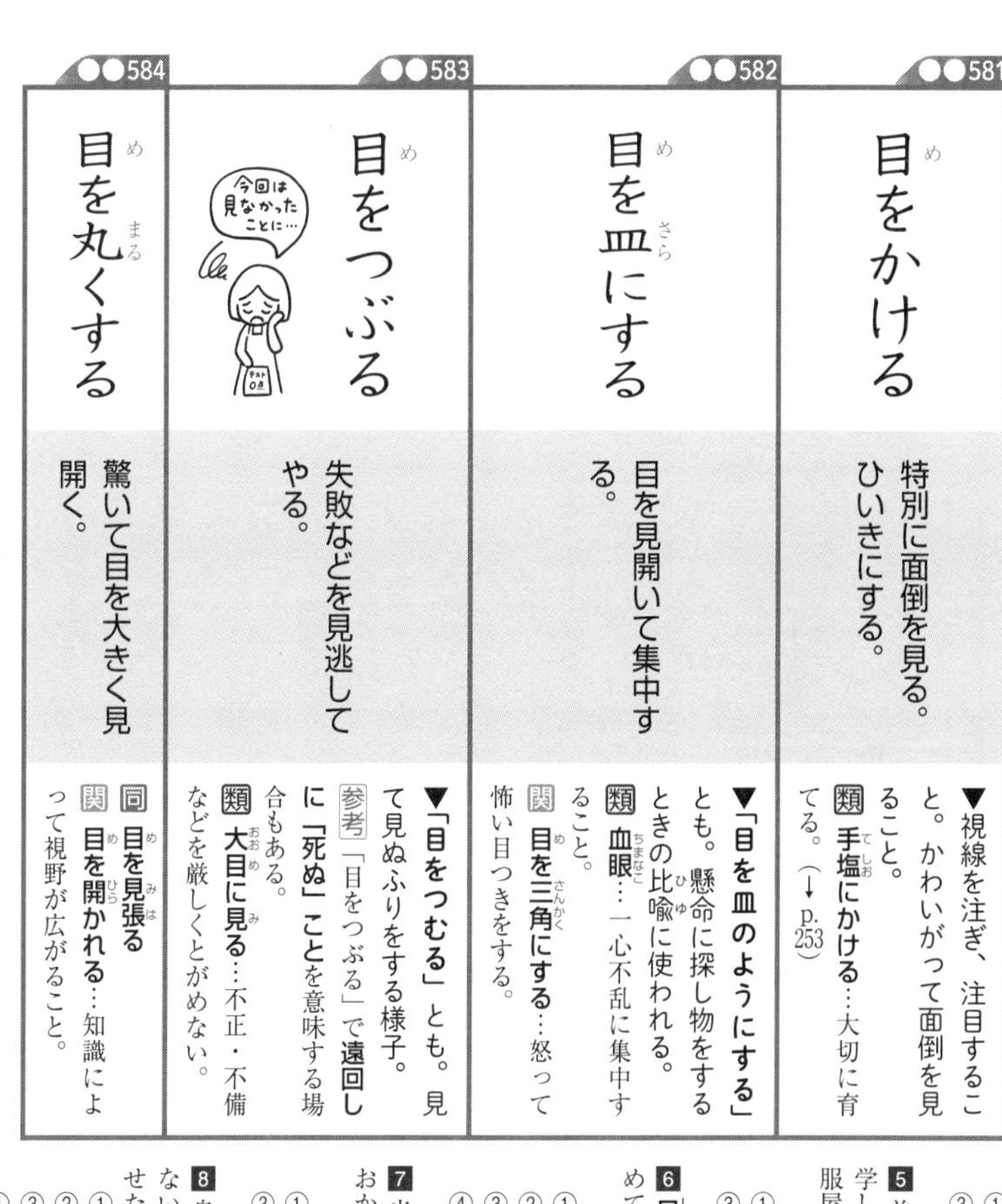

581 目をかける

特別に面倒を見る。ひいきにする。

▼視線を注ぎ、注目すること。かわいがって面倒を見ること。

類 **手塩にかける**…大切に育てる。（→p.253）

582 目を皿にする

目を見開いて集中する。

▼**「目を皿のようにする」**とも。懸命に探し物をするときの比喩に使われる。

類 **血眼**…一心不乱に集中すること。

関 **目を三角にする**…怒って怖い目つきをする。

583 目をつぶる

失敗などを見逃してやる。

▼**「目をつむる」**とも。見て見ぬふりをする様子。

参考 「目をつぶる」で**遠回しに「死ぬ」こと**を意味する場合もある。

類 **大目に見る**…不正・不備などを厳しくとがめない。

584 目を丸くする

驚いて目を大きく見開く。

同 **目を見張る**

関 **目を開かれる**…知識によって視野が広がること。

① 評判になる ② はっきりわかる
③ 目にしみる ④ 見過ごせないほどひどい

5 弟が二人いて、それが頭がよかったので進学したがり、いきおいきよは懸命に稼いだ。呉服屋に**目をかけられた**のは、その頃からである。（幸田文「濃紺」）

① 厳しく注意された ② 細かく監視された
③ ひいきにされた ④ じっと見られた

6 **目を皿にして**貪欲に盗もうとするときに初めて見えてくるものがある。（齋藤孝『「できる人」はどこがちがうのか』）

① 目を見開いて集中して
② 大変うれしそうな顔つきをして
③ 怪しいとにらんで厳しく監視して
④ 人に見つけられないようにして

7 当時の監督がミスには**目をつぶって**くれたおかげで、レギュラーになることができたのだ。（奥田英朗『空中ブランコ』）

① じっと見つめて ② 見逃して
③ 厳しく注意して ④ 怖い目つきをして

8 息子は**目を丸くして**、トーストを持っていない方の左手を高く上げて、大げさに驚いて見せた。（保坂和志「もうひとつの季節」）

① 相手をにらみつけて
② 集中してよく見て
③ 目を大きく見開いて
④ 目をきつく閉じて

答▶ 1② 2① 3④ 4④ 5③ 6① 7② 8③

585

あごで使(つか)う

いばった態度で人を使う。

▼指で示すことさえせず、あごで指図する様子。
関 **あごを出(だ)す**…へたばっている様子。疲れて物事を続けるのがいやになった様子。

586

一矢(いっし)を報(むく)いる

反撃する。

▼形勢を逆転することはできないが、少しでも反撃するさま。「一矢」とは「一本の矢」のこと。
注意 **「一矢」**を**「いっし」**と読むことに注意。

587

色(いろ)を付(つ)ける

おまけを付ける。

▼商いでは、値引きしたり、量を割り増ししたりすることを指す。「色」には、「情けや愛情」という意味がある。

588

お先棒(さきぼう)を担(かつ)ぐ

人の手先になる。

▼よく考えもせずに人の手先になること。また、権力者に取り入って、その手先になって働くこと。**良い意味で用いることはない。**
注意 **「先頭に立って仕事をする」という意味ではない。**

確認問題

次の傍線部の意味を後から選びなさい。

1 法事とか、何か祝事とか、そういう客のたくさん集まる時には、必ずやって来て、こまめにからだを働かせ、奥向きの事にまで口を出し、「おい、君、君」と呼んで、駿介を**顎(あご)で使った**。
(島木健作『生活の探求』)

① いばった態度で使った ② 満足げな態度で使った ③ 平然とした態度で使った ④ 気取った態度で使った

2 誰にも何も期待してはいけないと自ら戒め、相手の横暴は許しても、わかったような同情やいたわりには必ず冷笑で**一矢を報いずには**いなかった。
(松村栄子「僕はかぐや姫」)

① 無視せずには ② からかわずには ③ ごまかさずには ④ 反撃せずには

3 本当のことを言ったり、伝えたりしても、おもしろいということはないが、ちょっぴりでも**色をつける**と人の心を惹くものが生まれる。
(外山滋比古「虚の華」)

① 嘘をつく ② 疑問を加える ③ おまけを付ける ④ 気持ちを抑える

4 日ごろは何かと反対したがる、マスコミも、**お先棒をかついだ**。
(外山滋比古『ことば点描』)

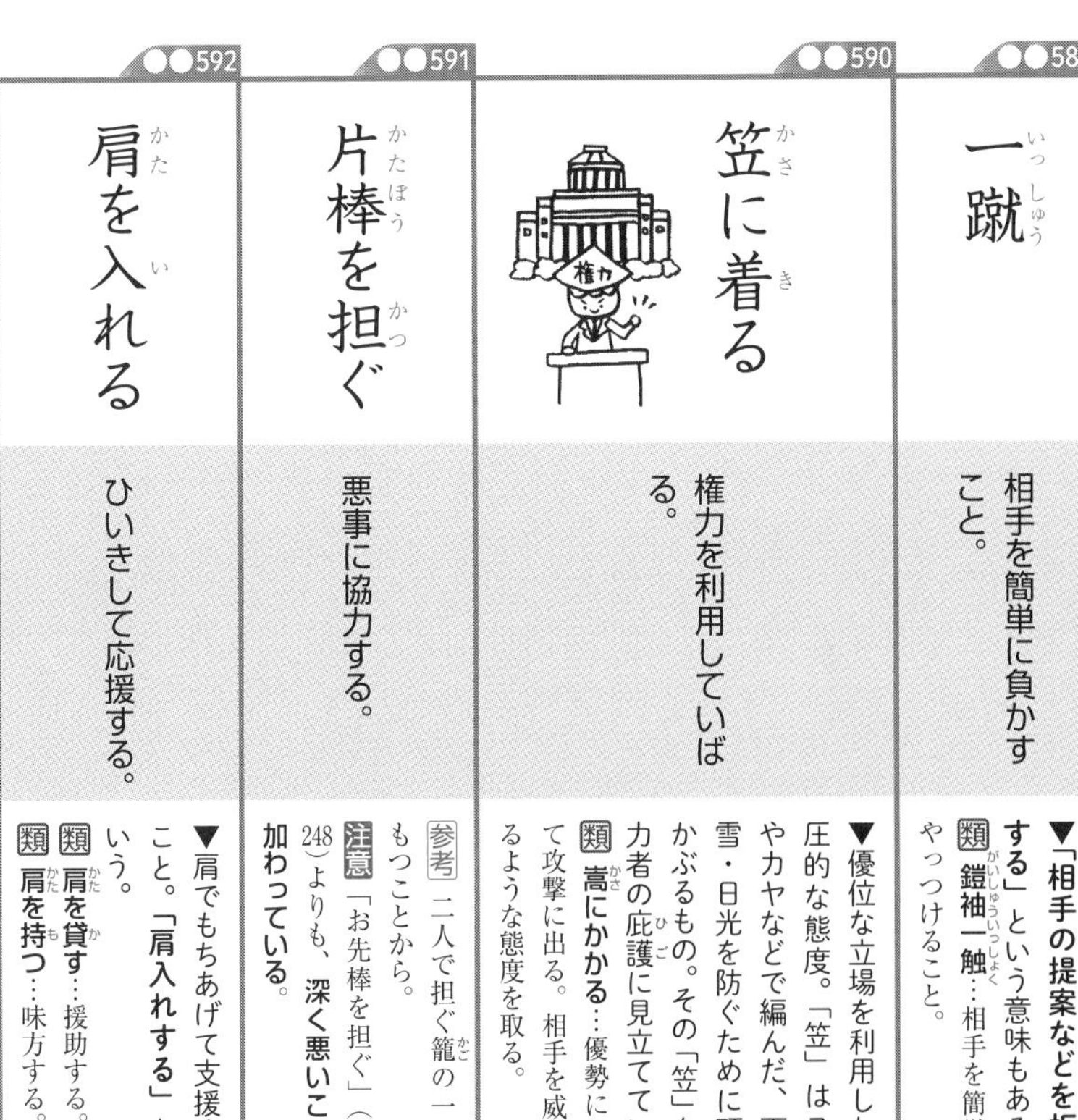

589

一蹴(いっしゅう)

相手を簡単に負かすこと。

▼**「相手の提案などを拒否する」**という意味もある。

類 **鎧袖一触(がいしゅういっしょく)**…相手を簡単にやっつけること。

590

笠(かさ)に着(き)る

権力を利用していばる。

▼優位な立場を利用した高圧的な態度。「笠」はスゲやカヤなどで編んだ、雨・雪・日光を防ぐために頭にかぶるもの。その「笠」を権力者の庇護(ひご)に見立てていう。

類 **嵩(かさ)にかかる**…優勢に乗じて攻撃に出る。相手を威圧するような態度を取る。

591

片棒(かたぼう)を担(かつ)ぐ

悪事に協力する。

参考 二人で担ぐ籠(かご)の一方をもつことから。

注意 「お先棒を担ぐ」(→p.248)よりも、**深く悪いことに加わっている**。

592

肩(かた)を入(い)れる

ひいきして応援する。

▼肩でもちあげて支援すること。**「肩入れする」**ともいう。

類 **肩(かた)を貸(か)す**…援助する。

類 **肩(かた)を持(も)つ**…味方する。

① 考え違いを正した　② 前例にならった
③ 手先となって働いた　④ 少しだけ賛同した

5 今日の知覚心理学、ニューロサイエンス、脳科学の研究者には、この随想は妄想にすぎないと**一蹴される**かもしれない。
（小佐野重利「『眼を引き延ばす』と内視鏡に」）

① 拒否される　② 反撃される
③ ほめられる　④ 無視される

6 ところが委任された権力を**笠に着て**毎日事務を処理していると、これは自分が所有している権力で、人民などはこれについて何らの喙(くちばし)を容(い)るる理由がないものだなどと狂ってくる。
（夏目漱石『吾輩は猫である』）

① うち捨てて　② 大切に守って
③ ごまかして　④ 利用していばって

7 **悪事の片棒をかつぐ**のは、あまりうれしくはないけれど、正面きってそれを言うには信子は気が弱すぎる。
（阿刀田高『空想列車』）

① 悪事を見過ごす　② 悪事に協力する
③ 悪事に気づく　④ 悪事の邪魔をする

8 こうなってくると、おきぬが自分に**肩を入れて**くれたことが、むしろ、うらめしかった。
（山本有三『路傍の石』）

① 見逃して　② だまされて
③ 反論して　④ ひいきして応援して

答▶ 1① 2④ 3③ 4③ 5① 6④ 7② 8④

593
鎌をかける

うまく誘い込む。言葉巧みに誘導する。

▼自分が知りたいことを相手に言わせるための作戦。
関 誘導尋問…容疑者や証人から期待する言葉を引き出すための問いかけ。

594
閑却する

打ち捨てておく。なおざりにする。

同 等閑に付す（↓p.254）
関 閑話休題…それはさておき。話を本題に戻すときに使う言葉。「閑話」は無駄な話。「休題」は話をやめること。

595
気脈を通じる

互いに連絡を取り、意志を通じ合う。

▼密かに連絡を取ること。一緒になって悪事をたくらむ場合にも用いる。「気脈」は「互いの考えや意志のつながり」のこと。

596
虚をつく

相手の油断をつく。

▼「虚」とは、「物事に対する備えの整っていない状態・油断」を指す。
類 意表をつく…思ってもみないことをする。
関 搦め手…相手の弱点。注意を払っていないところ。（↓p.270）

確認問題

次の傍線部の意味を後から選びなさい。

1 彼女はいろいろな**鎌を掛けて**、それ以上の事実を釣り出そうとした。（夏目漱石「道草」）
① 非難をして　② 誘導をして
③ 協力をして　④ 邪魔をして

2 大きな具象的な変化でなければ事件と認めない彼女はその他を**閑却した**。（夏目漱石「道草」）
① 打ち捨てておいた　② ごまかした
③ 利用した　④ 見逃した

3 あの方は、賊などと**気脈を通じる**ような、そんなお人柄ではございません。（福永武彦「風のかたみ」）
① 互いに見なかったことにする
② 互いに影響を受け合う
③ 互いに連絡を取り、意志を通じ合う
④ 互いに腹をさぐり合う

4 山代は**虚を衝かれた**形で、すぐには言葉がでて来なかった。（井上靖『崖』）
① むなしさが募った　③ 感心させられた
③ 油断をつかれた　④ ぼうぜんとした

5 スターであるピアノ演奏が入るまでに、前奏となる演奏がオーケストラで行われる。あるところでその演奏が終わる。間髪入れずにピア

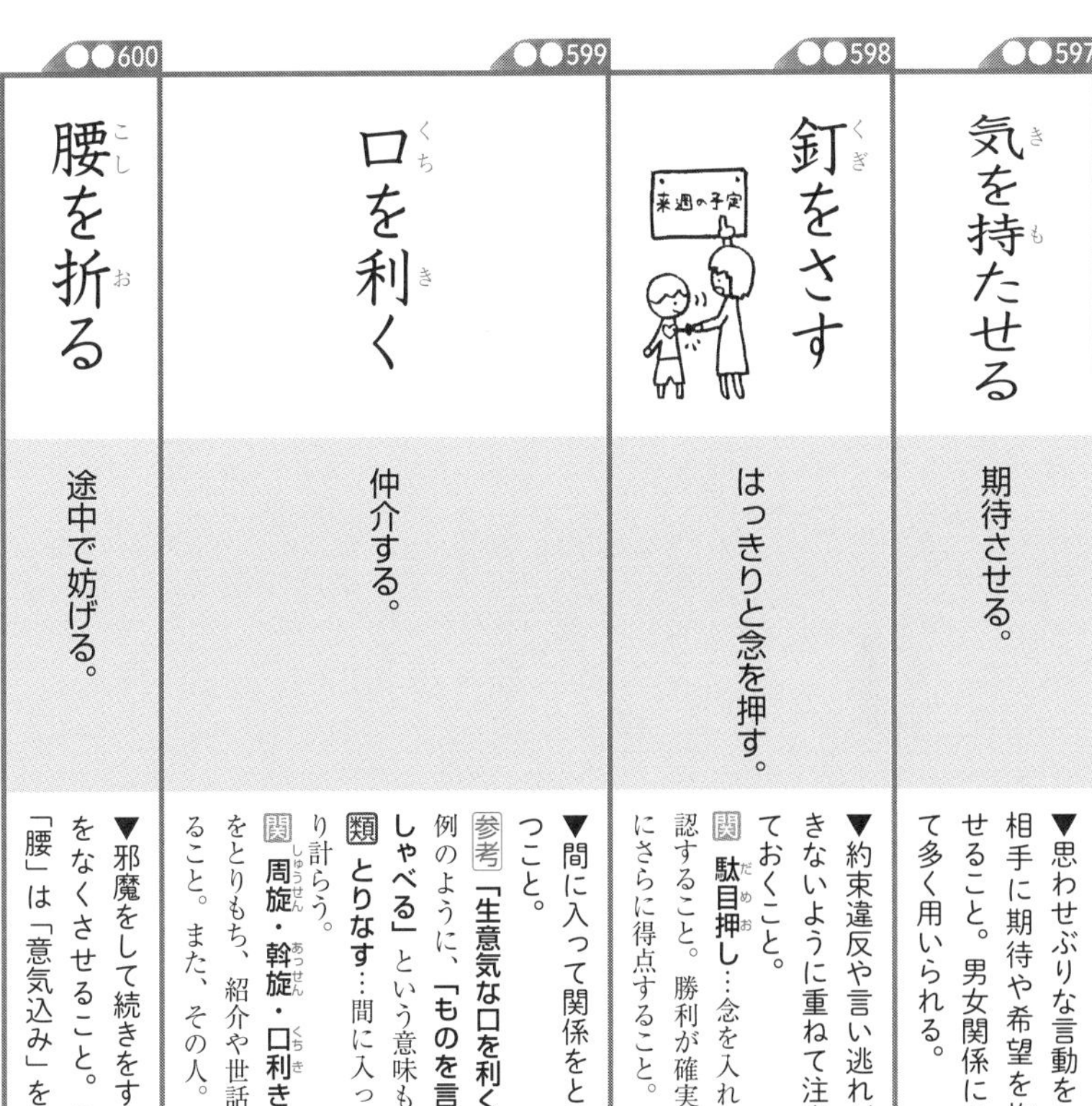

597

気(き)を持(も)たせる

期待させる。

▼思わせぶりな言動をして、相手に期待や希望を抱かせること。男女関係において多く用いられる。

598

釘(くぎ)をさす

はっきりと念を押す。

▼約束違反や言い逃れができないように重ねて注意しておくこと。

関 **駄目押し(だめおし)**…念を入れて確認すること。勝利が確実な上にさらに得点すること。

599

口(くち)を利(き)く

仲介する。

▼間に入って関係をとりもつこと。

参考 **「生意気な口を利く」**の例のように、**「ものを言う・しゃべる」**という意味もある。

類 **とりなす**…間に入って取り計らう。

関 **周旋(しゅうせん)・斡旋(あっせん)・口利き(くちき)**…間をとりもち、紹介や世話をすること。また、その人。

600

腰(こし)を折(お)る

途中で妨げる。

▼邪魔をして続きをする気をなくさせること。この「腰」は「意気込み」を表す。

ノが登場するわけではない。少し間をおいて、聴く側に**気を持たせてから**、静かに、しかし迫力をもってピアノがソロで登場してくる。

（齋藤孝『コミュニケーション力』）

① 満足させてから　② 期待させてから
③ 不安にさせてから　④ 心遣いをしてから

6 なんでもかんでも薄気味が悪いのは、普段なら会社に行って家にはいないはずの夫が、家にいるからだ。「三ヵ月よ」と**釘を刺して**、夫の定年後の休養期間を限定したが、その期間に自分が堪えられるかどうか分からない。

（橋本治「チューリップが咲くまで」）

① 期待して　② 念を押して
③ 無理をして　④ 助言して

7 昔は長年お師匠さんに見てもらって、お師匠さんが「よし、俺があそこの雑誌に**口をきいてやる**」ということにならない限り、作品を発表する経路がほとんどなかったのです。

（吉本隆明「真贋」）

① 仲介して　② 調査して
③ 指図して　④ 発言して

8「どこへ行くんです、この忙がしいのに。それに夕飯時じゃありませんか」母親の声は鋭かった。道子は**腰を折られて**引返(ひき)した。

（岡本かの子「快走」）

① 思わぬことに驚いて　② やる気を失って
③ 途中で妨げられて　④ 屈辱を感じて

答▶ 1② 2① 3③ 4③ 5② 6② 7① 8③

601
采配を振る（さいはいをふる）

指揮する。指図する。

▼「采配」は、合戦で大将が合図を送るために用いたふさのついた道具で、相撲（すもう）の行司（ぎょうじ）が用いる「軍配」とは異なる。

注意 **「采配を振るう（揮う）」**と用いられることも多いが、それは誤用とされる。

602
尻をたたく（しりをたたく）

やる気にさせる。

▼無理にでも行動を起こさせること。早く実行するように催促すること。

関 **叱咤激励**（しったげきれい）…大声で叱りながら励ますこと。

603
だしにする

自分の都合のために利用する。

▼ある目的達成のための便利な手段とすること。

関 **方便**（ほうべん）…一つの手段。

604
つかぬことをきく

突然、意外な質問をする。

参考 「つかぬこと」とは「それまでの話と関係のないこと」を指す。

注意 **「つまらないことを尋ねますが」**というニュアンスで用いられることも多いが、それは誤用とされる。

確認問題

次の傍線部の意味を後から選びなさい。

1 そしてお勝手むきのことは依然として母が**采配を振って**いたから、多美は大して苦労をする必要もなく幸福だろうと彼は信じていた。

（福永武彦『夢みる少年の昼と夜』）

① 準備して ② 利用して
③ 指図して ④ 協力して

2 そして、書き手もまた、読み手のせき込みに応じようとして、なにかに**尻をたたかれながら**書物をつくりあげたという書物が、ほとんどであるかもしれない。

（吉本隆明『読書の方法』）

① 催促されながら ② 期待されながら
③ だまされながら ④ 意地悪をされながら

3 詩や小説をてがかりにしてならともかく、無味乾燥な科学のことばを**だしにして**日本語を論じるというのは、なんとなくわりがわるい気がする。

（中岡哲郎『もののみえてくる過程』）

① 手本にして ② 分析して
③ 関連づけて ④ 自分の都合で利用して

4 思い起こせば小学生の頃、大人のまねをして、**つかぬことをうかがいますが**、とか、お目もじいたしたく、とやって、まあ変な子、と笑われた。

（青木奈緒『受け継ぐこと』）

① 突然意外な質問をいたしますが

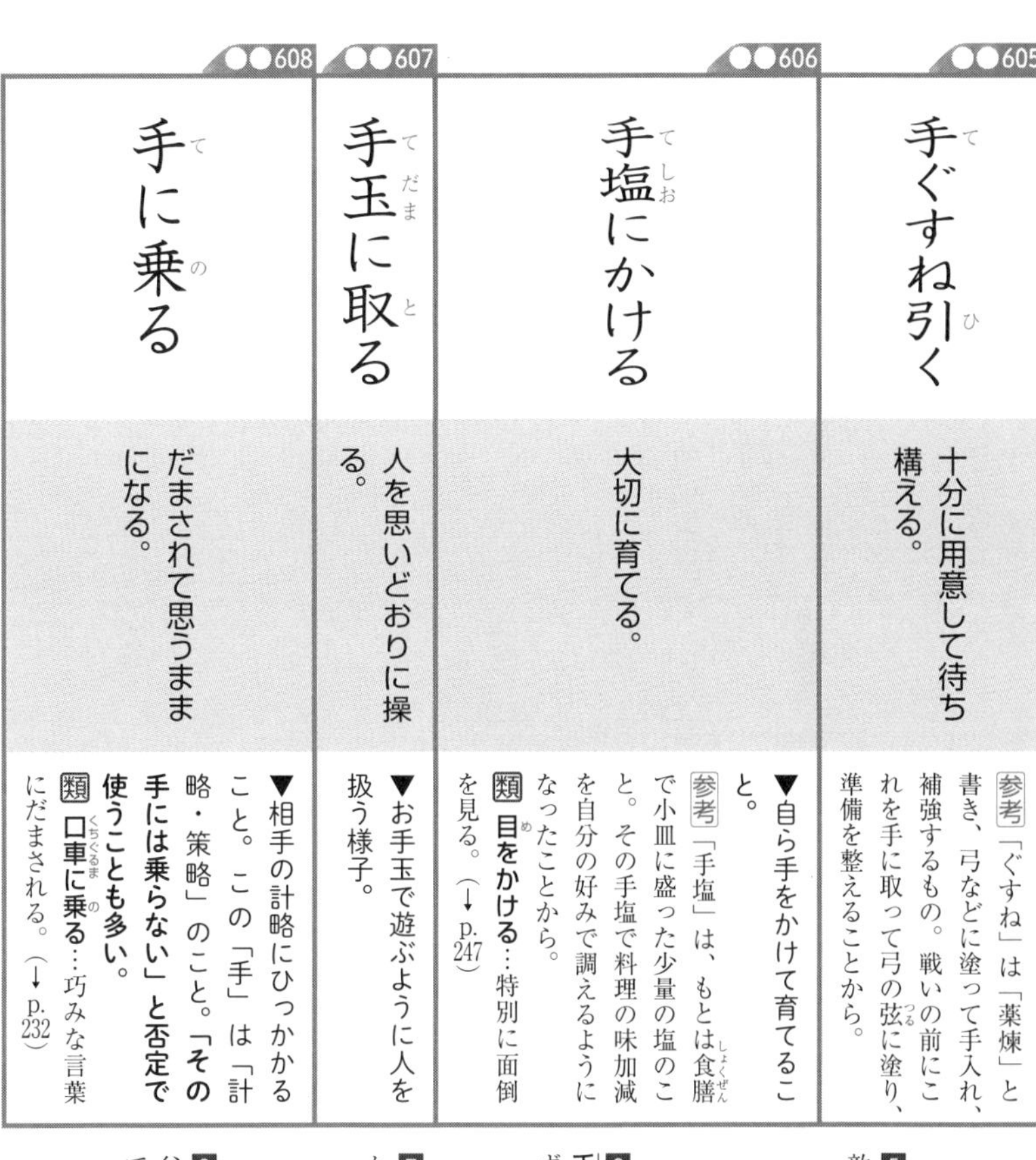

605

手(て)ぐすね引(ひ)く

十分に用意して待ち構える。

▼参考「ぐすね」は「薬煉」と書き、弓などに塗って手入れ、補強するもの。戦いの前にこれを手に取って弓の弦(つる)に塗り、準備を整えることから。

606

手塩(てしお)にかける

大切に育てる。

▼自ら手をかけて育てること。

参考「手塩」は、もとは食膳(しょくぜん)で小皿に盛った少量の塩のこと。その手塩で料理の味加減を自分の好みで調えるようになったことから。

類 **目(め)をかける**…特別に面倒を見る。(↓p.247)

607

手玉(てだま)に取(と)る

人を思いどおりに操る。

▼お手玉で遊ぶように人を扱う様子。

608

手(て)に乗(の)る

だまされて思うままになる。

▼相手の計略にひっかかること。この「手」は「計略・策略」のこと。**「その手には乗らない」と否定で使うことも多い。**

類 **口車(くちぐるま)に乗(の)る**…巧みな言葉にだまされる。(↓p.232)

② つまらない質問をいたしますが
③ 失礼な質問をいたしますが
④ 重要な質問をいたしますが

5 葉子は世の中が**手ぐすね引いて**自分一人を敵に回しているように思った。
（有島武郎「或る女」）

① 相手と協力して
② 他人を思いどおりに操って
③ 自分の邪魔をして
④ 十分に用意して待ち構えて

6 本当は彼女は舞台の上の家族の席にいて、**手塩にかけた**子供たちの世話をしていてよいはずであった。
（北杜夫『楡家の人びと』）

① 上品に育てた
② 大切に育てた
③ 厳しく育てた
④ 思いどおりに育てた

7 康子が二人の男を**手玉にとる**ほどのしたたかな女でないことはよく知っている。
（浅田次郎「琉璃想」）

① 期待させる
② いいかげんに扱う
③ 思いどおりに操る
④ ばかにする

8 他の**手に乗る**のは何よりも業腹(ごうはら)でした。叔父に欺された私は、これから先どんな事があっても、人には欺されまいと決心したのです。
（夏目漱石「こころ」）

① 協力する
② だまされる
③ 妥協する
④ 嘘を信じる

答▶ 1③ 2① 3④ 4① 5④ 6② 7③ 8②

609
手のひらを返す
急に態度を変える。

▼言動ががらりと変わること。言動の前後が「良い↓悪い」と「悪い↓良い」の両方に使うことができる。
同 **手の裏を返す**

610
手を切る
関係を絶つ。

▼縁を切るなど人間関係を断ち切ること。特に、**悪い関係・男女関係を断ち切る場合**にいうことが多い。
類 **足を洗う**…よくない生活や仕事から離れる。

611
手を焼く
対応に困る。

▼処置に手こずり、もてあますこと。
類 **お手上げ**…対処のしようがなく降参の状態。
関 **当惑**…難題に出合い、決断に迷うこと。
関 **困惑**…厄介ごとにかかわり困ること。

612
等閑に付す
いいかげんに放っておく。

▼軽視すること。
参考 「**等閑**」は「**なおざり**」と読む場合もある。
同 **閑却する**（↓p.250）

確認問題
次の傍線部の意味を後から選びなさい。

1 昨日まで「鬼畜米英」と敵視していたアメリカを第二次世界大戦後は**手のひらを返した**ように友好的に受け容れ、その後の日本文化のアメリカ化はとどまるところを知らない。
（野内良三『偶然を生きる思想』）
①急に態度を変えた ②過去に引き返した ③やる気をなくした ④仕返しを受けた

2 彼は浴びるほど飲んだ酒をやめ、ある女性とも**手を切ろう**と決意していました。
（三浦綾子『ひつじが丘』）
①危険を逃れよう ②手紙をやめよう ③関係を断とう ④仕事をやめよう

3 原爆病というものは、あれは病気の怪物じゃないのかね。私も義弟の原爆病では**手を焼いた**が、どう致しようもなかったな。
（井伏鱒二『黒い雨』）
①やけどをした ②他人を頼った ③努力した ④対応に困った

4 だが、今度の病気、医者から安静を命じられ療養をすすめられた**等閑に附しがたい**疾患、いまも刻一刻とこの身を蝕んでいるにちがいないこの病については、彼女はどうしてよいかわからなかった。
（北杜夫『楡家の人びと』）

613

咎める（とがめる）

誤りや罪を非難する。悪い点をなじる。

▼「**悪いことをしたと思って心を痛める**」という意味もある。

類 **詰問**（きつもん）…相手を咎めるように質問する。

関 **気がとがめる**…後ろめたい気がする。良心が痛む。

614

蔑ろ（ないがしろ）

軽々しく扱うこと。

▼存在してもそれがないかのような見下した扱い。

615

鼻であしらう（はなであしらう）

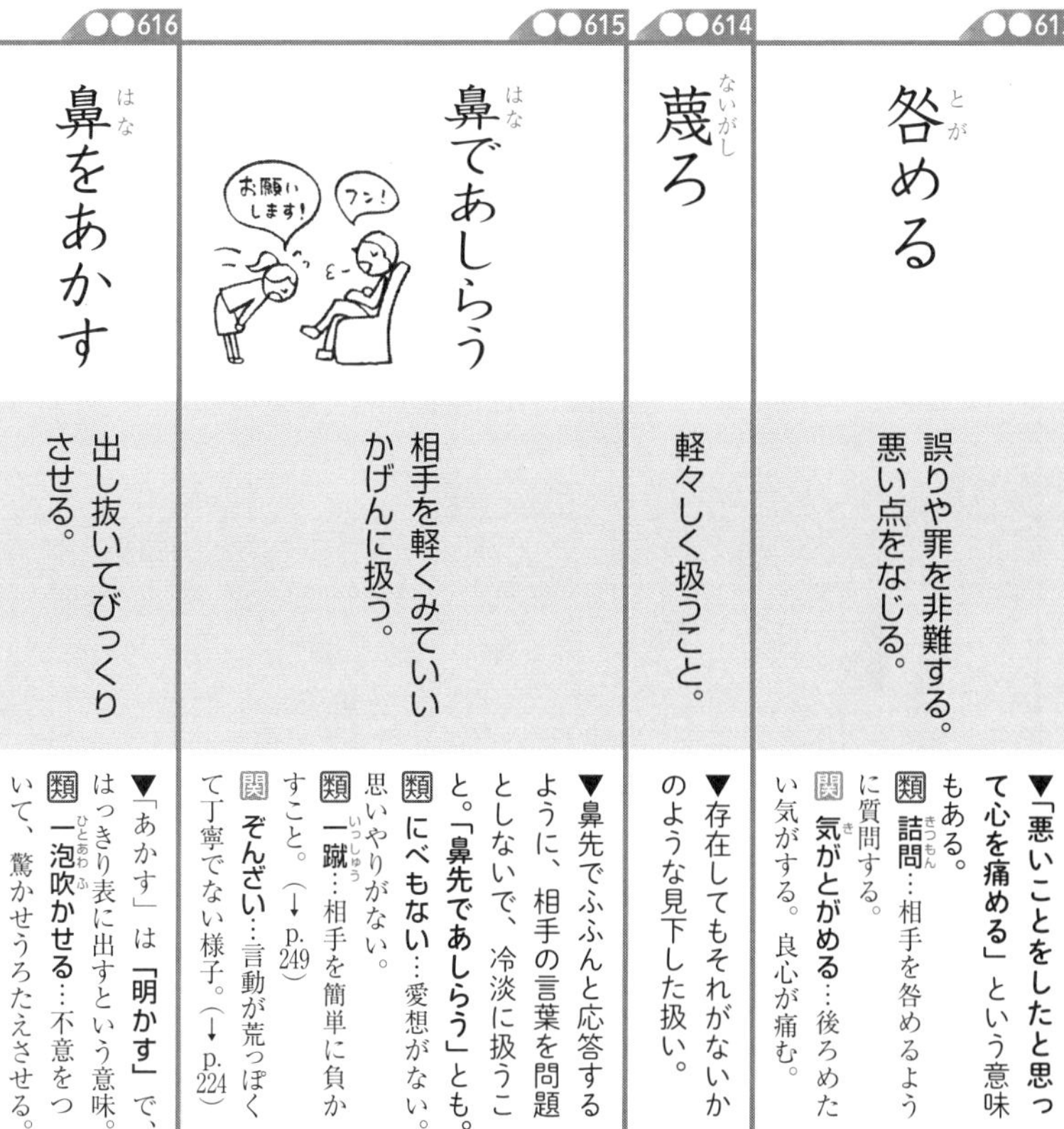

相手を軽くみていいかげんに扱う。

▼鼻先でふふんと応答するように、相手の言葉を問題としないで、冷淡に扱うこと。「**鼻先であしらう**」とも。

類 **にべもない**…愛想がない。思いやりがない。

類 **一蹴**（いっしゅう）…相手を簡単に負かすこと。（→p.249）

関 **ぞんざい**…言動が荒っぽくて丁寧でない様子。（→p.224）

616

鼻をあかす（はなをあかす）

出し抜いてびっくりさせる。

▼「あかす」は「**明かす**」で、はっきり表に出すという意味。

類 **一泡吹かせる**（ひとあわふかせる）…不意をついて、驚かせうろたえさせる。

① いいかげんに放っておくことが難しい
② 急に態度を変えるのが難しい
③ 時代遅れで対応が難しい
④ 注目を集めてやめることが難しい

5 「角間。教科書に書き入れをしてはいかん」ある日、私たちの机の間を見廻（みまわ）っていた教師が、私の漢文教科書にふと目をとめて、言葉鋭く私を**咎めた**。（高見順「わが胸の底のここには」）

① 指図した　② 非難した
③ ばかにした　④ 言い聞かせた

6 会場では気付かなかったが、きっと教え子たちに**ないがしろにされて**、隅の席にでも座っていたのだろう。（浅田次郎「地下鉄に乗って」）

① 敬って扱われて　② 大げさに扱われて
③ 大切に扱われて　④ 軽々しく扱われて

7 彼女はふふんと**鼻であしらう**ような調子で、上唇を脹らませる薄ら笑いを浮（う）かべた。（豊島与志雄「神棚」）

① うれしそうに笑う　② 大げさに扱う
③ いいかげんに扱う　④ 上機嫌で笑う

8 そして彼らの**鼻をあかして**、あっといわせてやろう。（菊池寛「無名作家の日記」）

① やる気をくじいて
② 相手を見下して
③ 出し抜いて驚かせて
④ 相手に恥をかかせて

答▶ 1① 2③ 3④ 4① 5② 6④ 7③ 8③

617
腫れ物にさわる

おそるおそる扱う。

▼相手の機嫌をそこねないようにするさま。気難しい相手に必要以上に気を使うさま。

618
ひそみにならう

他人の真似をする。

▼「ひそみ」は「顰み」で、まゆの間にしわをよせること。「ならう」は「倣う」で、真似すること。

参考 中国の春秋時代、西施という美女が病気で顔をしかめていたところ、それを見た醜女が、自分も顔をしかめれば美しく見えるかと思い、真似をしたという『荘子』の故事から。

619
一肌脱ぐ

相手を助ける。

▼本気で力を貸して支援すること。

関 与する…仲間に加わる。

620
人目をはばかる

人に見られるのを避ける。

▼この「はばかる」は、遠慮すること。（↓p.240）

関 人目を忍ぶ…人に見られないように心を配る。

確認問題

次の傍線部の意味を後から選びなさい。

1 子どもに何を尋ねてもまともに返事をせず、無愛想に「別に……」と答えるだけでも、親は文句も言わない。むしろ**腫れ物に触る**ような扱いをする。（齋藤孝『上機嫌の作法』）

①大切に育てる ②いいかげんに扱う ③軽視する ④おそるおそる扱う

2 郡司さんは英文学者だが、ビアスの**ひそみに倣って**ユニークな日本版の《辞典》を創った。（阿刀田高『ことば遊びの楽しみ』）

①ひそかに批判して ②ご機嫌をとって ③真似をして ④失敗を避けて

3 帰国のことに関しては私も**ひと肌脱がせて**貰おう。（井上靖『おろしや国酔夢譚』）

①一言言わせて ②支援させて ③意見を言わせて ④非難させて

4 葉子の言葉が募るにつれて、倉地は**人目をはばかる**ようにあたりを見廻した。（有島武郎『或る女』）

①人に見られるのを避ける ②相手の態度を気にする ③過去にとらわれる ④先の見通しをつける

621

眉に唾をつける

だまされないように用心する。

▼「眉唾」ともいう。

参考 眉に唾をつければキツネやタヌキなどに化かされないという言い伝えから。

関 眉唾物…真偽の怪しいもののこと。

622

水に流す

何事もなかったことにする。

▼過去のいざこざや争いをなかったことにする。

関 手打ち…和解すること。

関 水の泡…努力したものが無駄になること。水泡に帰す。

623

水を差す

邪魔する。

▼熱中をさまし、熱意を落ち着かせること。**「仲の良い者同士を仲たがいさせる」**ことも指す。

同 **水を掛ける**

類 **横槍を入れる**…関係のない人が、余計なことを言ったり、邪魔をしたりする。

624

水を向ける

誘いをかける。話題をふる。

▼相手の関心を引くように仕掛けること。

類 **誘い水・呼び水**…何かが起きるきっかけ。

5 むろん、私たちは独力ですべての情報を収集して真偽を確かめることができないから、それらのメディアに頼らざるを得ない。であるからこそ、いっそうメディアの言うことは**眉に唾をつけて**受け取らねばならないのだ。（池内了『疑似科学入門』）

① だまされないように用心して
② 何事もなかったことにして
③ 自分の都合のために利用して
④ 十分に信頼できるものとして

6 日本社会には、そのあらゆる水準において、過去は**水に流し**、未来はその時の風向きに任せ、現実に生きる強い傾向がある。（加藤周一『日本文化における時間と空間』）

① きれいに保存して ② なかったことにして
③ 放っておいて ④ すべてを空しくして

7 それに、恭一がつぐみを見る瞳がまるで死にかけた子猫を見るような同情にあふれるまなざしだったので、**水をさしたく**なかったのだ。（吉本ばなな『TUGUMI』）

① 批判したく ② 冷やかしたく
③ 邪魔したく ④ ごまかしたく

8 「高いよ。」祖母は笑った。祖父は何度も、今度の休みに買いに行くか？ と**水を向けて**いたが、祖母はいざとなるとぐずぐずしてしまうのだった。（長嶋有『猛スピードで母は』）

① 邪魔をして ② 誘いかけて
③ 言い聞かせて ④ 話題を変えて

答▶ 1④ 2③ 3② 4① 5① 6② 7③ 8②

練習問題⑭　態度

朝八時頃、木田元軍医官がカンフルを打ちに来た。その車が家の前に停り、医者と看護婦の足音がして、またあわただしく出て行くのを僕は寝床の中で聞いた。もうこれが限界だ、これ以上置いておくと大船までも持って行けなくなる、と彼は四、五日前から強引に言っていた。とにかく彼が厄介払いをしたような気分で引き揚げて行ったのは間違いないと僕は思った。そのあとで僕はゆっくり起き出していた。

　この時間でも、もう日射しがきつかった。通りに出て見ると、門の前はおふくろと妻が早起きをして掃いたらしく、すっかりきれいになって水も打ってあった。寝台自動車がやって来るのが九時の約束で、それまでにまだ少々間があった。そいつがここへ来て停る、そしておやじを運び出す、……その瞬間がおやじと僕の三十何年間の家庭生活の終りになるのだ。人気のない路上に立って海のほうから吹いてくる風にあたりながら、しきりにそのことを思った。すると僕は心のどこかで、とりかえしのつかぬ事態にうかうかと手を貸してしまったような、狼狽じみた気持に襲われた。おやじが病院へ行くことをあんなに拒んだのも、おふくろが畳の上で死なせてやりたいと言いつづけたのも、つまりは永年見慣れたこの海辺の景色とおさらばすることを言ったのだ。こんな簡単なことだったのだ。それならばなぜ家に置いといてやれなかったのだろう。

　約束の時刻きっかりに寝台自動車が来て、ほとんど音もなく門の前に停った。あずき色の横腹には、白ペンキで、「ひばり自動車」と書いてあった。ひばり？　いやらしい車だな、と僕は思った。後正面に観音びらきの大きな扉がついていて、その構造は霊柩車とまったく変りがなかった。子供たちも

1 傍線部Aに関連して、方向を転じて戻るという意味をもつものを次の中から選びなさい。

① ひそみにならう
② 踵を返す
③ 見切りをつける
④ 地団駄を踏む

2 傍線部Bを言い換えたものとして最も適当なものを次の中から選びなさい。

① かまけて　② いぶかって
③ おもむろに　④ いきりたって

3 傍線部Cに関連して、悪事などに加担するという意味をもつものを次の中から選びなさい。

① 匙を投げる　② 爪に火をともす
③ 管を巻く　④ 片棒を担ぐ

4 傍線部Dを説明したものとして最も適当なものを次の中から選びなさい。

① 急いで準備する
② うろたえ取り乱す
③ 陰でこそこそする
④ 相手を非難する

5 傍線部Eを説明したものとして最も適

出て来て、めずらしそうに眺めていた。

車から降りて来たのは、五十年配の眼鏡をかけた運転手と、助手らしい若い男だった。二人とも色の褪(あ)せた紺の制服みたいなもので身を固めていた。E彼等はばかに腰が低く、口数が少(すくな)かったが、それはしょっちゅう死人を運び慣れているからだろうという気がした。

じっさい玄関から担架で運び出されて来たおやじを見ると、これはもう死人のようなものだった。不意にあらわれた見知らぬ男どもにかつぎ出されながら、おやじは石段の途中に立っている息子をうろたえたような眼(め)で見上げた。早くも照りつけてきた真夏の日ざしに、その顔は植込みの緑が影を染めるほど白くて血の色がなかった。そのあとからおふくろが降りて来る。夏になるといつも着るあっぱっぱみたいなへんてこなワンピースに下駄(げた)ばきで、これも永いあいだの看病疲れで黒ずんだような顔色をしている。

二人の男は、物静かな、わざとらしいほど慎重な身ごなしで担架を車のレールに滑り込ませると、しっかりと固定した。おやじは、浴衣(ゆかた)から突き出た二本の棒きれのような足をまっすぐ海のほうに向けて、ほとんど身うごきもしなかった。

（阿部昭「司令の休暇」）


当なものを次の中から選びなさい。
① 丁寧な振る舞い
② 卑屈な態度
③ なげやりな態度
④ 中途半端な姿勢

6 この小説の表現上の特徴を説明したものとして最も適当なものを次の中から選びなさい。
① 一人称の語りにより、家族をめぐる一日の出来事を冷静に客観的に描き出そうとしている。
② 見慣れた海辺の日常生活と、病院へ父を搬送する見知らぬ業者とを対比的に描いている。
③ 父と過ごした海辺の暮らしを、豊かな色彩表現で鮮やかに描き出している。
④ ダイナミックな海の描写と身動きできないまま病院に送られる父とを対照的に描いている。

答▶ **1**② **2**③ **3**④ **4**② **5**① **6**②

625
頭(あたま)をもたげる
それまで意識にのぼらなかった、ある考えが浮かぶ。

▼「もたげる」は「持ち上げる」の意味があり、頭を上げることで、以前は見えなかったものが見えてくること。**「台頭する・勢力を伸ばす」**という意味もある。

626
お鉢(はち)が回(まわ)る
自分の順番が来る。

▼「お鉢」は、おひつのことで、炊きあがった御飯を入れる器。おひつが回って、御飯をよそう順番が来ること。

関 **たらい回(まわ)し**…一つのことを次々に送り回すこと。

627
顔(かお)が利(き)く
相手に無理が利く。

▼顔が知られていて、便宜を図ってもらえること。

関 **顔(かお)が売(う)れる**…有名になる。広く世間で知られる。

628
口(くち)の端(は)に上(のぼ)る
うわさになる。思わず言葉が出る。

▼話題に取り上げられること。

注意 **「上る」**は「あがる」ではなく、**「のぼる」**と読む。

関 **口走(くちばし)る**…言うべきでないことを無意識に言ってしまう。

確認問題

次の傍線部の意味を後から選びなさい。

1 ――人間こそ、いちばんえらい存在だ。という、思いあがった考えが**頭をもたげた**。20世紀という現代は、ある意味では、自然へのおそれがうすくなった時代といっていい。

（司馬遼太郎「21世紀に生きる君たちへ」）

① 話題になった　② 浮かんだ
③ 明らかになった　④ 注目を集めた

2 最初から四番目まで、湧くような歓呼の裡(うち)に勝負が定まって、さていよいよ**お鉢が廻って来ると**、源は栗毛に跨(また)がって馬場へ出ました。

（島崎藤村「藁草履」）

① 順番が来ると　② 勝負がつくと
③ 機会が遠のくと　④ 追い詰められると

3 裏木戸と言っても、瀬川はもとより俳優の下足を扱う口番でもなく、無論頭取部屋に頑張っている頭取の一人でもなかったが、香盤の札くらいは扱っており、役者に**顔が利いていた**。

（徳田秋声「縮図」）

① いばっていた　② 大事にされていた
③ 負けずにいた　④ 無理が利いていた

4 『古今集』の一首として十代に暗記したこの歌が、二十代のある春の日に不意に**口の端にのぼる**。

（三浦雅士『読書と年齢』）

① 聞こえてくる　② 思い出す

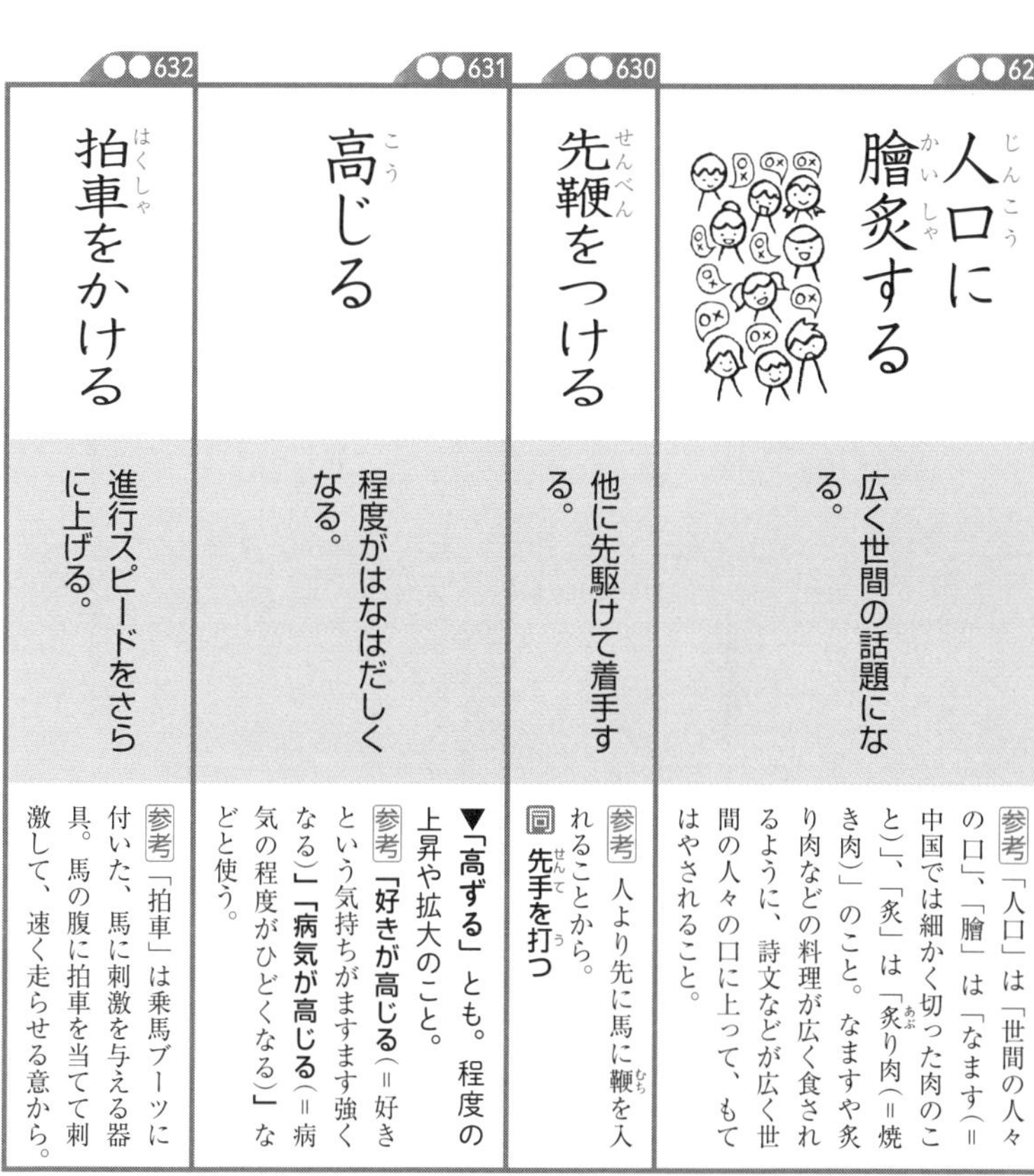

●●629

人口（じんこう）に膾炙（かいしゃ）する

広く世間の話題になる。

参考「人口」は「世間の人々の口」、「膾」は「なます（＝中国では細かく切った肉のこと）」、「炙」は「炙（あぶ）り肉（＝焼き肉）」のこと。なますや炙り肉などの料理が広く食されるように、詩文などが広く世間の人々の口に上って、もてはやされること。

●●630

先鞭（せんべん）をつける

他に先駆けて着手する。

参考 人より先に馬に鞭（むち）を入れることから。

同 **先手（せんて）を打（う）つ**

●●631

高（こう）じる

程度がはなはだしくなる。

▼**「高ずる」**とも。程度の上昇や拡大のこと。

参考 **「好きが高じる」**（＝好きという気持ちがますます強くなる）**」「病気が高じる」**（＝病気の程度がひどくなる）**」**などと使う。

●●632

拍車（はくしゃ）をかける

進行スピードをさらに上げる。

参考「拍車」は乗馬ブーツに付いた、馬に刺激を与える器具。馬の腹に拍車を当てて刺激して、速く走らせる意から。

③ 思わず言葉が出る　④ 大げさに話す

5 ことわざは**人口に膾炙している**こともあって、なんとなく低く見られがちである。（外山滋比古「ことわざのこころ」）

① 誤って使われている
② 長い年月を経てきている
③ 広く世間に知られている
④ 人間の数が増えている

6 ヨーコは才能ある夫と仲間たちのために、このチェンバーストリートの一室でコンサートを開くことにした。その後ニューヨークで、そして世界中で注目をあびた前衛芸術運動に**先鞭をつけた**、伝説のコンサート・シリーズである。（久我なつみ「アメリカを変えた日本人」）

① 成果を見込んだ　② 先に急いだ
③ 将来を予測した　④ 先駆けて着手した

7 住みにくさが**高じる**と、安い所へ引き越したくなる。（夏目漱石「草枕」）

① はなはだしくなる　② うわさになる
③ ひそかに進行する　④ 周りからわかる

8 桐壺更衣は、女たちの嫉妬や恨みを一身に受けたためか、病気がちになってしまう。美しい男の子を産んだこともまた、嫉妬に**拍車をかけた**ことだろう。（俵万智「あなたのために」）

① 世間に広めた　② 進行を速めた
③ ひそかに進めた　④ 勢いを弱めた

答▶ 1② 2① 3④ 4③ 5③ 6④ 7① 8②

633
花(はな)も実(み)もある
外観も内容も優れている。
▼理屈や理念が立派で、感情面でも人間味ある様子。人物や人生などに用いられる。
関 徒花(あだばな)…咲いても実をつけない花。むだ花。季節外れに咲く花。

634
羽振(はぶ)りがいい
金回りが良い。
▼権力や経済力、勢力があって、思いのままに振る舞うこと。「羽」は、振りかざす権力や経済力の象徴。
参考 所持金がたくさんあることを「懐(ふところ)が暖(あたた)かい」という。

635
左団扇(ひだりうちわ)
楽して暮らすこと。
参考 (一般的な利き腕を右手として)利き腕ではない左手で、ゆったり優雅に団扇を振る様子から。

636
枚挙(まいきょ)にいとまがない
たくさんある。
▼一枚一枚、数えきれないほど多数、ということ。「枚挙」とは、一つ一つ数え上げること。「いとま」は漢字では「暇」や「遑」と書く。
入試「枚挙」は漢字の読み問題でもよく出る。

確認問題
次の傍線部の意味を後から選びなさい。

1 **花も実もある**生活は存在するのである。バラバラな断片を何とかまとめて日常の連続と統合をつくりあげ、文化を築いている。
(外山滋比古「編集人間」)
① 外観も内容も優れている
② 善悪分け隔てなく引き受ける
③ 苦しいこともうれしいことも経験する
④ 幸福な将来が待ち受ける

2 父は仕事をやめたというのに、出前を頼んだり外食に連れ出したり、ずいぶん**羽振りが良かった**。
(長嶋有『猛スピードで母は』)
① 元気が良かった ② 優雅だった
③ 金回りが良かった ④ 忙しかった

3 もとより**左団扇**の気持(きもち)はなかったから、十七のとき蝶子が芸者になると聞いて、この父はにわかに狼狽(ろうばい)した。
(織田作之助『夫婦善哉』)
① 貧乏に暮らす ② 罪を犯す
③ 急進的な考えをもつ ④ 楽して暮らす

4 社会を発展させた人類の失敗体験をひとつひとつ挙げていたら、それこそ**枚挙にいとまがありません**。
(畑村洋太郎「失敗学のすすめ」)
① 多すぎて数えきれません
② 多すぎて膨大な時間がかかります
③ 多すぎて不確かになります
④ 多すぎてまとまりがありません

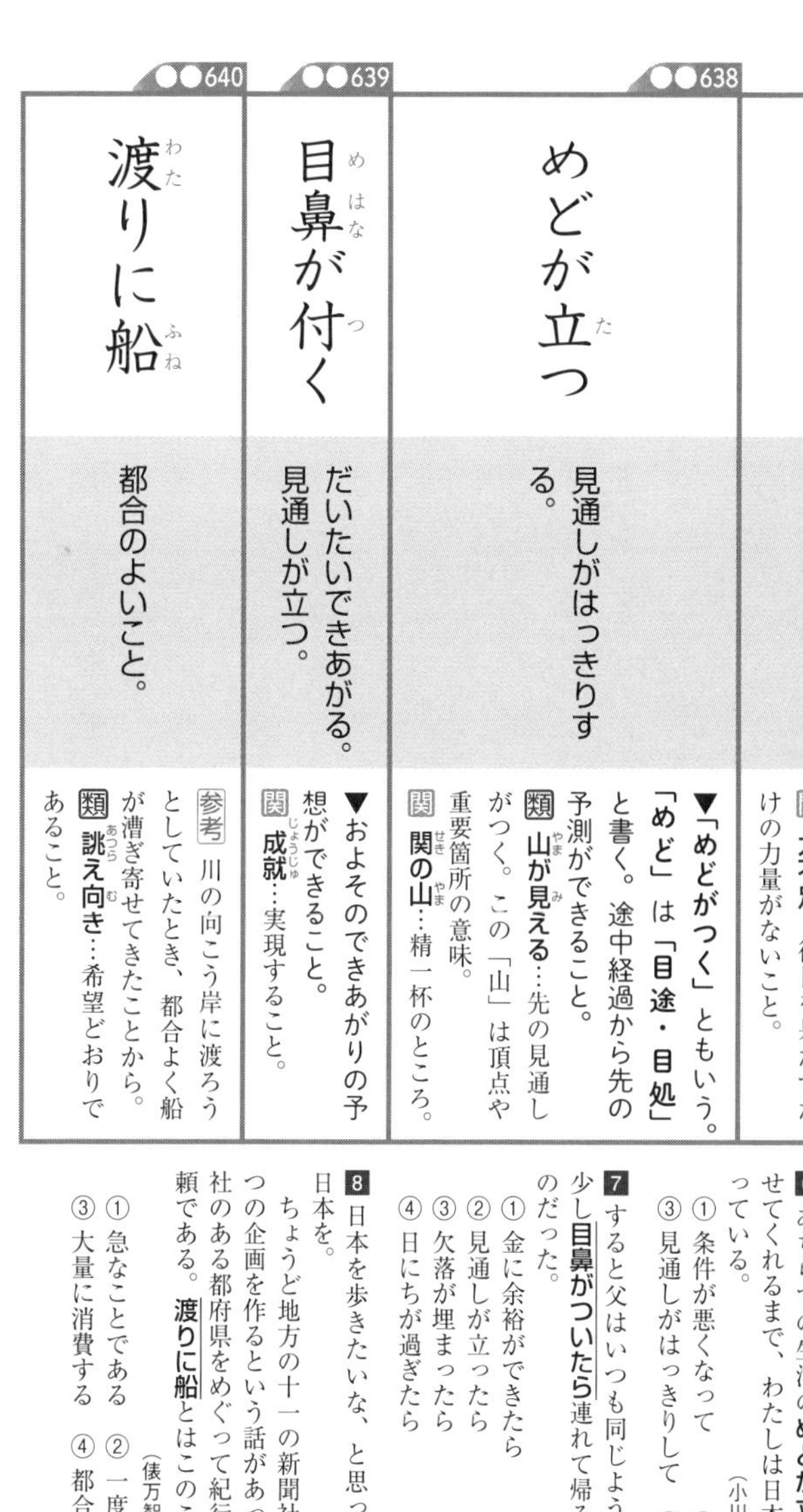

●●637

身(み)に余(あま)る

自分には十分すぎる。

▼報奨や役目が大きすぎること。

注意 **力量と比べて役目が軽すぎること**を表す「**役不足(やくぶそく)**」と混同しないこと。

関 **力不足(ちからぶそく)**…役目を果たすだけの力量がないこと。

●●638

めどが立(た)つ

見通しがはっきりする。

▼「**めどがつく**」ともいう。「**めど**」は「**目途・目処**」と書く。途中経過から先の予測ができること。

類 **山(やま)が見(み)える**…先の見通しがつく。この「山」は頂点や重要箇所の意味。

関 **関(せき)の山(やま)**…精一杯のところ。

●●639

目鼻(めはな)が付(つ)く

だいたいできあがる。見通しが立つ。

▼およそのできあがりの予想ができること。

関 **成就(じょうじゅ)**…実現すること。

●●640

渡(わた)りに船(ふね)

都合のよいこと。

参考 川の向こう岸に渡ろうとしていたとき、都合よく船が漕ぎ寄せてきたことから。

類 **誂(あつら)え向(む)き**…希望どおりであること。

5 その代(かわ)りまた、詩歌管絃(しいかかんげん)の道に長じてさえ居りますれば、無位無官の侍でも、**身に余る**ような御褒美を受けた事がございます。

（芥川龍之介「邪宗門」）

① 自分に合った　② 十分すぎる
③ 予想どおりの　④ 物足りない

6 あちらでの生活の**めどが立って**夫が呼び寄せてくれるまで、わたしは日本で待つことになっている。

（小川洋子「ドミトリイ」）

① 条件が悪くなって　② 準備をして
③ 見通しがはっきりして　④ 興味が出て

7 すると父はいつも同じように、おじいさん、少し**目鼻がついたら**連れて帰るからとなだめるのだった。

（吉本隆明『父の像』）

① 金に余裕ができたら
② 見通しが立ったら
③ 欠落が埋まったら
④ 日にちが過ぎたら

8 日本を歩きたいな、と思った。東京でない日本を。
ちょうど地方の十一の新聞社が、共同でひとつの企画を作るという話があった。十一の新聞社のある都府県をめぐって紀行文を、という依頼である。**渡りに船**とはこのことだ。

（俵万智「ひまわりの日々」）

① 急なことである　② 一度に片付く
③ 大量に消費する　④ 都合がいい

答▶ **1**①　**2**③　**3**④　**4**①　**5**②　**6**③　**7**②　**8**④

641 **相容れない**（あいいれない）

互いに受け入れられない。両立しない。

▼解消できない考えや立場の違いがあること。

類 **二律背反**（にりつはいはん）…二つのものや意見が同時には成り立たないこと。（↓p.144）

642 **足が出る**（あしがでる）

予算オーバーする。

関 **足が早い**（あしがはやい）…①食べ物が早く傷みやすい。②売れ行きがよい、早く売れる。

643 **あだになる**

かえって害になる。逆効果になる。

▼よかれと思ったものがかえって害悪となること。裏目に出ること。「**あだ**」は漢字では「**仇**」で、「敵・仕返し・害をなすもの」の意味がある。

関 **恩を仇で返す**（おんをあだでかえす）…恩人に対して、恩返しをしないで、かえって害を与えるような仕打ちをする。

644 **暗礁に乗り上げる**（あんしょうにのりあげる）

身動きが取れなくなる。

▼思わぬ障害にぶつかって、物事がうまく進行しなくなること。「暗礁」は、海面の下にあって見えない岩場や浅瀬。

確認問題

次の傍線部の意味を後から選びなさい。

1 しかし、軍隊という組織は、それ自体、個性や個人の意志というようなものと**相容れない**。（林望『テーブルの雲』）

① つじつまが合わない ② 役に立たない ③ 引けを取らない ④ 両立しない

2 バンドと歌手の日当合計七千円、往復旅費が四千余円で、この費用だけでも**足がでる**。（坂口安吾「文化祭」）

① 予算が余る ② 意外である ③ 予算を超える ④ 出費である

3 多少の苦しさくらい、辛く（つらく）とも耐えてしまう、それが**あだになった**。（阿刀田高『幻の舟』）

① 逆効果になった ② 役に立った ③ 問題となった ④ 基準となった

4 交渉はここで**暗礁に乗り上げ**、ここから一歩も進まなかった。（井上靖『おろしや国酔夢譚』）

① 問題点が明らかになり ② 障害にぶつかり ③ 決着のときとなり ④ 休憩となり

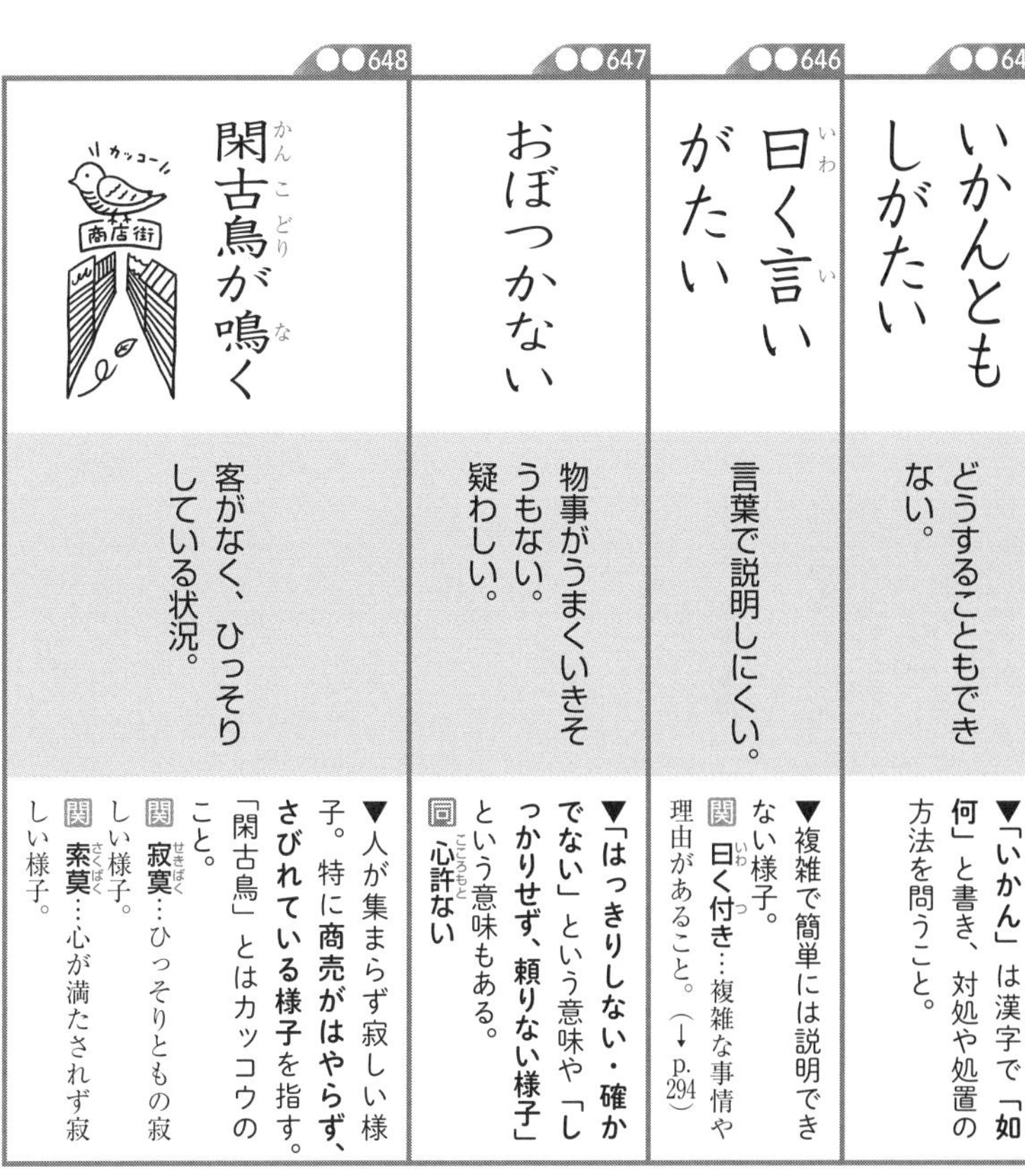

645 いかんともしがたい

どうすることもできない。

▼「**いかん**」は漢字で「**如何**」と書き、対処や処置の方法を問うこと。

646 曰く言いがたい

言葉で説明しにくい。

▼複雑で簡単には説明できない様子。

関 **曰く付き**…複雑な事情や理由があること。（↓p.294）

647 おぼつかない

物事がうまくいきそうもない。疑わしい。

▼「**はっきりしない・確かでない**」という意味や「**しっかりせず、頼りない様子**」という意味もある。

同 **心許ない**

648 閑古鳥が鳴く

客がなく、ひっそりしている状況。

▼人が集まらず寂しい様子。特に**商売がはやらず、さびれている様子**を指す。「閑古鳥」とはカッコウのこと。

関 **寂寞**…ひっそりとものの寂しい様子。

関 **索莫**…心が満たされず寂しい様子。

5 彼は**いかんともし難い**鬱憤を抑えながら、石工の一人に案内せられて、木小屋のうちへ入った。（菊池寛「恩讐の彼方に」）

① 好ましいことではない
② 気がおさまらない
③ どうすることもできない
④ 責めることができない

6 間という**曰く言いがたい**空白の時間の中に、言葉では表現しにくい多くのことがかくされているからだ。（白洲正子「日本の伝統」）

① 絵でしか表現できない
② 言葉で説明しにくい
③ 言葉にしてしまっては意味がない
④ 直接には言いにくい

7 帰国が**おぼつかない**と知ってから誰の眼にも二人は急に老い込んで見えた。（井上靖『おろしや国酔夢譚』）

① 覚えていない　② 気にならない
③ 好ましくない　④ 疑わしい

8 さしもの繁昌を誇っていた飲み屋の「猫」も、この一週間は**閑古鳥が鳴いた**という。（阿久悠『瀬戸内少年野球団』）

① カッコウの鳴き声がもの悲しかった
② 客がなく、ひっそりとしていた
③ 広く世間の話題になった
④ 客がひっきりなしで、忙しかった

答▶ 1④　2③　3①　4②　5③　6②　7④　8②

649
逆鱗（げきりん）に触（ふ）れる
激しく怒らせる。
参考「逆鱗」とは、竜のあごの下にあるとされる逆さの鱗（うろこ）のこと。そこに触れると竜が怒り、触った人を殺すという伝説から。
注意 **目上の人を激怒させることのたとえ**で、目下の人に使うのは間違い。
関 **気色（けしき）ばむ**…怒りの表情が表れる。

650
後塵（こうじん）を拝（はい）する
人に先んじられて遅れる。
▼**「権力のある人につき従う」**ことも意味する。
参考「後塵」とは、人や車馬が通った後に立つ土ぼこりのこと。
対 **先陣（せんじん）を切（き）る**…最初に行動を起こす。

651
糊口（ここう）をしのぐ
どうにか生活する。
▼「糊」は、おかゆのこと。
同 **口（くち）に糊（のり）する**
関 **口（くち）が干上（ひあ）がる**…生活手段を失い、食べていけなくなる。

652
焦眉（しょうび）の急（きゅう）
緊急事態。切迫した状況。
▼眉（まゆ）を焼くほど近くまで危機が差し迫る状況。

確認問題
次の傍線部の意味を後から選びなさい。

1 下手に反論すると、私の**逆鱗に触れて**落第させられる、と思ったのかどうかは知らないが、私は皆があまりにあっけなく同調したのでかえって力抜けしてしまったほどだ。（藤原正彦『若き数学者のアメリカ』）
① 強い刺激を受けて ② 弱点をついて
③ 激しい怒りを受けて ④ 邪魔をして

2 曾（かつ）ては封侯をも得たその老将が今更若い李陵如きの**後塵を拝する**のが何としても不愉快だったのである。（中島敦「李陵」）
① だまされる ② 利用される
③ 助力をする ④ 先んじられて遅れる

3 学恩と言えば、私がフランス文学の翻訳で**糊口を凌ぐ**ことが出来たのは渡辺先生のお蔭である。（福永武彦「書物の心」）
① 何とか生活する ② 楽して暮らす
③ 世間の話題になる ④ 活躍する

4 それらが人生をたっぷりと生きる方法であろうとなかろうと、とにかく鷗外（おうがい）には日々の生活をなんとかやり過（す）ごして行くことが**焦眉の急**であった。（山崎正和『鷗外 闘う家長』）
① 急を要しない問題 ② 切迫した状況
③ 昔からの仕事 ④ 特別な事情

653 辛酸をなめる

つらい目を味わう。

▼ひどく困難で苦しい経験にさらされる状況。「**なめる**」は「**嘗める**」と書く。

同 **苦杯をなめる**

関 **呻吟**…うめき苦しむこと。

654 鳴かず飛ばず

目立った活躍がない様子。

▼鳥が鳥らしい活動をしないことを人に当てはめた表現。

関 **鳴り物入り**…大げさな宣伝や大きな前評判。

655 梨のつぶて

連絡しても何の返事もないこと。

▼行ったきり何の音沙汰もないこと。

参考 「**つぶて**」とは「**礫**」と書き、投げつける小石のこと。投げた小石は返ってこないことから。「梨」は「無し」に掛けた語呂合わせの言葉。

656 糠に釘

効き目がない。

参考 糠に釘を打ち込んでも、すぐに抜けて効き目がないことから、手ごたえがないことをいう。

同 **のれんに腕押し・豆腐にかすがい**

5 金のある人などは、真に生活の苦労を知ることは出来ないかも知れないが、とにかく、若い人は、つぶさに人生の**辛酸を嘗める**ことが大切である。（菊池寛「小説家たらんとする青年に与う」）

① つらい経験をする ② たたりを受ける
③ 悩みを片付ける ④ 批評を受ける

6 孝夫のような新人賞をとったあと**鳴かず飛ばず**の無名不流行作家の原稿料ランクは一枚三千円だから、多い日で九千円、不作の日は千五百円である。（南木佳士『阿弥陀堂だより』）

① 手ごたえがなくて効き目がない
② 努力を重ねている
③ 不運の上に不運が重なる
④ 目立った活躍のない

7 ブカレストのアーニャの実家宛てにも手紙を出したが、**梨のつぶてだった**。（米原万里『嘘つきアーニャの真っ赤な真実』）

① お土産が送られてきた
② 何の返事もなかった
③ すぐに返事が返ってきた
④ 返事に時間がかかった

8 お前らには何を言っても、**ぬかに釘**だぁ。（梅崎春生「崖」）

① 返事がない ② はかどらない
③ 効き目がない ④ 心にささる

答▶ 1③ 2④ 3① 4② 5① 6④ 7② 8③

657
濡れ衣（ぬれぎぬ）を着（き）せる

無実の罪を負わせる。

▼身に覚えのない罪で責任を追及すること。「濡れ衣」とは雨水や海水などで濡れた衣服のことで、「無実の罪」を表す。

658
のっぴきならない

どうにもならない困難な状況。

▼漢字で「**退っ引きならない**」と書き、退避できないという意味を表す。

類 **抜（ぬ）き差（さ）しならない**…身動きできない、困難な状況。

類 **逼迫（ひっぱく）**…行き詰まって余裕がないこと。

659
暴露（ばくろ）

明るみに出すこと。

▼特に、**他人の悪事・秘密などをあばくこと。**

類 **露見（ろけん）**…悪事・秘密など隠していたことが人に知られること。ばれること。

類 **露呈（ろてい）**…隠れていたものが現れ出ること。

関 **韜晦（とうかい）**…才能や本心を何かで隠すこと。

660
名状（めいじょう）しがたい

なんとも表現しようのない状況。

▼「名状」は、状況を説明する言葉を出すこと。

確認問題

次の傍線部の意味を後から選びなさい。

1 **濡れ衣を着せられる**と、もう生きていけないほどのパニックに陥る。（中島義道「人生、しょせん気晴らし」）

①仲間外れにされる　②怒られる
③無実の罪を着せられる　④無視される

2 奥で、なにか**のっぴきならない**ことがおこったのかもしれない、と弟は想像した。（野呂邦暢「白桃」）

①口出しできない　②とても困難な
③隠した方がよい　④予想もつかない

3 人生は何事をも為さぬには余りに長いが、何事かを為すには余りに短いなどと口先ばかりの警句を弄しながら、事実は、才能の不足を**暴露する**かも知れないとの卑怯な危惧と、刻苦を厭（いと）う怠惰とが己の凡（すべ）てだったのだ。（中島敦「山月記」）

①明るみに出す　②ひそかに隠す
③話題にする　④繰り返す

4 僕はその時高木から受けた**名状し難い**不快を明らかに覚えている。（夏目漱石「彼岸過迄」）

①全く経験したことのない
②想像することが難しい
③見下すことのできない
④なんとも表現しようのない

661
無用の長物（むようのちょうぶつ）
無益で役に立たないもの。

▼役立たないどころか邪魔なくらいなもの。「長物」とは、長すぎて場所を取り、邪魔で用をなさないもの。
関 **無用の用**（むようのよう）…役立たないものがかえって有益になること。

662
ものいり
費用がかかること。

▼漢字では「**物入り**」。「入り」には「必要」の意味がある。

663
烙印を押される（らくいんをおされる）
消せない汚名を着せられる。

参考「烙印」は、かつて罪人に刻まれた焼き印のこと。一度押された烙印はなかなか消えないことから。

664
割を食う（わりをくう）
損をする。

▼利益が割り引かれること。
参考「割」は物事を割り当てること。そこから割り当てられた役割や分配金、その損得の具合を意味する。
注意「**割がいい**」「**割に合う**」は**得をする**意味。「**割が悪い**」「**割に合わない**」は**損をする**意味を表す。
同 **間尺に合わぬ**（ましゃくにあわぬ）

5 昔の日本の女になくてかなわなかった髪飾りや帯などは外国の女には**無用の長物**である。
（寺田寅彦「一つの思考実験」）

① 安価なもの ② 役に立たないもの
③ 貴重なもの ④ 長く使えないもの

6 お披露目をするといってもまさか天婦羅（てんぷら）を配って歩くわけには行かず、祝儀、衣裳、心付けなど大変な**物入り**で、のみこんで抱主が出してくれるのはいいが、それは前借になるから、いわば蝶子を縛る勘定になると、反対した。
（織田作之助「夫婦善哉」）

① 費用がかかること ② 物が増えること
③ 予定を立てること ④ お祝いすること

7 ファッションは、新しさという価値だけによって、すでに存在しているもの全体に「古いもの」という**烙印を押し**、突然の死をもたらす。
（河野哲也『境界の現象学』）

① 話題にして ② 型を壊して
③ 推薦を受け ④ 汚名を着せて

8 男性が入って来ると女性はかならず二次的な存在となり、すべての点において女性は**割りを食う**こととなり、大学ぜんたいが男性原理となってしまうから、というのが共学反対の理由だ。
（片岡義男『日本語の外へ』）

① 期待される ② 特別扱いする
③ 損をする ④ 得をする

答▶ **1**③ **2**② **3**① **4**④ **5**② **6**① **7**④ **8**③

665

息(いき)がかかる

有力者の保護や支配を受ける。

▼有力者の力が及ぶ近さにいること。

関 **息(いき)が長(なが)い**…活動期間が長い。

関 **鶴(つる)の一声(ひとこえ)**…大勢の議論や意見をおさえつける、有力者の一言。

666

折(お)り合(あ)いをつける

利害の決着点を見いだす。

▼決裂せず関係をとりもつこと。妥協点をさぐること。

関 **折(お)り合(あ)い**…①人と人との関係。②協調したり、妥協したりすること。

667

搦(から)め手(て)

相手の弱点。

▼注意を払っていないところ。もともとは、城の裏や陣地の裏から攻める軍勢のこと。

668

轡(くつわ)を並(なら)べる

二人以上の人が一緒に行動する。

▼そろって同じことをすること。「轡」は馬の口にかませ手綱をつける金具。

関 **足並(あしな)みをそろえる**…行動や意見などを同じにする。

関 **軌(き)を一(いつ)にする**…志す道が同じである。

確認問題

次の傍線部の意味を後から選びなさい。

1 署長という署長は、みんな既成政党の**息がかかって**いて、使いものにならんそうじゃないか。（武田泰淳『快楽』）

①影響下にあって　②仲間となって
③親戚づきあいをして　④対立して

2 樺島は、病とはもう**折り合いをつけた**かのように明るく笑った。（長野まゆみ『鳩の栖』）

①積極的に新たな関係性を見いだした
②妥協して関係をとりもった
③向き合うのを避けるようになった
④まったく関わらないようになった

3 こういう強豪の脛(すね)をかじるのに山沢は幾夜も考えたあげく、**からめ手**から攻めおとすことを思いついた。（開高健『青い月曜日』）

①相手の得意なこと　②相手の仲間
③相手に先駆けること　④相手の弱点

4 六十七十の将軍達が切腹もせず**轡を並べて**法廷にひかれるなどとは終戦によって発見された壮観な人間図であり、日本は負け、そして武士道は亡びたが、堕落という真実の母胎によって始めて人間が誕生したのだ。（坂口安吾『堕落論』）

①金銭を払って　②責任を取って
③一緒にそろって　④事件を起こして

669

白黒を付ける

良い悪いをはっきりさせる。

▼「白黒」は、善悪、正邪、是非の象徴。

注意 同義語に「**黒白を争う**」があるが、読み方に注意する。こちらは「**こくびゃく**」と読む。

670

鎬を削る

激しく争う。

▼「鎬」は刀剣の刃と峰の中間で、そこをぶつけ合う様子。

同 **鍔競り合い**

関 **鞘当て**…小さなことからいさかいになること。

671

出藍の誉れ

弟子が師匠に勝るようになること。

参考 植物の藍から抽出される青色は、もとの植物より濃い青であることから。

同 **青は藍より出でて藍より青し**

関 **白眉**…最も優れた人や物。

672

雌雄を決する

勝負をつける。

▼優劣や勝ち負けをはっきりさせること。

参考 どちらが雄でどちらが雌か、どちらが強いか弱いかの区別をはっきり決めるという意味から。

5 「なにをボサッとしてるんだい。おばあちゃんが**白黒つけて**やる。一緒にきないっ!」

（浅田次郎「雛の花」）

① 一緒に謝って
② 代金を支払って
③ 代わりに勝負して
④ 良い悪いをはっきりさせて

6 元来ならおれが山嵐と戦争をはじめて**鎬を削ってる**まん中へ出て堂々とおれの肩を持つべきだ。

（夏目漱石「坊っちゃん」）

① 痛めつけている
② 激しく争っている
③ 高め合っている
④ 我慢し合っている

7 師の影を敬し遠ざける良き弟子と弟子に近づきすぎない心掛けをもつ良き師との間ではじめて、教育的奇蹟が起こる。それを**出藍の誉れ**という。

（外山滋比古「師の影」）

① 優れた弟子を誉めたたえる師のこと
② 弟子が師よりも劣っていること
③ 弟子が師に勝るようになること
④ 優れた弟子が師と衝突すること

8 ここ数年、毛利方に対して戦闘と調略をかさねてきた羽柴秀吉が、ついに毛利本軍を備中にひき出し、**雌雄を決する**形にまで状況をもってきた、というのである。

（司馬遼太郎『国盗り物語』）

① 善悪を判断する
② 激しく怒らせる
③ 関係をとりもつ
④ 勝負をつける

答▶ **1**① **2**② **3**④ **4**③ **5**④ **6**② **7**③ **8**④

673
人後に落ちない（じんごにおちない）

ひけをとらない。

▼「人後」とは、他人の後ろ、下位のこと。他人より下位にはならないということ。
関 後ろ盾（うしろだて）…影から助けること。影から守ってくれる人。

674
水魚の交わり（すいぎょのまじわり）

親密な交際。親密な関係。

▼水と魚が切り離せない関係であるように、離れられない親密な関係のこと。
類 管鮑の交わり（かんぽうのまじわり）…利害得失を超え、互いに理解し信頼し合った非常に親密な交際。
類 刎頸の交わり（ふんけいのまじわり）…お互いに首を切られても後悔しないくらいの親密な交際。

675
袂を分かつ（たもとをわかつ）

仲間と別れる。人との縁を切る。

▼「袂」は和服の袖（そで）で袋状になっているところ。
関 袂を絞る（たもとをしぼる）…濡れた袖を絞るほどたくさん涙を流す。
関 袖振り合うも多生の縁（そでふりあうもたしょうのえん）…服が触れるのも前世からの関係。

676
流れをくむ（ながれをくむ）

ある血統や学派・流派に属する。

▼「くむ」は「汲む」で「すくい取る・受け継ぐ」という意味がある。

確認問題

次の傍線部の意味を後から選びなさい。

1 もともとアマチュアあがりの登山家で、山が好きなことは**人後に落ちない**が、日本の登山界のどこかに籍をおくような柄ではない。
（井上靖『星と祭』）

①誰よりも一番である　②世間で評判である
③一番後ろについている　④ひけをとらない

2 なにしろ、お屋形様と殿とは、君臣**水魚のまじわり**をなされております。
（司馬遼太郎『国盗り物語』）

①主従の関係　②苦労した関係
③親密な関係　④険悪な関係

3 瀬戸は団子坂の方へ、純一は根津権現の方へ、ここで**袂を分かった**。
（森鷗外「青年」）

①別れた　②争った
③見逃した　④指図した

4 当時平田派の熱心な門人は全国を通じて数百人に上ると言われ、南信から東美濃の地方へかけてもその**流れをくむ**ものは少なくない。
（島崎藤村『夜明け前』）

①訪ねてくる　②学派に属する
③川の上流を探す　④教えを変える

677

矛（ほこ）を収（おさ）める

争いを止める。

▼「矛」は槍（やり）のような武器の一種。

対 **矛（ほこ）を交（まじ）える**…戦う。

関 **盾（たて）に取（と）る**…防御物とする。あることを口実に、自分を守ったり、相手への言いがかりの手立てとしたりする。

678

まつわる

からみつく。つきまとう。まとわりつく。関連する。

▼漢字で「**纏わる**」と書く。

注意「この学校に**まつわる**話」などと用いる場合は、「**関連する**」という意味を表す。

679

耳（みみ）をそろえる

金額をぴったり用意する。

▼「**そろえる**」は漢字では「**揃える**」と書く。

参考 パンの「耳」など、「耳」には「端」の意味があり、江戸時代には大判・小判の縁も「耳」といった。お金の端をそろえる意味から。

680

向（む）こうに回（まわ）す

敵対する。

▼相手として張り合うこと。

関 **向（む）こうを張（は）る**…堂々と張り合う。対抗する。

関 **対峙（たいじ）**…にらみ合うこと。

5 そうした場合、恋する人は、否応なしに自分の苦しい恋をはっきりと意識させられるであろうし、同時に、恋人のためにいさぎよく戦いの**矛を収めなければ**ならないであろう。

（下村湖人『次郎物語』）

① 争いを止めなければ ② 準備を進めなければ
③ 弱点をつかなければ ④ 行方（ゆくえ）を見なければ

6 夜光虫は、泳ぐ彼の全身に瞬きながらもつれ、**まつわりつき**、波が崩れるとき、一瞬だけ光を強めながら美しく散乱する。

（山川方夫「他人の夏」）

① 勝手に振る舞い ② 距離をあけ
③ 動きまわり ④ つきまとい

7 今日中に三十万、**耳を揃えて**返せ、と大変な見幕である。

（向田邦子『父の詫び状』）

① 予定どおりに ② 利子をつけて
③ やりくりして ④ ぴったり用意して

8 四国連合の艦隊を**向こうに回しては**、長州藩ですら敵し得なかったのみか、砲台は破壊され、市街は焼かれ、今すこしで占領の憂き目を見るところであったことは、下の関の戦いが実際にそれを証拠立てていた。

（島崎藤村『夜明け前』）

① 後回しにしては ② 敵対しては
③ 仲間に入れては ④ 順番がきては

答▶ 1④ 2③ 3① 4② 5① 6④ 7④ 8②

681
往生（おうじょう）

死ぬこと。
死ぬまでの人生。

▼仏教語としては、極楽に生まれ変わること。「**困ること**」という意味もある。

関 **往生際（おうじょうぎわ）**…あきらめなければならない時の態度や決断力。

682
小康（しょうこう）

病状が少し安定すること。

▼病気以外にも危険な状態が少しおさまる状況を指す。

類 **緩解（かんかい）・寛解（かんかい）**…病気が一時的に弱まること。

683
発心（ほっしん）する

仏教へ心を動かす。
出家する。

▼「**何かを始めようと決心する**」という意味もある。

注意 「**ほっしん**」という読み方に注意。

類 **発起（ほっき）**…思い立って物事を始めること。信仰心を起こすこと。

684
骨（ほね）を埋（うず）める

その土地で死ぬ。
そこで一生を終える。

▼「**死ぬまでその仕事を続ける**」という意味もある。

関 **人間至る処青山あり（じんかんいたるところせいざんあり）**…人はどこで死んでも骨を埋める場所ぐらいはあるから、故郷を出て活動するべきだ。

確認問題

次の傍線部の意味を後から選びなさい。

1 そして西行の歌は、乱世末法の世に**全き往生**をとげた希有（けう）な上人としての横顔とともに、いっそう真摯（しんし）なひびきをもちはじめたといえる。（馬場あき子『穢土の夕映え』）

① 完璧な生活 ② 完全な成功
③ 立派な死 ④ 大変な苦労

2 いつまでつづくかわからない根気ずくめの療養の道が残されていたのだが、ともかくためらい勝ちながらも**小康**を得つつあった。（伊藤桂一「溯り鮒」）

① 病状が一進一退を繰り返していること
② 健康状態が次第によくなること
③ 病気が何の跡形も残さず消え去ること
④ 病状がやや持ち直して安定すること

3 西行という歌人は、もともと**発心**の時点から伝説的逸話の多い人物であるが、それははたして生前からそうであったのかというと、どうもそうではないように思われる。（馬場あき子『穢土の夕映え』）

① 誕生すること ② 結婚すること
③ 死去すること ④ 出家すること

4 旅に病み、旅に死んで**骨を埋めた**者もいよう。（福永武彦「草の花」）

① そこで一生を終えた ② そこで働いた

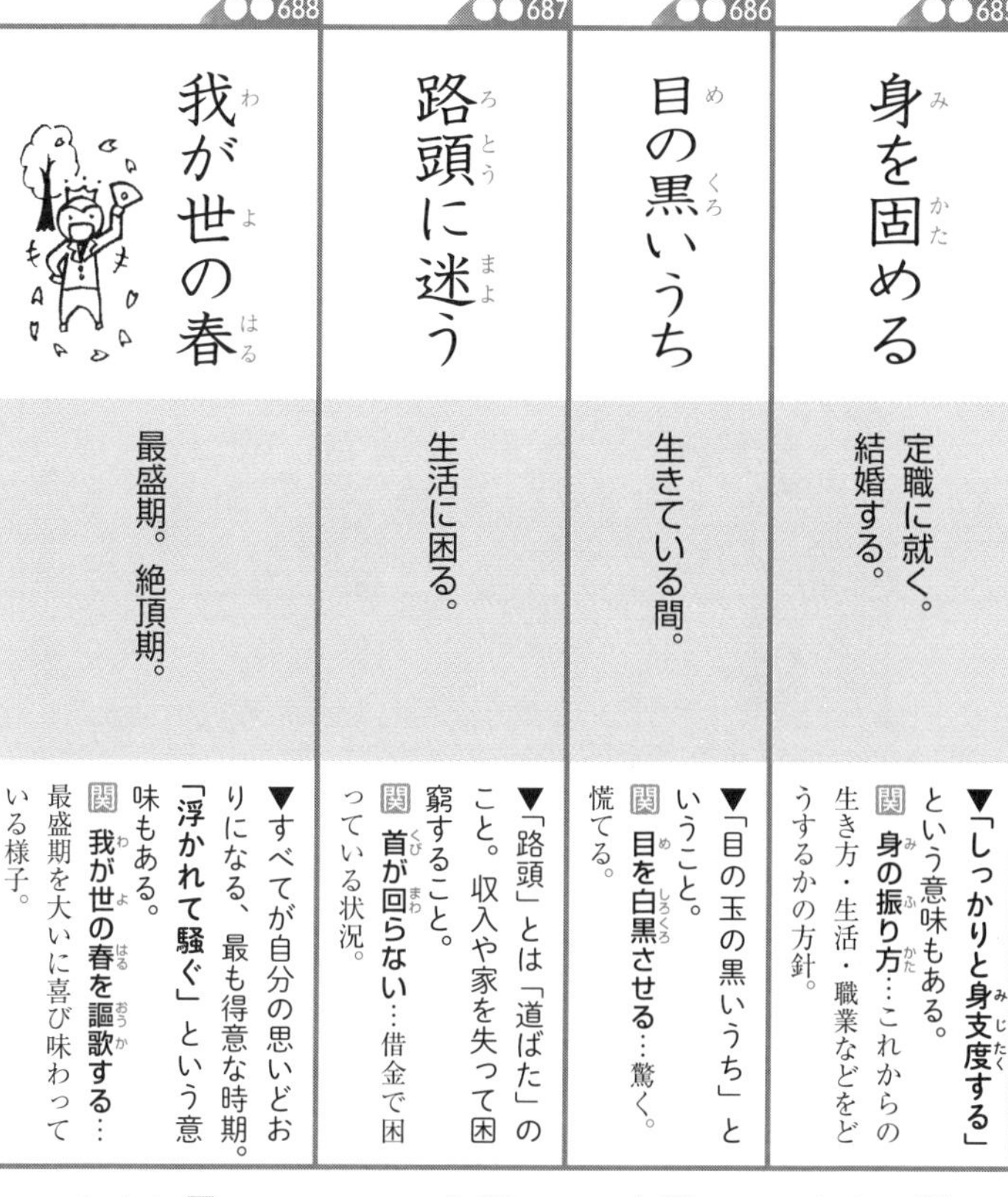

685

身を固める

定職に就く。結婚する。

▼**「しっかりと身支度する」**という意味もある。

関 **身の振り方**…これからの生き方・生活・職業などをどうするかの方針。

686

目の黒いうち

生きている間。

▼「目の玉の黒いうち」ということ。

関 **目を白黒させる**…驚く。慌てる。

687

路頭に迷う

生活に困る。

▼「路頭」とは「道ばた」のこと。収入や家を失って困窮すること。

関 **首が回らない**…借金で困っている状況。

688

我が世の春

最盛期。絶頂期。

▼すべてが自分の思いどおりになる、最も得意な時期。**「浮かれて騒ぐ」**という意味もある。

関 **我が世の春を謳歌する**…最盛期を大いに喜び味わっている様子。

③そこに石碑を建てた　④そこに住んだ

5 離婚してから、六年もたつのですから、そろそろ**身を固めても**よいと、わたしたちは思いましたが、美津子は一向に、そんな気持はないようでした。（三浦綾子『病めるときも』）

①縁を切っても　②結婚しても
③家を出ても　④喪服を脱いでも

6 親分の身体は、俺たちの、**目の黒いうち**は、大丈夫だ。（菊池寛「入れ札」）

①見張っている間　②起きている間
③生きている間　④待っている間

7 妻子を**路頭に迷わせても**小説を書きつづけた作家がいたことは知っていた。（吉村昭『一家の主』）

①都会で迷子にならせても
②実家に帰らせても
③生活に困らせても
④病気にさせても

8 これらの商売が**我が世の春**を謳歌していることは、占いの女性やスピリチュラーと称する人物がテレビに出ずっぱりであることを見ればわかる。（池内了『疑似科学入門』）

①幸せな雰囲気
②幸せな方向
③暖かくなってきた季節
④勢いの盛んな時期

答▶ 1③　2④　3④　4①　5②　6③　7③　8④

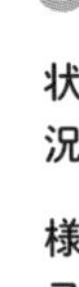

●●689

あいにく

予想や目的どおりにならないこと。

▼漢字では「**生憎**」で、「思いどおりにならず憎々しい、残念だ」という意味。

注意「**皮肉**」と意味が近いが漢字は異なる。

類 **裏目**(うらめ)**に出**(で)**る**…期待が外れて反対の結果になる。

●●690

相俟(あいま)って

互いに作用し合って。

▼相乗的な効果を発揮すること。いくつかの要素が影響し合うこと。

類 **ハイブリッド・シナジー**…異質なものの相乗。

●●691

あらずもがな

ない方がよいくらい。

▼「もがな」は願望を表す語。

関 **言**(い)**わずもがな**…言うまでもない。言うべきではない。

●●692

いたずらに

無駄に。むやみに。

▼漢字で「**徒に**」で、徒労、役に立たないこと。

関 **徒労**(とろう)**に帰**(き)**す**…無駄な骨折り、無益な苦労に終わる。

確認問題

次の傍線部の意味を後から選びなさい。

1 私は大声で母を呼び、ついで河畔を見やった。**あいにく**、ポンポン船は通っていなかったが、赤フンドシひとつで小舟をあやつっている見知らぬ男の姿があった。（宮本輝「寝台車」）

① 奇妙なことに ② いつものように
③ うまい具合に ④ 間が悪いことに

2 その天井に施されている、唐風の模様彩色から想像すると、創建当時の中堂内の色彩は、大和絵ふうの壁画の色彩と**相俟って**、かなり華やかな、にぎやかなものであったに相違ない。（竹西寛子「京の寺 奈良の寺」）

① 互いに反発し合って
② 互いに作用し合って
③ 互いに張り合って
④ 互いに関わりなくて

3 むしろそれ自体としては、**あらずもがな**の労苦である、ということになる。（大庭健「いま、働くということ」）

① ない方がよい ② 批判するところがない
③ 言うまでもない ④ 期待外れの

4 **いたずらに**厚みを増した皮下脂肪は防壁の役目を果たさず、かえって冷えを保存したりもする。（南木佳士「急な青空」）

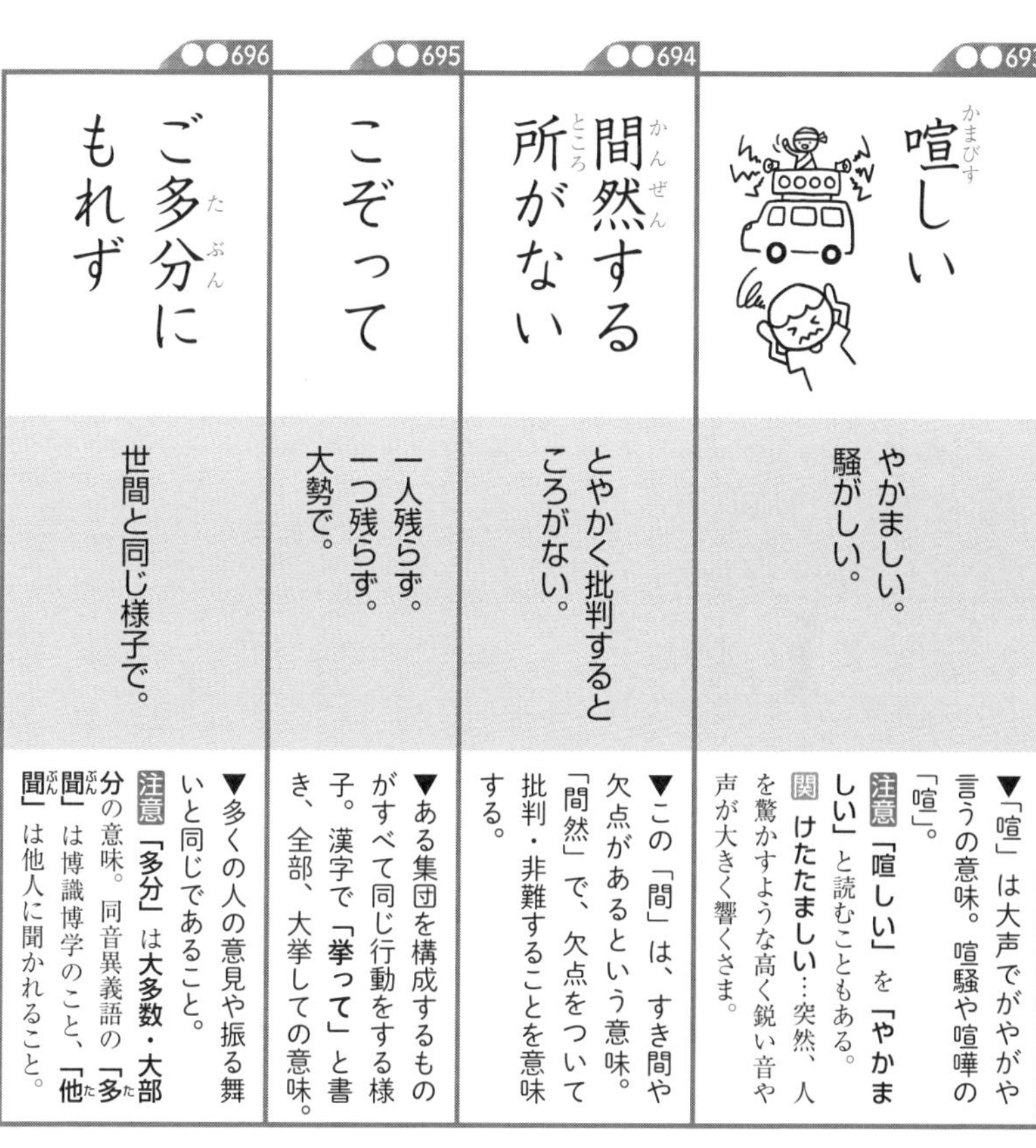

693
喧(かまびす)しい

やかましい。騒がしい。

▼「喧」は大声でがやがや言うの意味。喧騒や喧嘩の「喧」。
注意「**喧しい**」を「**やかましい**」と読むこともある。
関 **けたたましい**…突然、人を驚かすような高く鋭い音や声が大きく響くさま。

694
間然(かんぜん)する所(ところ)がない

とやかく批判するところがない。

▼この「間」は、すき間や欠点があるという意味。「間然」で、欠点をついて批判・非難することを意味する。

695
こぞって

一人残らず。一つ残らず。大勢で。

▼ある集団を構成するものがすべて同じ行動をする様子。漢字で「**挙って**」と書き、全部、大挙しての意味。

696
ご多分(たぶん)にもれず

世間と同じ様子で。

▼多くの人の意見や振る舞いと同じであること。
注意「**多分**」は**大多数・大部分**の意味。同音異義語の「**多聞(たぶん)**」は博識博学のこと、「**他聞(たぶん)**」は他人に聞かれること。

① ふざけて ② 不自然に
③ 無駄に ④ 特別に

5 運動場はすでに、早くから出てきた連中の**かまびすしい**声で満ちていた。
（高橋昌男『夏草の匂い』）
① 待ちかまえた ② やかましい
③ ふざけた ④ 活気のある

6 甲斐(かい)の政治力には凄味(すごみ)があります。**間然するところなき**政治力を以て事件を目立たぬよう滑らかに処理してゆく。
（谷沢永一『「樅ノ木は残った」を語る』）
① 驚くようなことがない
② 真似できるところがない
③ 非難すべき欠点がない
④ ぼんやりしてはっきりしない

7 お盆が、祖母と、両親と、父の弟妹五人、それに私たち三人きょうだいという、十一人家族**こぞって**の大行事だった。
（須賀敦子『本のそとの「物語」』）
① 協力して ② 精一杯
③ 世間同様 ④ 一人残らず

8 日本人は桜が大好きである。**ご多分にもれず**、私もそろそろ桜が咲くという季節になるとそわそわする。
（茂木健一郎『それでも脳はたくらむ』）
① 世間に惑わされて ② 世間と同じで
③ 他人に影響されて ④ 誰にも負けずに

答▶ **1**④ **2**② **3**① **4**③ **5**② **6**③ **7**④ **8**②

697

三々五々（さんさんごご）

ちらほら。あちらこちらに散在。

▼人が三人とか五人とか固まりつつ、ちらばって道を行く様子。人以外でも使うことがある。

類 点在（てんざい）…あちこちちらばってあること。

関 たむろする…人が集まる。

698

首尾よく（しゅびよく）

都合よく。うまいぐあいに。

▼この「首尾」は、物事の進行状況や結果のこと。

類 捗る（はかどる）・はかがいく…仕事などが順調に進む。

関 首尾一貫（しゅびいっかん）…始めから終わりまで方針や考え方などが変わらず、筋が通っていること。

699

常套手段（じょうとうしゅだん）

ありふれた、お決まりのやり方。

▼「常套」だけでも同じ意味がある。

関 常套句（じょうとうく）…同じような場合にいつも決まって使われる言葉。決まり文句。

700

杜撰（ずさん）

文章や仕事がいいかげんで、誤りが多いこと。

参考 「杜」は杜黙（ともく）という詩人のこと、「撰」は詩文を作ること。杜黙が作った漢詩のできが悪かったことから。

確認問題

次の傍線部の意味を後から選びなさい。

1 演説がすんで、聴衆は雪の夜道を**三々五々**かたまって家路に就き、クソミソに今夜の演説会の悪口を言っているのでした。（太宰治「人間失格」）

① 順序よく ② 列を乱しながら
③ あちらこちらに ④ 足並みをそろえて

2 お二人が**首尾よく**本意を遂げられればよし、万一敵に多勢の悪者でも荷担して、返り討ちにでも逢われれば、いっしょに討たれるか、その場を逃れて、二重の仇（あだ）を討つかの二つよりほかない。（森鷗外「護持院原の敵討」）

① やっとのことで ② 思いがけず
③ 機嫌よく ④ 都合よく

3 返歌をする場合は、相手の歌の言葉をいくつか再利用するというのは、**常套手段**である。（俵万智「あなたのために」）

① 適当なやり方 ② 非常識なやり方
③ 特別なやり方 ④ お決まりのやり方

4 ある都の大学を尋ねて行ったらそこが何かの役所になっていたり、名高い料理屋を捜しあてると貸し家札が張ってあったりした事もある。**杜撰な**案内記ででもあればそういう失敗はなおさらの事である。（寺田寅彦「案内者」）

① 古くからの ② いいかげんな

701
たわいない

取るに足りない。

▼**「考えにしっかりしたところがない」「手応えがない」**という意味もある。

関 **子どもだまし**…子どもしかだませないような完成度の低いごまかし。

702
月並（つきな）み

いつものとおりの様子。

▼定期的で新しさがない様子。「月次」とも書く。

類 **慣例**（かんれい）…習慣化された行い。

類 **陳腐**（ちんぷ）…ありふれていてつまらないこと。（→p.79）

類 **凡庸**（ぼんよう）…平凡でつまらないこと。（→p.79）

類 **ありきたり**…普通で面白くない様子。

703
手（て）がこむ

技巧が細かい。

▼手間がかかって細工などが複雑な様子。

関 **手（て）を加（くわ）える**…細工や加工を施す。修正や補足をする。

704
手（て）も無（な）く

たやすく。簡単に。

▼手数もかからず、あっけなくという意味。

類 **あっけない**…予想や期待に反して、簡単で物足りない。

③ 大げさな　④ 形式的な

5 彼がほとんど思いつきで同窓会場のホテルに立ち寄った理由を、強いて上げるとするなら、それはしごく個人的で**たわいない**理由である。（浅田次郎「地下鉄に乗って」）

① 思いがけない　② 取るに足りない
③ ありふれた　④ とりとめない

6 長年そこで暮らしても、どうにも馴れぬ味や臭いはあるものだ、といまさら感心するのも、まことに**月並みなこと**だ。（古井由吉「夜中の納豆」）

① 調和すること　② 適当なこと
③ ありふれたこと　④ すばらしいこと

7 下町の職人さんが作っているこの箱には、昔のちりめんの布が鶴や花の形に飾りとしてはめこまれていて、とても**手が込んでいた**。（群ようこ『モモヨ、まだ九十歳』）

① 細工が複雑だった　② 細工が正確だった
③ 細工が簡単だった　④ 細工が大胆だった

8 いままで人々は、官憲の前に**手もなく**屈伏していた。その何ともわからない醜い服装と言葉との前に、人々は見る見る萎（しぼ）んだのであった。（中野重治「交番前」）

① 前ぶれもなく　② 役に立たず
③ 簡単に　④ 抵抗せず

答▶ **1**③　**2**④　**3**④　**4**②　**5**②　**6**③　**7**①　**8**③

705 堂々巡り（どうどうめぐり）

同じ議論を繰り返して結論が出ないこと。

参考 もとは、祈願のために、仏堂などのまわりを何度も回ること。巡礼者が清水寺（きよみずでら）の本堂を何周もしたことから生まれた言葉だとも言われる。

関 **水掛け論**（みずかけろん）…両方が互いに自分の主張にこだわって、解決の見込みがつかない議論。

関 **いたちごっこ**…互いに無益なことを繰り返すこと。

706 通り一遍（とおりいっぺん）

うわべだけ。形式だけ。

▼通りがかりにちょっと立ち寄っただけという意味。

類 **御座なり**（おざなり）…その場しのぎでいいかげんに物事を行う様子。（→p.230）

707 俄に（にわかに）

急に。突然に。

類 **俄然**（がぜん）…突然な様子。

類 **やにわに**…その場ですぐに。突然。

関 **俄雨**（にわかあめ）…突然の雨。

708 猫の目のよう（ねこのめのよう）

めまぐるしく変わる様子。

▼猫の目は、明るさでくるくる変化することから。

関 **朝令暮改**（ちょうれいぼかい）…政策や命令の一貫性がないこと。

確認問題

次の傍線部の意味を後から選びなさい。

1 たぶん僕の言っていることが**堂々巡り**だと言いたかったのだろう。（保坂和志「季節の記憶」）

① 相手の真似を繰り返すこと
② 同じことの繰り返しで結論が出ないこと
③ くどくどうるさく言うこと
④ 大げさに言うこと

2 **通り一遍に**読めば退屈だろうね。でも、ゆっくり時間をかければ、こういうのが本当の面白さだって解（わか）るよ。（高井有一『谷間の道』）

① 短い時間内で　② いつもどおりに
③ 常識的な見方で　④ うわべだけで

3 二人ともずぶ漏れだった。雨は横なぐりに強く降ったかと思うとだんだん小降りになり、また**にわかに**強くなる、そんな状態をいつまでも繰り返していた。（宮本輝『泥の河』）

① 急に　② 直前に
③ たまに　④ 簡単に

4 たった十年間にすぎないわたしの人生は、**ネコの目のように**激変していた。（下田治美『愛を乞うひと』）

① 周りを気にして　② めまぐるしく
③ 突然に　④ めざましく

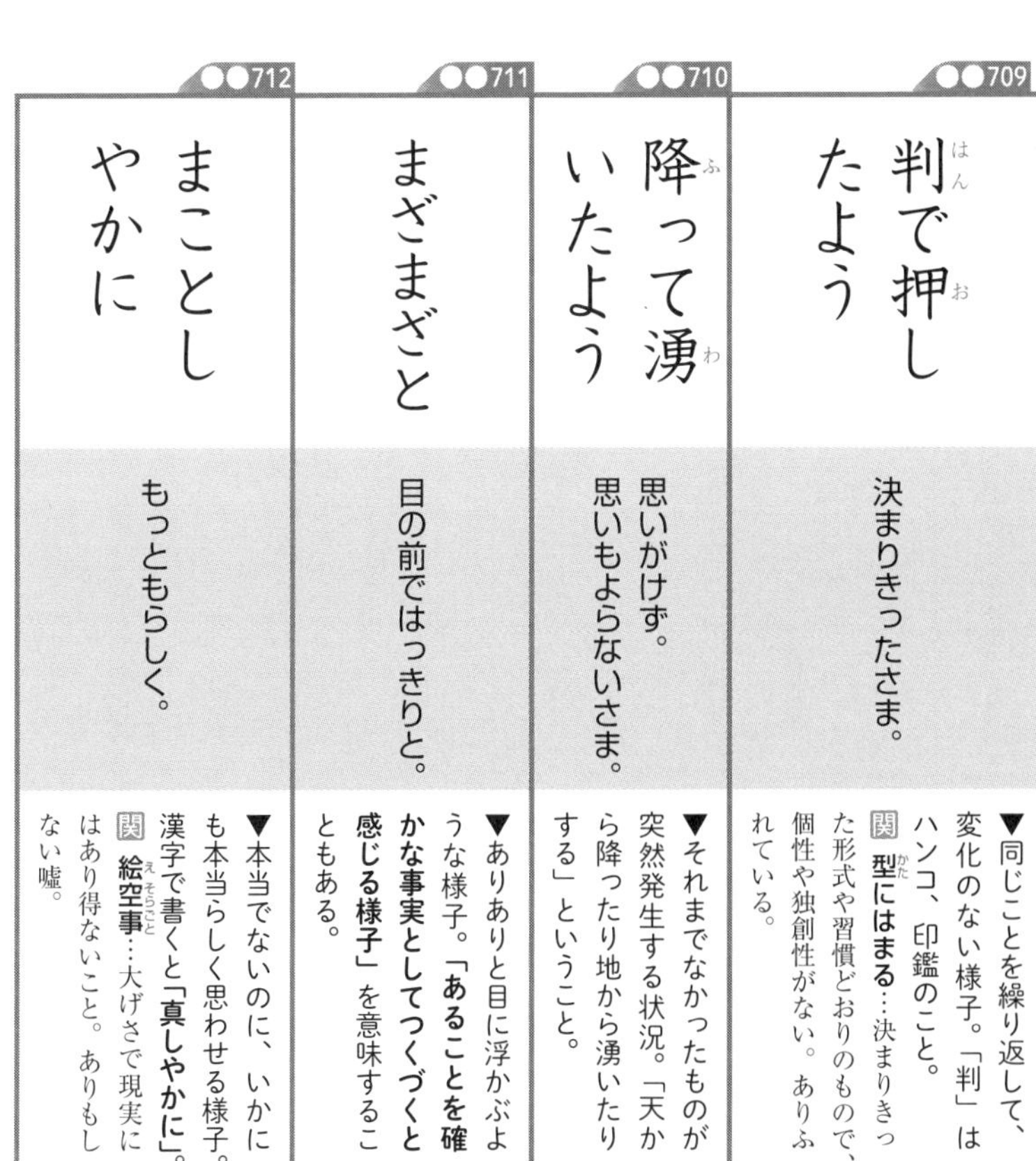

709
判(はん)で押(お)したよう
決まりきったさま。

▼同じことを繰り返して、変化のない様子。「判」はハンコ、印鑑のこと。
関 **型(かた)にはまる**…決まりきった形式や習慣どおりのもので、個性や独創性がない。ありふれている。

710
降(ふ)って湧(わ)いたよう
思いがけず。思いもよらないさま。

▼それまでなかったものが突然発生する状況。「天から降ったり地から湧いたりする」ということ。

711
まざまざと
目の前ではっきりと。

▼ありありと目に浮かぶような様子。**「あることを確かな事実としてつくづくと感じる様子」**を意味することもある。

712
まことしやかに
もっともらしく。

▼本当でないのに、いかにも本当らしく思わせる様子。漢字で書くと**「真しやかに」**。
関 **絵空事(えそらごと)**…大げさで現実にはあり得ないこと。ありもしない嘘。

5 朝食と昼食は、毎日、**判で押したように**ミルク、トーストと卵焼きだった。（藤原正彦『若き数学者のアメリカ』）
① 決まりきって　② とても大量の
③ 思ったとおりの　④ 無理やりに

6 なぜ私たちの間に、このような事件が、それこそ**降って湧いたように**起こってしまったのであろう。（宮本輝『錦繍』）
① いいかげんに　② いつもどおりに
③ 思いがけず　④ むやみやたらと

7 高層ビルの新居に移ってから忘れていたこと、いまの大都会で大通りに面した木造家屋がこうむるべき運命的な状況を**まざまざと**思いだしたからである。（加賀乙彦「雨の庭」）
① 十分ではないがおおよそ
② さまざまなものが入り混じって
③ 目の前ではっきりと
④ じっくりとまじめに

8 葉子はありもしないことを**まことしやかに**書き連ねて木村のほうから送金させねばならなかった。（有島武郎「或る女」）
① まじめに丁寧に
② 落ち着いて上品に
③ 先人にならって
④ いかにも本当らしく

答▶ 1② 2④ 3① 4② 5① 6③ 7③ 8④

713
身(み)も蓋(ふた)もない
露骨すぎて風情がない様子。

参考 「身」は蓋付きの容器の物を入れる部分のこと。「身も蓋もない」で容器の本体も蓋もない、中身が丸見えの状態を指す。
注意 直接すぎて話が続かなくなる様子も表す。

714
見(み)る影(かげ)もない
みすぼらしく、みじめな様子。

▼過去の立派な様子と比べるとみすぼらしくみじめな様子。すっかり落ちぶれた様子。見るに堪えない様子。

715
虫(むし)がいい
ずうずうしい様子。

▼自分の都合ばかり考えて自分勝手な様子。この「虫」は勝手気ままな欲望を表す。
類 **おこがましい**…出しゃばっている。生意気である。
関 **虫(むし)も殺(ころ)さぬ**…非常におとなしい様子。この「虫」は文字どおり昆虫。昆虫さえも殺さない温和さのこと。

716
羽目(はめ)を外(はず)す
調子に乗りすぎる。

▼度を越していい気になっている様子。

確認問題
次の傍線部の意味を後から選びなさい。

1 たとえば電話で「いま、何してる?」と訊(き)くとき、「いま、きみと電話しているところだ」という**身も蓋もない**返事を期待しているわけではない。(鷲田清一『「待つ」ということ』)
①まったく役に立たない
②直接的な表現すぎて味気ない
③表面的で内容がない
④唐突で思いがけない

2 鮎太は冴子を突きのけると、懐ろに手を入れた。カステラの紙包みは**見る影もなく**ひしゃげていた。(井上靖『あすなろ物語』)
①思いのほか ②どうしようもなく
③思いがけず ④みすぼらしく

3 「こんな二十冊もの本を読んでたら、それだけで夏休みが終わってしまうがな」とTくんは言い、私にその五枚のレポートを書いてくれと**虫のいい**頼み事をもちかけた。(宮本輝「ファーブル『昆虫記』」)
①人には内緒の ②重々しい
③ずうずうしい ④腹立たしい

4 むしろ、むっつりして、これで遊べば滅茶苦茶に**羽目を外す**男だとは見えなかった。(織田作之助「夫婦善哉」)
①あわてふためく

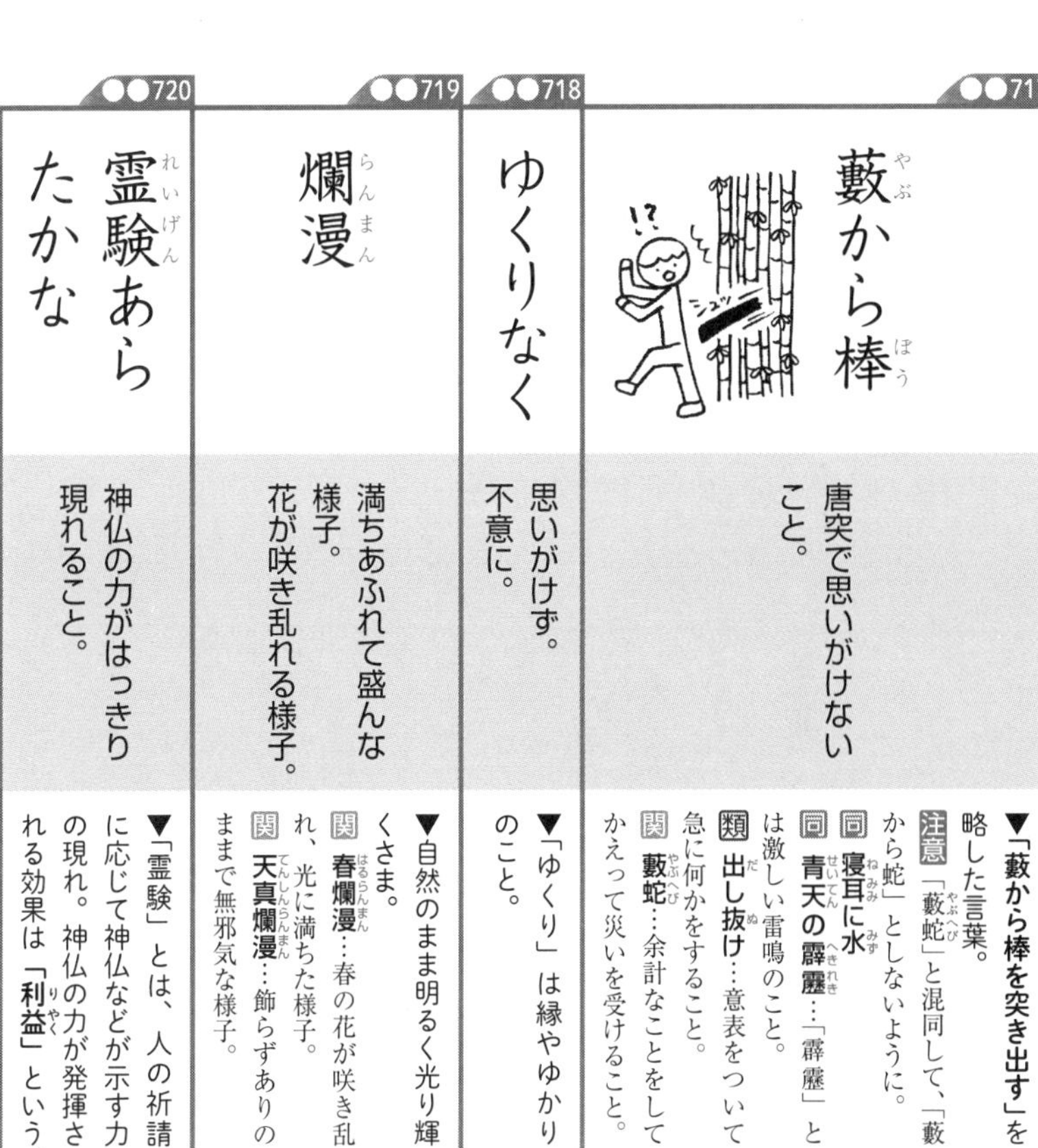

717

藪から棒

唐突で思いがけないこと。

▼「**藪から棒を突き出す**」を略した言葉。

注意「藪蛇」と混同して、「藪から蛇」としないように。

同 **寝耳に水**

同 **青天の霹靂**…「霹靂」とは激しい雷鳴のこと。

類 **出し抜け**…意表をついて急に何かをすること。

関 **藪蛇**…余計なことをしてかえって災いを受けること。

718

ゆくりなく

思いがけず。不意に。

▼「ゆくり」は縁やゆかりのこと。

719

爛漫

満ちあふれて盛んな様子。花が咲き乱れる様子。

▼自然のまま明るく光り輝くさま。

関 **春爛漫**…春の花が咲き乱れ、光に満ちた様子。

関 **天真爛漫**…飾らずありのままで無邪気な様子。

720

霊験あらたかな

神仏の力がはっきり現れること。

▼「霊験」とは、人の祈請に応じて神仏などが示す力の現れ。神仏の力が発揮される効果は「**利益**」という。

②調子に乗り過ぎる
③一つに集中する
④だらしない

5 自分は**藪から棒の**質問に、用意の返事を持ち合せなかったから、はっと思った。（夏目漱石「坑夫」）

①唐突で思いがけない
②余計なことをしてかえって災いを受ける
③自分の都合ばかりを考えた勝手な
④取るに足りない

6 こんなお皿が、二つも三つも並べられて食卓に出されると、お客様は**ゆくりなく**、ルイ王朝を思い出す。（太宰治「女生徒」）

①ひたすらに　②思いがけず
③ゆっくりと　④自然と

7 お前、この**爛漫と**咲き乱れている桜の樹の下へ、一つ一つ屍体が埋まっていると想像して見るがいい。（梶井基次郎「桜の樹の下には」）

①威厳に満ちて　②盛りを過ぎて
③ぼんやりと　④満ちあふれて盛んに

8 彼らは**霊験あらたかな**神の前に捧げられた人身御供のように、純な犠牲的な感情をもって忠直卿に対していた。（菊池寛「忠直卿行状記」）

①新しい力を授けられた
②人への影響力をもった
③祖霊に対して供養を行う
④神秘的な力がはっきりと現れた

答▶ **1**② **2**④ **3**③ **4**② **5**① **6**② **7**④ **8**④

721
あまた

たくさん。非常に。

▼漢字では「**数多**」と書く。
参考 数が多いことの比喩(ひゆ)表現として「**星の数ほど**」「**真砂(まさご)の数**」などがある。
関 **引(ひ)く手(て)あまた**…誘いがたくさんあること。

722
往々(おうおう)にして

たびたび。よくあることだが。

▼「往々」で繰り返し行う、ということから「たびたび」という意味を表す。
類 **えてして**…よくあることだが。そうなりがち。(↓p.299)
類 **ややもすれば・ややもすると**…そうなりがち。どうかすると。

723
夥(おびただ)しい

数や量がとても多い様子。

▼「夥」は果実がたくさん実っていること。
関 **掃(は)いて捨(す)てるほど**…非常に多くてあり余るほど。ありふれている。

724
毫(ごう)も

少しも(〜ない)。

▼主として打消の語を伴って用いる。「毫」は非常に細い毛のこと。
類 **寸毫(すんごう)**…ほんの少し。

確認問題 次の傍線部の意味を後から選びなさい。

1 **あまたの**国を歩いた。大きな海も横切った。それなのに結局、自分が戻ってきたのは土地が痩(や)せ、貧しい村しかないここだという実感が今更のように胸にこみあげてくる。それでいいのだと侍は思う。(遠藤周作『侍』)
① 数多くの ② 余分な ③ 新たな ④ 希少な

2 田舎の山には案内板が設置してあります。これも地図の一種です。困るのは、**往々にして**その地図には「現在位置」が示されていないということでした。(養老孟司『「自分」の壁』)
① かならず ② 期待どおり ③ たまに ④ たびたび

3 風呂の中で、茂造は**夥しく**湯を飲んでいたらしい。(有吉佐和子「恍惚の人」)
① 賑やかに ② 繰り返し ③ 大げさに ④ とてもたくさん

4 自分の立っている場所は、この問題を考えない昔と**毫も**異なるところがなかった。(夏目漱石「門」)
① 非常に ② 少しも ③ しばしば ④ たいてい

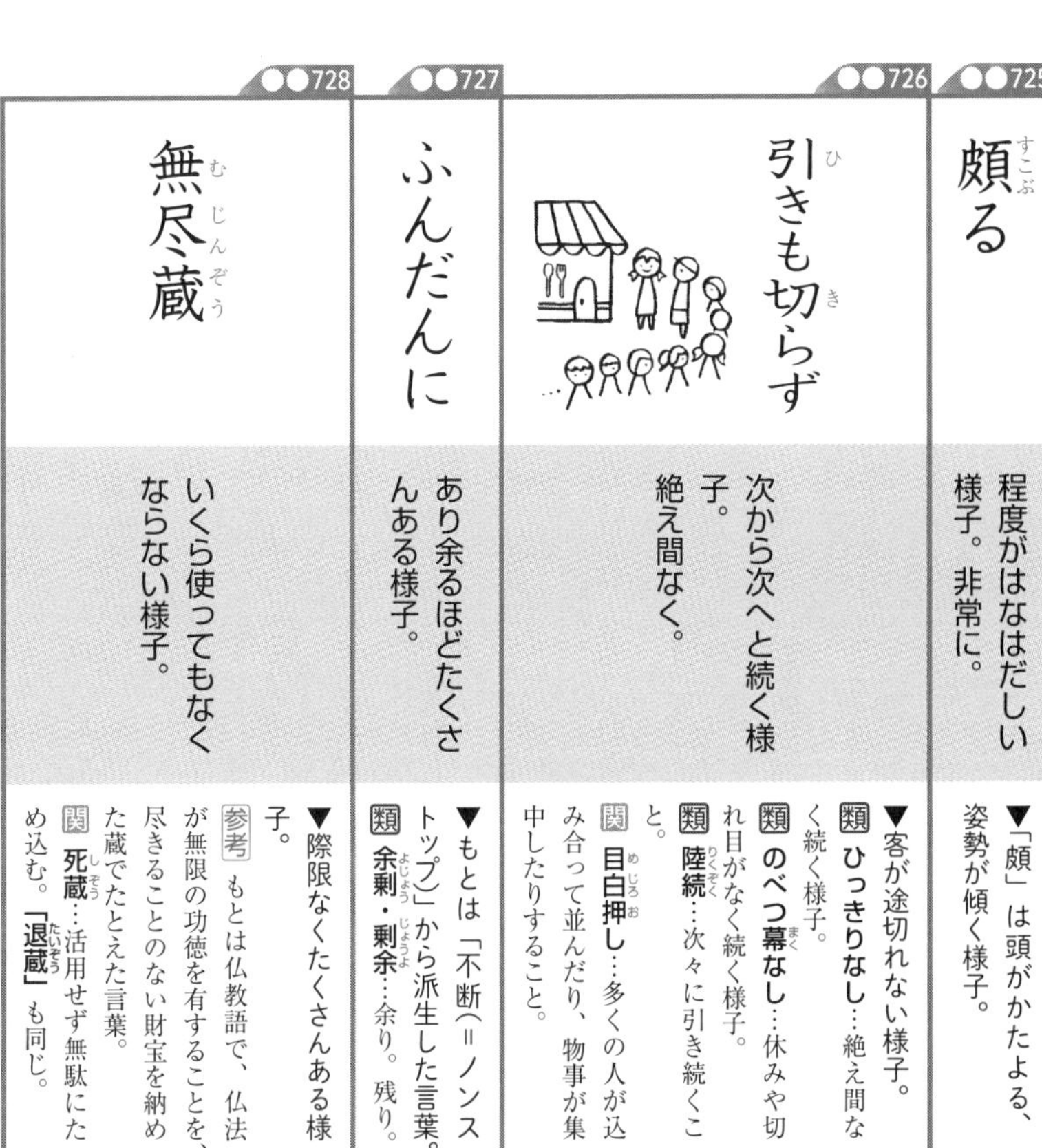

725
頗る（すこぶる）

程度がはなはだしい様子。非常に。

▼「頗」は頭がかたよる、姿勢が傾く様子。

726
引きも切らず（ひきもきらず）

次から次へと続く様子。
絶え間なく。

▼客が途切れない様子。
類 **ひっきりなし**…絶え間なく続く様子。
類 **のべつ幕（まく）なし**…休みや切れ目がなく続く様子。
類 **陸続（りくぞく）**…次々に引き続くこと。
関 **目白押し（めじろおし）**…多くの人が込み合って並んだり、物事が集中したりすること。

727
ふんだんに

あり余るほどたくさんある様子。

▼もとは「不断(=ノンストップ)」から派生した言葉。
類 **余剰（よじょう）・剰余（じょうよ）**…余り。残り。

728
無尽蔵（むじんぞう）

いくら使ってもなくならない様子。

▼際限なくたくさんある様子。
参考 もとは仏教語で、仏法が無限の功徳を有することを、尽きることのない財宝を納めた蔵でたとえた言葉。
関 **死蔵（しぞう）**…活用せず無駄にため込む。「**退蔵（たいぞう）**」も同じ。

5 母が俊馬について話すと言っても、その話の内容たるや**頗る**簡単なものであった。（井上靖「花の下」）
① たいそう ② 意外に
③ あきらかに ④ 相変わらず

6 まえの小径を大学生たちが一列に並んで通る。**ひきもきらず**、ぞろぞろと流れるように通るのである。（太宰治「盗賊」）
① 無駄に ② 絶え間なく
③ いつも ④ 決まりきって

7 明るい居間にいた祖母はようやくやってきた慎にカラメルまで手作りのプリンや缶詰のフルーツを**ふんだんに**いれたゼリーなどを食べさせると、自分は正座しながら新聞の折り込み広告を眺めた。（長嶋有『猛スピードで母は』）
① いつもどおりに
② いろいろと
③ あり余るほどたくさん
④ かならず

8 飼犬は、等間隔に何本も並んでいるガードレールの支柱へ例の挨拶（あいさつ）をするのに忙しかった。けれども、ブルドッグは水の好きな犬だが、いくら好きでも腹に**無尽蔵の**たくわえがあるわけではない。（三浦哲郎「なわばり」）
① ごく少量の ② 大げさなほどの
③ いつもどおりの ④ 際限なく多くの

答▶ 1① 2④ 3④ 4② 5① 6② 7③ 8④

729
晩（あかつき）
望みがかなったとき。

▼ある物事が実現したり完成したりしたとき。「暁」は、夜明けや日の出の直前のこと。
関 **払暁**（ふつぎょう）…夜明け。

730
あげく
終わり。結果。

▼本来は「**挙げ句**」で、連歌（れんが）で、五・七・五に続く最後の「七・七」の句のこと。結句ともいう。
注意 一般的に、**よくない結果になる場合に用いる**。
関 **挙げ句の果て**（あげくのはて）…最後の最後には。結局。
関 **とどのつまり**…結局のところ。（↓p.303）

731
朝まだき（あさまだき）
早朝。

▼夜が明けきる前の時間。「まだき」とは、ある時期に十分達していないとき。早い時期。

732
往時（おうじ）
昔。当時。

▼過ぎ去った時間。この「往」は「過去・昔」の意味。
類 **往年**（おうねん）…昔、元気だった頃。
関 **往事**（おうじ）…昔の出来事。

確認問題
次の傍線部の意味を後から選びなさい。

1 それぞれミュージシャンとしてデビューした**暁**には、ユニットでも組もうと約束している仲間のひとりである。（山田詠美『姫君』）
① 望みがかなう以前
② 望みが半分かなったとき
③ 望みがかなったとき
④ 望みがかなう見込みがないとき

2 ぼくはデパートの食料品売り場をさんざん歩き廻（まわ）った**あげく**、結局メロンを一個お見舞いに買って、草間との待ち合わせ場所へ急いだ。（宮本輝「星々の悲しみ」）
① 結果　② ちょうどそのとき
③ 褒美として　④ そのたびごとに

3 翌日は昨日と打って変わって美しい空を**朝まだき**から仰ぐことを得た。（夏目漱石「行人」）
① 午前中　② 日の入り
③ 昼前　④ 早朝

4 彼女は、七八歳の子供の頃、店の小僧に手伝って貰って、たもを持ってよく金魚や鮒（ふな）をすくって楽しんだ**往時**を想い廻した。（岡本かの子「晩春」）
① 年月　② 当時
③ 前世　④ 短い時間

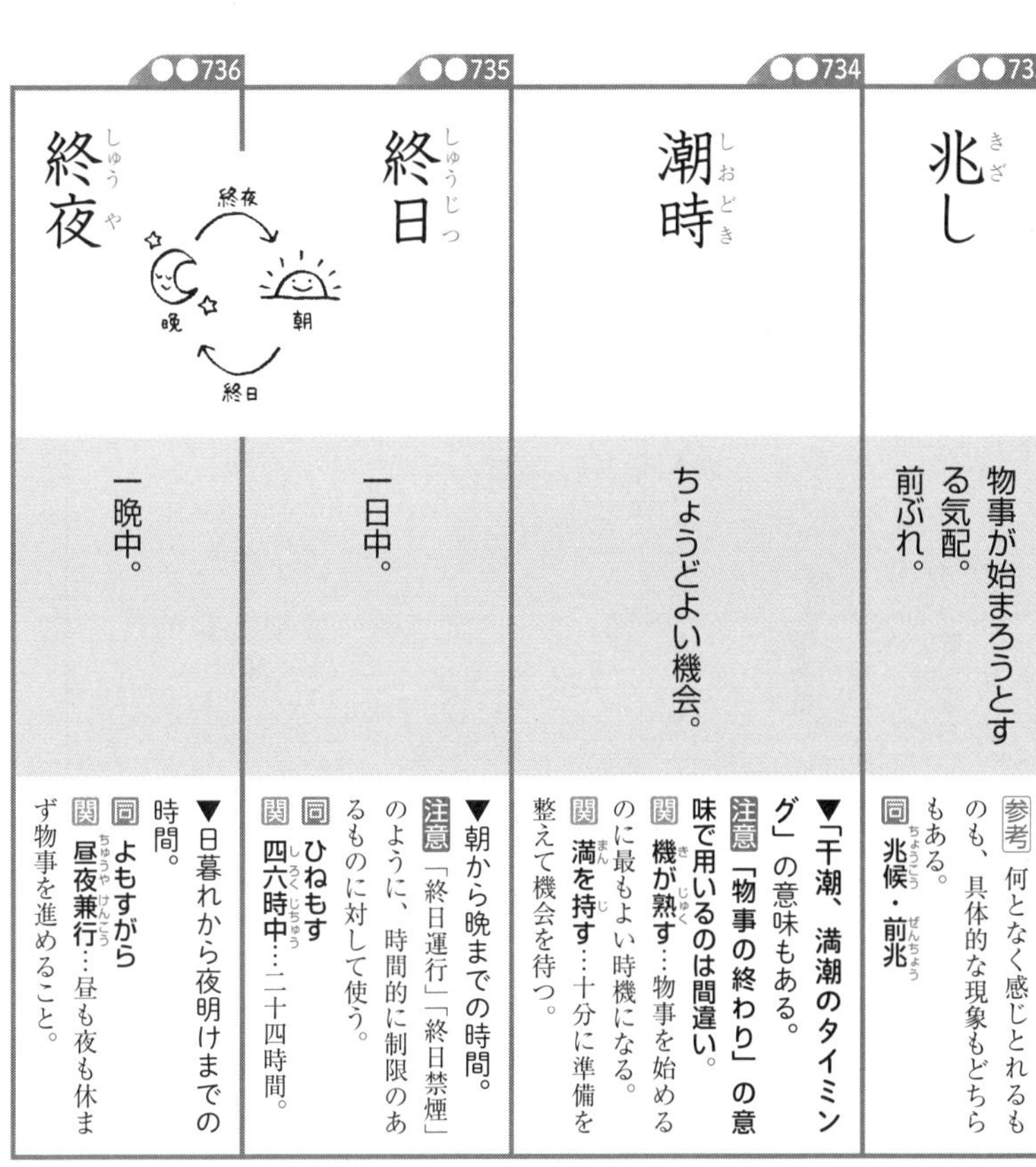

733
兆し（きざし）
物事が始まろうとする気配。前ぶれ。

参考 何となく感じとれるものも、具体的な現象もどちらもある。

同 兆候（ちょうこう）・前兆（ぜんちょう）

734
潮時（しおどき）
ちょうどよい機会。

▼「干潮、満潮のタイミング」の意味もある。

注意 「物事の終わり」の意味で用いるのは間違い。

関 機（き）が熟（じゅく）す…物事を始めるのに最もよい時機になる。

関 満（まん）を持（じ）す…十分に準備を整えて機会を待つ。

735
終日（しゅうじつ）
一日中。

▼朝から晩までの時間。

注意 「終日運行」「終日禁煙」のように、時間的に制限のあるものに対して使う。

同 ひねもす

関 四六時中（しろくじちゅう）…二十四時間。

736
終夜（しゅうや）
一晩中。

▼日暮れから夜明けまでの時間。

同 よもすがら

関 昼夜兼行（ちゅうやけんこう）…昼も夜も休まず物事を進めること。

5 翌（あく）る年になって、春の**兆し**がたちはじめると、ぼくは山でも野でもいい、どこか水の匂いのするところへ出向いて行きたかった。（伊藤桂一「溯り鮒」）

① 物事が終わろうとする気配　② 物事が行われている最中　③ 物事が始まろうとする気配　④ 物事を始める準備

6 そして私はこんな場合に、「ちょっと失礼いたします」と、**いい潮時**を見計（みはか）って席を外すと云うような、器用な真似が出来ないので、この饒舌家（じょうぜつか）の婦人の間に挟まった不運を嘆息しながら、否でも応でもそれを拝聴していなければなりませんでした。（谷崎潤一郎『痴人の愛』）

① ちょうどよい気候　② 物事の終わり　③ ちょうどよい機会　④ 物事の区切り

7 壁一重隔てた昔の住居には誰がいるのだろうと思って注意してみると、**終日**かたりと云う音もしない。（夏目漱石「変な音」）

① 一日中　② 深夜　③ 一晩中　④ 随時

8 この間しめ出しを食った時なぞは野良犬の襲撃を蒙（こうむ）って、すでに危うく見えたところを、ようやくの事で物置の家根へかけ上って、**終夜**顫（ふる）えつづけた事さえある。（夏目漱石「吾輩は猫である」）

① 一日中　② 昼夜　③ 一晩中　④ 随時

答▶ 1③　2①　3④　4②　5③　6③　7①　8③

3-3

練習問題⑮ 状況

おそらく私ほど幾度も悲しいときにだけ、たま虫を見たことのある人はあるまいと思う。

よその標本室に行ってみて、そこの部屋で私達はおびただしい昆虫に出会すであろうが、たま虫ほど美しい昆虫を発見することは出来ないのである。私達はこの昆虫の死骸の前に立ち止って、或いは感動の瞳をむけながら囁くであろう。

「めったに見たことのない虫だが、これは未だ生きているのではないかね?」

「死んじまっても羽根の色は変らないらしいんだよ。」

「この色は幸福のシンボルだそうだよ。書物にそういって書いてあるんだ。」

「何ういって鳴く虫だろう?」

「まるで生きているようじゃないか!」

——ところが私の見たのは標本室のではなくて、生きているやつなのである。

私が十歳の時、私の兄と私とは、叔母につれられて温泉場へ行った。叔母は私の母よりも以上に口やかましい人で、私があまり度々お湯へ入ることを厳禁して、その代りに算術の復習を命じた。そのため私は殆んど終日、尺を里・町・間になおしたり、坪を町・段・畝になおしたりした。

或る日、私は便所の壁に(村杉正一郎のバカ)といういうらくがきを発見した。村杉正一郎は私の兄と同級で級長をしていたので、兄は正一郎を羨んだもの

1 傍線部Aを説明したものとして最も適当なものを次の中から選びなさい。

① 非常に貴重であること
② 非常に数が多いこと
③ ごくありふれていること
④ 形が特殊であること

2 傍線部Bを言い換えた表現として最も適当なものを次の中から選びなさい。

① よもすがら　② 暁
③ ひねもす　④ 朝まだき

3 傍線部Cの振る舞いが「兄」を怒らせることになるが、こうした状況を表現したものとして最も適当なものを次の中から選びなさい。

① 拍車をかける
② 足が出る
③ 折り合いをつける
④ 逆鱗に触れる

4 傍線部Dについて、これはふとある考えが頭に浮かんだ状況を指している。こうした状況を表現するものとして最も適当なものを次の中から選びなさい。

① 目鼻がつく　② 頭をもたげる
③ 口の端に上る　④ 渡りに船

に違いなかった。けれど温泉場は私達の学校から幾十哩(まいる)も隔ったところにあったので、村杉正一郎や彼の知人が、便所のらくがきを見る筈(はず)はなかったのである。C私は兄の浅慮を全く嘲笑(ちょうしょう)した。

「叔母さんに言いつけてやろう。」

「言ったらなぐるぞ！」

兄は実際に私の頬(ほお)をなぐった。私は木立ちの中に駆け込んで、このことは何(ど)うしても叔母に言いつけなくてはならないと考えながら大声に泣いた。この悲しい時、私の頬をくっつけている木の幹に、私は一匹の美しい虫を見つけたのである。私は蟬(せみ)を捕(とら)える時と同様に、忍び寄ってそれを捕えた。そしてこの虫は何ういって鳴くのであろうかと、啞蟬(おしぜみ)をこころみるときと同様にその虫を耳もとでふってみた。

美しい虫であった。羽根は光っていた。私はこの虫を兄にも見せてやろうと思ったが、兄の意地悪に気がついた。D叔母は私が算術を怠けたといって叱(しか)るにちがいなかった。E誰(だれ)にこの美しい虫を見せてよいかわからなかった。私はもとの悲しさに返って、泣くことをつづけたのである。

「何故(なぜ)この虫は折角(せっかく)こんなに美しくっても、私が面白い時に飛んで来なかったのだろう」

（井伏鱒二「たま虫を見る」）

5 傍線部Eのような状況を表現したものとして最も適当なものを次の中から選びなさい。

① 烙印(らくいん)を押される
② 間然するところがない
③ いかんともしがたい
④ 堂々巡り

6 この小説の表現上の特徴を説明したものとして最も適当なものを次の中から選びなさい。

① 一人称主人公「私」の悲しい人生を象徴するものとして「たま虫」が描かれている。
② つらい出来事を乗り越えていく「私」の強い意志と行動力を「たま虫」が象徴している。
③ 豊かな色彩表現で「たま虫」を描き、「私」の暗く悲しい人生と対照的に描いている。
④ 「たま虫」の目線から見られた人間関係の微細なすれ違いぶりを描く構成になっている。

答▶ **1**② **2**③ **3**④ **4**② **5**③ **6**①

737
塩梅（あんばい）・案配（あんばい）・按排（あんばい）・按配（あんばい）
物事の具合。
参考 他にも「①味加減。②見た目の様子。③体調。④ほどよく処理すること」など、多くの意味がある。

738
いきさつ
物事の経過やなりゆき。こみいった事情。
▼漢字では「経緯」と書く。
類 顛末（てんまつ）…物事の始めから終わりまでの事情。一部始終。

739
意趣返し（いしゅがえし）
仕返し。報復。復讐（ふくしゅう）すること。
▼「意趣」は、「恨みの心」。
同 しっぺ返し（がえし）
類 一矢を報いる（いっしをむくいる）…反撃する。（→p.248）
関 雪辱を果たす（せつじょくをはたす）…以前に負けた相手に勝って、名誉を取り戻す。

740
浮世（うきよ）
この世。世間。世俗。
参考 もとは「憂き世」で、「つらく苦しいことの多いこの世の中」の意味。
同 巷（ちまた）・巷間（こうかん）
関 浮世離れ（うきよばなれ）…世間のことに無関心なこと。考え方や生き方が世間一般の常識とかけ離れていること。

確認問題
次の傍線部の意味を後から選びなさい。

1 家のものが留守なんで一人で風呂の水汲（みずくみ）をして、火を焚（た）きつけいい**塩梅**にからだに温かさを感じた。
（室生犀星「加賀金沢・故郷を辞す」）
①塩加減 ②具合
③配置 ④機会

2 台所と茶の間を何度も往復して酒や夕食の皿を並べながらの、切れ切れの説明だったが、最後におふくろさんがお雑煮の椀（わん）を持って茶の間に入ってきた頃には、直紀にもだいたいの**いきさつ**はわかった。
（重松清「ネコはコタツで」）
①経過 ②立場
③情報 ④流行

3 危険な目に遭ったのではないとわかった途端、**意趣返し**をしたような気がして、少し愉快になった。
（宮本輝『寝台車』）
①挑発 ②配慮
③説教 ④報復

4 現在では道路も完備して、幽邃（ゆうすい）の境にはほど遠いが、それでもちょっと奥へ入ると、山は深く、したたるような木々の翠（みどり）が、**浮世**の塵（ちり）を忘れさせてくれる。
（白洲正子「西国巡礼」）
①世界中 ②世間の常識
③この世 ④来世

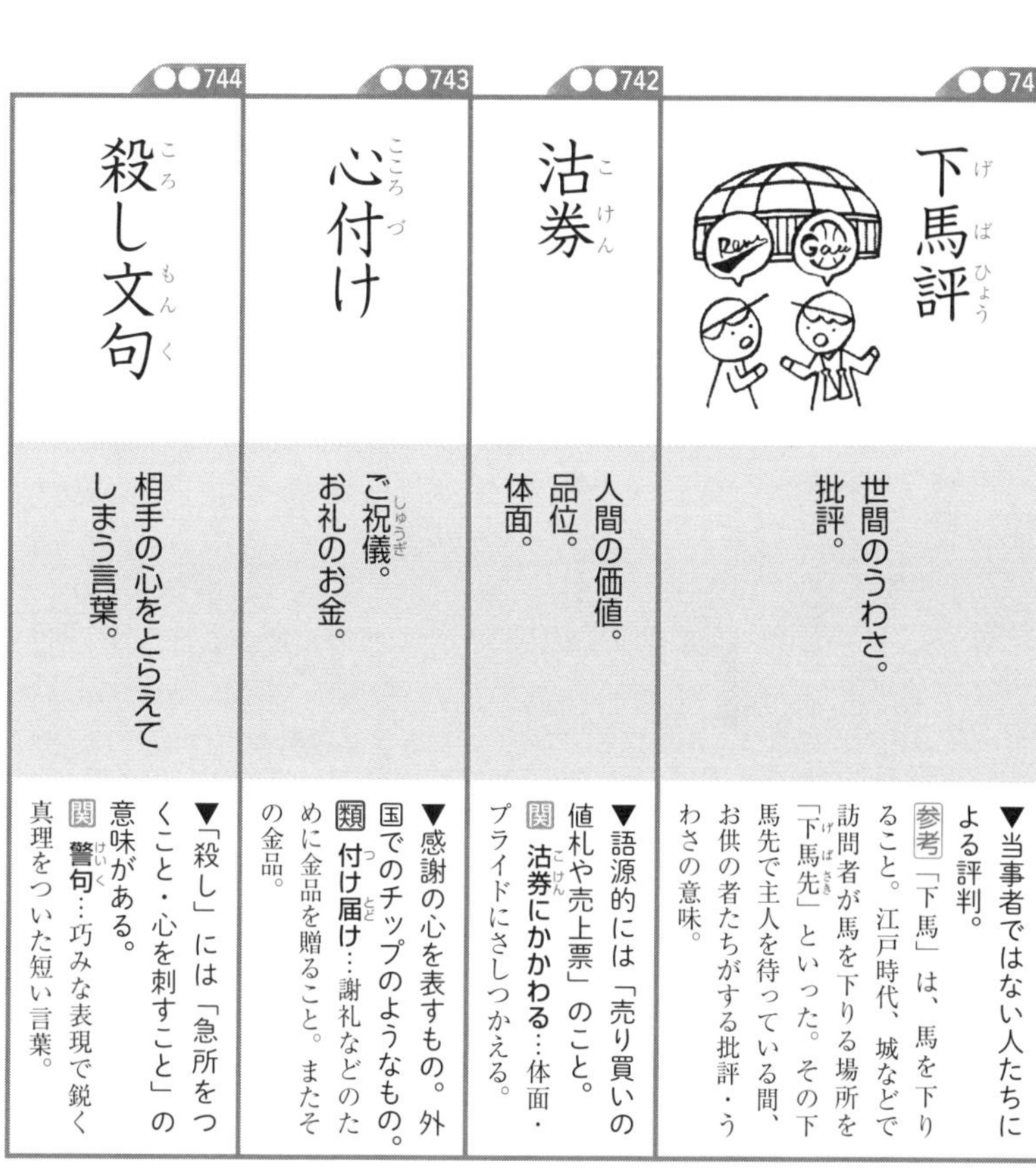

741 下馬評（げばひょう）

世間のうわさ。批評。

▼当事者ではない人たちによる評判。

参考「下馬」は、馬を下りること。江戸時代、城などで訪問者が馬を下りる場所を「下馬先（げばさき）」といった。その下馬先で主人を待っている間、お供の者たちがする批評・うわさの意味。

742 沽券（こけん）

人間の価値。品位。体面。

▼語源的には「売り買いの値札や売上票」のこと。

関 **沽券（こけん）にかかわる**…体面・プライドにさしつかえる。

743 心付け（こころづけ）

ご祝儀（しゅうぎ）。お礼のお金。

▼感謝の心を表すもの。外国でのチップのようなもの。

類 **付け届け（つけとどけ）**…謝礼などのために金品を贈ること。またその金品。

744 殺し文句（ころしもんく）

相手の心をとらえてしまう言葉。

▼「殺し」には「急所をつくこと・心を刺すこと」の意味がある。

関 **警句（けいく）**…巧みな表現で鋭く真理をついた短い言葉。

5 運慶が護国寺の山門で仁王を刻んでいると云う評判だから、散歩ながら行って見ると、自分より先にもう大勢集まって、しきりに**下馬評**をやっていた。（夏目漱石「夢十夜」）

①勝ち負けの予想
②第三者による悪口
③関係者による説明
④当事者ではない人たちによる批評

6 金のために、顔色が変（かわ）ったとか、声が浮き浮きしたとあっては、男の**沽券**にかかわる問題であった。（井上靖『崖』）

①体面　②仕事
③身なり　④信念

7 むろん仕立て代はそっくり母に渡したが、時折呉服屋のおかみさんが**心付け**をくれる。それだけが自分の小遣いだった。（幸田文「濃紺」）

①お釣りのお金　②交通費
③お礼のお金　④おやつ

8 恋をしている人のよく用いる**殺し文句**に、「ぼくはあなたのうちに女を求めているのではなく、あなた自身を求めているのだ」ということばがあります。（福田恆存「私の幸福論」）

①真理をつく短い格言
②相手の心をとらえてしまう言葉
③人の急所を押さえる教訓
④人々にもてはやされる言葉

答▶ 1② 2① 3④ 4③ 5④ 6① 7③ 8②

745

辞世の句・歌（じせいのく・うた）

死にのぞんで詠む俳句・短歌。

▼「辞世」は「この世からの別れ・死」のこと。

746

双璧（そうへき）

優れた二つの物・人物。

参考 中国の北魏（ほくぎ）の優秀な兄弟が「二つの並んだ宝石（璧）」にたとえられた故事から。

注意 **「璧」を「壁」と間違わないように。**「璧」は、「宝石・宝玉」のこと。

関 **双璧（そうへき）をなす**…人や物が、他のある人や物と同じように優れている。

747

畑違い（はたけちがい）

専門領域が異なること。

▼「音楽畑」「化学畑」などのように、この「畑」は、「専門分野・専門領域」を示す。

748

破天荒（はてんこう）

今まで誰もなしえなかったことを初めて行うこと。型破り。

▼前例のない驚くべきこと。

注意 **「豪快で大胆な様子」として使うのは間違い。**

同 **前代未聞（ぜんだいみもん）**

類 **未曾有（みぞう）**…いまだかつて一度もないこと。（→p.80）

関 **奇矯（ききょう）**…行動が変わっていること。とっぴ。

確認問題

次の傍線部の意味を後から選びなさい。

1 ずっと生へ執着してきた人が、死ぬ前にやっとあきらめて、悟ったような**辞世の歌**を作ることは多い。（俵万智「あなたのために」）

① 子孫に残すために詠む短歌　② 仕事を辞めるときに詠む短歌　③ 隠居するときに詠む短歌　④ 死にのぞんで詠む短歌

2 小野小町と並んで、平安時代の女流歌人の**双璧**とみても異存はあるまい。（白洲正子「私の百人一首」）

① 敵同士の二人　② 平凡な二人　③ 優れた二人　④ 仲のよい二人

3 もともと郷士の末裔（まつえい）で、生来無口で不器用で商人にはまるで不向きだと思われる父が、どういう風の吹きまわしで**畑違いの**市の商家へ婿入りなどすることになったのかは、父を迎えた当の母自身にもよくわからなかった。（三浦哲郎『わくらば』）

① 専門領域が異なる　② 農業をやめた　③ 住む場所の違う　④ 身分が異なる

4 彼は或（あ）る盲目の女に此の**破天荒**の手術を試みたのである。（太宰治「女人訓戒」）

① 思いもよらないほど豪快なこと
② 見たことがないほど派手なこと

749 **風貌**（ふうぼう）

見た目の姿。

▼身なりや顔かたち、容姿のこと。

類 **風采**（ふうさい）…外見。「風采が上がらない」など、悪く言うときに用いる。

750 **不世出**（ふせいしゅつ）

めったに世に現れないほど優れていること。

参考 数十年に一人の傑出した人物を指し、**「不世出の選手」**のように用いる。

注意 **「ふせいしゅつ」**という読み方に注意。

類 **絶世**（ぜっせい）…世にまたとないほど優れていること。

類 **希代**（きたい・きだい）**・稀代**（きたい・きだい）…めったにないこと。

751 **虚栄**（きょえい）

実質はないのに表面だけ飾ること。

同 **虚飾**（きょしょく）

類 **見栄**（みえ）…うわべを実際よりよく見せること。

752 **水物**（みずもの）

そのときの条件によって結果が変わりやすいもの。予想しにくいもの。

参考 成功するかどうかあてにならないものを指し、**「勝負は水物」**のように用いる。

関 **水商売**（みずしょうばい）…客の人気によって収益が左右される商売。

③ 平凡でありふれていること
④ 今まで誰もなしえなかったこと

5 真太郎はとうに少年の面影を捨て、青年から壮年の影を宿した**風貌**になっていた。（立松和平「恩寵の谷」）

① 見た目の姿　② 服装
③ 振る舞い　④ 印象

6 幕臣で**不世出**の剣客であり、禅の徒でもあり、薩摩（さつま）の西郷隆盛が尊敬してやまなかった人物である。（司馬遼太郎「風塵抄」）

① あまり知られていない、一風変わった
② 世の人の目には触れない、不思議な
③ めったに現れることのないほど、優れた
④ まだ世間に出ていないが、将来性のある

7 彼ほど**虚栄心**の少ない男は珍（めず）らしい。（国木田独歩「非凡なる凡人」）

① よりよく生きようとする心
② 表面だけを飾ろうとする心
③ 他人をうらやましく思う心
④ 他人に負けまいとする心

8 勝負は**水もの**だと云えば、昇降段戦名人戦も水もの、それを云えばキリがない。（坂口安吾「九段」）

① 意外なもの　② 理解しにくいもの
③ 恐ろしいもの　④ 予想しにくいもの

答▶ **1**④　**2**③　**3**①　**4**④　**5**①　**6**③　**7**②　**8**④

753

曰く付き

複雑な事情や理由があること。

▼「曰く」には「隠れた事情や理由」の意味がある。
参考「悪い評判を呼んだ」という意味で、「**曰く付きの品物**」のように用いる。

754

折り紙付き

立派で信用できること。

▼「折り紙」とは、「品質を保証する鑑定書」のこと。それが付いているということから、間違いないと保証できることを指す。
類 **お墨付き**…権力ある人からもらった保証などのこと。

755

折に触れて

機会ある度に。ときどき。

▼「折」には、「時間の区切り」の意味がある。
類 **ともすれば**…場合によっては。時としてそういうことがあること。（→p.303）

756

似て非なる

外見は似ているが、内実は違うこと。

▼共通点以上に、本質的な差異を強調する表現。
関 **大同小異**…違いより共通点が大きい様子。
関 **同工異曲**…ほとんど同じであること。

確認問題

次の傍線部の意味を後から選びなさい。

1 当時でも、これでは剽窃だということで、さすがに問題となった、**いわくつきの**書物である。（養老孟司「からだの見方」）

① 複雑な事情がある ② 保証がある
③ 理由を話せない ④ 由来がある

2 人間には各人固有な共感線とでもいうべきものがあり、それから外れると、どんな**折紙つきの**傑作でも大して面白いとは感じないのが普通である。（西郷信綱「古典をどう読むか」）

① 価値を実感する ② 作者がわかる
③ 長い歴史がある ④ 立派で信用できる

3 智子と出会った学校では、結婚後も**折に触れて**生徒たちに智子のことを話した。（重松清「ライオン先生」）

① 場合によっては ② 機会ある度に
③ だれにでも ④ 以前から

4 それでなくても、教科書に文学作品が掲げられる場合には、その作品は**似て非なる**ものに変えられてしまうことがある。（古山高麗雄「立見席の客」）

① とてもよく似ている
② 全く似ていない
③ 外見は似ているが、内実は違う
④ 他人の作品を自分のものとする

757
猫も杓子も

みんな。だれもかれも。

▼「杓子」は、「しゃもじ」のこと。
関 杓子定規…一定の基準にとらわれて融通がきかないこと。柔軟性がないこと。

758
引き合いに出す

参考資料を出す。例に出す。

▼比較対象として証拠や参考事例を提示すること。
関 引用…説明のため他人の文章を載せること。
関 言及…話題として触れること。

759
身から出た錆

自分から招いた災難。

▼自分の犯した悪行のために自ら苦しむこと。
参考 刀の刀身から出た錆が、刀身そのものを腐らせてしまうことから。
同 自業自得

760
目星を付ける

見当を付ける。

▼目標をはっきりさせること。
関 目を付ける…注意して見る。注目する。
関 目星が付く…見当が付く。目当ての人物などが決まる。

5 昨今はなんでも一カ所に人気が集まってしまう。ここ二、三年は**猫も杓子も**藤沢周平の愛読者を任じてしまうだろう。（阿刀田高「日本語を書く作法・読む作法」）

①たびたび ②特に若者が
③いつでも ④だれもかれも

6 少年雑誌に掲載された特定の作品の特定のコマを**引き合いに出して**、そこに描き出された黒人が不正確であり、偏見に満ちた映像であると糾弾することは、けっして難しい作業ではない。（四方田犬彦「漫画原論」）

①比較対象として提示して
②問題だと注目して
③話題にして議論して
④細かいところまでくわしく見て

7 無念ではあったが、一方、**身から出た錆**という気があるから、自分自身としてはあきらめ気分も持つことができた。（尾崎一雄『暢気眼鏡』）

①冗談が実現すること
②思わぬ失敗
③自分の言動に満足すること
④自分から招いた災難

8 さっき**目星をつけて**いた席は、すでに他の客が坐っている。（五木寛之「選ぶ力」）

①自分の物として ②使用して
③見当を付けて ④予約をして

答▶ 1① 2④ 3② 4③ 5④ 6① 7④ 8③

761
怪我の功名(けがのこうみょう)
失敗したことが逆に手柄になること。

▼誤ってしたこと、なにげなくしたことが、思いがけなくよい結果になること。
類 **禍を転じて福となす**(わざわいをてんじてふくとなす)…災難や失敗を逆に利用して、幸せになるように工夫する。
類 **雨降って地固まる**(あめふってじかたまる)…もめ事が起こった後、かえって前よりも事態が安定することのたとえ。

762
獅子身中の虫(しししんちゅうのむし)
内部からの災い。

▼味方でありながら害を加えるもの。
参考 獅子の体内に寄生していながら、かえって獅子を死に至らせる虫の意味。

763
他山の石(たざんのいし)
他人のつまらない言動でも、自分のために役立てること。

▼他のつまらないものでも自分の教訓とすること。
注意 **「他山の石」自体は、他人のよくない言行**のこと。

764
竹馬の友(ちくばのとも)
おさななじみ。

▼幼少期に同じ遊びをした友達のこと。
類 **知己**(ちき)…①知り合い。②親友。

確認問題
次の傍線部の意味を後から選びなさい。

1 **けがの功名**で、お前は、ちょっと好感を持たれたかも知れない。(太宰治「正義と微笑」)
① 成功のためには危険が伴うこと
② 失敗が思いがけなくよい結果をもたらすこと
③ 苦労してでもよい結果を求めること
④ 失敗してもくじけず努力すること

2 お前は日本の警察にぶちこまれなければすまされない、**獅子身中の虫**だ。(武田泰淳『快楽』)
① 潜伏している犯人 ② 不安定な気分
③ 内部からの災い ④ 気まぐれな人

3 「むかしは明日の鏡」ということわざがあります。むかしというもの、過去というものを明日への「**他山の石**」とする。(長田弘「なつかしい時間」)
① 他人の言動を自分とは無関係なことと見なすこと
② 他人の言動をうらやんで努力すること
③ 他人の言動を冷ややかに批判すること
④ 他人のよくない言動を自分のために役立てること

4 メロスには**竹馬の友**があった。セリヌンティウスである。(太宰治「走れメロス」)

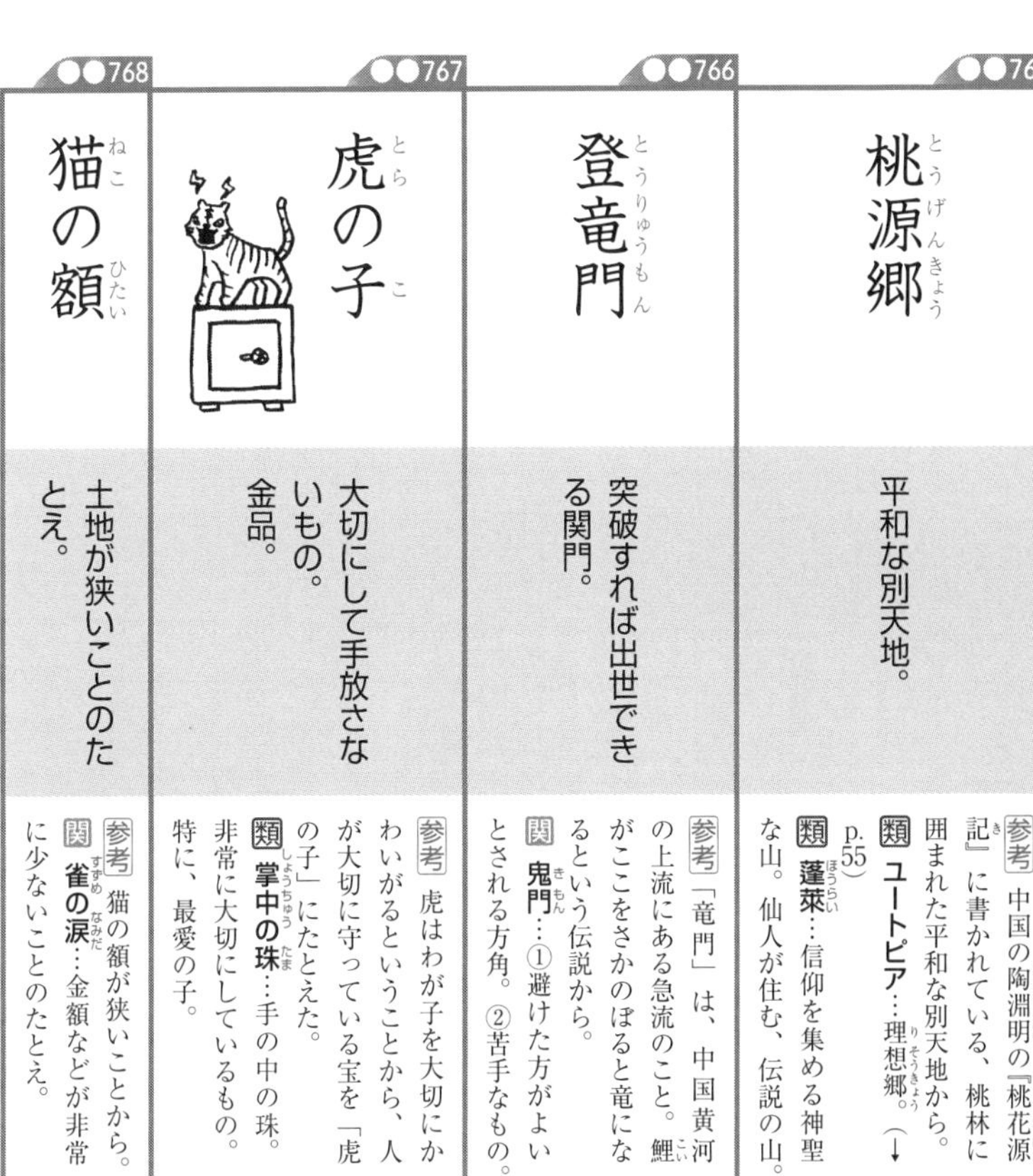

765 **桃源郷**（とうげんきょう）

平和な別天地。

参考 中国の陶淵明（とうえんめい）の『桃花源記（とうかげんき）』に書かれている、桃林に囲まれた平和な別天地から。

類 **ユートピア**…理想郷（りそうきょう）。（→p.55）

類 **蓬莱**（ほうらい）…信仰を集める神聖な山。仙人が住む、伝説の山。

766 **登竜門**（とうりゅうもん）

突破すれば出世できる関門。

参考「竜門」は、中国黄河の上流にある急流のこと。鯉（こい）がここをさかのぼると竜になるという伝説から。

関 **鬼門**（きもん）…①避けた方がよいとされる方角。②苦手なもの。

767 **虎の子**（とらのこ）

大切にして手放さないもの。金品。

参考 虎はわが子を大切にかわいがるということから、人が大切に守っている宝を「虎の子」にたとえた。

類 **掌中の珠**（しょうちゅうのたま）…手の中の珠。非常に大切にしているもの。特に、最愛の子。

768 **猫の額**（ねこのひたい）

土地が狭いことのたとえ。

参考 猫の額が狭いことから。

関 **雀の涙**（すずめのなみだ）…金額などが非常に少ないことのたとえ。

① 仕事仲間　② おさななじみ
③ 表面上の友人　④ 親の友人

5 **桃源郷**は夢見るもので、住んだり行ったりするところではない。（種村季弘「書物漫遊記」）

① 病気のない楽園　② 平和な別天地
③ 桃色に霞んだ山里　④ 優雅な田園

6 同人雑誌作家の中から目ぼしい人を見つけては原稿を依頼し、彼らのための**登竜門**とするのが雑誌のねらいであったらしい。（石川達三『心に残る人々』）

① 怖くていやな場所
② 収入を得るための手段
③ 危険な挑戦
④ 突破すれば出世できる関門

7 ぼくはぶつぶついいながら、机のひきだしから、**虎の子**の4万円をとりだした。（氷室冴子『海がきこえる』）

① 大切にして手放さないもの
② 懐かしい思い出があるもの
③ 秘密にして明らかにしないでおくもの
④ いざという時に力を発揮するもの

8 私たちは国分寺遺跡のある丘の東斜面に**猫の額ほどの**土地を買い、そこに山小屋のような家を建てた。（辻邦生「時刻のなかの肖像」）

① 荒れ果てた　② 値段が安い
③ 非常に狭い　④ ふさわしくない

答▶ 1② 2③ 3④ 4② 5② 6④ 7① 8③

769 **あえなく**

あっけなく。いかにももろい様子。

▼漢字では「**敢え無く**」。力不足でこらえきれない様子。

類 **脆弱**(ぜいじゃく)…もろくて弱いこと。(→p.77)

770 **あまつさえ**

そればかりか。そのうえに。

▼漢字では「**剰え**」。「過剰・余剰」を意味する。物事や状況がそれだけでは収まらず、さらに余計に加わる様子を表す。

注意 **悪い事柄が重なるとき**に用いることが多い。

771 **あまねく**

すみずみまで広く。

▼漢字では「**遍く**」。「普遍」(→p.16)の意を表す。

同 **まんべんなく**

772 **いささか**

ちょっと。どことなく。

▼漢字では「**些か**」。「些細」の意を表す。

参考 「思っていたのよりも少し……」というニュアンスを含み、「少しばかり」というような意味になる。

注意 自分の事柄について謙遜(けんそん)して用いることがある。

確認問題

次の傍線部の意味を後から選びなさい。

1 しかし仮に父方が代々続く商家の当主だったとしても、私は「文学をやる」とかなんとかほざいて出奔し、店は**あえなく**親父限りでつぶれたであろう。(渡辺京二「未踏の野を過ぎて」)

① 結局のところ ② よくあることだが ③ あっけなく ④ そのうえに

2 兄弟同時にした疱瘡(ほうそう)が、兄は軽く、弟は重く、弟は大痘痕になって、**あまつさえ**右の目がつぶれた。(森鷗外「安井夫人」)

① 結局のところ ② 思いがけず ③ なかでも特に ④ そればかりか

3 バハマ、ローデシア、香港。植民地の切手にはかならず領土を示す地図、産物、大瀑布(だいばくふ)、カヌーを漕(こ)ぐ笑顔の原住民が描かれていて、女王はそれを**あまねく**支配する。(四方田犬彦『蒐集行為としての芸術』)

① いつまでも ② 同じように ③ おおまかに ④ すみずみまで広く

4 ふたりの両親が残した財産は多いものではなかったけれども、**いささかの**手続きを必要とするものだった。(中沢けい「十二時の鐘は何時なるのか」)

773 **いやしくも**

かりそめにも。

▼漢字で「**苟も**」。「たとえどうあろうとも」という意味。

参考 十分でなくても、事実としてそうであることを表す。

注意 音が似ている「卑しい」がもつ、「下品だ」「みすぼらしい」という意味はない。

774 **いわば**

言ってみれば。

▼「たとえてみれば・強いて言えば」という意味。

関 **謂・謂い**…言葉の意味内容。いわれ。(↓p.148)

775 **えてして**

よくあることだが。そうなりがち。

▼漢字で「**得てして**」。「そうなりやすい」という意味。

参考 「だいたい」「たいていは」と似た意味だが、同じような傾向になりやすいというニュアンスを含む。

同 **とかく**(↓p.302)

776 **概ね**(おおむね)

だいたい。ほとんど。

▼物事の大まかな姿。ダイジェスト。

同 **あらまし・概況・概略・大概・概要**

① 思いがけない ② ちょっとばかりの
③ 大変な ④ いろいろな

5 **いやしくも**検定も通った教科書である。中学生にもわかる誤りがあるはずがない、とは考えないのか。(外山滋比古「『読み』の整理学」)

① 古いながらも ② 正しくも
③ かりそめにも ④ もっともらしく

6 御坂峠のその茶店は、**いわば**山中の一軒家であるから、郵便物は、配達されない。(太宰治「富嶽百景」)

① 理由を言うと ② 言ってみれば
③ 事情を考えると ④ よくあることだが

7 **えてして**妻というものは、だれの前でもすぐわが子のことを話題にだしたがるものだ。(遠藤周作『ぐうたら愛情学』)

① よくあることだが ② おそらく
③ 結局のところ ④ いつでも

8 子供は学校では**おおむね**よい成績をとった。ときどきあまりよい点をとらなかったときは、答案用紙を破って母親に見せなかった。(大庭みな子「山姥の微笑」)

① だいたい ② いつでも
③ 同じくらい ④ どれでも

答▶ 1③ 2④ 3④ 4② 5③ 6② 7① 8①

777

おしなべて

みんな。
総じて。

▼漢字で「**押し並べて**」。「どれもこれも」という意味。

参考　細かい違いは取り上げずに、だいたいの傾向を表すときに用いる。

778

おのがじし

めいめい。
それぞれ。

▼漢字で「**己がじし**」。「各自」という意味。

同　**各々**（おのおの）

779

かねて

以前から。
前から。

▼漢字で「**予て**」。「前々から・かねがね」という意味。以前からそうである様子を表す。

注意　「趣味をかねて、野菜を作る」の場合は、「一つの物が二つ以上の働き・役割を合わせもつ」という意味になる。

780

蓋し（けだし）

私が思うに。
たしかに。
おそらく。

▼「おそらくこうであろう」という推測の意味。譲歩的な役割として使用されることが多い。

関　**蓋然性**（がいぜんせい）…たぶんそうなるであろう確率。可能性。（↓p.109）

確認問題

次の傍線部の意味を後から選びなさい。

1 われわれは**おしなべて**口下手である。たまに弁舌さわやかな人がいると、うすっぺらに見られやすい。大物は口かずすくなく、沈黙は金、を実践する。（外山滋比古「ことば点描」）

①推し量って　②総じて
③ときおり　④ひらたく言って

2 花はどの花も**おのがじし**咲くが、園の藤、棚の藤というと、一面ひとつらの幕になってさがる、ように思いちがえる。遠見はその通りだが、近くみれば、よく似てしかもそれぞれだった。（幸田文「藤」）

①それぞれ　②自分勝手に
③すべて　④だいたい

3 九郎右衛門は**かねて**宇平に相談しておいて、文吉を呼んでこの申し渡しをした。宇平は側で腕組みをして聞いていたが、涙は頬（ほお）を伝って流れていた。（森鷗外「護持院原の敵討」）

①繰り返して　②そのうえに
③以前から　④改めて

4 彼の聞きぶりは**蓋し**見事なものであったと思う。彼は時折、話の中ではっきりしないところが出てくると短く質問したが、それ以外は黙って、長時間にわたり、彼女の話に耳を傾けた。（土居建郎『「甘え」の思想』）

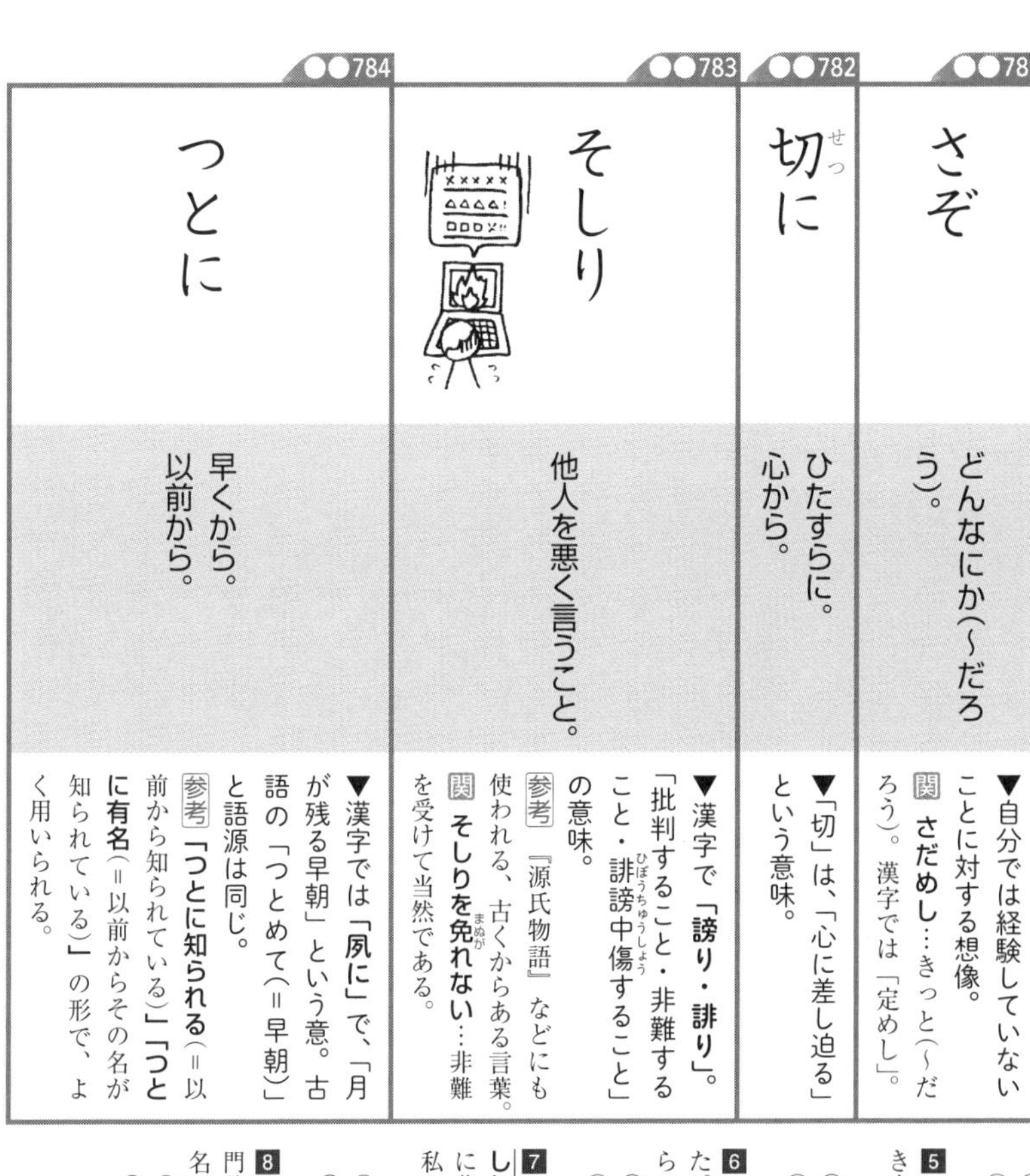

781 さぞ

どんなにか（〜だろう）。

▼自分では経験していないことに対する想像。

関 さだめし…きっと（〜だろう）。漢字では「定めし」。

782 切（せつ）に

ひたすらに。心から。

▼「切」は、「心に差し迫る」という意味。

783 そしり

他人を悪く言うこと。

▼漢字で「謗り・誹り」。「批判すること・非難すること・誹謗中傷（ひぼうちゅうしょう）すること」の意味。

参考『源氏物語』などにも使われる、古くからある言葉。

関 そしりを免（まぬが）れない…非難を受けて当然である。

784 つとに

早くから。以前から。

▼漢字では「夙に」で、「月が残る早朝」という意。古語の「つとめて（＝早朝）」と語源は同じ。

参考「つとに知られる（＝以前から知られている）」「つとに有名（＝以前からその名が知られている）」の形で、よく用いられる。

①思いがけなく ②言ってみれば
③かえって ④私が思うに

5 石油ストーブの太い煙突が低い屋根から突き出ていた。冬は**さぞ**寒さがきついだろう。（日野啓三「牧師館」）

①どんなにか ②さすがに
③やはり ④かえって

6 四十歳すぎて、なぜか**切に**雛（ひな）がほしくなった。みちのくにいる昔の雛に会いにいきたいくらいに。（馬場あき子「古典余情」）

①意外に ②心から
③突然 ④時々

7 だから、こんなことを言えば罰あたりの**そしり**は免れないのだが、実は、編集者を介さずに著書を世に出すことができたらというのが、私の久しき夢であり願望なのだ。（渡辺京二「万象の訪れ」）

①忠告 ②わがまま
③本音 ④非難

8 土門拳が室生寺の雪景色を撮影するために、門前の橋本屋に滞在したエピソードは**つとに**有名だ。（五木寛之『百寺巡礼』）

①特に ②以前から
③世間では ④現在では

答▶ 1② 2① 3③ 4④ 5① 6② 7④ 8②

785
つぶさに
細かいところまでくわしく。

▼漢字で「**具に**」。「細部まで具体的に」という意味。

786
つまびらか
くわしい様子。細部までよくわかる様子。

▼漢字で「**詳らか**」。「詳細に知る様子・詳細が明らかになる様子」という意味。

関 **つまびらかにする**…内容をくわしく述べる。細かいところまで明らかにする。

787
とかく
よくあることだが。

▼「**兎角**」と漢字を当てる。「そういうことになりやすい」という意味。「**どちらにせよ・いずれにしても**」の意味もある。

注意「とにかく」も「どちらにせよ」の意味だが、「よくあることだが」の意味はない。

同 **えてして**（→p.299）

788
とこしえ
永遠。

▼漢字で「**常しえ**」。「ずっと続く」という意味。

注意「永遠」には「とわ」という読み方もある。

同 **久遠**（くおん）

確認問題

次の傍線部の意味を後から選びなさい。

1 外科医が持っている刀は、いわば武士の刀と同じことで、理非を正すように患者の内外を**つぶさに**診（み）た後で見きわめて刀を下さないかんのですから。（有吉佐和子「華岡青洲の妻」）

① くわしく ② あわてて ③ 間接的に ④ すぐに

2 波の堤の向（むこ）うに海があったが、その輝きが強いために、海の広さを**つまびらかに**眺めることはできなかった。（新田次郎『昭和新山』）

① すぐに ② くわしく ③ 直接に ④ 長時間にわたって

3 旅と言えば、われわれ日本人の頭からは、**とかく**移住ということが抜け落ちるが、古今東西、人の旅の半数を占めるのは、移住ではなかったか。（古井由吉「夜中の納豆」）

① まれに ② どんな時も ③ よくあることだが ④ 困ったことに

4 ただ**とこしえ**にと願う恋がしかも失われたときに、われらは深刻な人生の味を知ることができるのである。（倉田百三「愛と認識との出発」）

① 永遠 ② 特別 ③ 日常 ④ 瞬間

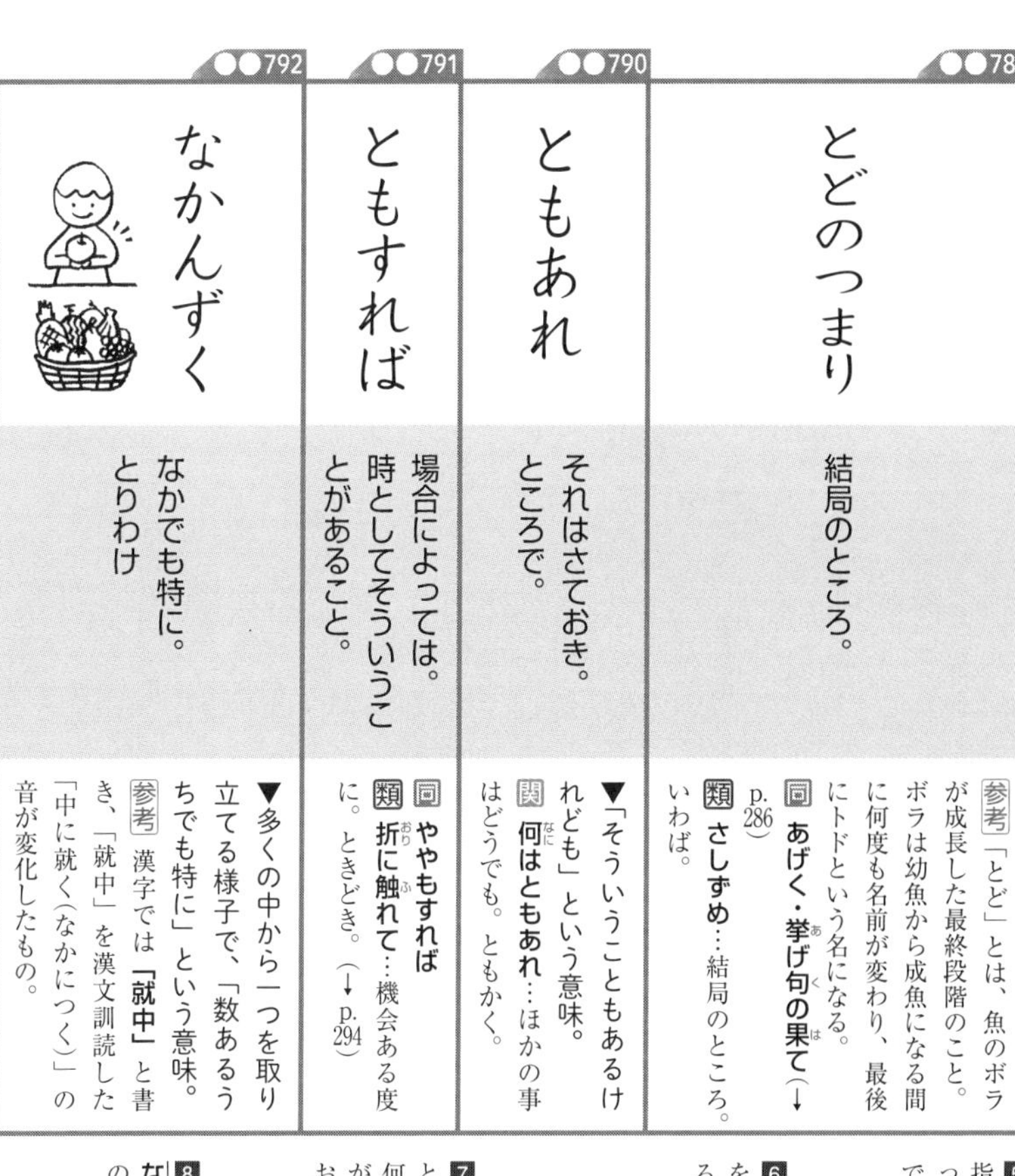

789

とどのつまり

結局のところ。

参考「とど」とは、魚のボラが成長した最終段階のこと。ボラは幼魚から成魚になる間に何度も名前が変わり、最後にトドという名になる。

同 **あげく・挙げ句の果て**（→p.286）

類 **さしずめ**…結局のところ。いわば。

790

ともあれ

それはさておき。ところで。

▼「そういうこともあるけれども」という意味。

関 **何はともあれ**…ほかの事はどうでも。ともかく。

791

ともすれば

場合によっては。時としてそういうことがあること。

同 **ややもすれば**

類 **折に触れて**…機会ある度に。ときどき。（→p.294）

792

なかんずく

なかでも特に。とりわけ

▼多くの中から一つを取り立てる様子で、「数あるうちでも特に」という意味。

参考 漢字では**「就中」**と書き、「就中」を漢文訓読した「中に就く（なかにつく）」の音が変化したもの。

5 **とどのつまり**をいえば、教壇に立って私を指導してくれる偉い人々よりも、ただ独りを守って多くを語らない先生のほうが偉くみえたのであった。（夏目漱石「こころ」）

① 本音 ② 結局のところ
③ 種明かし ④ おまけ

6 **ともあれ**、街なかで息子に背負われることを承諾し、恥ずかしがりながらも毅然としている母親の姿を、私はとても愛らしいと思った。（堀江敏幸「バン・マリーへの手紙」）

① 思いがけず
② そうはいうもののやはり
③ 言うまでもなく
④ それはさておき

7 それから今日に至るまで母は克子を女手ひとつで育ててきたわけだが、**ともすれば**大切な何かが欠陥しがちな片親の家庭を、目立たぬながらも確実に支えていてくれたのが「深大寺のおじい」だった。（鷺沢萠「ポケットの中」）

① 最終的には ② 最初だけは
③ 場合によっては ④ 常に決まって

8 読書は過去も現在もこれからも、深い知識、**なかんずく**教養を獲得するためのほとんど唯一の手段である。（藤原正彦「祖国とは国語」）

① よくある ② いわゆる
③ おそらく ④ なかでも特に

答▶ 1① 2② 3③ 4① 5② 6④ 7③ 8④

793
なまくら

なまけること。意気地がないこと。だらしがないこと。

▼**「刃物の刃先がにぶる様子・切れ味の悪い様子」**という意味もある。

関 **焼き(や)が回る(まわ)**…おとろえ、にぶくなること。刃物の焼き入れをやり過ぎて、切れ味が悪くなることから。

794
ひとえに

ただひたすらに。

▼漢字では**「偏に」**。「**もっぱら・ただそれだけ**」という意味。

参考 ①その理由・原因しかないことを強調する場合、②そのことだけを行う場合、の二つの場合に用いる。

795
間々(まま)

ときどき。

▼「**頻繁(ひんぱん)ではないが、ときおりある**」という意味。

関 **間欠(かんけつ)・間歇(かんけつ)**…一定の時間をおいて、起きたりやんだりすること。

796
もとより

そもそも。本来。初めから。

▼「**元来の性質、本質から**」という意味。「**言うまでもなく・もちろん**」という意味もある。

確認問題

次の傍線部の意味を後から選びなさい。

1 そんな**なまくらな**覚悟ではけっして成功しないらしい。（阿刀田高『花の図鑑』）

①生々しいような ②どっちつかずの ③意気地がないような ④落ち着きがないような

2 『銀(ぎん)の匙(さじ)』が長く読みつがれてきたのは、**ひとえに**この「伯母(おば)さん」の美しく生きる姿のせいだといっても過言ではないでしょう。（水村美苗「美しく生きる」）

①ただひたすらに ②おそらく ③ひとつには ④言うまでもなく

3 しかし同じ問題について、利益を受けようとしても、受けられない事が**間々**あったといわなければならない。（夏目漱石「こころ」）

①前々から ②長期にわたり ③ときどき ④それぞれ

4 彼らは次に僕を誘った。僕は**もとより**応じなかった。（夏目漱石「彼岸過迄」）

①そのうえに ②結局のところ ③かえって ④初めから

797

所以（ゆえん）

理由。いわれ。

入試 漢字の**読み問題**でもよく問われる。
注意 同音異義語の「由縁」は「由来・関係」という意味。

798

ゆかり

つながり。関係。

▼漢字で「**縁・所縁**」。「縁があること」という意味。
参考 たどっていくと、何らかの関係がある人や物について用いられる。「西郷隆盛**ゆかり**の地」など。
類 **えにし**…因縁（いんねん）。人と人とのつながり。男女間の縁。
関 **縁（えん）もゆかりもない**…何の関わりもない。

799

よすが

何かの手がかり。きっかけ。

▼「**頼りとするところ**」という意味もある。
同 **よりどころ**
関 **よすがとする**…頼りにする。手がかりにする。

800

よもやま

いろいろ。世間。

▼漢字で「**四方山**」。「四方八方・あれこれ」という意味。
関 **よもやま話（ばなし）**…世間話。さまざまな話題の話。

5 大小いくつにも砕いた、白々とした鏡餅（かがみもち）は、まるで死んだ巨大な生きものの骨片のようだ。鬼の骨と呼ばれる**所以**である。
（三浦哲郎「いとしきものたち」）

① 見た目の姿　② 理由
③ うわさ　④ 場所

6 青い柔道着を着てガッツポーズをする選手を見ていると、これが伝統の講道館精神と**ゆかり**もないのは明らかだろう。
（山崎正和「世紀を読む」）

① つながり　② 協力
③ 交渉　④ つき合い

7 しかしこのまったく思いがけない昔の手紙の出現は、わたしに十八、十九、二十ごろの自分を、もう一度思い出させる**よすが**になった。
（中野孝次『十八歳の自分に迷う』）

① 手本　② めぐりあわせ
③ 運命　④ 手がかり

8 三村夫人は偶然そのホテルで、旧知の彼に出会って、つい長い間**よもやま**の話をし合った。
（堀辰雄「菜穂子」）

① 将来　② いろいろ
③ 昔　④ 生い立ち

答▶ 1③　2①　3③　4④　5②　6①　7④　8②

練習問題⑯ その他

中の間で道子は弟の準二の正月着物を縫い終って、今度は兄の陸郎の分を縫いかけていた。

「それおやじのかい」

離れから廊下を歩いて来た陸郎は、通りすがりにちらと横目に見て訊いた。

「兄さんのよ。これから兄さんも会社以外はなるべく和服で済ますのよ」

道子は顔も上げないで、忙がしそうに縫い進みながら言った。

「国策の線に添ってというのだね」

「だから、着物の縫い直しや新調にこの頃は一日中大変よ」

「はははははは、一人で忙しがってら、だがね、断って置くが、銀ぶらなぞに出かけるとき、俺は和服なんか着ないよ」

そう言ってさっさと廊下を歩いて行く兄の後姿を、道子は顔を上げてじっと見ていたが、ほーっと吐息をついて縫い物を畳の上に置いた。すると急に屈托して来て、大きな脊伸びをした。肩が凝って、坐り続けた両腿がだるく張った感じだった。道子は立上って廊下を歩き出した。そのまま玄関で下駄を履くと、冬晴れの午後の戸外へ出てみた。

陽は既に西に遠退いて、西の空を薄桃色に燃え立たせ、眼の前のまばらに立つ住宅は影絵のように黝ずんで見えていた。道子は光りを求めて進むように、住宅街を突っ切って空の開けた多摩川脇の草原に出た。一面に燃えた雑草の中に立って、思い切り手を振った。

冬の陽はみるみるうちに西に沈んで、桃色の西の端れに、藍色の山脈の峰を浮き上らせた。秩父の連山だ！　道子はこういう夕景色をゆっくり眺めたのは今春女学校を卒業してから一度もなかったような気がした。あわただし

1 傍線部Aは、見かけを気にかけるものであるが、こうした心理を表現したものとして最も適当なものを次の中から選びなさい。

① 見栄や沽券
② 塩梅や風貌
③ 下馬評
④ 破天荒

2 傍線部Bは、「道子」が不満に感じるこれまでの背景を語ったものである。こうした背景や経過のことを何というか、最も適当なものを次の中から選びなさい。

① なまくら　② とこしえ
③ いきさつ　④ そしり

3 傍線部Cは「ともすると」とも言い換えられるが、その意味の説明として最も適当なものを次の中から選びなさい。

① 可能性としてめったに起こらないこと
② 場合によってはそうなりそうなこと
③ とにかくきわめて大事なこと
④ ともあれ、それは置いておいてということ

4 傍線部D、傍線部Eは、気持ちを強調

い、始終追いつめられて、縮こまった生活ばかりして来たという感じが道子を不満にした。

ほーっと大きな吐息をまたついて、彼女は堤防の方に向って歩き出した。冷たい風が吹き始めた。彼女は勢い足に力を入れて草を踏みにじって進んだ。道子が堤防の上に立ったときは、輝いていた西の空は白く濁って、西の川上から川霧と一緒に夕靄が迫って来た。東の空には満月に近い月が青白い光りを刻々に増して来て、幅三尺の堤防の上を真白な坦道のように目立たせた。道子は急に総毛立ったので、身体をぶるぶる震わせながら堤防の上を歩き出した。途中、振り返っていると住宅街の窓々には小さく電灯がともって、人の影も定かではなかった。ましてその向うの表通りはただ一列の明りの線となって、川下の橋に連なっている。

誰も見る人がない……よし……思い切り手足を動かしてやろう……道子は心の中で呟いた。膝を高く折り曲げて足踏みをしながら両腕を前後に大きく振った。それから下駄を脱いで駈け出してみた。女学校在学中ランニングの選手だった当時の意気込みが全身に湧き上って来た。道子は着物の裾を端折って堤防の上を駆けた。髪はほどけて肩に振りかかった。Cともすれば堤防の上から足を踏み外しはしないかと思うほどまっしぐらに駆けた。もとの下駄を脱いだところへ駈け戻って来ると、さすがに身体全体に汗が流れ息が切れた。胸の中では心臓が激しく衝ち続けた。その心臓の鼓動と一緒に全身の筋肉がぴくぴくとふるえた。——Dほんとうに潑溂と活きている感じがする。女学校にいた頃はこれほど感じなかったのに。毎日窮屈な仕事に圧えつけられて暮していると、こんな駈足ぐらいでもEこうまで活きている感じが珍らしく感じられるものか。いっそ毎日やったら——

（岡本かの子「快走」）

する表現であるが、これらと同様の表現として最も適当なものを次の中から選びなさい。

① つとに　② 概ね
③ 切に　④ えてして

5 この小説の表現上の特徴を説明したものとして最も適当なものを次の中から選びなさい。

① 表現技巧を用いることなく、季節の風景を冷静かつ客観的に描く自然文学となっている。
② 日常生活での鬱屈と堤防での「快走」を対照的に描き、背景の描写では色彩表現を多用している。
③ 擬態語や擬人法などの表現技法を用い、季節や自然の描写を生き生きとしたものにしている。
④ 冷徹な国家政策とそれに翻弄される一家族の営みや人間関係とを鮮やかに対比させる構成をもつ。

答▶ **1**① **2**③ **3**② **4**③ **5**②

column 3

仕事の流儀

私は現代文や小論文の授業をする、答案を添削する以外にも、本書をはじめとして原稿を書くという仕事もしています。書籍に加えて模擬試験を作る、テキストを作る、解説と解答を書くという作業などがあります。

当然、出版社の編集者をはじめとして原稿のチェック、校正・校閲を受けます。文字の変換ミスのレベルから大幅な表現の訂正まで、様々な修正を迫られることがあります。私は現代文と小論文の講師として「生徒の答案に赤ペン添削を施す側の人間だぞ」という妙な自負から、かつて自分の文章に対する修正を快く思っていませんでした。「ここはこういう趣旨だから直さなくてもいいのではないか」と抵抗したり、イヤイヤながら直したりといった感じでした。

私は、ウィーン出身の哲学者カール・ポパーの著作から「誤りから学ぶ科学的な態度」、「自分の誤り可能性を認識する知的誠実さ」について学んだはずだったのに、仕事で十分には実践できていなかったわけです。

このような姿勢を転換する契機となったのが、村上春樹さんの『職業としての小説家』を読んだことでした。自分の作家としての仕事の流儀を語ってくれているのですが、それによれば、自分の原稿に対する編集者の修正意見は必ず受け入れるというのです。

世界的なベストセラー作家にダメ出しをする編集者はなんという勇気でしょうか(というよりそれが編集者の仕事なのだから、それができないことの方が問題なのでしょう)。何より、村上さんには世界的な評価を得ている作家のプライドというものもあるでしょうが、そんなことより作品そのものを磨き上げることに注力するわけです。ただし編集者の意見そのままの修正とは限らないそうです。「ここをもっと簡潔に、コンパクトに」という求めに対し、逆に長くしたり、「ここは長く詳しく」という求めに対して、簡潔にしたり。何であれ第三者である編集者が違和を感じたことは確かだから、吟味して直すということです。

私はこれを読んでいたく反省しました。私ごときが小さな面子で修正に抵抗するなど笑止だと。以後私は心から喜んで修正に応じています。また、それによって明らかに完成度が高まりますから本当に喜ばしいのです。

翻って、私が受講者の答案に赤ペン添削する際にも喜んで修正してもらえるよう、丁寧に誠実に赤を入れています。

索引

●太字は見出し語。
●細字は関連語・解説で取り扱った語

え

お

か

〈編著者〉小柴　大輔(こしば　だいすけ)

静岡県生まれ。大学学部と大学院の専攻は、それぞれ歴史学と哲学。現在は、現代文と小論文の予備校講師。現代文では、正解につながる文章の読み方、選択肢の絞り方を指導し、小論文では、正解のない問いに対して意見を組み立てる発想法と表現法を指導している。

現在、Z会東大進学教室、オンライン学習サービスのスタディサプリ、辰巳(たつみ)法律研究所(司法試験予備校)、各教科で日本代表講師を集めたと評判の塾であるTHE☆WORKSHOPの講師を務める。

著書に『ロースクール適性試験パーフェクト　分析&解き方本』(共著)、『話し方のコツがよくわかる　人文・教育系面接　頻出質問・回答パターン25』『小柴大輔の1冊読むだけで現代文の読み方&解き方が面白いほど身につく本』(KADOKAWA)、『東大のヤバい現代文』(青春出版社)、『対比思考—最もシンプルで万能な頭の使い方』(ダイヤモンド社)などがある。

□ 内容校閲　平井隆洋

□ 編集協力　福岡千穂　加藤理紗

□ デザイン　はにいろデザイン

□ イラスト　ゆこゆこ

シグマベスト

読み解くための現代文単語
[評論・小説]〔改訂版〕

編著者　小柴大輔

発行者　益井英郎

印刷所　中村印刷株式会社

発行所　株式会社文英堂

〒601-8121　京都市南区上鳥羽大物町28

〒162-0832　東京都新宿区岩戸町17

(代表)03-3269-4231

●落丁・乱丁はおとりかえします。